Belfast Studies in Langu
Vol.
Air Bilean a
Sealladh air Leantalachd Beul-Ai
Maighread

Belfast Studies in Language, Culture and Politics
General Editors: John M. Kirk and Dónall P. Ó Baoill

1: *Language and Politics: Northern Ireland, the Republic of Ireland, and Scotland* published 2000 ISBN 0 85389 791 3 [out of print]
2: *Language Links: the Languages of Scotland and Ireland* published 2001 ISBN 0 85389 795 6 [out of print]
3: *Linguistic Politics: Language Policies for Northern Ireland, the Republic of Ireland, and Scotland* published 2001 ISBN 0 85389 815 4
4: *Travellers and their Language* published 2002 ISBN 0 85389 832 4
5: Simone Zwickl, *Language Attitudes, Ethnic Identity and Dialect Use across the Northern Ireland Border: Armagh and Monaghan* published 2002 ISBN 0 85389 834 0
6: *Language Planning and Education: Linguistic Issues in Northern Ireland, the Republic of Ireland, and Scotland* published 2002 ISBN 0 85389 835 9
7: Edna Longley, Eamonn Hughes and Des O'Rawe (eds.) *Ireland (Ulster) Scotland: Concepts, Contexts, Comparisons* published 2003 ISBN 0 85389 844 8 [out of print]
8: Maolcholaim Scott and Roíse Ní Bhaoill (eds.) *Gaelic-Medium Education Provision: Northern Ireland, the Republic of Ireland, Scotland and the Isle of Man* published 2003 ISBN 0 85389 847 2
9: Dónall Ó Riagáin (ed.) *Language and Law in Northern Ireland* published 2003 ISBN 0 85389 848 0
10: *Towards our Goals in Broadcasting, the Press, the Performing Arts and the Economy: Minority Languages in Northern Ireland, the Republic of Ireland, and Scotland* published 2003 ISBN 0 85389 856 1
11: J. Derrick McClure (ed.) *Doonsin' Emerauds: New Scrieves anent Scots an Gaelic / New Studies on Scots and Gaelic* published 2004 ISBN 0 85389 860 X
12: Neal Alexander, Shane Murphy and Anne Oakman (eds.) *To the Other Shore: Cross-Currents in Irish and Scottish Studies* published 2004 ISBN 0 85389 863 4
13: *Legislation, Literature, Sociolinguistics: Northern Ireland, the Republic of Ireland, and Scotland* published 2005 ISBN 0 85389 874 X
14: Shane Alcodia-Murphy, Johanna Archbold, John Gibney and Carole Jones (eds.) *Beyond the Anchoring Grounds: More Cross-currents in Irish and Scottish Studies* published 2005 ISBN 0 85389 885 3
15: Dónall Ó Riagáin (ed.) *Voces Diversae: Lesser-Used Language Education in Europe* published 2006 ISBN 0 85389 886 3
16: William Lamb *Scottish Gaelic Speech and Writing: Register Variation in an Endangered Language* published 2007 ISBN 0 85389 895 2
17: Alasdair MacCaluim *Reversing Language Shift: The Role and Social Identity of Scottish Gaelic Learners* published 2007 ISBN 0 85389 897 9
18: Seán Mac Corraidh. An thóir an dea-chleachtais: *The Quest for Best Practice in Irish-medium Primary Schools in Belfast* published 2008 ISBN 0 85389 898 6
19: *Language and Economic Development: Northern Ireland, the Republic of Ireland, and Scotland* published 2009 ISBN 0 85389 910 X
20: *Sustaining Minority Language Communities: Northern Ireland, the Republic of Ireland, and Scotland* published 2011 ISBN 978 0 85389 976 1
21: Charlie Dillon and Ríona Ní Fhirghil (eds.), *Aistriú Éireann* published 2008. ISBN 978 0 85389 936 5
22: *Strategies for Minority Languages: Northern Ireland, the Republic of Ireland, and Scotland* published 2011 ISBN 978 0 85389 977 8

Air Bilean an t-Sluaigh

Sealladh air Leantalachd Beul-Aithris Ghàidhlig
Uibhist a Tuath

Maighread A. Challan

Cló Ollscoil na Banríona
2012

Air fhoillseachadh an toiseach ann an 2012

Cló Ollscoil na Banríona
Queen's University Belfast
Belfast, BT7 1NN

Belfast Studies in Language, Culture and Politics
www.qub.ac.uk/cob

© Cló Ollscoil na Banríona agus Maighread A. Challan 2012

Gach còir glèidhte. Chan fhaodar cuid sam bith dhen leabhar seo ath-nochdadh, a thasgadh ann an co-rian lorg no a chraobh-sgaoileadh, ann an cruth sam bith no air mhodh sam bith, dealantach, uidheamach no tro dhealbh lethbhric, clàradh no eile, gun chead sgrìobhte bhon fhoillsichear.

Chaidh an leabhar seo fhoillseachadh le maoineachadh bho na buidhnean a leanas: Bòrd na Gàidhlig, Comhairle nan Leabhraichean, Alba Chruthachail, Urras Brosnachaidh na Gàidhlig agus Urras Catrìona NicCaoig.

Tha an dealbh 'Taigh Eàirdsidh' a tha a' còmhdach an leabhair air a cleachdadh le cead bho Katharine Barr, a rinn an dealbh, agus bho Dhòmhnall Iain Mac a' Phiocair, leis a bheil i.

British Library Cataloguing-in-Publication Data
A catalogue record for this book is available from the British Library.

ISBN 978 0 85389 988 4 (paperback)
ISBN 978 0 85389 996 9 (hardback)

Typeset by Nigel Craig and John Kirk in Garamond 11
Cover design by Colin Young
Map design by Tim Aspden at Latitude Maps
Printing by MPG Books, Bodmin, Cornwall/Kernow

O chionn fada nuair a bha mi na mo bhalach beag, bha m' athair a' cosnadh agus nuair a thigeadh e dhachaigh sgìth am beul na h-oidhche, agus nuair a ghabhadh e bhiadh, bu ghnàth leis a dhol na shìneadh air an t-sèidhsidh. Bha miann mòr agamsa air m' athair agus bhithinn an-còmhnaidh cuide ris agus chan fhaicinn sìon na b' fheàrr na dhol nam shìneadh cuide ris. Agus bhiodh esan a' cur nam both dheth a' gabhail luinneagan ann a shineach, agus bha mise gan comharrachadh agus a' smaoineachadh orra. Agus 's e bun a bh' ann, mu dheireadh thall bha iad agam a cheart cho cinnteach 's a bha iad aige fhèin.

Dòmhnall MacGhillFhaolain, Dòmhnall Aonghais
(SA1962/54.A2)

Clàr-Innse

Giorrachaidhean	viii
Faclair	viii
Modhannan Sgrìobhaidh	ix
Facal bhon Ùghdar	x
Facal dhan Leughadair *Iain Seathach*	xii
Ro-Ràdh	1
Caibideil a h-Aon: Co-theacsa Sòisealta Beul-aithris	18
1. Cor na dùthcha	18
2. Suidheachaidhean-aithris	20
2.1 An cèilidh	20
2.2 Suidheachaidhean obrach	35
2.3 Rèiteach agus banais	47
2.4 Àm bàis	53
2.5 Suidheachaidhean creideimh	54
2.6 An t-àite a bha aca	58
3. Gnèithean de bheul-aithris	59
3.1 Naidheachdan agus seanchas	59
3.2 Sgeulachdan	64
3.3 Òrain, duain agus rannan	67
Caibideil a Dhà: Co-theacsa Dualchasach Beul-aithris	77
1. Sgàthan air an dualchas	77
2. An aghaidh an dualchais	99
Caibideil a Trì: Feumalachd agus Tairbhe Beul-aithris	111
1. Cur-seachad	111
2. A' fìrinneachadh agus a' daingneachadh an dualchais	118
3. Foghlam neo-fhoirmeil	129
4. A' gleidheadh chleachdaidhean stèidhte	143
Caibideil a Ceithir: Adhbharan Tanachaidh	146
1. An dà chogadh	146
2. Crìonadh a' chèilidh	150
3. Atharrachadh ann an cleachdaidhean obrach	152

4. Buaidh nan Gall	155
5. Creideamh	160
6. Foghlam	165

Caibideil a Còig: Co-dhùnaidhean	170
1. An ceangal eadar leantalachd beul-aithris agus gnè a' chomainn-shòisealta	170
2. Àite cudromach nam boireannach	179
3. Cànan aig a' chridhe	184

Eàrr-Ràdhan:

1. Luchd-fiosrachaidh	189
2. Taghadh de dh'òrain Ruairidh MhicAoidh, 'Bàrd Iollaraigh'	193
3. Taghadh de dh'òrain Dhòmhnaill Ruaidh Chorùna	205
4. Taghadh de dh'òrain Aonghais MhicGillFhaolain, Aonghas Lachlainn Bhig	222
5. Eòlas Isa NicIlip à Grèineatobht air stuth *Aithris is Oideas*	237
6. Fiosrachadh bho chunntasan-sluaigh	239

Clàr leabhraichean	242
Clàran, Meanbh-chlàran agus Teipichean	256
Clàr Bhidiothan	256
Prìomh thùsan	256

Giorrachaidhean

FR: Folk Review

MAC: Maighread Anna Challan, a' comharrachadh chlàran de stuth a chruinnich an sgrìobhadair

SA: Sound Archive, a' comharrachadh stuth a tha air a thasgadh ann an Sgoil Eòlais na h-Alba an Oilthigh Dhùn Èideann

SCRE: Scottish Council for Research in Education

SS: *Scottish Studies*

RnG: Rèidio nan Gàidheal

RSS: *Report to the Secretary for Scotland by The Crofters Commission on the social condition of the people of Uist in 1903, as compared with twenty years earlier*

TGSI: *Transactions of the Gaelic Society of Inverness*

ARV: *Scandinavian Yearbook of Folklore*

Faclair

A' firinneachadh agus a' daingneachadh: *Validating*

Aonachd shòisealta: *Social cohesion*

Co-theacsa: *Context*

Feumalachd agus tairbhe: *Function*

Raon-rannsachaidh mìneachaidh: *Interpretive approach*

Sgrùdadh litreachais: *Textual analysis*

Leantalachd eòlais eadar-ghinealaich: *Intergenerational transmission*

Modhannan Sgrìobhaidh

Tha luchd-fiosrachaidh aithnichte fo chiad litrichean an ainm. Tha geàrr-chunntas air cò iad agus cò às iad ri fhaighinn ann an Eàrr-ràdh 1.

Tha ainmeannan sgeulachdan agus òran air an comharrachadh le clò eadailteach (*italics*). Tha na h-ainmeannan sin air an litreachadh mar a bha iad far an d' fhuair an sgrìobhadair iad.

Tha ainmeannan dhaoine air an litreachadh a rèir an roghainn fhèin.

Far a bheil deasbad ann a thaobh litreachadh na cànain, 's ann ris an litreachadh as dlùithe do dh'fhuaimneachadh dualchainnt Uibhist a Tuath a tha an leabhar seo a' cumail.

Far a bheil fianais ga cleachdadh a fhuair an sgrìobhadair bho fhear no tè à Uibhist a Tuath nach robh airson gun rachadh an ainm a sgaoileadh, tha na thubhairt iad air a chomharrachadh le 'Fear à Uibhist' no 'Tè à Uibhist' agus na litrichean MAC.

Far a bheil an sgrìobhadair a' tarraing air fianais a fhuair Aonghas Iain Dòmhnallach bho thè à Uibhist a Tuath nach robh airson gun rachadh a h-ainm a sgaoileadh, tha na thubhairt i air a chomharrachadh le 'Tè à Uibhist' agus na litrichean A.I.D.

Facal bhon Ùghdar

'S ann mar thràchdas MPhil a rinn mi ann an Oilthigh Dhùn Èideann a nochd teacsa an leabhair seo an toiseach. Ann a bhith a' rannsachadh agus a' deasachadh an leabhair fhuair mi cuideachadh bho iomadh neach agus tha e freagarrach gun tèid an cuideachadh sin a chomharrachadh.

Bu mhath leam am prìomh àite am measg mo luchd-cuideachaidh a thoirt do Dhòmhnall Iain Mac a' Phiocair, Dòmhnall Iain Ruairidh, a bha cho fialaidh agus cho mionaideach ann a bhith gam theagasg ann an litreachadh, ann an gràmar agus ann an gnàthasan-cainnt na Gàidhlig. Cha do chuir mi ceist air fhathast air nach d' fhuair mi fuasgladh. 'S e Dòmhnall Iain as motha a mhisnich mi gus an obair seo a sgrìobhadh ann an Gàidhlig. Cha phàigh taing e.

Ann a bhith a' rannsachadh na h-obrach fhuair mi fiosrachadh agus aoigheachd bho luchd-eòlais ann an Uibhist agus tha mi an comain gach fear agus tè dhiubh.

Tha mi airson iadsan a thug fiosrachadh dhan Sgoil Eòlais ainmeachadh cuideachd. Mura b' e cho deònach 's a bha iad an cuid eòlais a libhrigeadh, agus mura b' e gun do ghabh an Sgoil Eòlais cùram na chaidh a chruinneachadh, cha bhiodh e air a bhith comasach dhomh a leithid seo de rannsachadh a dhèanamh.

'S e an Dr Iain Seathach bho Roinn na Ceiltis agus Eòlas na h-Alba, an Oilthigh Dhùn Èideann, am prìomh neach-comhairleachaidh agam agus bu mhath leam taing a thoirt dha airson a h-uile stiùireadh agus comhairle, agus cha bu bheag sin, a thug e dhomh. 'S e an Dr Seathach agus an t-eòlaiche Iain Dòmhnallach a leugh an leabhar gu lèir mus deachaidh a chur an clò agus tha mi fada nan comain le chèile airson sin a dhèanamh dhomh.

Bu mhath leam taing a thoirt cuideachd dhan eòlaiche Mòrag NicLeòid airson a comhairle luachmhoir a thaobh nan òran Gàidhlig agus a thaobh litreachadh agus gràmar na cànain. Tha i air beàrn fhàgail ann an Sgoil Eòlais na h-Alba nach gabh a lìonadh. Taing cuideachd dhan Dr Cathlin NicAmhlaigh, do Chatrìona (Cathie) Scott agus do Arnot NicDhòmhnaill ann an Sgoil Eòlais na h-Alba airson gach cuideachaidh a thug iad dhomh.

Tha mi an comain an Ollaimh Uilleim MhicGill'Iosa agus an Dr Lillis Uí Laoire, a rinn sgrùdadh air an tràchdas agam, airson an comhairle. Bu mhath leam taing air leth a thoirt dhan Dr Ó Laoire airson mo bhrosnachadh gus an leabhar seo fhoillseachadh.

'S i Iseabail T. NicDhòmhnaill a dhùisg m' ùidh ann am beul-aithris Uibhist còrr agus sia bliadhn' deug air ais agus a bhrosnaich mi gu rannsachadh foirmeil a dhèanamh. Bhon uair sin tha i air fiosrachadh feumail a thoirt dhomh co-cheangailte ri gach dual de bheul-aithris na Gàidhlig, ach gu h-àraid cocheangailte ri na h-òrain. Bu mhath leam taing a thoirt dhi airson a cuideachaidh thairis air na bliadhnaichean.

Bu mhath leam taing a thoirt cuideachd do dh'Isa NicIlip, do Sheonaidh Dòmhnallach (Seonaidh Mhurchaidh) agus do Cheana Chaimbeul airson fiosrachadh air iomadach puing agus airson an comhairle a thaobh gràmar agus gnàthasan-cainnt na cànain.

'S e an t-Ollamh Dòmhnall Meek a rinn an sgrùdadh mu dheireadh air an leabhar agus tha mi fada na chomain airson an stiùiridh mhionaidich a thug e dhomh. Tha mi na chomain cuideachd airson a h-uile taic a chur ris an leabhar le sùil gum biodh e air fhoillseachadh ann an Gàidhlig. 'S e an Dr John Kirk às leth Ollscoil na Banríona a làimhsich an clò-bhualadh agus tha mi airson taing a thoirt dha airson an leabhar fhoillseachadh mar aon dhen t-sreath sgoilearachd shònraichte seo.

Bu mhath leam taing a thoirt do Aonghas Iain Dòmhnallach airson cead na clàran a thog e ann an Uibhist a Tuath a chleachdadh. Bu mhath leam taing a thoirt cuideachd do Dhòmhnall Iain Mac a' Phiocair airson cead an dealbh de dhachaigh athar a tha a' còmhdach an leabhair, dealbh a chaidh a dhèanamh le Katharine Barr, a chleachdadh. Taing air leth do Chomann Eachdraidh Uibhist a Tuath airson cead dealbhan bhon tasglann aca agus òrain bho na leabhraichean *Dòmhnall Ruadh Chorùna* agus *Beagan Bàrdachd à Uibhist a Tuath* fhoillseachadh.

Cha bhiodh an leabhar air fhoillseachadh gun mhaoineachadh agus tha mi fada an comain Bòrd na Gàidhlig, Chomhairle nan Leabhraichean, Alba Chruthachail, Urras Brosnachaidh na Gàidhlig agus Urras Catrìona NicCaoig airson an taic.

Facal dhan Leughadair

Ann an Albainn bho mheadhan na linn-sa chaidh tha luchd-rannsachaidh air suim a ghabhail – uidh air n-uidh mar as trice – air beul-aithris bheò anns na coimhearsnachdan, agus 's e sin bun-sgeòil an leabhair chudromaich seo. Le bhith a' toirt seachad cunntais air Uibhist a Tuath, an t-eilean san do thogadh i, tha an t-ùghdar, Maighread Challan, a' toirt am follais an adhartais a tha ri fhaicinn ann an eòlas dùthchais ann an Albainn thro na sia deicheadan a chaidh seachad, agus a' toirt dhuinn sealladh dhen raon-obrach 's nan slighean romhainn a tha rin siubhal. Chan ann bho chionn dhà no trì ghinealaichean a-mhàin a bha luchd-rannsachaidh ann am beul-aithris mothachail air taobh na coimhearsnachd dheth, ge-tà; mu cheud bliadhna roimhe sin dh'fhàg Iain Òg Ìle (John Francis Campbell) agus a cho-obraiche Eachann MacGhillEathain cunntasan beaga tarraingeach ann an clò 's nan notaichean-raoin air dòigheannan-aithris nan sgeulaichean ann an Uibhist is Barraigh. Ann an 1860 thug MacGhillEathain sgrìob air sgeulaiche ann am Barraigh:

> Roderick MacLean, tailor, Ken Tangaval, Barra is 40 years of age. Neither reads nor writes, and speaks no English. He recited with a very subdued voice as if terrified that he should get boisterous or vociferous and he is alternately half-smiling or half shedding tears according as the subject is comic or tragic.

Na cho-chruinneachadh ainmeil de sgeulachdan a nochd ann an 1860–62, thug an Caimbeulach seachad dealbh làn fiosrachaidh air mar a bhiodh na sgeulachdan gan aithris ann an àite-còmhnaidh Dhòmhnaill 'ic-a-Phì, an sgeulaiche a b' fheàrr a b' aithne dha, ann an Uibhist. Air a' latha sin co-dhiù, cha b' e suidheachadh foirmeil a bh' ann ann an dòigh sam bith: bha bean an taighe ri taigheadas 's an duine aice a' gabhail a dhinneir; bhiodh cait, tunnagan is pàiste a-mach 's a-staigh; 's thàinig triùir dhan cois air an t-slighe gu Beinn na Fadhla, a dh'fhuirich tacan ga èisteachd agus a thog rithe nuair a bha an tràghadh ìseal gu leòr 's gu faigheadh iad fairis air an Fhadhail gu sàbhailte. Bliadhnaichean às deaghaidh sin sgrìobh rannsaiche eile às a' linn ud, Alasdair MacGilleMhìcheil, mu chleachdaidhean a' chèilidh. Ged a tha feadhainn a-nist dhen bheachd gur e cothlamadh a th' ann de chaochladh amannan cèilidh, bidh an dealbh seo air a meas mar *locus classicus* a ghabhas daingneachadh ann an iomadach sgìre Ghàidhealach eile. Ach a-mach bho fhianaisean dhen leithid seo – a tha gann gu leòr, agus a' mhòr-chuid dhiubh goirid – 's ainneamh a gheobhar fiù 's aiteal dhen t-saoghal sin eadar ealain-bheòil is comann-sòisealta a bha a' cuartachadh 's a' cumail suas mac-meanmna is cumadh-inntinn nan Gàidheal. 'S ann air teacsa nan òran, nan sgeulachd is eile a bha na foillseachaidhean a' tarraing san àm, agus chan fhaicte ach aithneachadh neo dhà dhen choimhearsnachd, agus sin ri leughadh mar bu trice san ro-ràdh.

A-null mu dheireadh a' chiad chairteil dhen 20mh linn thòisich gluasad ùr sa bheul-aithris eadar-nàiseanta. Bha leudachadh ann an sealladh luchd-rannsachaidh ag èirigh às an tuigse gu robh barrachd anns na beulaichean na soithichean gun deò gun smuain a bha air an lìonadh le stuth àrsaidh 's an uair sin ri èisteachd riuth'; ann a bhith a' togail 's ag aisigeadh nan nithean seo bhiodh daoine a' dèanamh ath-chruthachadh orra, ann an seagh a bhiodh a' coileanadh feumalachdan is toileachas a' chomainn-shòisealta san robh iad fhèin beò mar phàirt. Agus cha b' fhada gus an tàinig a' bhuaidh eòlais sin a-staigh dha na Gàidhealtachdan. Ann an Èirinn bha beul-aithris air a meas mar dhìleab nàiseanta, le eachdraidhean-beatha bho bheulaichean ainmeil air an cur an clò sa Ghaeilge agus na mìltean de chlann-sgoile air feadh na dùthchadh an sàs ann am pròiseact mhòr a' sgrìobhadh sìos na dìleib sin 's ga tasgadh am Baile Àtha Cliath. Mun àm seo bha Iain Latharna Caimbeul (Fear Chanaigh) a' trusadh òran ann an Innse Gall 's a' dol domhainn an sàs ann am beatha, tairbhe 's còraichean an t-sluaigh. Le stèidheachadh Sgoil Eòlais na h-Alba ann an 1951, is luchd-cruinneachaidh leithid Chaluim MhicGhillEathain agus Hamish Henderson air am fastadh, bha an obair san raon-chlàraidh air ìre phroifeiseanta a ruigsinn, 's cha b' fhada gus an tàinig sgrìobhannan a-mach na chois sin a bha na b' fharsainge nan cuid bharail 's na bu bheachdaile mun bhuaidh a bha aig beatha shòisealta nan Gàidheal air an ealain-bheòil. Tha a' bhuaidh seo ri faicinn san leabhar *Folksongs and Folklore of South Uist,* agus gu h-àraid ann an dà aiste a sgrìobh Calum MacGhillEathain a' toirt sùil air sgeulaichean air eileanan mu dheas Innse Gall: an cleachdaidhean, an dòigheannan aithris is aisigidh, agus àite 's luach nan stòireannan nam beatha. Sna trì fichead bliadhna bhon deichead sin, ann an co-bhuinn ri litreachas rannsachaidh sna dùthchannan cèine, tha an ùidh 's an sgrùdadh air sluagh 's suidheachadh sòisealta air buannachd ann an leud 's ann an doimhneachd, a' toirt dhuinn dealbh làn annais is brìgh air bana-bheulaichean, seinneadairean, sgeulaichean, bàird is eile.

Ach cha robh beul-aithris an t-sluaigh riamh na tàmh, 's cha bu mhotha na sin am measg luchd-rannsachaidh. Anns na sgìrean Gàidhealach, ged a bhiodh taighean àraid ann ris an cante na taighean-cèilidh, agus feadhainn a' tighinn annta a bha sònraichte gu seinn, cluich, danns neo aithris, bha buaidh chumhachdach aig a' choimhearsnachd a' ruith thron dualchas a bh' ann 's ri fhaighinn air gach taobh dhith. 'S minig a chualas bhon ghinealach a shiubhail romhainn nach b' e an neach aig an robh an tàlant gu seinn a bha san amharc, ach an t-òran fhèin 's na chuireadh e an cèill mu eòlas beatha, beachdan is dùrachdan a' chòmhlain a bha cruinn san taigh-chèilidh, neo an t-sluaigh a bha beò san sgìre. 'S e an raon-inntinn sòisealta seo a thogas ceistean do dh'eòlaichean beul-aithris, m.e. bhon àm a chluinnear òrain ùra a' chiad turas gan seinn ann an coimhearsnachd, gu dè 's coireach gum bi cuid dhiubh a' mairsinn 's a' fàs ann an cliù, 's feadhainn eile san dearbh àite a' dol à bith gun mhonmhar?

'S e an eachdraidh 's an t-adhartas seo ann an cleachdadh is teòiridheachd eòlais dùthchais ann an Albainn a thug air an ùghdar sgrùdadh a dhèanamh air Uibhist a Tuath mar àrainn dualchais. Neo-'r-thaing nach eil an t-eilean air a dheagh shuidheachadh airson a leithid eadar obair raoin 's sgoilearachd sgrìobhte, le làidireachd cànain agus cuimhne mhath aig muinntir an àite air saoghal daingeann Gàidhealach a mhair fada a-staigh dhan 20mh linn. Ach chan e gum b' e cothrom na Fèinne a bha san dàn dha na Tuathaich san t-seagh seo. Bhon àm a nochd leabhraichean Iain Òig Ìle ann an clò, le taosg de sgrìobhannan foghlamaichte gan leantail chun an là an-diugh, thogadh 'luaidh air meud agus beartas beul-aithris Uibhist a Deas' gu ìre 's gun do dh'fhuirich ionmhas an eilein mu thuath fo sgàil. Cha b' ann mar seo buileach a bha gnothaichean aig luchd-trusaidh a bha a' falbh bho thaigh gu taigh; tha cairt-lann Sgoil Eòlais na h-Alba a' ligeil fhaicinn gu bheil barrachd 's naoi clàraidhean an tasgadh bho thuath mu choinneamh gach deich bho dheas. Agus tha fianaisean eile ann bho shean. Air rèir coltais, 's ann bho shinnsearan às Uibhist a Tuath (a dh'imrich bho thùs às an Eilean Sgitheanach) a thug an sgeulaiche iomraiteach Deasach Donnchadh MacDhòmhnaill a chuid sgeulachdan gaisge. Na bu tràithe, ann an 1815, thàinig am fear-ciùil Alasdair Caimbeul air tìr an Loch nam Madadh 's e air turas à Dùn Èideann a' cruinneachadh nan òran bho bheul-aithris a bha ri nochdadh ann an *Albyn's Anthology*. 'S e Ruairidh Ruadh MacCuidhein, fear aig an robh cliù farsaing is buan mar bheulaiche, a thug an Caimbeulach fo sgèith. Na chunntas tha an Caimbeulach ag innse dhuinn gu robh an ceann 's na guaillean aig MacCuidhein (a bha ag obair dhan oighreachd ann an Càirinis) air neach sam bith a chuala e a thaobh laoidhean na Fèinne, agus 's e a rinn comasach dha eòlas fhaighinn air àireamh de laoidhean, òrain, puirt-à-beul, caoinean is dannsaichean san eilean, agus cuid dhiubh sin a sgrìobhadh sìos. Bidh ainm Ruairidh Ruaidh ri fhaicinn ann an sgrìobhannan is notaichean-raoin às Uibhist a Deas thron 19mh linn mar an neach-aisigidh bhon tàinig cuid mhath dhen stuth beul-aithris as cudromaiche a fhuaireadh san eilean sin.

Tha an leabhar seo a' dol nas fhaide na bhith a' sealltainn dhuinn fad, leud is doimhneachd beul-aithris an àite na co-theacsa. Le sgrùdaidhean is mìneachadh mionaideach air feumalachdan is tairbhe shòisealta beul-aithris na h-eilean fhèin, tha an t-ùghdar a' togail freagairt ghrunndail is chumhachdach dhan dìmeas a chluinnear aig cuid de dh'urracha mòra le pròis an fhoghlaim fhoirmeil a chumas a-mach nach dèan i feum sam bith san t-saoghal seo. Gun teagamh, tha e air leth iomchaidh an deireas-fiosrachaidh seo a chur na thàmh le eòlas bho shluagh dùthchasach a tha còmhnaidh air taobh siar na Roinn Eòrpa fhèin.

Am measg shluaghannan an t-saoghail tha na Gàidheil air leth fortanach gun do dh'aisigeadh an dìleab-inntinn a-nuas thuca thro dhà shruth: dualchas-beòil agus sgrìobhaidhean. Mar a chithear sna tùsan aig deireadh an leabhair, tha am fiosrachadh sna caibideilean bonntaichte air an dà chuid, rud a tha a' riochdachadh le loinn 's aig gach ìre cumadh-inntinn an t-sluaigh agus luach a bheul-aithris nam beatha. San treas caibideil tha teòiridheachd nan eòlaichean a' tighinn beò le sgrùdadh air feumalachdan an dùthchais mar a tha e ga chleachdadh sna coimhearsnachdan. Tha an dà chaibideil a leanas a' toirt cunntas fiosrachail – 's cuid mhòr dheth air a tharraing bho chlàraidhean san tasglann – air inbhe dualchas an eilein san là an-diugh agus a' bhuaidh a tha na caochlaidhean mòra bhon taobh a-muigh air a thoirt air. 'S fhiach na ceistean 's na cuspairean a tha san leabhar seo an togail, oir bidh daoine a' gleac riuth' ann an iomadh ceàrnaidh dhen t-saoghal às a seo a-mach.

Iain Seathach

xvi

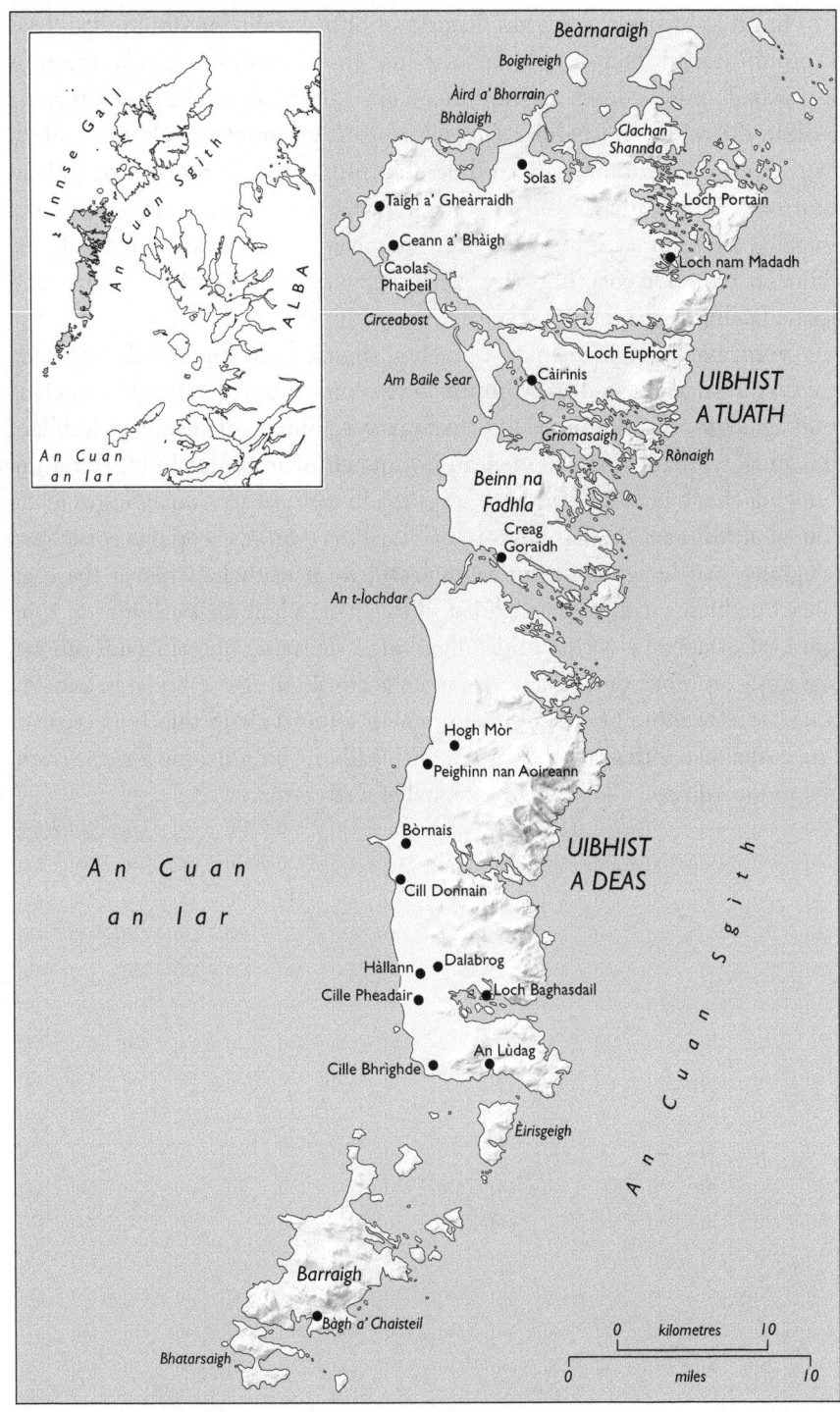

Ro-Ràdh

Tha Uibhist a Tuath suidhichte ann an Innse Gall mu dhà fhichead mìle an iar air tìr-mòr na h-Alba. A dh'aindeoin 's gur ann mar eilean a tha e aithnichte, tha an t-ainm a' gabhail a-steach measgachadh de dh'eileanan beaga mun cuairt air.[1] Chan eil daoine a' fuireach ach air a trì dhe na h-eileanan ìochdrach seo an-diugh[2] an coimeas ri sia-deug dhiubh ann an 1911.[3] Chithear anns na leanas gur e suidheachadh iomallach an eilein a bu mhotha a dh'fhàg Uibhist a Tuath air aon dhe na h-àiteachan as cudromaiche anns an fhicheadamh linn a thaobh beul-aithris na Gàidhlig.

Tha dualchas Gàidhlig Innse Gall air a bhith iomraiteach am measg sgoilearan eadar-nàiseanta tro na linntean a dh'fhalbh. Gu h-eachdraidheil, bha dualchas na Gàidhlig air a thasgadh an dà chuid air bilean an t-sluaigh agus gu ìre nas lugha ann an làmh-sgrìobhaidhean nan sgoilearan bho shean. Ged a tha beachd ann anns an là an-diugh gun robh an dualchas-beòil an crochadh gu ìre bheag no mhòr air choreigin air an dualchas litreachail, 's e an dualchas-beòil[4] a mhair ann an Uibhist a Tuath a-steach dhan fhicheadamh linn. Math dh'fhaodte gur e an obair aig Seumas Mac a' Phearsain, aig an robh buaidh làidir air dùsgadh romansach na Roinn Eòrpa, a thog ùidh ann an cruinneachadh beul-aithris na Gàidhlig (Chapman 1978: 38–52). Thairis air a' cheud gu leth bliadhna a chaidh seachad tha sreath de luchd-cruinneachaidh air a bhith tathaich nan Eilean mu Dheas. Dhiubh sin, 's e Iain Òg Ìle agus Alasdair MacGilleMhìcheil a chomharraich an t-slighe.

B' e Iain Òg Ìle a nochd an toiseach farsaingeachd beartas beul-aithris Uibhist nuair a dh'fhoillsich e àireamh dhe na ceudan de sgeulachdan a chruinnich e fhèin agus luchd-cuideachaidh ann an Uibhist a Deas ann am *Popular Tales of the West Highlands* (Campbell 1860–1862). Chaidh cuid eile dhe na sgeulachdan a thog e fhoillseachadh ann am *More West Highland Tales* (Campbell 1940 & 1960) agus ann a *Waifs and Strays* (Campbell 1889–1895).

Math dh'fhaodte gur e MacGilleMhìcheil a' chiad neach-cruinneachaidh a mhothaich dhan luach a bh' ann a bhith a' faighinn fiosrachaidh co-cheangailte ri suidheachadh na h-aithris a thuilleadh air susbaint na h-aithris fhèin (Thomson 1954: 13). Eadar 1865 agus 1882, chruinnich e mòran fiosrachaidh

---

[1] Tha an t-eilean mòr dà mhìle dheug a dh'fhaid agus ochd mìle deug a leud aig a' char as leatha (Beveridge 1999: 1).
[2] Am Baile Sear le Iollaraigh, Griomasaigh agus Boighreigh.
[3] Am Baile Sear le Iollaraigh, Griomasaigh, Circeabost, Bhàlaigh, Heidhsgeir, Rònaigh, Eilean Lìreabhaigh, An Seann Bhaile, Eilean Steaphain, An t-Eilean Leathann, An Garbh-Eilean, Eilean a' Ghiorr, Eilean na h-Àireadh, Bhorghaigh, Oransaigh (Beveridge 1999: 1–3). Anns an aon dòigh, tha àireamh an t-sluaigh air tuiteam o 3891 ann an 1901 gu 1815 ann an 1991 (Cunntas-sluaigh 1901 agus 1991).
[4] Cha robh leughadh no sgrìobhadh nan cànan mhàthaireil aig a' mhòr-shluagh.

ethnographic a bharrachd air àireamh thomadach de dh'òrain, laoidhean, ùrnaighean, sgeulachdan agus orthachan, air feadh nan Eilean Siar. Tha na sia leabhraichean san t-sreath fon ainm *Carmina Gadelica* air prìomh àite a chosnadh ann an litreachas na Gàidhlig agus, a dh'aindeoin cheistean a tha air nochdadh a thaobh ionracas a' chruinneachaidh, tha aonta am measg sgoilearan Gàidhlig gu bheil e na ionmhas ro luachmhor (MacAonghuis ann an Carmichael 1997: 10–18). Ged a chaidh earrann eile dhe na thog MacGilleMhìcheil a chur gu feum ann an cruinneachaidhean de sgeulachdan agus seanfhaclan a chaidh a dheasachadh le sgoilearan eile,[5] fhuair e mòran stuth, na mheasg nithean a chruinnich e ann an Uibhist a Tuath, nach deach fhoillseachadh fhathast.[6]

Dhùisg an obair aig Iain Òg Ìle agus aig MacGilleMhìcheil dealas ann an cruinneachadh beul-aithris na Gàidhlig air feadh na Gàidhealtachd (Bruford & Macdonald 2003: 24). Rinn Maighstir Ailein Dòmhnallach cruinneachadh dhe gach gnè de bheul-aithris ann an Èirisgeigh eadar 1886 agus 1899. Ged nach deach na chruinnich e fhoillseachadh gu h-iomlan, tha earrann dhen obair aige ri faotainn ann an leabhraichean leithid *Bàrdachd Mhgr Ailein* (1965), *Gaelic Words and Expressions from South Uist and Eriskay* (J.L. Campbell 1991) agus *Eilean na h-Òige* (2002). Tha cuid eile dhith a chaidh a chleachdadh le Goodrich Freer – a rèir cuid,[7] mar a h-obair fhèin.

Chruinnich an t-Urramach Gilleasbuig Dòmhnallach agus an t-Urramach Aonghas Dòmhnallach mòran de dh'òrain Ghàidhlig air feadh Uibhist aig deireadh na naoidheamh linn deug agus chaidh cuid dhiubh sin fhoillseachadh anns a' *Uist Collection* (1894) agus anns an leabhar *The Macdonald Collection of Gaelic Poetry* (1911). Mun aon àm bha Frances Tolmie a' cruinneachadh òran anns an Eilean Sgitheanach (1997).[8] Eadar 1905 agus 1911 chruinnich Marjory Kennedy-Fraser[9] òrain ann an Èirisgeigh, Barraigh, Beinn na Fadhla agus Uibhist a Deas a tha rim faotainn ann an *Songs of the Hebrides* (1909–1921).

Rinn Margaret Fay Shaw cruinneachadh de dh'òrain, duain, ùrnaighean, seanfhaclan agus leigheasan[10] ann an Uibhist a Deas[11] eadar 1929 agus 1935 a

---

[5] Mar eisimpleir Campbell 1860–62; Nicolson 1881.
[6] Faic 'CW index of field notebooks' a chaidh ullachadh le Domhnall Uilleam Stiùbhart, Oilthigh Dhùn Èideann.
[7] Faic J.L. Campbell 1958.
[8] Tha seo air a bhith air a chomharrachadh mar chruinneachadh cudromach leis gu bheil na h-òrain air an seòrsachadh, le eadar-theangachadh, ceòl agus cunntas air gach òran nan cois (Thomson 1954: 14). Tha òrain bho Uibhist a Tuath nan lùib.
[9] Ach tha i air mì-mholadh fhaighinn airson *art song* a dhèanamh de mhith-òran (Thomson 1954: 14).
[10] Air an eadar-theangachadh le cunntas, agus ceòl far a bheil seo iomchaidh, an cois gach nì.
[11] Ged as ann an Uibhist a Tuath a fhuair Peigi agus Màiri NicRàth a thug aoigheachd dhi a' chiad àrach. 'S ann à Beàrnaraigh a bha am màthair agus 's ann à Cinn t-Sàile a bha cuideachd an athar (J.L. Campbell 2000: 50–51; Shaw 1986: 153) agus tha e coltach gum biodh buaidh air a bhith aig a seo air an eòlas.

chaidh fhoillseachadh ann am *Folksongs and Folklore of South Uist* (1955). Eadar 1937 agus 1964 chruinnich an sgoilear Iain Latharna Caimbeul, Fear Chanaigh, agus luchd-cuideachaidh òrain agus sgeulachdan ann am Beinn na Fadhla, Uibhist a Deas, Barraigh, Èirisgeigh agus Bhatarsaigh. Chaidh cuid dhe na h-òrain luaidh a chaidh a chruinneachadh fhoillseachadh le Fear Chanaigh agus Francis Collinson ann a *Hebridean Folksongs* (1969, 1977, 1981). Sgrìobh Fear Chanaigh àireamh de leabhraichean stèidhte air an eòlas a chuir e air dualchas nan Eilean, nam measg *Gaelic in Scottish Education and Life* (1950), *Fr. Allan Macdonald of Eriskay: Priest, Poet and Folklorist* (1954) agus *A Very Civil People* (2000). Dheasaich e mòran a bharrachd, nam measg *A Collection of Highland Rites and Customes* (1975), *Stories from South Uist* (2001), *The Furrow Behind* Me (1997) agus *Gaelic Words and Expressions from South Uist and Eriskay* (1991). Às dèidh deich thar fhichead bliadhna a chur seachad a' cruinneachadh anns na h-Eileanan, b' e a bheachd: 'The Gaelic-speaking Outer Hebrides are the richest storehouse of oral tradition, particularly of traditional folk-song, in Great Britain, if not in western Europe, today' (Campbell & Collinson 1969. Vol. 1: ix).

Ged a bha adhbharan agus cuimisean eadar-dhealaichte air cùlaibh na h-obrach a rinn an luchd-cruinneachaidh agus na sgoilearan a tha mi air ainmeachadh, bha an obair aca air fad farsaing na gnè. Thàinig gnè eile de dh'obair cruinneachaidh am follais anns an fhicheadamh linn a bha a' gabhail a-steach trusadh, deasachadh agus foillseachadh de shaothair aon neach, no na bha aig neach àraid de ghnè àraid de bheul-aithris. Math dh'fhaodte gur ann mar luchd-deasachaidh, seach mar luchd-cruinneachaidh, a bu chòir sealltainn orrasan a bha an sàs anns an obair seo. Nam measg bha Eachann MacDhùghaill, a chruinnich òrain Ruairidh MhicAoidh (MacAoidh 1938); K.C. Craig, a rinn cruinneachadh de sgeulachdan Dhonnchaidh Dhòmhnallaich (1944) agus cruinneachadh de dh'òrain luaidh Màiri nighean Alasdair (1949); Somhairle MacMhaoilein, a dheasaich bàrdachd Dhòmhnaill Mhic an t-Saoir (Dòmhnallach 1968); an t-Urramach Uilleam MacMhathain, a dheasaich òrain Iain MhicCodrum (1938); Dòmhnall Eàirdsidh Dòmhnallach, a chruinnich agus a dheasaich cuid dhe na sgeulachdan a bha aig Pàdruig Moireasdan (Moireasdan 1977); Seonaidh Ailig Mac a' Phearsain is Fred MacAmhlaidh, a chruinnich agus a dheasaich bàrdachd Dhòmhnaill Ruaidh Chorùna (Dòmhnallach 1969, 1995); agus Bill Innes, a chruinnich agus a dheasaich bàrdachd Dhòmhnaill Iain Dhonnchaidh (MacDhòmhnaill 1998).

Às dèidh an Dara Cogaidh thàinig atharrachadh air modhan-obrach luchd-rannsachaidh beul-aithris anns na h-Eileanan mu Dheas. Bha seo mar thoradh air an obair a bha Séamus Ó Duilearga,[12] a bha na neach-stiùiridh air Coimisiún

---

[12] Neo, mar a chanar ris cuideachd, James Hamilton Delargy.

Béaloideasa Éireann (*Irish Folklore Commission*), air a dhèanamh ann an Èirinn agus air an obair a bha an t-Ollamh Aonghas Mac an Tòisich air a dhèanamh an cois an *Linguistic Survey of Scotland*. Mar thoradh air an obair seo chaidh Sgoil Eòlais na h-Alba a stèidheachadh ann an 1951 agus chaidh cruth na bu rianaile a chur air obair cruinneachaidh anns na h-Eileanan. B' e pàirt de dhleastanas na Sgoile na bha fhathast ri fhaotainn de bheul-aithris na Gàidhlig a chruinneachadh, a thasgadh agus a sgrùdadh (Sanderson 1957: 5). Ged a bha sgoilearan mar a bha Ailein Lomax, Eric Cregeen, an t-Ollamh Coinneach Jackson agus an Dr Ailein Bruford, aig an robh cliù eadar-nàiseanta mar luchd-rannsachaidh beul-aithris, an sàs anns an obair, 's e na sgoilearan Gàidhlig, leithid Chaluim MhicGhillEathain,[13] Sheumais Rois, Dhòmhnaill Eàirdsidh Dhòmhnallaich, an Dr Iain MhicAonghuis agus Aonghais Iain Dhòmhnallaich, a bu mhotha a chruinnich de bheul-aithris agus de dh'fhiosrachadh mu cho-theacsa sòisealta an dualchais-bheòil.

Tha sgoilearan antropeòlais cuideachd air a bhith a' rannsachadh anns na h-Eileanan an Iar thairis air an leth-cheud bliadhna a dh'fhalbh. Am measg na h-obrach as ainmeile tha an rannsachadh a rinn Frank Vallee ann am Barraigh (1954); an rannsachadh a rinn Trefor Owen ann an Uibhist a Tuath (1958); agus an rannsachadh a rinn Susan Parman ann an Leòdhas (1990), anns a bheil earrann de dh'fhiosrachadh mu shuidheachaidhean-aithris, gnèithean beul-aithris agus cleachdaidhean co-cheangailte ris an aithris.[14]

Tha na chaidh a sgrìobhadh a' moladh agus a' dèanamh luaidh air meud agus beartas beul-aithris Uibhist a Deas[15] air cliù a thoirt dha mar an t-àite as cudromaiche a tha ann a thaobh beul-aithris na Gàidhlig: '... for richness in oral tradition, no area in these islands – not excepting even the west of Ireland – can compare with South Uist' (Megaw ann am Maclean 1991: 17).[16]

Ri linn seo chan e a-mhàin gun deachaidh dearmad a dhèanamh air beul-aithris Uibhist a Tuath ach bha am beagan a chaidh a sgrìobhadh mu deidhinn ag àicheadh na bha ri fhaighinn agus a' dèanamh dealbh mhì-choileanta air an t-suidheachadh agus air luach na bha ann: '... these tales are nearly gone, and this I believe to be owing ... partly to bigoted religious ideas, and partly to narrow utilitarian views' (Eachainn MacGhillEathain ann an J.F. Campbell 1983. Vol. 1: v–vi).

---

[13] Bha esan air a bhith ag obair aig.Coimisiún Béaloideasa Éireann.
[14] Faic Chapman 1978 airson sgrùdadh litreachais (*textual analysis*) air an sgoilearachd seo. F.c. S. Macdonald 1997.
[15] J.F. Campbell 1983; Shaw 1986; J.L. Campbell 1966, 1991, 2000; MacLean 1952, 1953–59, 1957, 1991; MacMillan ed. 1968; MacDhòmhnaill 1998; J.A. Macdonald 1999; A. MacLellan 1997; A. MacLellan 2001; MacDhòmhnaill 1981; D. Macdonald 2000; D.A. MacDonald 1972, 1978, 1983, 1993–4; Bruford 1978, 1978–79, 1983, 2003.
[16] F.c. J.L. Campbell ann am MacLellan 2001: xv.

B' e an fhìrinn gun do chruinnich Sgoil Eòlais na h-Alba còrr agus sia ceud clàr ann an Uibhist a Tuath eadar 1951 agus 1975 air an robh sgeulachdan eadar-nàiseanta, sgeulachdan mu Oisean 's mu Fhionn, uirsgeil eachdraidheil agus os-nàdarrach agus sgeulachdan romansach agus gaisgeil,[17] a bharrachd air òrain, laoidhean, seanfhaclan, tòimhseachain, eachdraidh agus eile. 'S e glè bheag de dh'obair sgoilearachd a chaidh a dhèanamh air na chaidh a chruinneachadh, ge-tà. Mar a thuirt Dòmhnall Eàirdsidh Dòmhnallach, 'the School ... is possibly only in very recent years becoming officially concerned with publication and dissemination' (D.A. MacDonald 1988). A-mach air an leabhar aig Pàdruig Moireasdan agus an leabhar aig Bruford agus an Dòmhnallach, agus àireamh nach eil mòr de riochdan sgrìobhte a tha air nochdadh ann an *Tocher* agus ann an *Scottish Studies* thairis air na bliadhnaichean, 's e BBC Rèidio nan Gàidheal as motha a tha air feum a dhèanamh dhe na clàran ann am prògraman leithid *Sruth an Eòlais*. Mar a sgrìobh Chapman mu shuidheachadh Èirinn, 'such material ... is valueless if it is merely stored in a box' (1978: 137).[18]

Tha fianais ann gun deachaidh dìmeas agus dearmad a dhèanamh air beul-aithris Uibhist a Tuath le sgoilearan an ama. Tha seo a' fàgail gu bheil beàrn mhòr ann an eòlas sgoilearan an là an-diugh, agus ann an eòlas a' mhòr-shluaigh, a thaobh beartas na bha ri fhaotainn anns an fhicheadamh linn. Mar a sgrìobh Butler a thaobh dràma Ghàidhlig, 'in the absence of any intimations that Gaelic drama might exist, nothing is suspected' (1994: 3).

Às dèidh dhaibh luchd-aithris leithid Dhonnchaidh mhic Dhòmhnaill 'ac Dhonnchaidh (Donnchadh Clachair) agus Ceit, Bean Eàirdsidh Raghnaill, a lorg ann an Uibhist a Deas agus luchd-aithris leithid Chaluim agus Anna Sheonstan a lorg ann am Barraigh, tha e coltach gun robh faireachdainn an lùib nan sgoilearan Gàidhlig nach b' urrainn dhaibh tòiseachadh air cruinneachadh ann an àite sam bith eile gus an robh iad air crìoch a chur air cruinneachadh anns na h-eileanan sin. Math dh'fhaodte gun robhar a' smaointinn cuideachd nach robh a leithid ri fhaotainn ann an àite sam bith eile.[19] Ge brith carson, bha cruinneachadh ann an àiteachan eile air a chur an dara taobh. Chithear bho mheud agus susbaint na chruinnich Aonghas Iain Dòmhnallach ann an Uibhist a Tuath eadar 1968 agus 1972 gur e taghadh caran cumhang a rinn iad. Chaidh innse le aithreachas dhan Dòmhnallach gun robh daoine aig an robh mòran a

---

[17] Tha leabhraichean a' Mhoireasdanaich 1977 agus Bruford & MacDonald 2003 a' toirt dhuinn eisimpleirean dhiubh sin.
[18] Cf. Hallowell ann am Bascom 1954: 334.
[19] Cf. Calum MacGhillEathain a-mach air oileanaich beul-aithris ann an co-theacsa *death divination*: '... completely disregard the possibility of any surviving beliefs and practices and tend to jump to hasty conclusions' (*TGSI* 42: 58).

bharrachd de bheul-aithris air a bhith beò ann an Uibhist a Tuath aig toiseach nan Leth-cheudan, aig a' cheart àm 's a bhathar a' clàradh ann an Uibhist a Deas.[20] Cò aig' a tha fios nan robh luchd-cruinneachaidh air leithid Dhonnchaidh mhic Dhòmhnaill 'ac Dhonnchaidh agus Aonghais Bharraich, a bhàsaich le chèile ann an 1954, fhaighinn air clàr ann an Uibhist a Tuath, nach biodh an dealbh gu math eadar-dhealaichte.

Chan eil teagamh nach robh buaidh aig a' bheachd gun robh na soisgeulaichean gu ìre mhòir air cur às dha na bha luachmhor anns na h-eileanan Pròstanach air mar a thachair. Tha e coltach gun robh an t-eòlas a fhuair Calum MacGhillEathain air suidheachadh beul-aithris ann an Èirinn ga dhaingneachadh anns a' bheachd seo:

> It was a sheer delight to find so much tradition alive in North Uist because Calum's collecting had largely been in South Uist and Barra previously to that. We had been more or less fed by the doctrine that tradition had survived in the Catholic islands and not on the Presbyterian islands and here was all that stuff lying, not as immediately accessible on the surface, but just below the surface from the Presbyterian communities.   (D.A. MacDonald 1988)[21]

Tha e coltach a bharrachd gun robh buaidh na bu treasa na shaoileadh iad fhèin aig an àm aig beachdan leithid Fear Chanaigh (a rinn a chuid a bu mhotha dhen obair chruinneachaidh aige, gach taobh dhen chuan, ann an sgìrean Caitligeach) air an taghadh a rinn na sgoilearan Gàidhlig a thaobh dè bha ri fhaotainn agus càite am bu dòcha a bhitheadh e. Tha aon rud dearbhte: ann a bhith a' seachnadh Leòdhais agus na Hearadh anns an obair chruinneachaidh aca; ann a bhith a' dèanamh maill ann a bhith a' tòiseachadh air cruinneachadh farsaing ann an Uibhist a Tuath; ann a bhith a' taghadh stuth à Uibhist a Deas fhoillseachadh air thoiseach air stuth à Uibhist a Tuath, chuir sgoilearan Gàidhlig, math dh'fhaodte gun fhiosta dhaibh fhèin, ris a' bheachd seo.

Chan eil ach glè bheag de sgoilearachd a tha a' bualadh air beatha shòisealta nan Eileanach a chaidh a dhèanamh le Gàidheil (Chapman 1978: 228). Tha connspaid taobh a-staigh saoghal na Gàidhlig a thaobh fìrinn cuid dhen obair sin leis gu bheil na Gàidheil amharasach gu bheil cuid dhe na beachdan a tha air tighinn am bàrr ag èirigh à sealladh cumhang agus aineolach – cumhang a thaobh nan teòiridhean a tha na sgoilearan airson a dhearbhadh agus iad gun eòlas a thaobh feallsanachd an dualchais air an robhar a' breithneachadh: 'The Gaidhealtachd of Scotland has long suffered from interpretation by outsiders;

---

[20] Cf. Shaw ann am MacNeil 1987: xxi–xxii.
[21] Cf. J.F. Campbell 1983: Vol. 1: xx 'buried alive'; Carmichael 1983. Vol. 1: xl; Meek 1996a: 43; Meek 1996b: 7.

some scholarly, some ignorant, some hostile, some sympathetic and, worst of all, some romantic' (D.C. Fraser 1993: 73).

Tha a' chasaid air a togail gun robh leiteachas an lùib sgoilearan a' nochdadh cheistean a thaobh buannachd sgoilearachd a tha stèidhte air rannsachadh a tha air a ghabhail os làimh le sgoilearan o thaobh a-muigh an dualchais, seach sgoilearachd a tha stèidhte air rannsachadh a tha air a ghabhail os làimh le sgoilearan on taobh a-staigh dheth (faic Finnegan 1996: 26, 127 a-mach air dòighean seallaidh *etic* agus *emic*). Air an dara làimh, tha co-dhùnaidhean teòiridheachd an sgoileir on taobh a-muigh stèidhte a-mhàin air dealbh a chunnaic e le a dhà shùil fhèin. Air an làimh eile, tha co-dhùnaidhean an sgoileir on taobh a-staigh stèidhte air eòlas àraich fhèin. Tha am modh-obrach ris an canar *participant-observation* eadar an dà shuidheachadh seo agus e stèidhte air a bhith a' feuchainn ri rudan fhaicinn bho 'the native's point of view' (Malinowski 1926: 25). Tha seo a' ciallachadh gu bheil luchd-rannsachaidh, nach fheum a bhith on dualchas, a' sireadh agus a' cur luach air beachdan na coimhearsnachd[22] mus toirear a-steach beachdan eile (Macdonald 1997: xviii).[23] Tha seo a' nochdadh cheistean a thaobh na h-ìre gu 'n amais luchd-antropeòlais air seasamh ann an làrach nan daoine a thathar a' rannsachadh. A rèir Benedict: 'No man can thoroughly participate in any culture unless he has been brought up and has lived according to its forms …' (1952: 26).

Tha cuid dhe na cunnartan a tha sgrùdadh on taobh a-muigh buailteach a nochdadh stèidhte air cion eòlais a thaobh cànain no a thaobh eachdraidh agus freumhan an dualchais. Tha e soilleir, mar eisimpleir, nach robh làn-thuigse aig Parman (1990), am measg eile, air farsaingeachd no doimhneachd an àite a bha aig càirdeas ann am beatha nan daoine (MacKay ann an S. Macdonald *et al.* 2004: 172) no air cho fìor bheag agus a bha a' bhuaidh a bha aig na Fuadaichean air beachdan-inntinn na coimhearsnachd (MacLeod ann an S. Macdonald *et al.* 2004: 173). Cha robh i mothachail na bu mhotha gun robh cuid de mhuinntir an àite, math dh'fhaodte, a' toirt a' char aiste aig amannan (*ibid*.).[24] Chithear mar a dh'fhaodadh neach-rannsachaidh gun eòlas mìneachadh meallta a chur ri cleachdaidhean àraid:

> Without an understanding of history or of wider political, economic and cultural relations, it was easy to assume that anything apparently unfamiliar was original, distinctive and longstanding to that locality … it would be a mistake to impute meanings to cultural practices solely on the basis of outside classifications. (Macdonald 1997: 8, 10)

---

[22] Faic Pahl 1970: 100–113 airson beachdachadh air 'community and locality'.
[23] F.c. Hammersley & Atkinson 1995: 139–141.
[24] F.c. Fletcher & La Flesche ann am Barnes 1984: 19.

Mar a sgrìobh Benedict:

> ... the only way in which we can know the significance of the selected detail of behaviour is against the background of the motives and emotions and values that are institutionalized in that culture. The first essential ... is to study the living culture, to know its habits of thought and the functions of its institutions ...
>
> (1952: 35)

Tha e aithnichte gu bheil duilgheadasan tric an cois rannsachaidh o thaobh a-muigh dualchais ann a bhith a' faighinn fiosrachaidh o thaobh a-staigh an dualchais sin (Macdonald 1997: 17), agus gu seachd àraid far nach eil comas labhairt aig luchd-rannsachaidh ann an cànan an dualchais (Ó Súilleabháin ann am Maclean 1991: 13–14). Chan eil rian nach eil cunnartan an cois suidheachaidh far nach eil luchd-rannsachaidh agus luchd-fiosrachaidh le chèile fileanta anns an dà chànan. Math dh'fhaodte nach tuigeadh luchd-fiosrachaidh brìgh na ceiste no gun togadh luchd-rannsachaidh breithneachadh nach robh air a chiallachadh bho fhreagairt air sgàth 's gun robh an fhreagairt sin air a cruthachadh ann an Gàidhlig ach air a h-aithris ann am Beurla. Leis gun robh Gàidhlig nan Eileanach làn ghnàthasan-cainnte, cha bhiodh dòigh aig neach-fiosrachaidh air brìgh co-ionnan a chur an cèill ann am Beurla.

Ach chan eil sgoilearachd stèidhte air rannsachadh fèin-dhualchais gun duilgheadasan na lùib: tha duilgheadas gu h-àraid ann a bhith a' faicinn fianais, leithid chleachdaidhean àraid nach eil daoine o thaobh a-staigh an dualchais math dh'fhaodte a' faicinn mar annas, bho shealladh dealaichte agus bhon am faodar coimeas a dhèanamh. Mar sin cha b' fhuilear do luchd-rannsachaidh a bhith furachail mus cuir fèin-eòlas fiaradh air fìrinn na fianais a tha mun coinneamh (Finnegan 1996: 55; D.A. MacDonald 1972: 427). Tha ceist a' nochdadh, mar sin, co-dhiù a thèid aig cuideigin o thaobh a-staigh dualchais àraid air an dualchas sin a dhealbhachadh ann an dòigh a tha cothromach (MacLeod ann an S. Macdonald *et al.* 2004: 173). Tha e aithnichte, far a bheil mion-chànan air a cleachdadh ann an coimhearsnachd, gu bheil eòlas air dualchainnt agus feallsanachd nan daoine na bhuannachd ann a bhith a' trusadh fiosrachaidh, ged a dh'fheumas iad a bhith mothachail cuideachd nach eil làn-eòlas aig neach sam bith (Maclean 1991: 14; D.A. MacDonald 1972: 407).

A dh'aindeoin an eòlais air a' chànain agus air feallsanachd na coimhearsnachd – a dh'fhàgadh Eileanaich cofhurtail nan cuideachd – cha robh obair luchd-cruinneachaidh Gàidhlig na Sgoil Eòlais às aonais dhuilgheadasan. Seach nach robh dòigh air mion-eòlas a bhith aca air sluagh gach sgìre anns an robhar a' cruinneachadh, bha iad ann an iomadach coimhearsnachd, mar a bha na Goill, an ìre mhòr an urra ri comhairle muinntir na sgìre, mar a bha Calum MacGhillEathain an urra ri eòlas a bhràthar, an Dr Alasdair MacGhillEathain, ann an Uibhist a Deas. Glè thric, ge-tà, 's e fireannach le Beurla, leithid maighstir-sgoile, pears'-eaglais no dotair, air am bite a' sireadh comhairle air cò bu chòir a chlàradh (Maclean 1991: 14),[25] co-dhiù bha eòlas mionaideach aca air eòlaichean na coimhearsnachd gus nach robh.

Tha e coltach gum biodh buaidh làidir air a bhith aig dòigh luchd-fiosrachaidh a thaobh cò chaidh a chlàradh air sgàth 's gum biodh luchd-cruinneachaidh nas buailtiche stiùireadh fhaighinn gu neach beothail, aoigheil a bha aithnichte mar eòlaiche na bhitheadh iad gu fear socharach, diùid nach robh a' leigeil ris a chuid eòlais. Chithear seo ann a bhith a' meòrachadh air mar nach d' fhuair luchd-cruinneachaidh cothrom air eòlas a chur air na bha aig Niall, bràthair Dhonnchaidh mhic Dhòmhnaill 'ac Dhonnchaidh, de bheul-aithris (Innes ann am MacDhòmhnaill 1998: viii).[26] Bha buaidh aig pearsantachd agus geurchuiseachd an luchd-cruinneachaidh air a' ghnothach cuideachd (D.A. MacDonald 1972: 416).

Bha buaidh shònraichte aig eòlas ionadail agus leanailteachd luchd-cruinneachaidh ann a bhith a' lorg cuid dhen luchd-fiosrachaidh a bu luachmhoire a chaidh a chlàradh ann an Uibhist. Tha seo air a dhearbhadh le mar a thug Aonghas Iain Dòmhnallach Dòmhnall Alasdair Seonstan gu aire nan sgoilearan Gàidhlig, còrr agus còig bliadhna fichead às dèidh do Sgoil Eòlais na h-Alba tòiseachadh air clàradh ann an Uibhist a Deas (*SS* 1970: 133; *Tocher* 2: 36–37).[27] Ach bha iad cuideachd an eisimeil fortain. Chithear seo anns an dòigh anns an deach Ceit Dhòmhnallach a thoirt gu aire Chaluim MhicGhillEathain nuair a dh'amais Eàirdsidh Dòmhnallach a ràdh ris gun robh aon òran àraid aig a bhean (*Tocher* 27: 132). Bhiodh buaidh air a bhith aig modhannan na linn air obair nan sgoilearan Gàidhlig cuideachd, agus iad mothachail, mar eisimpleir, gur dòcha nach biodh e iomchaidh do dh'fhireannach tadhal air boireannach a bha a-staigh leatha fhèin.

Tha clàran na Sgoil Eòlais a' nochdadh gun robh cleachdadh an lùib luchd-cruinneachaidh Gàidhlig a bhith a' tilleadh air ais gu neach-fiosrachaidh àraid uair is uair. Ann a bhith a' gabhail ùine eòlas a chur air na daoine, bha an luchd-rannsachaidh a' cosnadh earbsa nan daoine fhèin (D.A. MacDonald 1972: 416, 424). Ged nach robh mòran a' tighinn am follais air uairean anns a' chiad

---

[25] F.c. D.A. MacDonald 1972: 414.
[26] Cf. *Tocher* 33: 148; Dégh agus Vazsonyi ann am Ben-Amos 1975: 211.
[27] Ann a bhith a' lìbhrigeadh a chuid eòlais dh'atharraich inbhe D.A.S. bho *passive bearer* gu *active bearer*. Cf. Delargy 1945: 189; Shaw ann am MacNeil 1987: xxxi; Ó Laoire 2002: 80–84.

chlàradh, bhiodh an còmhradh eatarra ag ùrachadh aithne an luchd-fiosrachaidh air seann rudan agus a' dùsgadh cuimhneachan air am bruidhneadh iad aig an ath choinneamh (mar a chaidh innse dhomh le Aonghas Iain Dòmhnallach 8/06).[28]

B' fhiach a nochdadh gun robh na sgoilearan Gàidhlig uaireannan a' cruthachadh shuidheachaidhean-aithris a dh'aon ghnothach airson òrain agus eile a chruinneachadh. Bha cuid dhe na cèilidhean a chlàr Calum MacGhillEathain ann an taigh a bhràthar a' tarraing dhaoine àraid bho sgìrean sgapte còmhla agus bha buaidh aig a seo air cò bha an làthair, air an dòigh anns an robh an cèilidh air a riaghladh agus gnè na bha air aithris – nithean a bha a' fàgail nach robh na cèilidhean a' riochdachadh na coimhearsnachd anns an deach an clàradh. Tha aonta ann gu bheil buannachd ann a bhith a' cruinneachadh beul-aithris ann an suidheachadh nàdarra (Thomson 1954: 15; D.A. MacDonald 1972: 427–428). Tha ceist ann, ge-tà, an tèid aig sgoilear sam bith air sin a dhèanamh. A rèir cuid, tha atharrachadh a' tighinn air suidheachadh-aithris sam bith far a bheil luchd-rannsachaidh sa chuideachd: '... like all other observers she disturbs while she observes' (MacLeod ann an S. Macdonald et al. 2004: 172).[29] A rèir Dhòmhnaill Eàirdsidh Dhòmhnallaich, ge-tà, chan eil maicreafon a' cur casg air luchd-aithris far a bheil bàidh air a cruthachadh ro-làimh:

> Once you got them going and did the obvious thing of establishing rapport ... they would rapidly forget the presence of the microphone even though it was sitting in front of them, and they could tell their story or sing their song to you: you were their audience. (D.A. MacDonald 1988)[30]

Ged a chaidh mòran dhe na seòrsachan cheistean a bha leithid Leach (1962: 338) agus Uí Shúilleabháin (1942: 556–557) a' moladh do sgoilearan a chleachdadh aig na sgoilearan Gàidhlig, 's e call a tha ann nach deach barrachd a thaobh co-theacsa sòisealta beul-aithris Uibhist a chlàradh. Chan eil mòran teagaimh ann nach b' e an eòlas fhèin air na suidheachaidhean-aithris – agus sin fhathast ri fhaotainn, no ann an cuimhne a' mhòr-shluaigh aig an àm – a thug orra gun iarraidh air luchd-fiosrachaidh rudan sònraichte a dhealbhachadh no a mhìneachadh; bhite a' smaoineachadh orra mar rudan air an robh a h-uile duine eòlach agus fiosrach a-cheana. 'S e seo deagh eisimpleir de chunnart a

---

[28] F.c. D.A. MacDonald 1972: 424; Shaw ann am MacNeil 1987: xxi.
[29] F.c. Delargy 1945: 16; Vento 1989: 99–100.
[30] F.c. D.A. MacDonald 1972: 417–20.

tha an cois rannsachadh do dhualchais fhèin (Finnegan 1996: 55). Feumar a bhith mothachail cuideachd gun robh na sgoilearan air an cuingealachadh a thaobh ùine. Mar a thuirt Dòmhnaill Eàirdsidh Dòmhnallach, 'it was very much a race against time … getting the material before it was too late' (D.A. MacDonald 1988).[31] A bharrachd air a seo, cha robh an aon inbhe aig cuspairean sòisealta mar roinn rannsachaidh àraid aig an àm sin agus a tha aca anns an là an-diugh.

Tha mise a' gabhail an rannsachaidh seo os làimh mar neach a chaidh a thogail ann an Uibhist a Tuath, le athair Gallta agus màthair bhon dualchas. Tha an obair seo mar sin an ìre mhòr stèidhte air oideachadh agus eòlas a fhuaradh taobh a-staigh an dualchais. Tha fianais ann gu bheil buannachd ann a bhith a' gabhail rannsachaidh dhen t-seòrsa seo os làimh bhon t-sealladh seo:

> Communities where an oral tradition predominates are so much out of the experience of the modern Western world that it is extremely difficult for anyone without first-hand knowledge to imagine how a language can be cultivated without being written to any extent, or what an oral literature is like, or how it is propagated from generation to generation.   (J.L. Campbell 1968: 6)

'S e prìomh amas an leabhair beul-aithris Uibhist a Tuath a chur ann an co-theacsa sòisealta na ficheadamh linn (a' gabhail ealla ri mar a bha deifir roinnean taobh a-staigh na linne), agus às a sin, mion-sgrùdadh cothromach a dhèanamh air leantalachd beul-aithris an eilein.

Math dh'fhaodte gur h-ann ann an ro-ràdh *Folksongs and Folklore of South Uist* (Shaw 1955) a tha a' chiad oidhirp air a leithid seo a dhèanamh ann an Alba[32] ri fhaotainn. Bhon uair sin tha àite nan òran Gàidhlig anns a' choimhearsnachd, agus anns a' chomann-shòisealta anns an fharsaingeachd, air a bhith air a rannsachadh leis an Athair Urramach Dhòmhnallach ann an Uibhist a Deas (J.A. Macdonald 1999), le McKean anns an Eilean Sgitheanach (1997) agus leis an Dr Seathach ann an Ceap Breatann (Shaw ann am MacLellan 2000). Tha rannsachadh nan sgoilearan sin air fad stèidhte air beatha, saothair agus lèirsinn aon neach ann an coimhearsnachd àraid. Tha mise a' cur romham an obair a rinn iadsan a leudachadh fo thrì cinn:

1. Cha bhiodh e iomchaidh mion-sgrùdadh air leantalachd beul-aithris Uibhist a Tuath a stèidheachadh air eòlas agus beachdan

---

[31] F.c. Nicolaisen ann an *Tocher* 39: 90.
[32] Bha Freeman an sàs ann an obair dhen t-seòrsa seo ann an Èirinn mun aon àm. Faic m.e. Freeman 1927.

aon neach air sgàth 's nach eil rian gum biodh eòlas aig neach sam bith air gach suidheachadh no air gach dòigh anns an robh gach gnè de bheul-aithris air a h-ionnsachadh, air a giùlan no air a lìbhrigeadh. Tha seo gu h-àraid cudromach far a bheil sgaradh nochdte eadar àite agus inbhe nam fear agus nam ban anns a' chomann-shòisealta a thathar a' rannsachadh. Airson àite nam fear agus nam ban a thaobh leantalachd beul-aithris a thomhas – cuspair air nach eil mòran de sgoilearachd na Gàidhlig air bualadh gu ruige seo – tha e riatanach gun tig fiosrachadh mu eòlas agus beachdan nam ban, a bharrachd air fianais nam fear, am follais.

2. Thuige seo tha a' mhòr-chuid de sgoilearachd co-cheangailte ri beul-aithris Ghàidhlig nan Eilean stèidhte air aon ghnè de bheul-aithris (mar bu trice òrain, sgeulachdan no seanfhaclan), air aon suidheachadh anns an robh i ri cluinntinn (mar bu trice an taigh-cèilidh) no air aon chuspair àraid anns a bheil ùidh aig sgoilearan eadar-nàiseanta (mar eisimpleir, cuimhne nan sgeulaichean). Ann a bhith a' rannsachadh leantalachd beul-aithris feumar a bhith mothachail air an dòigh anns an robh cuid dhe na gnèithean agus na cuspairean sin a' bualadh air a chèile, no fiù a' dol thairis air a chèile, a thaobh seòrsachd, a thaobh cò bhiodh gan lìbhrigeadh agus a thaobh suidheachaidhean-aithris. Tha an dlùth-cheangal seo ag adhbhrachadh nach gabh dealbh chothromach a chruthachadh gun eòlas air gach gnè de bheul-aithris agus air gach suidheachadh sòisealta anns an robh i ri cluinntinn.

3. Thuige seo tha a' chuid as motha de sgoilearachd co-cheangailte ri beul-aithris Ghàidhlig nan Eilean no beatha shòisealta nan daoine stèidhte air fianais bho aon bhaile (Parman 1990) no bho sgìre àraid de dh'eilean (Owen 1957, 1958; McKean 1997; J.A. Macdonald 1999). A chionn 's gun robh coimhearsnachdan ann an Uibhist a Tuath suas gu deireadh nan 1960an a bha air leth bho chèile air sgàth cumadh an eilein agus a thaobh eadar-dhealachadh ann an teachd-an-tìr nan daoine agus a thaobh na h-eaglais a bhathar a' frithealadh, tha e cudromach fiosrachadh a chleachdadh bho gach sgìre airson nach tèid cuingealachadh a dhèanamh air freumhan na fianais air a bheil co-dhùnaidhean an leabhair seo gus a bhith stèidhte.

Roghnaich mi an leabhar seo (agus an tràchdas air a bheil e stèidhte) a sgrìobhadh ann an Gàidhlig bhon as i cànan an dualchais. A dh'aindeoin an luach a bha leithid Uí Shúilleabháin a' cur air eòlas cànain ann a bhith a' cruinneachadh beul-aithris (Maclean 1991: 13–14) agus a dh'aindeoin ùidh agus mion-eòlas sgoilearan leithid Chaluim MhicGhillEathain agus Dhòmhnaill Eàirdsidh Dhòmhnallaich a thaobh na Gàidhlig, 's e glè bheag de dh'obair sgoilearachd a rinneadh anns a' chànain.[33] Tha seo a' togail ceist a thaobh inbhe na cànain: an e roghainn a rinn na sgoilearan airson gum biodh an obair aca air a meas ri taobh sgoilearachd eadar-nàiseanta beul-aithris (mar a thachair ann an Èirinn: Ó Duilearga 1999: 153), no a bheil riochd-inntinn am measg nan Gàidheal fhèin nach e cànan sgoilearachd a tha ann an Gàidhlig? Tha an suidheachadh doirbh a mhìneachadh mu choinneamh na tha ri fhaotainn de obair sgoilearachd ann an Gàidhlig na h-Èireann[34] agus anns a' chànain Nirribhich.[35]

Ann a bhith mothachail gun robh gnàthasan-cainnte[36] air am fighe gu dlùth tro dhualchainnt Uibhist anns an fhicheadamh linn, chan eil rian nach biodh brìgh agus feallsanachd fianais a chaidh aithris ann an Gàidhlig air an lagachadh le bhith gam foillseachadh tron Bheurla. Tha sgoilearachd tro na linntean air fhaicinn ceart gum biodh e air a dhèanamh soilleir nach eil an dà chànan co-ionnan a thaobh brìgh no a thaobh gràmair a bharrachd (J.L. Campbell 1969: 4, ann am MacLellan 1997: ix agus ann am MacLellan 2001: xii–xiv; Shaw ann am MacLellan 2000: xxvi–xxvii; Bruford & MacDonald 2003: 30).[37] Tha cion eòlais ann an cànan an dualchais a thathar a' rannsachadh air crìochan obair sgoilearachd a chuingealachadh: 'lack of facility in Celtic languages … precluded any excursion into related fields such as the question of transmission' (Martin 2001: 386). Tha Barnes a' daingneachadh a' bheachd seo: '… religion, ritual, myth, oral literature, and music – subjects that demand competence in the Omaha language' (Barnes 1984: 4). Chithear mar sin gu bheil buannachd ann a bhith a' sgrìobhadh anns a' chànain anns a bheilear a' rannsachadh.

Chan eil an roghainn a rinn mi air a bhith às aonais dhuilgheadasan, ge-tà. Tha na dòighean iomadh-fhillte anns a bheil an dà chànan eadar-dhealaichte air duilgheadasan àraid a thogail a thaobh eadar-theangachaidh agus briathrachais far a bheil feum air tarraing a thoirt air teòiridh agus air sgoilearachd eadar-nàiseanta. Chan eil àite far a bheil seo nas riatanaiche no nas bunaitiche na ann a bhith a' mìneachadh dè dìreach a tha mi a' ciallachadh le bhith a' cleachdadh an fhacail 'beul-aithris'.

---

[33] Airson eisimpleirean de sgoilearachd sa Ghàidhlig faic Meek 1998, 2002, 2010; MacInnes 2006.
[34] M.e. Ó Súilleabháin; Ó Giolláin; Ó Laoire; *Béaloideas*.
[35] *ARV*.
[36] Airson cruinneachadh dhiubh faic Duncan MacDonald 1932.
[37] Cf. Siikala 1989: 9.

Tha faclair Robertson and MacDonald a' mìneachadh beul-aithris mar '*oral tradition, folklore*' (2004: 16), ach chan eil an dà abairt seo faisg air a bhith co-ionnan ann an sgoilearachd na Beurla (Finnegan 1996: 7–12). Chan eil aonta fiù 's taobh a-staigh raon rannsachaidh antropeòlais agus beul-aithris a thaobh dè dìreach a tha gach abairt a' gabhail a-steach, agus tha an t-iomadh seagh a tha aca a' dèanamh mìneachadh cinnteach doirbh ann am Beurla (Henige 1982: 2, Finnegan 1996: 7–12). Tha deasbad ann cuideachd a thaobh dè dìreach a tha faclan leithid *oral history, oral narrative, folktales* agus *folksong* a' gabhail a-steach. Cha ruigear a leas san leabhar seo, ge-tà, mion-sgrùdadh a dhèanamh air a' mhì-chinnt seo no beachd a ghabhail air, bho nach eil na duilgheadasan a tha a' nochdadh air mar a tha na faclan Beurla air an cleachdadh a' bualadh air an fhacal 'beul-aithris' ann an Gàidhlig idir.

Tha na tha beul-aithris a' ciallachadh na phàirt cho bunaiteach dhen dualchas Ghàidhlig 's nach eil e air a bhith na chuspair connspaid no deasbaid ann an raon sgoilearachd. A dh'aindeoin 's gu bheil seo a' fàgail nach eil mìneachadh dearbhte ann, tha an dòigh anns an robh am facal air a chleachdadh aig luchd-fiosrachaidh Sgoil Eòlais na h-Alba, agus an dòigh anns a bheil na meadhanan Gàidhlig ga chleachdadh anns an là an-diugh, a' dearbhadh gun robh, agus gu bheil, tuigse an lùib luchd na Gàidhlig a thaobh na tha 'beul-aithris' a' gabhail a-steach. Tha mise mar sin a' cur air adhart gur h-e ealain-beòil nan daoine, 'these verbal aspects of the people' (Herskovits 1961: 165), a thàinig a-nuas bho ghinealach gu ginealach, air bilean an t-sluaigh, a tha ann am beul-aithris na Gàidhlig. Tha sin a' toirt a-steach a h-uile seòrsa fiosrachaidh a tha a' nochdadh eòlas agus feallsanachd ar sinnsearachd: sgeulachdan, òrain, duain, eachdraidh, seanfhaclan, tòimhseachain, gnàthasan-cainnte agus a' chànan fhèin. Tha am facal a' suathadh cuideachd ris na cleachdaidhean agus na deas-ghnàthan, bho bhreith gu bàs, a bha an cois na h-aithris. Seo am mìneachadh ris a bheil an leabhar a' cumail.

Bha Sgoil Eòlais na h-Alba an dòchas ann an 1951 gun rachadh aca air cuspairean rannsachaidh luchd-antropeòlais agus luchd-rannsachaidh beul-aithris a tharraing còmhla gu ìre air choreigin anns an obair a bhathar a' cur orra a dhèanamh (Orr 1957: 1), ach chan eil coltas ann gun deach seo a choileanadh aig luchd-rannsachaidh beul-aithris na Gàidhlig airson faisg air leth-cheud bliadhna. Tha sgoilearan eadar-nàiseanta, ge-tà, air a bhith a' gluasad a dh'ionnsaigh raon-rannsachadh mìneachaidh (*interpretive approach*)[38] a tha a' gabhail a-steach barrachd air aon slighe sgoilearachd. Tha na modhan-obrach, cinn-rannsachaidh agus teòiridh a thathar a' cleachdadh a' dol tarsainn air gach raon àraid air am b' àbhaist rannsachadh sgoilearachd a bhith stèidhte (Finnegan

1996: 50–52). Tha a' ghnè rannsachaidh seo a' nochdadh barrachd ùidh ann an guthan àraid, anns na tha aig daoine àraid de stuth agus ann an comasan cruthachaidh. Tha ùidh air tighinn am bàrr na chois ann a bhith a' rannsachadh fhaireachdainnean agus nam modhan a tha daoine a' cleachdadh airson na faireachdainnean sin a nochdadh. Tha an raon-rannsachaidh seo a' toirt sùil nas mionaidiche air ciall na beul-aithris ann a bhith a' sireadh agus a' cur luach air beachdan nan daoine bhon tàinig i. Mar thoradh air a seo tha ùidh air tighinn am follais gum bu chòir a bhith a' rannsachadh àite an luchd-èisteachd, a bharrachd air àite nam bàrd no an luchd-aithris, a thaobh cruthachadh na h-obrach, an dòigh anns an robh i air a sgaoileadh, brìgh na h-obrach agus daineamaig na h-aithris (Finnegan 1996: 51).[39] A thuilleadh air a seo, far am b' àbhaist rannsachadh a thaobh beul-aithris a bhith stèidhte ann an dualchasan fad' às, tha rannsachadh do dhualchais fhèin a-nis air a chomharrachadh mar raon-rannsachaidh iomchaidh (*ibid.* 54–55).

Sgrìobh Boas: '… hardly any trait of culture can be understood when taken out of its general setting … We must understand the individual as living in his culture; and the culture as lived by individuals' (ann am Benedict 1952: ix–x). Nochd Malinowski (1926: 41) an dòigh anns nach biodh fìor chiall na h-uirsgeil soilleir gun tuigse air mar a bha càirdeas, còraichean àiteachaidh agus iasgaich, còraichean oighre a thaobh fearainn agus cleachdaidhean coimhearsnachd ag obair taobh a-staigh na coimhearsnachd sin anns an robh iad air an cleachdadh.

'S ann anns an fhichead bliadhna a chaidh seachad a nochd gluasadan ann an obair sgoilearachd stèidhte air dualchas-beòil na Gàidhlig a dh'ionnsaigh mìon-sgrùdadh air co-theacsa agus air feumalachdan agus tairbhe shòisealta beul-aithris ann am beatha làitheil nan daoine (McKean 1997; Shaw ann am MacNeil 1987; Shaw ann am MacLellan 2000; Seathach 2002). Tha an obair seo ag amas air cur ris an obair sin.

Ann a bhith a' cur gach nì ann an co-theacsa sòisealta tha mi ag amas air sgrùdadh a dhèanamh air na suidheachaidhean-aithris, air na prìomh ghnèithean de bheul-aithris a bha rim faotainn taobh a-staigh nan suidheachaidhean sin agus air na cleachdaidhean a bha nan cois. Tha seo a' gabhail a-steach cinn-rannsachaidh leithid nam feumalachdan agus na tairbhe (*functions*) a bhuilicheas dualchas-beòil air sluagh, an dàimh eadar luchd-aithris agus an luchd-èisteachd, inbhe nan eòlaichean coimhearsnachd agus oideachas chloinne. Foillsichidh a' ghnè seo de rannsachadh an ìre chun an robh leantalachd beul-aithris nan Eilean an urra ri structar comann-sòisealta an

---
[38] Faic Ó Laoire 2002: xiii, 23–41.
[39] F.c. Ó Laoire 2002: 28.

dualchais. Cho fad 's as fhiosrach mi, 's e seo a' chiad oidhirp air rannsachadh dhen t-seòrsa seo a dhèanamh air beul-aithris Uibhist a Tuath.

Air sgàth 's gu bheil farsaingeachd ann an sealladh an rannsachaidh seo, sealladh a tha iomadh-fhillte a bharrachd, chan urrainn gum bi anns an leabhar ach lèirmheas air na cuspairean air a bheil e a' meòrachadh. A chionn 's gu bheil àireamh phuingean sgoilearachd air a bheil susbaint an leabhair a' bualadh air nach urrainn dhomh beachd a ghabhail taobh a-staigh rannsachadh dhen t-seòrsa seo, cha dèan mi ach earrann a thaghadh asta airson brìgh an leabhair a dhaingneachadh agus nota-fiosrachaidh a stiùireas neach-leughaidh gu sgoilearachd bhuntainneach a thoirt seachad a thaobh a' chòrr. A dh'aindeoin sin, tha mi dhen bheachd gu bheil e glic a bhith a' cumail an t-seallaidh cho farsaing 's a ghabhas nuair a bhios sinn a' rannsachadh chuspairean nach tèid a mheas gu cothromach gun eòlas air gach taobh dhen chuspair sin agus gach nì air a bheil e an eisimeil no aig a bheil buaidh air. Mar a sgrìobh Benedict: 'Cultures ... are more than the sum of their traits. We may know all about the distribution of a tribe's form of marriage, ritual dances, and puberty initiations, and yet understand nothing of the culture as a whole ...' (1952: 33).

Tha mi an dòchas gun tarraing an obair agam aire dhaoine gu beartas beul-aithris an eilein agus gun dùisg e ùidh ann a bhith a' dèanamh barrachd rannsachaidh air na cuspairean agus air na ceistean a tha e a' togail.

'S ann air clàran a thogadh do Sgoil Eòlais na h-Alba anns na h-Eileanan mu Dheas eadar 1951 agus 1975, air clàran a thog mi fhèin ann an Uibhist a Tuath eadar 1999 agus 2006 agus air bàrdachd na sgìre[40] a tha an leabhar seo air a bhonntachadh. Tha mi a' cur sgoilearachd a tha na samhail dhen t-seòrsa a rinn an t-Athair Urramach Dòmhnallach, McKean agus Seathach gu feum. A bharrachd air sin tha mi a' cleachdadh obair rannsachaidh a chaidh a dhèanamh ann an Alba agus ann an Èirinn air cuspairean leithid nan taighean-cèilidh, an rèiteach, comas an t-seanchaidh, sgeulachdan, òrain agus creideamh a rinn Calum MacGhillEathain, Dòmhnall Eàirdsidh Dòmhnallach, Iain MacAonghuis, Dòmhnall Meek, Niall Màrtainn, Eanraig Glassie, Breandán Ó Madagáin, Sean Ó Súilleabháin, Séamus Ó Duilearga agus Lillis Ó Laoire.[41] Tha mi cuideachd a' toirt a-steach sgoilearachd eadar-nàiseanta a rinn leithid Bascom, Merriam, Finnegan agus Dégh air feumalachd agus tairbhe beul-aithris, a rinn leithid Crystal agus Nettle agus Romaine air *language shift* agus air an ìre chun a bheil maireannachd dualchais sam bith an eisimeil na cànain air a bheil an dualchas sin stèidhte. Ged a tha mi a' cur suidheachadh Uibhist

---

[40] Gu sònraichte bàrdachd Ruairidh MhicAoidh, Dhòmhnaill Ruaidh Chorùna agus Aonghais Lachlainn Bhig, a tha bho thoiseach, meadhan agus deireadh na ficheadamh linn.
[41] Mar a tha iad ainmichte anns a' chlàr leabhraichean.

a Tuath ann an co-theacsa eadar-nàiseanta, 's e bun-stèidh an leabhair fiosrachadh a chaidh a chruinneachadh taobh a-staigh an dualchais agus chan e teòiridhean eadar-nàiseanta a tha a' dèiligeadh ri cuspairean àraid bhon taobh a-muigh.

Tha na cinn-rannsachaidh air am faodar mion-sgrùdadh a dhèanamh air co-theacsa sòisealta beul-aithris gun chrìoch. Tha Finnegan, Ó Laoire, Seathach agus McKean a' toirt dhuinn eisimpleirean de chinn-rannsachaidh a tha a' foillseachadh na farsaingeachd agus, aig an aon àm, an dlùiths a tha eadar na cuspairean a tha an raon-rannsachaidh seo a' nochdadh. A chionn 's gur h-e lèirmheas air a bheil mi ag amas, tha feum air roinnean farsaing agus so-lùbach a cheadaicheas dhomh fuasgladh a dhèanamh air eòlas agus sgoilearachd a tha a' bualadh air an fhiosrachadh airson susbaint an rannsachaidh fhoillseachadh. Mar sin, 's ann ri modail Bascom a tha cinn-rannsachaidh na caibideil a leanas an ìre mhòr a' cumail.

Caibideil a h-Aon: Co-theacsa Sòisealta Beul-aithris

Tha aonta am measg sgoilearan nach tèid againn air làn-thuigse fhaighinn air raoin àraid dhen dualchas-bheòil gun eòlas a bhith againn air a' cho-theacsa shòisealta agus eaconamach a tha ceangailte ris.[1] Mar a sgrìobh Malinowski:

> The text, of course, is extremely important, but without the context it remains lifeless. As we have seen, the interest of the story is greatly enhanced and it is given its proper character by the manner in which it is told. The whole nature of the performance, the voice and the mimicry, the stimulus and the response of the audience mean as much to the natives as the text. The performance, again, has to be placed in its proper time-setting – the hour of the day, and the season, with the background of the sprouting gardens awaiting future work, and slightly influenced by the magic of the fairy tales. We must also bear in mind the sociological context of private ownership, the sociable function and the cultural role of amusing fiction. All these elements are equally relevant; all must be studied as well as the text. The stories live in native life and not on paper, and when a scholar jots them down without being able to evoke the atmosphere in which they flourish he has given us but a mutilated bit of reality. (1926: 24)[2]

1. Cor na dùthcha

Cha robh cor nan daoine ach glè thruagh anns na h-Eileanan mu Dheas a' dol a-steach dhan fhicheadamh linn. Aig fìor thoiseach na linne bha crodh gan cumail ann am buabhaill an ceann an taighe ann an dà fhichead dachaigh agus a dhà ann an Uibhist a Tuath (RSS 1903: civ).[3] Cha robh na taighean-dubha ach dùmhail, gann de ghoireasan agus gun mhòran cofhurtachd.[4] 'S ann à tobar àraid a bhiodh teaghlaichean a' tarraing uisge airson òl agus còcaireachd agus à tobar no à locha no abhainn a bhiodh iad ga tharraing airson gach nì eile. Bha an teine ris an robh daoine an urra airson blàths agus còcaireachd air a dhèanamh le mòine a bha iad fhèin a' buain. Mus tàinig a' chiad leasachadh air

---

[1] Faic Finnegan 1996: 12; Bascom 1954: 338; Dégh ann am Burlakoff & Lindahl 1980: 49; Honko ann am Burlakoff & Lindahl 1980: 280–281.
[2] F.c. Dégh 1969: 54; D.A. MacDonald 1972: 408; Glassie 1995: 33.
[3] F.c. *The Third Statistical Account* 605.
[4] Airson fiosrachadh mu thaighean-tughaidh faic P.M. SA1967/121; Boyd 1986; MacKie 2006; *Gairm* Àir. 20: 313–317.

na taighean bha an teine air an ùrlar am meadhan an taighe. Mar a thuirt Margaret Fay Shaw: '… there was room to gather round it in the true sense' (Shaw 1986: 5). B' e pàirt dhen chiad leasachadh gun do chuireadh àite-teine anns gach ceann dhen taigh, atharrachadh nach robh a' còrdadh ris a h-uile dùine (RSS cvi; Maclean 1957: 32).

Bha teaghlaichean le sianar no barrachd bitheanta anns a' chiad leth dhen fhicheadamh linn, suidheachadh a bha a' fàgail gun robh mòran dhlùth-chàirdean aig daoine.[5] 'S ann glè ainneamh nach biodh trì ginealaichean dhen aon teaghlach a' fuireach còmhla, agus uaireannan bhiodh piuthar no bràthair seanar no seanmhar, no piuthar no bràthair fear an taighe nach do phòs, a' fuireach còmhla riutha. Bha teaghlaichean mar sin air an àrach 's iad air an cuartachadh le buill na bu shine dhen teaghlach agus àite cudromach aca sin ann an togail na cloinne.[6] Bha suidheachadh an teaghlaich a' brosnachadh dàimh eadar na ginealaichean agus bha sin a' daingneachadh càirdeis eatarra, chan ann a-mhàin fhad 's a bha iad a' fuireach anns an dachaigh ach fad am beatha.

Bha àite sònraichte aig a' Chreideamh Chrìosdail ann am beatha an t-sluaigh ach bha spioradalachd na b' fharsainge, a bha a' sruthadh bhon tùs-chreideamh, a' bualadh air cleachdaidhean làitheil na coimhearsnachd cuideachd.

Gu meadhan na linne cha robh teachd-an-tìr ach gann agus daoine an eisimeil na sìde, cor na mara, toradh an fhearainn agus nam beathaichean, agus eòlas agus nàbachd na coimhearsnachd, airson an cumail beò. Ged a bha cuid de theaghlaichean a' cosnadh beagan airgid bho bhith reic bheathaichean, ceilp, chlòithtean agus stocainnean, bha a' mhòr-chuid beò air na beathaichean a bhathar ag àrach agus am bàrr a thogadh iad air a' chroit, air sealg, air iasgach, air na thrusadh iad de mhaorach agus air na cheannaicheadh iad le bhith a' dèanamh malairt le uighean. Aig amannan, cha robh an t-acras fad' air falbh:

> Cha robh obair no duais ann,
> Anns an uair cha robh càil ann;
> Bha na bochdan, mo thruaighe,
> Falamh fuar air am fàgail. (Dòmhnallach 1995: xviii)

A dh'aindeoin phoileasaidhean foghlaim a bha a' sparradh Beurla air a' chloinn, gu linn an Dara Cogaidh 's e Gàidhlig cànan an t-sluaigh: 'Out in the fields and by the hearth, everything was in Gaelic' (MacLean ann an Neat 1999: 48).[7]

---

[5] RSS xiv.
[6] Faic S.D. MAC7.
[7] F.c. S.D. MAC7; D.A. MacDonald 1988.

2. Suidheachaidhean-aithris

Tha an earrann seo dhen leabhar gus sealltainn air na suidheachaidhean anns an robh beul-aithris ri cluinntinn anns an àbhaist agus gus measadh a dhèanamh air an àite a bha aig na suidheachaidhean sin ann an leantalachd beul-aithris. Cha tèid againn air sin a dhèanamh gun iomradh a thoirt air a' bheul-aithris a bha ri cluinntinn anns gach suidheachadh agus air an luchd-aithris agus an luchd-èisteachd a bha an làthair, ach 's e cinn-rannsachaidh air leth, air am bi mi a' meòrachadh nas fhaide air adhart, a tha anns na cuspairean sin.

2.1 An cèilidh

Tha an cèilidh air a bhith air a dhealbhachadh tric ann an litreachas stèidhte air dualchas na Gàidhlig thairis air na linntean. An lùib rannsachadh na naoidheamh linn deug tha cunntasan rim faotainn ann an cruinneachaidhean Iain Òig Ìle (J.F. Campbell 1983. Vol. 1: iv–vii, li; Vol 3: 158–159) agus MhicGilleMhìcheil (Carmichael 1983. Vol. 1: xii–xiv).[8]

Anns a' chiad leth dhen fhicheadamh linn thug Margaret Fay Shaw tuairisgeul air a' chèilidh mar 'the gathering of friends to talk and sing and entertain each other' (1986: 7).[9] Tha tionndaidhean às ùr air tighinn air an fhacal anns an là an-diugh agus e air a chleachdadh ann an iomadh seagh.[10]

Às dèidh an Dara Cogaidh bha aire sgoilearachd ùr beul-aithris a' gluasad a dh'ionnsaigh mìneachadh a dhèanamh air àite agus air feumalachd agus tairbhe a' chèilidh anns a' choimhearsnachd. Sgrìobh MacGhillEathain: '… the 'cèilidh' – house visiting – played a very important part in the social life of the community' (Maclean 1957: 29). A rèir an Athar Urramaich Dhòmhnallaich: 'The typical and established taigh-cèilidh, like the family and kin group, was a basic social context within which all the aspects of the oral tradition were celebrated and transmitted …' (J.A. Macdonald 1999: 257). Chan eil seo ao-coltach ri mar a dhealbhaich Ó Súilleabháin (1973: 10–12) an cèilidh ann an Èirinn. Chaidh McKean na b' fhaide, ge-tà: 'It was *the* context for social interaction […] The role of the taighean-cèilidh in transmitting rural Highland culture cannot be overemphasised …' (1997: 97, 111), beachd a tha

---

[8] F.c. A. Campbell, ed. 1889–1895. Vol. 2: ix–x. Cf. Delargy 1945: 19.
[9] F.c. D.A.S. *Tocher* 2: 36–37.
[10] Do mhòran tha e a' ciallachadh cruinneachadh far am bi daoine a' dèanamh dhannsaichean àraid ri ceòl Gàidhealach. Do bhuidheannan mar An Comunn Gàidhealach agus Fèisean nan Gàidheal tha e a' ciallachadh chuirmean-ciùil aig am bi seinneadairean agus luchd-ciùil a' cur an cèill an cuid ealain do luchd-èisteachd a tha a' pàigheadh airson an cluinntinn – suidheachaidhean a tha air fad foirmeil, a dh'aindeoin gach oidhirp a tha na buidheannan sin a' dèanamh airson toirt a chreidsinn oirnn gur h-e cèilidhean neo-fhoirmeil 'traidiseanta' a tha annta.

a' faighinn taic bhon t-Seathach ann an co-theacsa Cheap Bhreatainn (Shaw ann am MacLellan 2000: 5) agus bho Ó Duilearga a thaobh Èirinn:

> No single factor has contributed more to the preservation of oral literature and tradition than the social institution, so popular formerly all over the Gaelic world, the ceilidhe or áirneán.
> (Delargy 1945: 17)[11]

Ged a tha an t-Athair Urramach Dòmhnallach ag aontachadh gur e an taigh-cèilidh an suidheachadh sòisealta a bu chudromaiche a thaobh leantalachd beul-aithris, tha e a' foillseachadh nach e an aon suidheachadh anns an robh beul-aithris air a sgaoileadh: '... the informal settings of his own family, encounters with individuals within the community ...' (J.A. Macdonald 1999: 29). Mar a sgrìobh Ross (1961: 19):

> While gatherings in the popular ceilidh houses of the townships were undoubtedly important to the transmission of all kinds of folk traditions, this should not obscure the fact that songs were very closely integrated into the life of the community and were not reserved purely for leisure moments.

Tha clàran Sgoil Eòlais na h-Alba a' dearbhadh gun robh am facal 'taigh-cèilidh' air a chleachdadh airson dà ghnè de shuidheachadh-aithris. Bha am facal air a chleachdadh aig cuid agus iad a' bruidhinn air taighean-cèilidh àraid, mar a bha dachaigh Iain Mhòir 'ic Dhòmhnaill 'ic Iain 'ic Raghnaill, athair Dhòmhnaill Alasdair Seonstan, far nach biodh a' tadhal mar bu trice ach buidheann àraid de dh'fhireannaich, agus anns an robh na bha a' tachairt agus na bha ri chluinntinn air a stiùireadh, gu ìre mhòr gu cunbhalach, le cleachdaidhean stèidhte. Bha am facal air a chleachdadh aig mòran a bharrachd, ge-tà, ann a bhith a' tarraing air iomadach taigh ann sa' choimhearsnachd air am biodh muinntir a' bhaile a' tadhal agus iad a' cèilidh nan taighean – taighean anns an robh comas agus sunnd na bha an làthair a' riaghladh na bha a' tachairt.

'S ann air a bhith 'a' dol air chèilidh' no 'a' tighinn air chèilidh' a bhiodh luchd-fiosrachaidh Sgoil Eòlais na h-Alba a' bruidhinn agus iad a' dealbhachadh nan cruinneachaidhean neo-fhoirmeil anns am biodh iad a' cur seachad na h-ùine. 'S e 'coming/going to visit' no 'house visiting' (Maclean 1957: 29)[12] a theirte ris a' chleachdadh seo ann am Beurla agus cha robh am facal 'cèilidh',

---

[11] F.c. 182, 192–195.
[12] F.c. D.A. MacDonald Rhind 3; J.L. Campbell ann am MacLellan 2001: xi–xii 'informal conversational visit or party'; Shaw ann am MacLellan 2000: 5.

anns an fharsaingeachd, a' toirt barrachd leis na sin aig an àm.[13] Ged a tha a h-uile coltas ann gun robh Gàidheil anns na h-Eileanan, mar a bha iad ann an Èirinn agus ann an Alba Nuadh, eòlach air an t-seanfhacal 'A' chiad sgeul air fear an taighe 's sgeul gu latha air an aoigh' agus na bha na chois anns na linntean a dh'fhalbh, thàinig atharrachadh cho mòr air a' chèilidh ri linn a' Chogaidh Mhòir 's nach robh guth anns an àbhaist air an taigh-chèilidh àraid ann an Uibhist a Tuath às a dhèidh, no 's dòcha fiù 's roimhe sin. Uime sin, 's ann air cruinneachaidhean neo-fhoirmeil na ficheadamh linn a tha na leanas an ìre mhòr stèidhte.

Dh'fhaodadh taigh sam bith anns an robh dùil ri aoigheachd agus eòlas a bhith na thaigh-cèilidh ged nach canadh muinntir an taighe fhèin sin ris (D.A.S. SA1970/206). Cha robh na bha a' tachairt ann air a chur air dòigh ro-làimh idir: 's ann a bha 'contributions ... spontaneously offered or requested' (J.A. Macdonald 1999: 257)[14] agus a-mach air cleachdaidhean coitcheann na coimhearsnachd cha robh riaghailtean teann a' stiùireadh na bha a' tachairt. Tha e cudromach a' phuing seo a chomharrachadh a chionn gu bheil iomadach cunntas bhon fhicheadamh linn a' cumail a-mach gun robh an taigh-cèilidh anns a' chumantas a' leantainn seòrsa de dheas-ghnàth stèidhte a bhuineadh ri linn eile (Dickson 2006: 33). A rèir an Athar Urramaich Dhòmhnallaich, bha dà adhbhar ann a dh'fhaodadh a bhith air cùlaibh seo (J.A. Macdonald 1999: 257).

Anns a' chiad àite, dh'fhaodadh e bhith gun robh am beachd a bha stèidhte ann an inntinn nan Gall gun fheumadh cur-seachadan a bhith air an cur air dòigh ro-làimh cho làidir 's nach deachaidh aca air an taigh-chèilidh fhaicinn mar shuidheachadh neo-fhoirmeil (Buchanan 1942: 209–210).

Anns an dara h-àite, dh'fhaodadh e bhith gun do stèidhich luchd-rannsachaidh prionnsapal coitcheann bho aon suidheachadh – mar eisimpleir, a' cur chleachdaidhean a chunnacas ann an taigh-cèilidh àraid ris a h-uile cèilidh. Chithear seo anns na sgrìobh Calum MacGhillEathain às dèidh ùine a chur seachad a' cruinneachadh sgeulachdan ann an taighean àraid ann am Barraigh agus ann an Uibhist a Deas:

> There are strict rules of etiquette regarding the telling of tales. When a stranger visits the house, the goodman tells the first tale. The stranger has then to continue for the rest of the night. No son tells a tale to a company in the presence of his father, and no younger brother in the presence of an elder brother.
>
> (Maclean 1957: 32)[15]

---

[13] Faic Glassie 1995: 41–42, 63, 70–73, 99–108, 148–150 airson fiosrachadh mun chèilidh ann an Èirinn a Tuath.
[14] Cf. Glassie 1995: 7: 'Ceilis are not planned. They happen.'
[15] F.c. 1952: 129, 1991: xv. Cf. Delargy 1945: 7; Dégh 1969: 92.

Leis nach do shoilleirich MacGhillEathain gur e taighean àraid anns an robh cleachdaidhean air leantainn ann an seagh bho linn eile, agus nach b' e na taighean a gheibhte san àbhaist anns na Leth-cheudan air a' Ghàidhealtachd a bha e a' dealbhachadh, tha a chunntas lom, agus mar sin chan eil an dealbh a tha e a' cruthachadh coileanta. A dh'aindeoin seo, tha na sgrìobh e air a bhith air a mholadh aig sgoilearan eadar-nàiseanta mar gheàrr-chunntas air an dol-a-mach ris am biodh dùil a thaobh aithris nan sgeulachdan Gàidhlig (Ó Súilleabháin ann am Maclean 1991: 16). Tha e coltach a bharrachd gu bheil cuid de sgoilearan beul-aithris air gabhail ris an dealbh a rinn e mar gum biodh i a' riochdachadh gach cèilidh, ge b' e cò an linn no an ceàrn dhen Ghàidhealtachd, 's gun iad cho mothachail agus a bu chòir a thaobh cho cudromach agus a tha e a leithid de dhealbh a chur 'in its proper time-setting' (Malinowski 1926: 24). Chithear seo bhon dòigh anns nach do chomharraich Dickson (2006: 33) – ann a bhith a' dol às àicheadh beachd an Athar Urramaich Dhòmhnallaich – an t-atharrachadh a bha air tighinn air cleachdadh cèilidh nan taighean anns na h-Eileanan thairis air a' cheud gu leth bliadhna air an robh e a-mach, ach gu h-àraid ri linn a' Chogaidh Mhòir.[16] A thuilleadh air sin, cha do rinn e eadar-dhealachadh eadar taighean-cèilidh àraid agus taighean eile anns a' choimhearsnachd air am biodh daoine a' tadhal. Tha na tha seo a' nochdadh easbhaidh anns a' chunntas aige.

Tha e coltach gu bheil aonta am measg sgoilearan gur ann air oidhcheannan geamhraidh, nuair a bha am bàrr anns an iodhlainn, a bha an cèilidh ri fhaotainn,[17] agus tha fianais bho thaobh a-staigh an dualchais a tha a' cur taic ris a bheachd seo: 'Obair geamhraidh a bh' agam air a' chèilidh' (A.I.M. SA1970/210).[18]

Tha fianais ann cuideachd, ge-tà, gum biodh daoine a' dol air chèilidh as t-samhradh cuideachd:

> ... a rèir 's gu dè an t-àm dhen bhliadhna a bhiodh ann. Thòisicheadh iad eadar seachd 's a h-ochd. 'S dòcha 's t-samhradh gum biodh iad na b' fhaide na sin. Thigeadh iad air chèilidh 's t-samhradh feasgar, anmoch feasgar ... (A.M. SA1980/31.A4)[19]

A thuilleadh air a seo, tha e coltach gum biodh daoine suas ann am bliadhnaichean uaireannan a' dol air chèilidh meadhan an fheasgair. Dh'innis Mórag NicLeòid à Sgalpaigh dhomh gum biodh fir às an sgìre a' tighinn air

---

[16] Ged a bha fianais aige air buaidh a' chogaidh (Dickson 2006: 203).
[17] Carmichael 1997: 21; Maclean 1957: 29; McKean 1997: 104. Cf. Shaw ann am MacNeill 1987: xxiii; Ó Duilearga 1999: 162: 'O Shamhain go Bealtaine'; Dégh 1969: 76–78.
[18] F.c. D.A.S. SA1969/62.A1 & SA1971/43.A2.
[19] F.c. CD E.Do.: 'gu h-àraid anns a' gheamhradh'.

chèilidh air a h-athair fhèin eadar a dhà agus a ceithir. Dh'inns Isa NicIlip dhomh gum biodh boireannaich ann am baile Ghrèineatobht' a' dol a chèilidh air a chèile air an fheasgar, gu h-àraid far an robh càirdeas eatarra.[20] Bha an cleachdadh seo ri fhaicinn ann an eileanan eile cuideachd: 'The women would gather in the afternoon, or late afternoon into the early evening; and they would talk about things and then they would start singing' (Flòraidh NicNèill ann am MacNeil 1991). Math dh'fhaodte gu bheil e a rèir 's dè a tha 'cèilidh' a' ciallachadh do neach, ach, a dh'aindeoin na sgrìobh McKean (1997: 23, 104), 's cinnteach nach ann air oidhcheannan fada geamhraidh a-mhàin a bhiodh comhluadar a' dol.

A rèir Dhòmhnaill Eàirdsidh Dhòmhnallaich, 'Bha iomadach taigh as a' choimhearsnachd as a faodadh còmhlan a bhith cruinn air an oidhche ...'[21] agus bha fios aig muinntir a' bhaile air gach fear dhiubh:

> Taigh piuthar mo mhàthar fhèin, taigh Neil 'ic Eòghainn, bhiodh cus a' dol a sin. Bhiodh iad a' cruinneachadh a sin an-còmhnaidh. Agus taigh MhicAoidh cuideachd, bhiodh daoine dol a sin ... Bha taigh eile ann, taigh Eàirdsidh Linc, bhiodh tu dol a sin, bhitheadh. (I.D. MAC14)[22]

Bha a h-uile taigh eadar-dhealaichte air sgàth 's gun robh na bha ri chluinntinn an urra ri eòlas agus comasan fear an taighe agus a chèilichean. A rèir Dhòmhnaill Ailein Dhòmhnaill na Bainich:

> Cha robh taigh dhan rachadh tu nach robh cuideigin de sheann duine air choreigin goirid a bhiodh a' bruidhinn air seann rudan agus air seann òrain agus air eachdraidhean agus air Clann 'Ic Ailein, is air Clann Raghnaill agus air na bailtean agus air na daoine sin agus a h-uile sion; Baghasdal is Cille Bhrighde agus mar a bha an t-àite air a riaghladh, agus na daoine air an riaghladh ...
> (Ann an J.A. Macdonald 1999: 29)

Bha cuid a thaighean na bu mheasaile aig daoine seach feadhainn eile agus barrachd a' tathaich far am '*bu mhotha bhiodh an spòrs*' (D.A.S. SA1970/34.B).[23] Bha eadar-dhealachadh air a nochdadh eadar taighean dhan rachadh cèiliche airson seann sgeulachdan agus eachdraidh a chluinntinn (taigh Aonghais

---

[20] F.c. E.M. MAC19.
[21] Ann am Moireasdan 1977: x. F.c. MacDhòmhnaill 1981: 30.
[22] F.c. A.I.M. SA1968/206.B1.
[23] Tha seo a' dearbhadh nach ann airson sgeulachdan a-mhàin a bha daoine a' dol air chèilidh. F.c. D.A.S. SA1970/206.

MhicGillFhaolain, Aonghas Lachlainn Bhig, ann an Taigh a' Gheàrraidh), taighean dhan rachadh cèiliche airson òrain, naidheachdan agus fealla-dhà (taigh Eòghainn Mhoireasdain, Eòghainn Fhionnlaigh, air an Druim Dhubh) agus taighean dhan rachadh cèiliche airson èisteachd ri ceòl na pìoba a bharrachd air òrain agus sgeulachdan (taigh Dhòmhnaill MhicGhillFhaolain, Dòmhnall Aonghais, ann an Taigh a' Gheàrraidh). Bha seo ri fhaicinn air feadh nan Eilean (McKean 1997: 99–100) agus ann an Ceap Breatann (MacNeil 1987: 30–1).

Bha taighean cuideachd far am biodh daoine ag iomairt chairtean, a' cluich tàileasg, a' cluich innealan-ciùil agus a' dannsa a bharrachd air a bhith an sàs ann am beul-aithris de chaochladh sheòrsachan, leithid taigh Dhòmhnaill Dhonnchaidh ann am Malacleit (D.MacD. SA1971/4).[24]

Far an robh rèidio ann an taigh bha measgachadh de sheòrs' eile ri fhaotainn. Bhiodh fir a bhaile a' cruinneachadh ann an taigh Sheonaidh Dhodaidh, gu h-àraid aig àm an Dara Cogaidh, airson èisteachd ri na naidheachdan, agus deasbad mu phoilitigs na dùthcha agus mu chor an t-saoghail mhòir.[25]

'S e còmhradh an cur-seachad a bu mhotha a bha aig mòr-shluagh Uibhist a Tuath às dèidh a' Chogaidh Mhòir. Fiù 's roimhe 'bhiodh tòrr de chòmhradh nach robh na sgeulachd idir' (P.M. SA1966/93.B2).[26] Bhiodh daoine gu cunbhalach 'a' faighinn fiosrachadh o chèile ... eachdraidh an àite, cor an àite, mar a bha gnothaichean a' dol ... mar a bha daoine a' tachairt ri chèile 's a' coinneachadh ri chèile' (E.M. MAC19). Bhiodh iad a' bruidhinn mu thachartasan anns a' bhaile, aimsir agus seòl-mara[27] agus 'dhèanadh iad stòiridh mhòr air gnothach beag' (A.M. SA1979/58.B8).

Uaireannan, am measg na bha a' tachairt, bhiodh na bodaich ag aoireadh, ag ailiseachadh agus ag àibheiseachadh a chèile.[28] 'S e cothrom a bh' ann a bhith cur faobhar air an eanchainn le bearradaireachd agus le gearradh-cainnte (Shaw 1999: 319). Bha seo ri fhaicinn gu h-àraid nam biodh farpais eadar dà bhàrd no dà sgeulaiche a thaobh an comasan.[29]

Anns an àbhaist, ge-tà, bhiodh measgachadh ann a thaobh dè bha a' dol agus bhiodh cothrom aig a h-uile duine a bha an làthair a ghuth a thogail.

---

[24] F.c. D.A.S. *Tocher* 2: 36 & SA1971/43.A2; E.D. SA1971/1.A5.
[25] Seonaidh MacDhòmhnaill, Caolas Phaibeil. 'S e na 'Houses of Parliament' a chanadh muinntir a' Chaolais ris an taigh aige agus tha e air innse mar a thuirt Mòrag NicDhòmhnaill, piuthar mo shinn-seanmhar, agus nàbaidh a' faighneachd dhi càit an robh a braithrean, Aonghas Ailig agus Ùisdean: 'Cait ach air beinge Sheonaidh Dhodaidh far an grod iad!' F.c. CD E.Do.
[26] Cf. O Sullivan 1974: 15.
[27] Faic D.A.M. SA1969/36. Cf. Delargy 1945: 19.
[28] Faic D.MacG. SA1962/55.B10 a tha ag innse mar a bhiodh Fionnlagh Cìobair agus 'Am Barrach' ag aoireadh a chèile. F.c. MacInnes 2006: 261; McKean 1997: 137; Shaw ann am MacLellan 2000: 14, 26, 32, 374; Shaw 1999: 318–320. Cf. Finnegan 1977: 158.
[29] Faic A.M. SA1979/58.B8; A.M. SA1982/158.B2. Cf. Dégh 1969: 89–90.

Sgrìobh Calum MacGhillEathain gun robh cunbhalachd chleachdaidhean an cois cleachdadh cèilidh nan taighean:

> The visitors went always to the same houses night after night, year after year, sat on the same places around the fire, and left at the same time. This was all done with an almost amazing regularity.
> (Maclean 1957: 29)

Bha taighean ann an Uibhist a Tuath a bhiodh cèilichean a' tathaich a h-uile oidhche,[30] agus nuair a bhiodh na gillean òga a' dol cuairtean air chèilidh air feadh nan taighean bhiodh iad a' tadhal air dhà na trì dhe na taighean sin.[31] Mar bu trice bhiodh a' chiad chèiliche a' gabhail a-staigh dhan taigh timcheall air seachd uairean as t-oidhche nuair a bha fios aca gum biodh na fir air crìoch a chur air an fhodaradh.[32] 'S ann eadar deich agus aon uair deug a bhiodh iad a' fàgail beannachd aig muinntir an taighe agus fios aca gum biodh an teaghlach airson an Leabhar a ghabhail còmhla, agus iad fhèin a' feuchainn air an dachaigh air a' cheart adhbhar.[33]

Uaireannan bhiodh fireannach a' falbh air chèilidh leis fhèin, ach nuair a bhiodh e a' fàgail aon taigh bhiodh cuideigin às an taigh sin an uair sin a' falbh còmhla ris dhan ath thaigh agus mar sin air adhart a' siubhal o thaigh gu taigh, a' cruinneachadh anns an aon taigh aig deireadh na h-oidhche.[34] Uaireannan eile bhiodh mu leth-dusan de ghillean òga a' cruinneachadh mus fhalbhadh iad air chèilidh:[35]

> Nuair bha mi òg bhitheamaid a' falbh air chèilidh: 's dòcha gu ruitheamaid air trì no ceithir de thaighean air oidhche gheamhraidh. Bhiodh na taighean a bha sin làn agus an seann duine a bhiodh ann, bhiodh e 'g innse stòireannan 's sgeulachdan.
> (A.I.M. SA1971/107)

Bhiodh cuid dhe na gillean ag innse sgeulachdan a bharrachd air a bhith gan èisteachd:

---

[30] Faic M.M.N. SA1971/3.
[31] Faic A.I.M. SA1971/107. F.c. D.A.S. SA1970/34.B.
[32] Faic I.D. MAC14.
[33] Faic I.D. MAC14. Bhiodh iad uaireannan na b' anmoiche gus an rachadh crìoch a chur air sgeulachd (D.A.S. SA1970/34.B & *Tocher* 31: 62–63).
[34] Faic A.D. MAC15.
[35] Faic D.Do. SA1971/5; A.I.M. SA1970/210.

Bhithinn-sa mi fhìn 'g innseadh sgeulachdan air feadh thaighean
... an taigh chlann 'Ain 'icLeòid 's mar sin, 's taigh Dhòmhnaill
'ic Lachlainn 's taighean a bhithinn a' dol air chèilidh.
(D.A.S. SA1970/34.A2)

Bha an òigridh tric air an tarraing gu taighean far an robh fireannach a' fuireach leis fhèin no taigh far nach robh clann,[36] far nach biodh casg air a chur air cuspair labhairt sam bith no ìmpidh air a chur orra a dhol dhachaigh tràth:

> ... there were special houses, one over at Bayhead where all the young boys used to gather and you could hardly get inside the door many's a time, the house was that packed, singing away, singing songs, telling stories and what not up to the small hours of the morning. (S.M. SA1968)[37]

'S e an rud a bu chomharraichte mu na cruinneachaidhean neo-fhoirmeil gun robh muinntir an taighe a' cumail orra len cuid obrach fhad 's a bha iad ag èisteachd:

> Measgaichte ris a' chultar Cheilteach seo bhiodh gnìomhachas-làimh nam fear 's nam ban, na fir a' snìomh fraoch no muran[38] airson caochladh fheumannan, agus na mnathan a' snìomh 's a' càrdadh, a' fighe 's a' fuaigheal; ach dèanadach 's ga robh gach fear is tè, chumadh iad cluas gheur ri briathran an t-seanchaidh no an òranaiche. (MacDhòmhnaill 1998: 30)[39]

Chumadh Aonghas an Tàillear[40] air a' fuaigheal a dh'aindeoin 's gum biodh an taigh làn ghillean òga na sgìre.[41] Bha cuid dhe na fir a bha ri dèanamh choilearan each a' falbh air chèilidh 'le sgiobaig mhurain nan achlais aca, 's bhiodh iad a' snìomh sin fhad 's a bha na stòireannan gan innse' (A.I.M. SA1970/210).[42]

'S ann glè ainneamh a bha boireannaich a' dol air chèilidh air an oidhche seach gun robh iad cho trang: "S ann air an oidhche a bha iad a' dèanamh na h-obrach. A' snìomh, a' tachras snàth, ag obair air obair clòimhe, obair

---

[36] Faic I.D. MAC14.
[37] F.c. D.I.MacD SA1971/1: '... na taighean-cèilidh gam bithinn-sa 'dol, cha bhiodh ann ach òigridh ...'
[38] Bhiodh Donnchadh mac Dhòmhnaill 'ac Dhonnchaidh, nam biodh e gun chèilichean, a' seinn fhad 's a bhiodh e a' snìomh fraoich air neo a' snìomh murain (*Tocher* 25: 6).
[39] F.c. Bruford & MacDonald 2003: 5; Thomson 1994: 281; E.D. SA1971/1; D.A.S. SA1970/34B.
[40] Aonghas MacLeòid à Malacleit.
[41] Faic M.M. MAC9. F.c. A.I.M. SA1968/206.B1; CD E.Do.
[42] F.c. E.D. SA1971/1.A5; D.A.S. SA1970/34B.

clòithtean. Bhiodh iad a' figheadearachd cuideachd' (A.I.M. SA1970/210).[43] Nam biodh cothrom aig boireannach a dhol a-mach bheireadh i leatha fighe.[44]

Cha b' e aon rud a-mhàin a bha a' fàgail taigh na thaigh-cèilidh, ach bha an aoigheachd a gheibheadh cèiliche, agus gu h-àraid aoigheachd nam ban, air leth cudromach a thaobh cho tric agus a bha daoine a' tadhal air taigh.[45] Bha buaidh mhòr cuideachd aig suidheachadh an taighe fhèin a thaobh cothrom siubhail nan daoine air àireamh an luchd-cèilidh. A dh'aindeoin sin, bha àiteachan iomallach ann a bha ainmeil mar thaighean-cèilidh air sgàth 's gun robh adhbhar sònraichte aig daoine airson a bhith a' cruinneachadh annta.

Bha daoine cunbhalach a' cruinneachadh ann an taighean a bha faisg air far am biodh daoine a' dol tarsainn air fadhail. Mus do thogadh cabhsair a' Bhaile Shear 's ann glè ainneamh a bhiodh Ruairidh na Càrnaich gun chèilichean a bhiodh a' feitheamh gus an tuiteadh an làn.[46] Bhiodh àite a bharrachd aig bean Ruairidh aig a' bhòrd a h-uile latha.[47] Tron gheamhradh bhiodh nàbannan agus càirdean aca a h-uile h-oidhche, agus nam biodh gealach ann bhiodh daoine a' tighinn air astar agus fios aca gum biodh cèilidh ri fhaotainn:

> Bha stòiridh bheag a h-uile oidhche ... ag innse an aon stòiridh a-rithist – rudan beaga bh' air tachairt sa bhaile – bha e gun sgur. Bha iad a' bruidhinn air talamh is fearann, nuair a thòisicheadh an crodh air breith, 's bha iad ga fhosgladh a-mach. Cha robh oidhche ann nach robh cuspair ann a chumadh a' dol iad ... Bha m' athair math air rudan a chumail a' dol, bha leithid de dh'eachdraidh aige. (A.D. MAC15)

Ach chan ann ann an dachannan dhaoine a-mhàin a bha daoine a' dèanamh cèilidh, agus beul-aithris ri cluinntinn anns gach suidheachadh agus àite anns am biodh dithis no barrachd cruinn còmhla.[48]

Air sgàth 's nach robh ach trì muilnean bleith[49] ann an Uibhist a Tuath aig toiseach na ficheadamh linn, bha aig a' mhòr-chuid de dhaoine ri siubhal air astar airson an cuid gràin a bhleith. Bha Muileann Dhubhasairigh aithnichte

---

[43] A rèir Móraig NicLeòid agus F.M., bha na boireannaich a' faicinn fighe, tachras 's a leithid mar sheòrsa de chur-seachad agus chan ann mar obair. F.c. E.M. MAC19.
[44] Mar a chaidh innse dhomh le I.N. agus le D.I.M. agus e a' toirt tarraing air Màiri NicDhòmhnaill, piuthar Ruairidh MhicAoidh, Bàrd Iollaraigh, a bhiodh a' tighinn air cheilidh dhan dachaigh aca ann an Cladach Chirceabost leis an fhighe air na bioran fo h-achlais.
[45] Faic M.M. MAC9; Innes ann am MacDhòmhnaill 1998: xi. Cf. Ó Duilearga 1981: x.
[46] Cf. J.F. Campbell 1983. Vol. 1: xxi–xxiii.
[47] A.D. MAC15.
[48] Dh'inns Calum MacDhonnchaidh gum biodh gillean a' Bhaile Shear a' dèanamh cèilidh air a' mhachaire (SA1971/168.A9).
[49] Muileann Dhubhasairigh, Muileann an t-Saoir agus Muileann nan Geireann.

mar shàr àite-cèilidh air sgàth 's gun robh na daoine a bha a' feitheamh an cuid mine a' cur seachad na h-ùine ag innse naidheachdan agus sgeulachdan agus a' gabhail òran.[50] Bha iad air am faicinn aig cuid mar 'paipear-naidheachd na sgìre' (R.D. SA1955/57–60), le nach robh sìon a' dol bho cheann gu ceann dhen oighreachd air nach robh fios aig a' mhuillear.[51]

Bha a' cheàrdach aig Aodh Dhòmhnaill Bhàin ann a Hàstain na h-àite-cèilidh cuideachd. Bhiodh fireannaich a' tighinn air astar fada dhan cheàrdaich agus fhad 's a bhiodh iad a' feitheamh agus Aodh a' cruidheadh nan each, a' cearcladh nan rothan cartach no a' dèanamh chipein, bhiodh iad 'ag innse stòireannan dha chèile 's rudan mar sin' (I.D. MAC14).[52] Tha bàrdachd na sgìre a' dearbhadh mar a bhiodh naidheachdan air an sgaoileadh: 'Fhuair mi sgeula bho'n ghobha' (*Marbhrann do dh'Iain Ruadh Pìobair*, Gilleasbuig na Ciotaig).[53] Mar a theirte anns an abairt: Ciod iad na trì àitean a's fheàrr airson naidheachd? Taigh-òsda, muileann agus ceardach (Nicolson 1938: 68).[54]

Bha am post a' tighinn air bàta ('pacaid') gu cidhe Loch nam Madadh trì tursan san t-seachdain agus an uair sin a' dol dìreach gu na h-oifisean puist, far am biodh daoine a' cruinneachadh ga fheitheamh. Fhad 's a bha iad a' feitheamh bha iad a' gabhail naidheachdan càch-a-chèile, gu h-àraid aig àm na Nollaige.[55]

Bha daoine cuideachd a' dèanamh cèilidh aig na bùthan agus aig taigh a' ghreusaiche:

> Àite sam bith am biodh bùtha co-dhiù, bhiodh e dualach gum biodh daoine a' cruinneachadh ann. Chan eil mi 'smaoineachadh gun robh taigh-cèilidh air leth sam bith mar sineach, nas lugha na bhiodh taigh ann far am biodh duine a' càradh bhrògan, no bhiodh a' dèanamh bhrògan, mar a bha Calum Mhic Iain Òig shuas a sin ... Bhiodh iad a' cruinneachadh a sineach 's bhiodh iad ri sgeulachdan, 's bhiodh MacCuidhein an sin cuideachd.
> (A.M. SA1980/31.A4)

Bhiodh fireannaich a' cruinneachadh aig na cidheachan agus iad a' feitheamh ri falbh air a' bhàta, gu h-àraid aig àm an dà chogaidh, a' coinneachadh chàirdean no a' fàgail slàn aca. Nam biodh dùil ri bàta luchd-turais, bhiodh

---

[50] Faic P.M. SA1971/105.
[51] Bhiodh daoine a' cruinneachadh ann an dachannan a bha a' faighinn phàipearan-naidheachd (CD E.Do.).
[52] F.c. An Comunn Gàidhealach 26, a tha a' dealbhachadh na ceàrdaich mar 'Pàrlamaid nan seann daoine'.
[53] Ann am Macdonald 1894: 155 agus MacKenzie 1907: 163. Uaireannan, bhiodh farpaisean neairt aig na gillean feuch cò aca a rachadh aige air innean a thogail (I.D. MAC14).
[54] Bha 'Alasdair Gobha', Alasdair MacAonghais, gobha Hoghaigearraidh, aithnichte mar dheagh sgeulaiche (E.D. SA1971/1.A5).
[55] Mar a chaidh innse dhomh lem sheanmhair, M.N. F.c. A.MacA SA1970/282.

boireannaich a' cruinneachadh air cidhe Loch nam Madadh agus air cidhe Loch Euphort agus iad a' reic chlòithtean agus stocainnean. Bhiodh gillean òga uaireannan a' cruinneachadh rin taobh agus iad a' reic bhadain fraoich. Anns gach suidheachadh bha iad a' cur seachad na h-ùine ag innse naidheachdan agus sgeulachdan.[56]

As t-samhradh bhiodh iasgairean Ghriomasaigh air falbh bhon taigh o Dhiluain gu Disathairne. Air an oidhche, agus tron latha nan tigeadh droch shìde, bhiodh iad a' fuireach air eilean Heidhsgeir, far am biodh iad ri seanchas, sgeulachdan agus òrain, cuid aig an robh dlùth-cheangal ris an obair.[57] Ann an sgìrean far an robh iasgairean a' fuireach air na bàtaichean bhiodh iad a' cruinneachadh air bàta air an robh sgeulaiche:

> When evening fell and nets were set, fishermen came aboard boats in which there were good storytellers. Thus whole nights were spent storytelling. When the fishermen returned home, they told the tales they heard on the fishing grounds. Thus the tales and legends spread to different islands.   (Maclean 1952: 125)[58]

Às dèidh an cuid lìon a chur feasgar bhiodh iasgairean Loch Baghasdail a' dol air tìr ann an Loch Aoineart, far am biodh iad 'a' dalladh air òrain' gu madainn (J.A. Macdonald 1999: 257). Anns an dòigh seo bha daoine a' togail òran à caochladh sgìrean: 'Geamhraidhean an sgadain – sin mar a dh'ionnsaich mis' iad: bhiodh làn an taighe a-staigh' (Mrs K.E. MacDonald ann an J.A. Macdonald 1999: 257). Mar an ceudna bhiodh conaltradh a' dol nuair a bhiodh iasgairean Bheàrnaraigh a' tighinn air tìr aig Àird a' Bhorrain airson cuideachadh a thoirt seachad aig àm cur a' bhuntata agus aig àm buana.[59]

Tro linn an Dara Cogaidh is às a dhèidh bhiodh eathraichean Ghriomasaigh a' tighinn a dh'iasgach ann an Loch Euphort fad trì miosan a h-uile geamhradh. Bhiodh na h-iasgairean a' fuireach anns a' choimhearsnachd agus bhiodh iad fhèin agus muinntir na sgìre a' dol air chèilidh air a chèile. Anns an dòigh seo bha beul-aithris air a sgaoileadh agus air a gluasad bho àite gu àite.[60]

Bha beul-aithris ga h-ùrachadh am measg nan Eileanach a bha aig muir cuideachd. Tha e coltach gum biodh buaidh air a bhith aig cianalas agus aig cho beag agus a bha de Bheurla aig cuid dhiubh anns a' chiad leth dhen fhicheadamh linn, a bharrachd air an dàimh a bha riamh am measg nan

---

[56] Faic D.A.S. SA1971/101.A2.
[57] Cf. Dégh 1969: 71–72.
[58] F.c. J.F. Campbell 1983. Vol. 1: 224–225.Cf. Ó Súilleabháin 1966: xxxvii; Delargy 1945: 20.
[59] Mar a chaidh innse dhomh le I.N.
[60] Faic S.D. MAC12.

Gàidheal,[61] air mar a bha iad a' cruinneachadh air bàtaichean no ann am puirt air feadh an t-saoghail:

> 'S ann aig tìm an fheasgair o cheithir gu h-ochd, sin nuair a bhiodh na sgeulachdan a' dol ... bha ceathrar Ghàidheal ann. 'S bhiomaid a chuile h-oidhche sìos gu h-ìseal an dà uair againn fhìn, 'g èisteachd sgeulachdan Gàidhealach.   (P.M. SA1972/35)[62]

Dh'inns Ruairidh na Càrnaich mar a bha beul-aithris air ùrachadh an lùib nan *Lovat Scouts*.[63] Eadhon nuair a bha iad an sàs anns a' Chogadh Mhòr bha na h-Eileanaich a' cruinneachadh còmhla agus ag aithris sgeulachdan:

> Bhiodh na Gàidheil an-còmhnaidh aig sgeulachdan, an aon rud 's a bhite cluinnteil san taigh-chèilidh ... aig Chapel St. Leonards ... os cionn a' chladaich air *outpost*, agus dh'fhan sinn a' bruidhinn, 's bha sinn aig seann sgeulachdan ...
> (P.M. SA1972/35)[64]

Tha bàrdachd Dhòmhnaill Ruaidh Chorùna a' dearbhadh dhuinn gum biodh iad a' gabhail òran cuideachd:

> 'S trom an cadal th' air na fiùrain
> Chuireadh ormsa sunndach fàilte,
> Lem bu mhiann a bhith nam chòmhradh
> Cur mun cuairt nan òran Gàidhlig.   (Dòmhnallach 1995: 24)

Bha mòran shuidheachaidhean sòisealta anns an robh na h-Eileanaich a thàinig dha na bailtean air tìr-mòr às dèidh an Dara Cogaidh a' cruinneachadh airson an dualchas ùrachadh dhaibh fhèin agus a sgaoileadh a-mach. Ann an Glaschu bhiodh iad a' coinneachadh ri chèile ann an taighean-seinnse leithid 'Buth Dhòmhnaill 'ic Leòid',[65] aig dannsaichean nan Comann Eileanach agus ann an Aitreabh nan Gàidheal. Bhiodh iad a' coinneachadh cuideachd ann an eaglaisean leithid Eaglais Chaluim Chille, far am biodh seirbheisean Gàidhlig air an cumail, agus ann an còisirean leithid Ceòlraidh Ghàidhlig Ghlaschu.

---

[61] '... bha còiread agus cridhealas gràdhach, fosgarra, le furan fialaidh an sid gun dìth' (An Comunn Gàidhealach 1938: 88).
[62] F.c. A.I.M. SA1971/181.A1; D.A.S. SA1969/61.A2.
[63] Faic R.D. SA1958/176.
[64] Cf. Dégh 1969: 71.
[65] Faic MacMillan 1968: 160–163.

Anns na linntean a dh'fhalbh bha amannan sònraichte dhen bhliadhna tric air an comharrachadh le latha fèille.[66] Ged a bha cuid dhe na làithean fèille sin, leithid Latha Bealltainn agus Latha na Fèill Mhìcheil,[67] fhathast air chuimhne agus air an ainmeachadh ann an rannan,[68] cha robh air a chumail suas ann an Uibhist a Tuath anns an fhicheadamh linn ach Oidhche Challainn, an oidhche ron t-seann Bhliadhn' Ùir.[69]

Gu linn an Dara Cogaidh bha Oidhche Challainn air a comharrachadh air feadh nan Eilean Siar.[70] Ged a bha atharraichidhean sgìreil ann a thaobh briathrachais agus deas-ghnàthan, bha gillean òga anns gach eilean a' deasachadh air a son le bhith ag ionnsachadh nan duan Callainn bho na seann daoine.[71] Bhiodh buidheann de ghillean[72] a' falbh còmhla bho thaigh gu taigh anns a' choimhearsnachd ag aithris dhuan Callainn. Mu choinneamh seo gheibheadh iad tiodhlac mar bhonnach no bonn airgid:[73]

> ... chuile duine seasamh 's a' gabhail duan ann an Gàidhlig, agus duain mhòra glè thric cuideachd ... dh'fheumadh a chuile duine beagan fhaclan a choreigin a ghabhail ... Chan fhalbhadh duine gun duan ... Chan fhaigheadh iad Callaig gun duan ...
> (A.M. SA1980/31.5)

Bha e an urra ri na boireannaich aoigheachd a thoirt dha na gillean Callainn air eagal 's nach fhàgadh iad beannachd air an teaghlach no fiù gun cuireadh na gillean nàdar de mhallachd air an dachaigh:[74]

> Beannaich an taigh seo 's na bheil ann
> Eadar fiodh is clach is crann;
> Mòran bìdh, pailteas aodaich,
> Slàinte dhaoine gun robh ann.[75]

---

[66] Airson fiosrachadh le clàr-leabhar faic Thomson 1994: 221–222.
[67] Bha na fèillean sin fhathast air an comharrachadh ann an Uibhist a Deas, cleachdadh a bha a' cumail dhuan àraid beò. Faic Shaw 1986: 13–14, 21–35.
[68] Leithid SCRE 1964 Àir. 100, 121, 126.
[69] An dara latha deug dhen Fhaoilleach. Airson cunntas air mar a bhiodh Gàidheil na naoidheamh linn deug a' comharrachadh na Callainn faic Carmichael 1983. Vol 1: 149.
[70] Faic MacLean 1957: 29; Ferguson 2004: 30–31; *Tocher* 36/37: 358–365. Cf. Shaw 1986: 13–14.
[71] Faic M.M. MAC9. F.c. Maclean 1957: 29.
[72] Ged nach robh nigheanan a' falbh air Challaig, bha cleachdaidhean Callainn ris an robh iad a' cumail aig an dachaigh fhèin. Faic M.M.N. SA1971/181.B8.
[73] Faic M.M. MAC9.
[74] Faic I.N. MAC3.
[75] Bho D.I.M.

Taighean àraid

Ged as e cruinneachadh neo-fhoirmeil a bha anns a' chèilidh anns an àbhaist, bha taighean àraid fhathast anns a' chiad leth dhen fhicheadamh linn a bha air am faicinn mar thaighean air leth bho na taighean eile anns a' bhaile air am faodadh cèiliche tadhal:

> Bha iomadach taigh as a' choimhearsnachd as a faodadh còmhlan a bhith cruinn air an oidhche – ach bha aon taigh gu h-àraid far a bheil cuimhne aig Pàdruig air a bhith ag èisteachd ri sgeulachdan agus òrain agus iomadach seòrsa seanchais. B'e seo taigh Clann Chaluim Bhig 'Ic Mhathain as na Rubhaichean. 'Se fear dhe na seann taighean fada tughaidh a bha ann le teine meadhan an ùrlair … Bhiodh an taigh làn chèilichean, oidhche as deaghaidh oidhche.
> (Dòmhnallach ann am Moireasdan 1977: x)[76]

'S e a' chiad nì a bha a' cur air leth nan taighean àraid gun robh cleachdadh cunbhalach ann a thaobh cò bha gam frithealadh agus dè cho tric agus a bha iad a' tadhal. 'S e na h-aon chèilichean, fir a-mhàin, a bhiodh a' cruinneachadh gu beagnaich anns na taighean sin,[77] agus 's ainneamh nach biodh cèiliche annta ach oidhche na Sàbaid.[78] Ged nach robh cuireadh foirmeil air a chur thucasan a bha a' dol dha na taighean sin, bha fios aig daoine gur e buidheann àraid a bha a' dol ann, agus mura biodh neach air fear dhiubh sin cha rachadh e ann:

> Dh'fheumadh daoine, daoine mòra 's daoine bhiodh tighinn suas ann am bliadhnaichean 's daoine thuigeadh gnothaichean làidir, sabaidean, 's eachdraidhean dhen t-seòrsa sin.
> (A.M. SA1980/31.A4)[79]

Bha a shuidheachan fhèin aig fear an taighe agus cuideachd aig cèilichean àraid anns na taighean àraid: 'Tha cuimhn' agam air Alasdair Bàn anns an taigh aig Seoc 's e a' suidhe dìreach air beulaibh an teine agus Seoc ri thaobh' (chaidh seo innse dhomh le D.I.M.).[80] Bha an cleachdadh seo ri fhaicinn aig ceàrdannan Chataibh cuideachd:

---

[76] F.c. P.M. SA1963/12.B3; D.MacD. DA1971/4.B7.
[77] Faic Maclean 1952: 125. Cf. Ó Duilearga 1999: 165.
[78] Faic A.M. SA1980/31.A4.
[79] F.c. D.A. MacDonald Rhind 3. Cf. Delargy 1999: 19; Glassie 1995: 62–63.
[80] F.c. Carmichael 1983. Vol. 1: xxii–xxiv; Maclean 1952: 125; N.D. SA1953/20.B8.

My grandfather had a chair … So he'd sit on the chair in front of the stove … My mother would be on the left-hand side. She had a small stool as well … And the rest could sit wherever they chose … around the fire … If an older person such as Black Annie came in … my mother would get up and give her the little stool, since she was an older woman.   (Essie Stiùbhart ann an Shaw 2007: 6)[81]

Tha mòran sgrìobhte air na cleachdaidhean stèidhte a bha a' stiùireadh mar a bha cùisean air an riaghladh anns na taighean-cèilidh bho shean.[82] Chithear bho chunntasan leithid Chaluim MhicGhillEathain (Maclean 1957: 32) agus Aonghais Lachlainn Bhig (A.M. SA1980/31.A4) gun do lean cuid dhe na cleachdaidhean sin ann an taighean àraid anns a' choimhearsnachd fiù 's às dèidh a' Chogaidh Mhòir. Ach chithear cuideachd bho na cunntasan sin, agus bho chunntasan leithid Dhonnchaidh Chlachair (*Tocher* 25: 6) agus Dhòmhnaill Alasdair Seonstan (D.A.S. SA1971/101.A2A), nach b' ionnan cleachdaidhean anns gach taigh àraid eadar an dà chogadh mhòr agus gun robh na bha a' tachairt annta an urra ri comasan agus nàdar fear an taighe agus a chuid chèilichean.

Mar bu trice bha cliù aig fear an taighe mar shàr eòlaiche agus 's e sgeulachdan, nam measg na sgeulachdan mòra agus sgeulachdan na Fèinne, ris am biodh dùil.[83] Bha taighean ann mar a bha taigh athair Dhòmhnaill Alasdair Seonstan dham biodh daoine a' dol airson èisteachd ri fear an taighe a-mhàin.[84] Bha taighean eile far am biodh cothrom aig cèiliche sam bith aig an robh sgeulachd eòlas a chur an cèill: 'Nam biodh dithis bhodach a-staigh bhiodh tè [sgeulachd] an urra aca' (A.I.M. SA1971/107).[85] Bha cuid dhe na taighean àraid ann anns am biodh òrain agus ceòl rin cluinntinn, agus cairtean air an iomairt a bharrachd.[86]

Bha dùil anns a' bhitheantas aig sgeulaiche sònraichte ri sàmhchair agus ri spèis.[87] Dh'fheumadh fiù an càrdadh agus a' chuibheall stad fhad 's a bha athair Dhòmhnaill Alasdair Seonstan ag innse sgeulachd: 'O, bha e stad: cha robh sìon dhen sin a' dol idir; bha chuile sìon cho balbh … cha tigeadh migead às do bheul …' (D.A.S. SA1970/34B).[88] Cha robh guth air gluasad nam biodh

---

[81] F.c. d.82.
[82] Faic J.F. Campbell. Vol. 1: iv–vii, li; Vol. 3: 158–159; Carmichael 1983. Vol. 1: xii–xiv; A. Campbell, ed. 1889–1895. Vol. 2: ix–x; Maclean 1957: 32. Cf. Shaw ann am MacNeil 1987: xxiii: 'customary sequence'; Delargy 1945: 19; Ó Duilearga 1999: 164–165.
[83] Cf. MacNeil 1987: 30.
[84] D.A.S. SA1970/34.B.
[85] Cf. Dégh 1969: 78.
[86] Faic D.A.S. *Tocher* 2: 36–37; D.MacD. SA1971/4.B7; E.D. SA1971/1.A5.
[87] Faic Thomson 1994: 281. Cf. Ó Duilearga 1999: 165; Dégh 1969: 82.
[88] F.c. SA1971/101.B1. Cf. MacNeil 1987: 32; Dégh 1969: 100.

Aonghas Barrach a' liubhart sgeulachd, 's gun duine airson facal dhe na bha aige ri aithris a chall: 'Tha cuimhn' agamsa air a bhith a' ruith a-nall agus a' fodaradh nan each fhad 's a bhiodh e a' gabhail cupa tì' (D.A.MacE. SA1974/164).

2.2 Suidheachaidhean obrach

Bha cleachdaidhean obrach, a bha ceangailte an dà chuid ri obair anns an robh daoine an sàs fad na bliadhna agus obair a bha a rèir an ràithe, tric a' tarraing dhaoine còmhla anns a' chiad leth dhen fhicheadamh linn. Ged a tha sgoilearan à dualchasan eile air àite cudromach nan suidheachaidhean-aithris a chomharrachadh a thaobh leantalachd beul-aithris[89] – 's e sin suidheachaidhean a bha cleachdaidhean obrach a' cruthachadh – chan eil mòran sgoilearachd ri fhaotainn air a' chuspair bho shealladh beul-aithris na Gàidhlig, a-mach air an luadh. Tha Dégh (1969: 67–68) a' toirt dhuinn dealbh air iomadalachd nan suidheachaidhean obrach anns am biodh beul-aithris air a sgaoileadh anns an Ungair. Tha clàran Sgoil Eòlais na h-Alba a' dearbhadh gun robh raon de bheul-aithris an cois a 'chuile car obrach a bha iad a' dèanamh an uair ud' (P.M. SA1966/93.B2) ann an Uibhist cuideachd. Tha e coltach gun robh na suidheachaidhean anns an robh daoine ag obair ann am pàirt (mar eisimpleir, a' treabhadh, a' buain mhònadh, a' trusadh chaorach agus a' froiseadh eòrna),[90] agus na suidheachaidhean obrach anns an robh an teaghlach a' tighinn cruinn, air leth cudromach a thaobh sgaoileadh beul-aithris air sgàth 's gun robh sean is òg, fireann is boireann, às gach teaghlach anns a' choimhearsnachd an làthair. Ged a bhiodh e inntinneach dha-rìribh rannsachadh a dhèanamh air gach suidheachadh a bha cosmhail ri na suidheachaidhean a dh'ainmich Dégh, cha tog mi anns an earrainn a leanas ach na suidheachaidhean a tha mi fhèin a' meas mar na suidheachaidhean as cudromaiche a thaobh leantalachd beul-aithris Ghàidhlig Uibhist a Tuath.

Obair an fhearainn

Bhiodh teaghlaichean tric a' coiseachd mhìltean còmhla, no a' siubhal air cairt, na lathaichean a bhiodh iad a' togail agus a' toirt dhachaigh na mònadh. Bhiodh iad air falbh bhon taigh o mhoch gu dubh. Aig àm bìdh bhiodh iad a' togail teine agus dh'fhaodadh gum biodh grunn theaghlaichean a' cruinneachadh còmhla ag iomlaid naidheachdan: '… bha e cho math ri picnic' (M.M.

---

[89] Faic Dégh 1969: 66–82.
[90] Faic S.M. SA1965/123. Cf. West 2000: 132–135, 141.

MAC10).[91] Bhiodh iad a' conaltradh cuideachd shìos aig a' mhachaire, gu h-àraid aig àm bìdh, nuair a bhiodh iad a' cur agus a' togail a' bhuntata.[92]

Latha rùsgadh nan caorach bhiodh teaghlaichean na sgìre cruinn fad latha aig fang a' bhaile. Fhad 's a bhiodh na fir, mar bu trice, a' rùsgadh, bhiodh na boireannaich agus a' chlann, air an deagh dhòigh, taobh a-muigh a' bhalla, a' pasgadh nan rùsg: 'Bha àm breith nan uan, rùsgadh nan caorach agus bogadh nan caorach nan amannan aoibhneach dhan chloinn' (Ceit NicDhòmhnaill 5).

Aig àm cur agus àm na buana bha buill dhen teaghlach a bha a' cosnadh air falbh a' tighinn dhachaigh a thoirt làmh-chuideachaidh.[93] Aig àm na buana bhiodh an teaghlach air fad a' ceangal an arbhair, a' cur nan sguab ann an suidheachain agus ann an toitean, a' togail nan dias eòrna agus a' dlùthadh. Bha am baile a' cur 'cailleach' air a' chroitear mu dheireadh a chuireadh crìoch air a' bhuain, rud a bha na adhbhar maslaidh. Ach nuair a chuala Anndra Hòrasairigh gun robhar a' cur na caillich thuige 'ràinig spiorad na bàrdachd' e (A.L. SA1968/143.A7) agus 's ann a rinn e *Òran na Caillich*:

> Chuir iad a' chailleach gam ionnsaigh-sa falamh,
> Chuir iad a' chailleach gu Anndra,
> 'S cha bhiodh iad cho ealamh mur biodh iad cho falamh
> Nuair chuir iad a' chailleach gu Anndra.
>
> Failt' ort, a chaillich, na fan as an tuath
> Gad lathadh le fuachd a' gheamhraidh:
> Tha deoch agus biadh is connadh, do dhìol,
> Agad air crìochan Anndra.
>
> Nuair thàinig a' chailleach an taobh seo dhen dùthaich
> Sheas i mun ùtraid 's sheall i:
> Thuig i nach robh an siud ach an diùthaidh –
> Tharrainn i null gu Anndra.
>
> Cha truagh leam cailleach ged thigeadh i 'm chòmhnaidh –
> Gheibh i gu leòr is annlann;
> Tha mòran coirce 's pailteas eòrna
> 'S seagal gu leòr aig Anndra.

---

[91] Bhiodh Dòmhnall Alasdair Seonstan agus athair ag aithris sgeulachdan nuair a bhiodh iad ag obair air mòine: D.A.S. SA1969/62A; D.A.S. SA1970/206.A2.
[92] Bho I.N.
[93] Faic B.Nic. SA1968/206.

Sibhse tha mach le sgiobaidhean mòr,
Luchd-cuideachadh dhlò is bhanntan,
Chì sibh fhathast ged tha mi nam ònrachd
Sgiobadh gu leòr aig Anndra.

Ged dh'fhalbhainn-sa cuairt a ghabhail mo phinnt,
Chan fhalaichinn-sa nì le mealltachd –
'S aithne dhomh fhìn luchd crathadh an cinn
A dh'òladh a trì ri Anndra.
(SA1968/143.A7. F.c *Tocher* 54–55: 323–325)

A rèir bean Dhonnchaidh MhicAsgaill à Beàrnaraigh, anns na seann làithean bha cuirm air a cumail aig deireadh buana agus bha bonnach air an robh 'Strùthan Mhìcheil' air a dhèanamh bhon chiad eòrna a rachadh a bhuain gach bliadhna (SA1958/177.B12).[94]

Cha b' ann nan ònrachd a bha daoine ag obair agus cha b' ann gu balbh a bha iad rithe. Air sgàth 's gun robh daoine ag obair faisg air a chèile bha còmhradh agus seanchas a' dol fad na h-ùine,[95] agus tha e coltach gum biodh an seanchas sin a' gabhail a-steach nan abairtean àraid a bha an cois na h-obrach:[96] 'Bhiodh seanchas a' dol air obair cur is buain, air brà is muilinn, air iasgach an truisg 's an langain … [agus] fada, fada, an deidh dhaibh cùl a chur ris gach obair' (An Comunn Gàidhealach 1938: 105).[97] Tha seo air a dhaingneachadh le sgeul Aonghais Bhig MhicGhillFhaolain agus Aonghais MhicEachainn, a bha ri seanchas cho fada latha a chaidh iad a ghearradh feamad 's gun tàinig tràghadh agus muir-làn mus do ghluais iad (D.Macan SA1958/31/B2).[98]

'S e cleachdaidhean obair an eòrna, ge-tà, a bha air an comharrachadh aig seann eòlaichean Uibhist mar na cleachdaidhean obrach bu chudromaiche a thaobh leantalachd beul-aithris. Tha e coltach gun robh fealla-dhà agus seinn an cois froisidh.[99] A rèir Phàdruig Mhoireasdain, bhiodh còmhlan fhear às a' bhaile a' cruinneachadh ann an àtha mu seach airson làmh-chuideachaidh a thoirt do chàch-a-chèile gus an gràn eòrna a thìreadh:

---

[94] F.c *Tocher* 7: 232; Carmichael 1997: 626.
[95] Faic S.D. MAC12; S.D. MAC20; M.M. MAC10; D.I.Mac MAC8; D.A.S. SA1969/62.A1. Cf. Dégh 1969: 73
[96] *Cutting day sayings*: E.D. SA1971/007.
[97] Bha feadhainn, leithid D.I.Mac (MAC8), a bhiodh a' bruidhinn agus a' seinn ri na h-eich. Cf. Ó Madagáin 1985: 207–209.
[98] F.c. J.F. Campbell 1983. Vol. 1: xxi–xxiii; A. Campbell, ed. 1889–95. Vol. 4: xi–xii; D.A.S. SA1970/206.A2.
[99] Faic M.M. MAC10; D.A.MacE. SA1974/58.

Nuair bha sinn òg, bhiomaid a' faighinn a-mach dè 'n àtha as am biodh an tìreadh an ath-oidhch' no 'n treas oidhch' na toiseach na seachdain sa tighinn ... sin far am bitheamaid agus bhite cruinn ann a shin, àtha far an robhar a' cruadhachadh agus a' bualadh a' bhrat air an ùrlar ... Bhiodh còig na sia na seachd na 's dòcha ochd de ghillean sgairteil òg ann a' caitheamh dhiubh a seacaidean ag èisteachd ri na bodaich ag innse sgeulachdan, 's feadhainn ac' a' gabhail òran. (SA1971/105)

Tha bàrdachd Aonghais Lachlainn Bhig a' daingneachadh a' chàirdeis eadar obair an tìridh[100] agus aithris nan sgeulachd:

> Is cuimhne leam an àm an tìridh
> Gràn ga chruadhachadh le dìcheall
> Seanair glas cur las ri pìob
> 'S na sgeòil gan ìnnse mu Loch Hòstadh. (MacGillFhaolain 1991)[101]

Bha mòran fhaclan co-cheangailte ri obair an eòrna, ris an dias fhèin, agus ri feumalachd na min-eòrna, rim faighinn ann an rannan leithid an fhir seo:

> Is math an t-annlann an t-acras;
> Is mairg a nì tarcais air biadh;
> Fuarag eòrn' à sàil mo bhròige
> Biadh a b' fheàrr a fhuair mi riamh.[102]

Bha iad a' nochdadh ann an òrain cuideachd:

> Dhèanainn bualadh anns an t-sabhal,
> Càthadh agus grèidheadh ...[103]

Bha cleachdaidhean co-cheangailte ri cùram bheathaichean tric a' bualadh air ainmeannan àiteachan Uibhist. Tha ainmeannan leithid Cuidh' a' Gheàrraidh, Cachaileith a' Mhachaire, Cotan nan Uan agus Tobar nan Each, mar eisimpleir, a' nochdadh mar a dh'fheumadh daoine a bhith ag atharrachadh feurachd nam beathaichean agus a' dèanamh cinnteach gun robh uisge aca.

---

[100] Airson fiosrachadh air obair an tìridh faic P.M. SA1968/281; D.MacA SA1969/112.A3.
[101] Bho *Deàrrsadh Gealaich air Loch Hòstadh.*
[102] Bho D.I.M. agus Iain Dòmhnallach. Tha eachdraidh aig an rann seo co-cheangailte ri Iarla Mhàrr.
[103] *Taighean Geala*, òran a bha aig mo sheanair, Ruairidh Teàrlach MacAmhlaigh, Ruairidh Westford, agus a tha ri chluinntinn air *Faileasan Uibhist* CEOLCD01.

Ged as e reic bheathaichean am prìomh adhbhar airson cruinneachadh, bha latha na fèille[104] aithnichte mar aon dhe na lathaichean a bu chudromaiche dhen bhliadhna ann am beatha shòisealta an t-sluaigh.[105] Bhiodh teaghlaichean às gach taobh dhen eilean agus cuid de mhuinntir a' Chinn a Deas a' coinneachadh[106] agus a' cur eòlas às ùr air a chèile, agus bhiodh iad ri seanchas (*Tocher* 40: 234–236; 41: 328–331). Bha a' mhargaidh na pàirt dhen fhèill, le stàilichean a bha a' reic leithid shuiteas, tombaca agus ribinnean, mar a tha na h-òrain a' nochdadh:

> Innsidh mise 'n fhìrinn dhuibh mar chaidh dhomh fhìn 's dhan Fhèill:
> Bha mi 'n diugh mu Thuath orra, 's bha mi shuas an dè.
> 'S ann dhòmhsa bha sin aineolach bhith aimbeairteach air fèill:
> Cha d'rinn na gillean m'ainteachadh, bha mi gun ad gun bhèil.
>
> 'S dol seachad buth na *Miller*-ach gur mise bh'air mo dhòigh:
> Thachair Dòmhnall Mac Cuidhein rium 's b'e 'n siod an gille coir!
> Cheannaich e cìr-chùil dhomh a rànaig crùn is gròt,
> 'S nuair chuir mi na mo cheann i b'e 'n call nach robh mi òg.
>
> Cheannaich Seonaidh Lachlainn dhomh botul *Lemonade*
> Botul *Ginger cordial*'s gach seòrsa bh'air an Fhèill;
> Cheannaich e tombaca dhomh is maidseachan da rèir,
> 'S o nach d'fhuair mi pìob bhuaithe le cinnt cha bhì sinn rèidh.
> (*Òran na Fèille*, *Tocher* 41: 328–331)[107]

Bhiodh na dròbhairean a' cèilidh nan taighean faisg air làimh agus bha buaidh aig a seo air mar a bha naidheachdan agus òrain ionadail 'a' falbh o bheul gu beul' (D.A.S. SA1969/62.A1) gu sgìrean far nach biodh dùil an cluinntinn. Bha feadhainn à Uibhist a Tuath a' dol gu Fèill Bogadh Ollaidh aig Deas cuideachd. A chionn 's gun robh an ceannach a' tòiseachadh tràth bha iad a' siubhal latha ron àm agus a' coinneachadh an oidhche sin ann an taigh àraid a bha faisg air far an robh an fhèill ga cumail, far am biodh na bha an làthair ri seanchas fad na h-oidhche (*Tocher* 40: 234–241). Bha na fèilltean nan suidheachadh-aithris an lùib cheàrdannan[108] tìr-mòr cuideachd, agus aithris nan sgeulachd an cois reic agus ceannach nan each (Shaw 2007: 5).

---

[104] Mar a bha latha Geams Hòmhstadh agus na rèisean each: D.E.MacD SA1968/142.B5. Faic Iain Eàirdsidh MacDhòmhnaill, Iollaraigh (SA1971/8.A1), airson seanchas mu Odaidh Hoghaigearraidh.
[105] Faic An Comunn Gàidhealach 1938: 45–46.
[106] Air Cnoc na Fèille, air iomall baile Loch nam Madadh, a bha fèilltean Uibhist a Tuath air an cumail suas gu mu 1920 (*Tocher* 41: 326).
[107] F.c. *Gheibh sinn ribinnean mòra, mòra* (*Tocher* 40: 237–238; I.T. NicDhòmhnaill 1995: 20–21; N.D. SA1958/176.A13; R.D. SA1958/156.A13).
[108] 'S e 'luchd-siubhail' a tha cuid de sgoilearan an là an-diugh a' cleachdadh.

Ged nach robh mòran fiosrachaidh ri fhaotainn co-cheangailte ri taobh sòisealta nan coinneamhan coimhearsnachd[109] a bha fir a' bhaile a' cumail nuair a bha cùisean fearainn a' cur feum orra, leithid roinn feamad, fang chaorach agus crìochan nan croitean a rèiteach, tha mi am beachd gu bheil iad airidh air facal. Tha an dòigh air an robh am brath air a sgaoileadh gun robh leithid de choinneamh gus a bhith ann air an t-ainm Cnoc na Peursa[110] a thoirt air cnuic ann an iomadach baile ann an Uibhist a Tuath. Nas cudromaiche, ge-tà, chan urrainn, air sgàth miann nam fear air a bhith cèilidh, nach robh an còmhradh a' leantainn às dèidh dhaibh gnothaichean na coinneimh a rèiteach, a dh'aindeoin 's gu faodadh a' choinneamh a bhith aimhreiteach, mar a tha a' nochdadh anns an òran *Nàbachd Baile* aig Aonghas Lachlainn Bhig:

> Thuirt Seumas Sioran, 'Tha mi deònach
> Sinn uile a bhith còrdadh
> Chan eil feum an còmhstrì no 'n cnàmhan
> Ged tha mis' am bliadhna
> Gam chosnadh aig an Iarla
> Bidh mo chuid san fheur a nì fàs ann.'
> [...]
> Labhair Dòmhnall Eòghain Uilleam Chìobair
> 'Chan urrainn mi bhi strì ribh
> Tha mi buileach sgìth do 'ur nàbachd
> Iarraidh mi mo roinn
> Agus gheibh mi e gun taing
> 'S biodh na seiceannan an grèim air na dh'fhàgar.'
>
> (MacGillFhaolain 1991)

Calanas

'S e obair nam ban agus na cloinne a bha anns a' chìreadh, a' chàrdadh agus a bhith a' dèanamh rolagan,[111] obair a bhathar tric a' dèanamh air an oidhche agus iad ag èisteachd ri aithris an teaghlaich agus an cuid chèilichean. Nam biodh iad a-staigh leotha fhèin bhiodh cuid de bhoireannaich ag innse sgeulachdan a bharrachd air a bhith a' seinn òran dhan cuid chloinne nuair a bhiodh iad a' càrdadh agus nuair a bhiodh iad a' snìomh (C.Dho.SA1969/107.B1).[112] 'S ann le bhith ag èisteachd ri mhàthair a' seinn aig a' chuibhill a

---

[109] Nach robh ao-choltach ri Pàrlamaid nan Hiortach.
[110] 'Maide Peursa.' Faic A.MaC SA1972/49; D.A.MacE. SA1974/164.
[111] Faic Carmichael 1997: 599–601; C.N. SA1963/71.B3.
[112] F.c. Shaw ann am MacLellan 2000: 15.

thog Pàdruig Moireasdan an t-òran *Ho ro Iollaraigh* (SA1962/41.A2).[113]

Luadh

'S e latha mòr a bha ann an latha an luaidh[114] dha na boireannaich air sgàth 's gun robh e a' toirt cothrom dhaibh, cothrom a bha ainneamh aig an àm, cruinneachadh còmhla às aonais nam fear.[115] Tha e coltach gun robh buaidh aig a seo air an dòigh anns an robh iad gan giùlan fhèin agus air mar a dh'fhaodadh iad am beachdan a chuir an cèill: 'O, nach biomaid a' goileam! Bhiomaid a' goileam' (*Tocher* 50: 21).

Bhiodh na boireannaich a' seinn airson an obair aotromachadh agus bha an luadh aithnichte mar chothrom dha na boireannaich òrain ùrachadh dhaibh fhèin agus ionnsachadh bho chèile (MacLean ann an Neat 1999: 52).[116] Bha dlùths a' cheangail eadar luadh nan clòithtean agus seinn nan òran air a chomharrachadh aig na bàird:

> Bu tric bha mnathan luaidh mun chlèithe
> An clò fo smachd le buillean gleusda
> Sgòrnain bhìnn le fuinn fo ghleus ... (MacGillFhaolain 1991)[117]

Bhiodh clann òga 'an lùib a h-uile rud a bh' ann' (I.N. MAC3) agus iad a' gabhail ealla ris na bha a' dol: '... bha na h-òrain a' còrdadh rinne cho math' (M.M. MAC9).

Dh'inns Pàdruig Moireasdan mar a bhiodh e a' cluinntinn òran 'aig luadh 's aig snìomh' (P.M. SA1972/35).[118] Mar thoradh air sin, bha na fir a' giùlan nan òran luaidh, fiù 's na fir a dh'fhalbh a Cheap Breatann (MacLellan 2000: 188–236). Tha fianais a bharrachd ri faotainn gum biodh bodaich a' tighinn air chèilidh air a' bhannal luaidh ann an coimhearsnachdan àraid airson an cuid naidheachdan fhaighinn agus na h-òrain a chluinntinn.[119]

Às dèidh crìoch a chur air an obair bha na boireannaich a' faighinn 'tì mhòr … rud nach fhaigheadh tu an còrr dhen bhliadhna' (P.D. MAC13). Ann an sgìrean de dh'Uibhist a Deas bhiodh ceòl, dannsa, seinn agus àbhachdas

---

[113] Òran a tha ri chluinntinn air *An Lorg nam Bàrd* CEOLCD02.
[114] Airson fiosrachadh mun luadh agus mu òrain luaidh faic Campbell & Collinson 1969 Vol 1: 3–16; Shaw 1986: 6–7; Bruford FR Oct. 1978: 4–8; VA1970/01; B.N. SA1969/120.B2 (a' luadh an Cladach Càirinis); C.N. SA1963/71.A8. Cf. Otto Andersson 1953.
[115] Faic *Tocher* 50: 7–22; MacLean ann an Neat 1999: 52; Bruford *FR* Oct. 1978: 5.
[116] Bha seo ri fhaicinn aig na 'froiligean-snìomh' ann an Ceap Breatann (Shaw ann am MacLellan 2000: 15) agus ann an Sealtainn (D.A. MacDonald Rhind 3). F.c. Ó Madagáin 1985: 205.
[117] Bho *Deàrrsadh Gealaich air Loch Hòstadh*.
[118] F.c. Bruford *FR* Oct. 1978: 7. Leithid U.M., D.I MacD (SA1968/232), D.MacGh (SA1957/110) agus R.D. (SA1955/57–58).
[119] Faic P.D. MAC13; f.c.A.I.M. SA1968/206.B1; *Tocher* 41: 262; McKean 1997: 103.

a' comharrachadh crìoch na h-obrach.[120] Bhiodh àireamh mhòr dhen òigridh a' cruinneachadh còmhla nuair a bhite a' smaoineachadh gum biodh an luadh seachad ann an sgìrean de dh'Uibhist a Tuath cuideachd agus 'fhios aca gum biodh danns' ann' (M.M. MAC9):

> Bhiodh danns' às dèidh a h-uile luadh le meileòidian agus uaireannan ... 's e cìr a bhiodh againn agus paipear sìnte oirre, paipear tana 's glèis air, agus nan cluinneadh tusa e fhèin agus trumba, bha e dìreach cheart cho math ri pàirt dha na *bands* dannsa ris a sin. (P.M. SA1971/105)

Leis nach biodh fios le cinnt cuin a bhiodh crìoch air an obair bhiodh an òigridh a' cruinneachadh tràth agus tha e coltach gum biodh iad ag èisteachd ris an t-seinn fhad 's a bha iad a' feitheamh (A.B. *Tocher* 3: 84).[121]

Bu chòir a chomharrachadh, ge-tà, gun robh bailtean, leithid Caolas Phaibeil, far nach biodh ach còmhradh eadar na boireannaich fhèin agus, math dh'fhaodte, muinntir an taighe, às dèidh an luaidh, air sgàth buaidh na h-eaglais anns an sgìre.[122]

Obair banachaig

Tha e air a ràdh gu bheil ceòl a' còrdadh ri gach creutair,[123] agus tha na bàird a' nochdadh mar a bha e na chleachdadh aig na boireannaich a bhith a' seinn dhan bhoin airson a socrachadh:[124]

> Chi mi banarach le cuach aic'
> Le mart is laogh ri taobh na buaile
> Is chluinn mi binn i seinn a duanaig
> Beag a gruaman, buan a h-aighear
> Cridhe cuachag dhuan bhith leatha. (MacGillFhaolain 1991)[125]

Tha e air a ràdh gun robh boireannaich uaireannan ag aithris duan sònraichte nuair a thigeadh steall bainne a-nuas agus gun robh cuid de bheathaichean nach leigeadh am bainne sìos ach do bhoireannach àraid, agus cuid eile nach toireadh

---

[120] Faic *Tocher* 3: 84. F.c. S.D. MAC7; M.M. MAC9, Shaw 1986: 7; *Tocher* 50: 23–24.
[121] Cf. Rea 1997: 32–33.
[122] Mar a chaidh innse dhomh lem sheanmhair, M.N.
[123] Faic R.D. SA1958/171.A10; *Tocher* 7: 219.
[124] Faic M.M. MAC9; D.I.Mac. MAC8; Bruford *FR* Nov.1978: 6; *Tocher* 7: 219. Cf. Ó Madagáin 1985: 201–203.
[125] Bho *Oighreachd*.

bainne seachad nan sguireadh an t-seinn.[126]

Nam b' ann aig a' chuidhe a bhiodh na boireannaich a' bleoghainn bhiodh naidheachdan a' dol mun cuairt.[127] A rèir MhicAsgaill, bha sgìrean àraid ann far am biodh muinntir a' bhaile air fad a' cruinneachadh: 'At about ten the women would go down to the cuidhe and the whole township would gather at the pen … In the old days that was the place for meeting and talking' (MacAskill ann an Neat 1999: 205).

Bhiodh clann òga timcheall nam boireannach nuair a bha iad a' bleoghainn agus ri obair a' bhainne,[128] agus anns an dòigh sin a' togail nan òran agus fiosrachadh co-cheangailte ris an obair.

Bha cleachdaidhean obrach nam banachag a' bualadh air ainmeannan àiteachan Uibhist leithid Cnoc an Eadraidh,[129] Àirigh na Buail' Ìochdraich agus Leac na Gruagaich, far am biodh na boireannaich òga a' stad agus a' dòrtadh bainne air a' chloich airson a dhèanamh cinnteach gum biodh an crodh torrach.[130]

Obair na h-àirigh

Ged a bha an àirigh air a dhol à bith ro thoiseach na ficheadamh linn, 's fhiach meòrachadh oirre mar shuidheachadh-aithris air chor is gun robh buaidh aice air eòlas nam boireannach a thaobh beul-aithris anns a' chiad leth dhen fhicheadamh linn.

Bho mhullach an t-samhraidh gu meadhan an fhoghair bhiodh boireannaich òga a' dol a-mach leis a' chrodh gu àirighean anns a' bheinn far am biodh iad gam buachailleachd agus a' deasachadh a h-uile nì mun bhainne.[131] Mar bu trice bhiodh tè no dhà dhe na boireannaich a' tilleadh gach latha no gach dàrnacha latha le bainne, ìm agus càise, agus bhiodh naidheachdan na coimhearsnachd agus na h-àirigh mar sin air an sgaoileadh, anns an aon dòigh anns am bitheadh iad nan rachadh gillean air chèilidh.[132]

Bhiodh e iongantach dha-rìribh mura biodh na boireannaich a' cur seachad na h-ùine a bha saor aca a' còmhradh agus a' seinn air an àirigh anns an aon dòigh anns am biodh iad aig an taigh. Air sgàth 's nach robh fireannaich, anns an àbhaist, nan cuideachd, chan fheumte cumail ri riaghailtean àbhaisteach na

---

[126] Faic Carmichael 1997: 598; Macdonald & Macdonald 1911: lv, 329–330.
[127] Faic S.D. MAC11.
[128] Faic Ceit NicDhòmhnaill 6; M.M. MAC9.
[129] Air a bheil taigh mo mhàthar ann an Cladach Chirceabost an-diugh.
[130] Mar a chaidh innse do Mhàiri NicAmhlaigh, piuthar mo mhàthar, le Ceit NicAmhlaigh, Ceit Chirceabost, co-ogha mo sheanar.
[131] Faic D.A.S. SA1970/37; I.N. MAC3.
[132] Faic D.E.Mac SA1968/142.A7; S.M. SA1973/37.A3; D.A.S. SA1970/37.

coimhearsnachd a bha a' toirt urram dha na fir a thaobh aithris roinn àraid de bheul-aithris. Tha e an ìre mhath coltach mar sin gum biodh na boireannaich a' gabhail cothrom na chuala iad anns an taigh-chèilidh, aig a' mhòine, aig an fhèill no an àite sam bith eile a lìbhrigeadh agus mar sin ùrachadh dhaibh fhèin, agus a ghleidheadh air chuimhne. Chithear cho cudromach agus a bha an àirigh ann am beatha shòisealta nam boireannach ann a bhith a' gabhail beachd air cho tric 's a tha iomradh oirre anns na h-òrain, gu h-àraid na h-òrain gaoil, òrain leithid *Chaidil mi raoir air an àirigh*,[133] *Gura mis' tha fo mhulad air tulaich na h-àirigh*[134] agus *Àirigh nam bò*.[135]

Tha fianais againn bho iomadach fear gun robh comas aithris nan sgeulachd aig cuid de bhoireannaich anns a' chiad leth dhen fhicheadamh linn. Dh'inns Dòmhnall Dhonnchaidh gur ann bho sheanmhair no bho phiuthar a sheanar a fhuair e cuid dhe na sgeulachdan a bha aige. Chan eil e coltach gum faodadh seo a bhith mura biodh cothroman aig na boireannaich na chuala iad a liubhairt (mar a theirte, *secondary transmission*) gu cunbhalach, cothrom nach robh na suidheachaidhean-aithris àbhaisteach a' toirt dhaibh. Tha clàran na Sgoil Eòlais a' dearbhadh gun tàinig lùghdachadh na bu mhotha air an àireamh de bhoireannaich a bhiodh ri sgeulachdan anns a' chiad leth dhen fhicheadamh linn na thàinig an lùib nam fear: bha cuimhne aig cuid de luchd-aithris anns na 1960an air àireamh mhòr de bhoireannaich a chluinntinn ag aithris sgeulachdan nan òige, ged nach rachadh aca ach air tè no dhà ainmeachadh aig an robh an comas aig àm a' chlàraidh a dh'aindeoin 's gun rachadh aca air iomadach fireannach ainmeachadh. Ged a ghabhas pàirt dhen fhianais seo a mhìneachadh le bhith a' soilleireachadh nach robh boireannaich bhon ghinealach mu dheireadh aig an robh sgeulachdan cho deònach iad fhèin a chur air adhart gun iarraidh 's a bha na fir, math dh'fhaodte gur h-e an t-adhbhar a bu mhotha airson an tanachaidh seo gun deach cleachdadh na h-àirigh à bith aig fìor thoiseach na ficheadamh linn, agus mar sin cothrom nam ban a bhith ag ùrachadh an ealain. Bhuaithe seo thàinig crìonadh air cuimhne agus misneachd. Dh'fhàgadh sin leisge orra, ged a bhiodh an cothrom aca, sgeulachd innse.

Latha nam plangaidean

Bha gach boireannach agus a cuid chloinne anns gach baile a' cruinneachadh a h-uile samhradh gu linn an Dara Cogaidh airson na plangaidean a nighe.

---

[133] SA1951/08.
[134] SA1951/27.A2.
[135] SA1952/116.8. F.c. *Thug mi 'n oidhche raoir san àirigh* (MacKenzie 1907: 398 fon tiotal *Òran Allabain Suiridh*); *O theab, theab 's gun do theabadh ur bàthadh* (SA1963/14.B60).

Dh'inns Isa NicIlip dhomh mar a bhiodh na boireannaich a' gabhail naidheachdan agus a' gabhail òran fhad 's a bhiodh iad, tè mu seach, a' stampadh nam plangaidean agus mar a bhiodh an còmhradh a' leantainn nuair a bhathar a' gabhail am biadh.[136]

Bhiodh iad a' tighinn còmhla a-rithist airson a' chlòimh a dhath. Bha mòran fiosrachaidh mu dheidhinn buadhan lusan an cois na h-obrach seo agus bhiodh e iongantach mura gluaiseadh còmhradh air na dathan a gheibhte bho lusan àraid gu bhith beachdachadh air cuspairean mar buadhan leighis nan lusan, agus math dh'fhaodte air mar a bhathar gan cleachdadh ann an deas-ghnàthan os-nàdarra. Bha boireannaich aig an robh sàr eòlas air cleachdaidhean leighis agus air breith chloinne, boireannaich leithid Ceit a' Ghobha[137] agus Maighread nighean Sheumais,[138] a' faighinn aithne anns a' choimhearsnachd.[139]

Tha e coltach gun robh an t-eòlas seo air a sgaoileadh nam measg fhèin tro na ginealaichean agus, le nach robh mòran shuidheachaidhean ann far nach biodh na fir nan lùib, math dh'fhaodte gur e suidheachaidhean dhen t-seòrsa seo a bha a' toirt a' chothruim seo dhaibh.

Luchd-ciùird

Bha obair a' chlachair, an t-saoir, a' ghreusaiche agus an tàilleir gan toirt air feadh Uibhist.[140] Bha an obair cuideachd a' toirt fear an àigich agus daoine a bha an sàs ann an leigheas each agus cruidh timcheall coimhearsnachdan nan Eilean, mar a bha obair an *spalpeen* (Ó Súilleabháin 1966: xxxvii) agus fhear a bhiodh a' dèanamh chliabh (Ó Duilearga 1981: xviii)[141] gan toirt timcheall coimhearsnachdan Èirinn. Bha iad mar sin a' faighinn eòlas farsaing air Uibhist fhèin, air na daoine agus air gach taobh de bheul-aithris nan Eilean, eòlas a bhathar an uair sin a' sgaoileadh. Ann a bhith ag ùrachadh agus a' cur ris an eòlas bha fiosrachadh, sgeulachdan, òrain agus eile, aig an robh dlùth-cheangal ri aon choimhearsnachd, air an sgaoileadh a-mach. Bha an aon sgaoileadh follaiseach an lùib luchd-ciùird na h-Ungair (Dégh 1969: 68–70) agus an lùib cheàrdannan Alba (D.A.MacDonald 1993–1994),[142] Èirinn (Ó Duilearga 1981: xviii) agus Melanasia (Albert Lewis 1951: 169).

---

[136] F.c. D.I.Mac MAC8.
[137] Ceit NicGhillEathain (née NicDhòmhnaill) à Taigh a' Gheàrraidh.
[138] À Hoghaigearraidh.
[139] Faic M.M.N. SA1971/159.B12; D.E.MacD. SA1968/142.B2. Tha ogha Ceit a' Ghobha, Ceit Ann NicGhillFhaolain, Ceit Ann Hùna, aithnichte an-diugh mar thè aig a bheil sàr eòlas air seann chleachdaidhean leighis, cleachdaidhean a thog i bho a seanmhair.
[140] Faic D.A.MacE. SA1963/51.B9. Cf. J.F. Campbell 1983. Vol. 1: vi, li–lii; Maclean 1991: 123–132; Bruford 1969: 61–2, 67.
[141] F.c. Delargy 1945: 22, 28–29.
[142] F.c. *Tocher* 29: 265–301.

Ag iasgach

Bha e na chleachdadh aig iasgairean Uibhist a bhith a' seinn nuair a bha iad ag iomradh: 'A' mhionaid a bha an ràmh a' dol a-mach bha an t-òran a' tòiseachadh' (P.M. SA1966/93.B2).[143] Bha òrain àraid gan gabhail nuair a bha iad a' dèanamh air tìr:

> Suidhibh-se, 'illean, tha an t-iomradh sa ràmh;
> Tha ghaoth aig ar cùl, oir tha lìn anns an t-sàl;
> Cha tèid bàta gu astar aig gillean gun spàirn
> 'S an tèile air deireadh na culaidh-mhagaidh aig càch.
>
> (P.M. SA1966/93.B2)

Mar an ceudna, bha e na chleachdadh aig fir a bha a' giùlan luchd-turais, air tìr-mòr na h-Alba agus ann an Èirinn, a bhith ag aithris sgeulachdan fhad 's a bha iad ag iomradh (J.F. Campbell 1983. Vol. 1: 4a).[144]

Bhiodh eathraichean Ghriomasaigh a' tadhal air bailtean cladaichean taobh an iar an eilein a' reic èisg[145] agus tha e glè choltach gum biodh naidheachdan gan gabhail agus gan sgaoileadh anns gach baile.

Bha mòran seanchais mara am measg beul-aithris na Gàidhlig. Bha àireamh mhòr de stòras nan seòladairean agus nan iasgairean ag ainmeachadh chreutairean co-cheangailte ris a' mhuir, leithid maighdeann-mhara, bean-nighe,[146] each-uisge agus crodh-mara[147] (Carmichael 1983. Vol. 2: 260) agus daoine a bha air am meas mar dhroch chòmhdhalaichean nam biodh tu a' dol air turas-mara no a dh'iasgach. Bha seanchas co-cheangailte ri na ròin gu h-àraid pailt air taobh an iar an eilein agus ann an Griomasaigh, is dòcha a thaobh gur e muinntir nan sgìrean sin a bu mhotha a bha gan sealg ann an t-Heidhsgeir. Bha e ri ràdh gu bheil ceòl, ach gu h-àraid ceòl na pìoba, a' còrdadh ri na ròin agus ma sheinneas neach òran gun seinn iad air ais.[148]

Bha creideas anns a' bheachd gun robh daoine àraid ann a bha nan ròin fo gheasaibh.[149] 'S e 'Clann MhicCodrum nan Ròn' a theirte ris an treubh dham buineadh am bàrd Iain mac Fhearchair 'ic Ìomhair.[150] A rèir beul-aithris, thill bean fear de Chlann MhicCodrum dhan chuan nuair a lorg a' chlann an cochall ròin a bha an duine aice air a chur am falach oirre, agus às dèidh dhan seo

---

[143] Cf. Ó Madagáin 1985: 199–200.
[144] F.c. Bruford 1969: 62, 67.
[145] Faic Ceit NicDhòmhnaill 7.
[146] *A' Bhean-Nighe* (A.M. SA1982/159.B6).
[147] *An Crodh-Mara* F92 (P.M. SA1974/156.A2).
[148] Faic R.D. SA1958/171.A10; E.Mac. SA1963/7.B12.

tachairt gum biodh ròn a' caoineadh air sgeir air beulaibh dachaigh an teaghlaich. Bha daoine a' dèanamh a-mach gur h-e seo a' bhean a' tilleadh airson na cloinne.[151] Bha e air aithris cuideachd gum biodh tè dham b' ainm Seònaid nighean Aoidh mhic Eòghainn, a bhuineadh do Chlann MhicCodrum, a' caoineadh nuair a bha na fir a' dol a Heidhsgeir a shealg.[152] Tha an sgeul seo a' nochdadh a-rithist anns an òran a leanas, òran a thathar ag ràdh a chuala sealgairean air sgeirean Heidhsgeir:

Hó i hó i hì o hó i
Hó i hì o hó i ì
Hó i hó i hì o hó i
Cha robh mi m' ònar an raoir.

'S mairg 's an tìr seo, 's mairg 's an tìr,
'G ithe dhaoine 'n riochd a' bhìdh;
Nach fhaic sibh ceannard an t-sluaigh
Goil air teine gu cruaidh cruinn.

'S mise nighean Aoidh mhic Eòghainn,
Gum b'eòlach mi mu na sgeirean;
Gur mairg a dhèanadh mo bhualadh,
Bean uasal mi o thìr eile.   (MacMhathain 1939: xiv)[153]

2.3 Rèiteach agus banais

A rèir sgoilearachd,[154] a-mach air a' chèilidh, 's e rèiteach agus banais na suidheachaidhean sòisealta a bu chudromaiche ann am beatha nan Eileanach.

Tha an rèiteach air a bhith air a mhìneachadh mar 'betrothal ceremony' (Martin 2001: 175). Ann an cuid de sgìrean nan Eilean bha eadar-dhealachadh ga dhèanamh eadar an còrdadh, no an rèiteach beag, agus an rèiteach, no an rèiteach mòr, ach bha sgìrean ann cuideachd far an robh an còrdadh agus an

---

[149] Bha e air a chreidsinn a bharrachd gur h-e cuid de Chlann MhicLeòid fo gheasaibh a bha anns na h-ealachan (D.A.S. SA1971/186). Cf. W. MacKenzie 1895: 5.
[150] Faic Macdonald 1894: v–vii; MacMhathain 1939: v–xx; P.M. SA1974/07 & SA1974/156.
[151] Faic *Tocher* 8: 258–263; MacMhathain 1939: xv; A.M. SA1971/4.A1. Cf. Carmichael 1997: 636–637.
[152] Faic A.M. SA1971/4.A1; f.c. MacInnes 2006: 468.
[153] Bha rann a bharrachd aithnichte ann an Uibhist:
Thig an smeòrach, thig an drùid,
Thig gach eun a dh'ionnsaigh nid;
Thig am bradan thar a' chuain –
Gu Là Luain cha ghluaisear mis'.
Tha earrann de dh'òran eile air a' chuspair seo ri fhaighinn ann am MacRury 1950: 23.
[154] Martin 2001; Bennett 1992: 79–172; Shaw 1986: 15–16; Owen 1958: 107–111; NicLeòid 2002; MacLeod 1978; F.c. *Tocher* 30: 375–399; *Tocher* 48–49: 334–356.

rèiteach air an gabhail nan aon tachartas.[155]

Bha na bha a' tachairt aig rèiteach ag atharrachadh bho sgìre gu sgìre, ach tha cunntas Dhòmhnaill Iain Dhonnchaidh air a bhith air a mheas mar dheagh eisimpleir air na bha a' tachairt mu thimcheall dithis a' tighinn còmhla aig toiseach na ficheadamh linn (Martin 2001: 187–189). Ged a bha fear is tè air gealladh pòsaidh a thoirt seachad dha chèile, dh'fheumadh am fear agus a charaid 'a dhol ga h-iarraidh':

> Theireadh iad greis ann an sin an toiseach a' bruidhinn 's a' seanchas … dh'innseadh caraide an fhir a bha 'g iarraidh na h-ighinn an turas air an robh iad. Bheireadh a h-athair dha cead a nighean a phòsadh ma bha i deònach, agus rachadh beagan uaireannan a chur seachad ann an sin le dram is le òrain. Dhèanadh iad suas an uair sin an oidhche bhiodh rèiteach ann.
>
> (D.J. MacDonald MS 5368–79)[156]

Bha feadhainn a dh'iarradh làmh na h-ighinn gu fosgailte ach uaireannan bhathar a' cur samhla air a' ghnothach, a' cleachdadh mhodhan cainnt àraid, no *ritual dialogue* (Martin 2001: 178, 196).

A bharrachd air an nì shònraichte a bha a' tachairt, bha còmhradh, fearas-chuideachd, spòrs agus fealla-dhà, agus an rèiteach a' giùlan iomadach taobh eile de bheul-aithris na lùib: 'songs were sung, tales were told, and there was also much good-natured fun' (Gilleasbaig Dòmhnallach ann am Martin 2001: 215).[157] A rèir Móraig NicLeòid (2002: 35), bha an rèiteach a cheart cho taitneach ris a' bhanais fhèin.

Bha rannan a bha a' cur deagh dhùrachd air càraid a bha air ùr-phòsadh air beul an t-sluaigh nam chuimhne fhèin:

Saoghal fada, sona dhut,	Guma fada beò thu
gun latha idir dona dhut.	's ceò as do thaigh.[158]

Tha seanfhaclan leithid 'Ma tha thu 'g iarraidh do mholadh, bàsaich, 's ma tha thu 'g iarraidh do chàineadh, pòs' (M.M.N. SA1968/218) fhathast rin cluinntinn ann an Uibhist.

Mar sin bha cùram ga ghabhail airson a bhith cinnteach gum faigheadh dlùth-chàirdean cuireadh. Bha na fiathachaidhean air an toirt seachad le fir a

---

[155] Faic D.J. MacDonald MS 5368–5379; S.M. SA1970/66.
[156] F.c. *Tocher* 48–49: 334–335.
[157] Cf. Shaw 1986: 15.
[158] F.c. Bennett 1992: 82.

bhuineadh do bhean na bainnse, a bha a' tadhal air gach dachaigh[159] ann an coimhearsnachdan fear agus bean na bainnse, agus air dlùth-chàirdean a dh'fhaodadh a bhith air taobh thall an eilein.[160] Ann am Beàrnaraigh 's e bean na bainnse agus a maighdeann a bha a' toirt an fhiathachaidh seachad (*Tocher* 48 & 49: 335–336). Ann an eileanan eile bha na fiathachaidhean gan toirt seachad le fear agus bean na bainnse iad fhèin (Martin 2001: 251).

Bha pòsadh air a chomharrachadh leis a' choimhearsnachd air fad agus bha a' choimhearsnachd a' sìor dhol an sàs ann an ullachadh airson na bainnse mar a bu dlùithe a bha i a' tighinn. Aig an àm bha lathaichean a bha air am faicinn sealbhach agus feadhainn nach robh (MacInnes 2006: 332). 'S ann air Diardaoin a bha daoine a' pòsadh ann an Uibhist a Tuath (Dimàirt ann am Beàrnaraigh agus an Uibhist a Deas),[161] cleachdadh a tha, math dh'fhaodte, ceangailte ri Latha Chaluim Chille, a bha air a mheas soirbheachail airson gach nì (Carmichael 1997: 579):

> Daorn Chaluim-chille chaoimh,
> Là chur chaorach air seilbh,
> Là chur bà air a laogh,
> Là chur aodach an deilbh.
>
> Là chur churach air sàl,
> Là chur gais chon a meirgh,
> Là chon breith, là chon bàis,
> Là chon àrdu a sheilg.
>
> Là chur ghearran an èill,
> Là chur feudail air raon,
> Là chur ùrnaigh chon feum,
> Là m' eudail an Daorn.
> Là m' eudail an Daorn. ('Là Chaluim-Chille', SCRE 1964 Àir. 108)

Bha an deasachadh a' tòiseachadh an Diluain ron bhanais.[162] 'S e sin 'Latha nan cearc', no 'bhanais chearc' (*Tocher* 48 & 49: 337), nuair a bhiodh boireannaich na coimhearsnachd a' cruinneachadh airson biadh na bainnse ullachadh:

---

[159] Bha am fiathachadh ga thoirt dhan teaghlach air fad.
[160] Faic Owen 1958: 109. Bha na fiathachaidhean gu banais Ailein MhicGhillEathain agus Seasaidh Anna NicBeathain à sgìre Phaibeil ann an 1985 air an toirt seachad anns an dòigh seo.
[161] Faic Shaw 1986: 15–16.
[162] Faic Owen 1958: 109; S.M. SA1970/66; I.N. MAC3.

... bha Diluain mun do thàrr sinn èirigh as a' leabaidh, daoine staigh le cearcan ...Tè aig nach biodh na cearcan pailt, bha i tighinn le tì 's siùcar, 's dòcha bìdeag chàise 's leth phunnd ìm 's mar sin, a chuile rud ... a shaoileadh i dhèanadh feum aig a' bhanais. (C.P. *Tocher* 48 & 49: 344–345)

Bha e cudromach nach biodh dìth air aoigheachd:

Bha iad cho gann de dh'annlann agus gun deachaidh fear ... a-mach leis an eathar a dh'iasgach. Agus fhuair e cliabh làn liabag, agus dh'fhalbh e leis a' chliabh liabag chun na bainnse airson gum biodh gu leòr annlann aca. (C.P. *Tocher* 48 & 49: 348)

A rèir Owen (1958: 109), bha na boireannaich a' faighinn am pàigheadh airson na h-obrach seo, ach chaidh innse dhòmhsa le iomadach neach gun robhar ga dèanamh gun dùil ri no iarrtas air duais. 'S e gnothach coimhearsnachd a bha ann am banais agus bha na bha a' dol na 'articulation of community involvement' (M.E.D. SA1996/97) agus muinntir na sgìre 'a' gabhail pàirt anns a h-uile rud' (S.D. MAC7).[163] Fhad 's a bhiodh iad ag obair 'bha seinn a' dol ... 's bhiodh an t-uabhas fealla-dhà a' dol air adhart an lùib nam boireannach' (I.N. MAC3).

Eadar Diluain agus latha a' phòsaidh bha dachaigh bean na bainnse na h-àite cruinneachaidh sònraichte, do chàirdean agus do nàbaidhean a bha a' tadhal a latha agus a dh'oidhche le tiodhlacan, anns am biodh cèilichean a' faighinn dram agus biadh (Owen 1958: 110).

Bhiodh cuid dhen òigridh a' cruinneachadh airson an àtha (sabhal) a ghlanadh a-mach, oir, mar bu trice, 's ann anns na h-àthannan a bhiodh an dannsa[164] mus do thòisich daoine air cleachdadh nan taighean-sgoile. Bha dannsaichean beaga, aig am biodh òigridh a' bhaile a' cruinneachadh, air an cumail anns an àtha sin, no ann an àtha eile anns a' bhaile, eadar Diluain agus latha a' phòsaidh.

Bha oidhche na bainnse a' toirt cothrom do sheinneadairean na sgìre, agus na b' fhaide air falbh, an ealain a lìbhrigeadh do luchd-èisteachd aig an robh ùidh anns na h-òrain. Cha robh àite ann na b' fheàrr na banais airson òrain Ghàidhlig a chluinntinn, a chionn gun robh e a' toirt cothrom do sheinneadairean, chan e a-mhàin na h-òrain air an robh an sluagh measail agus leis an togadh iad fonn a chluinntinn, ach cuideachd òrain ùra agus òrain

---

[163] Cf. Eller 1979: 103 re suidheachadh Appalachia.
[164] Faic Owen 1958: 110; S.M. SA1970/66; I.N. MAC3.

à sgìrean eile.[165] 'S ann aig banais a bha mòran dhaoine a' cluintinn òrain, a bhite an uair sin ag ionnsachadh, airson a' chiad uair (m.e. Seonaidh MacGhillEathain SA1968/204–205). Bhiodh òrain gan dèanamh cuideachd, a bha tric làn fealla-dha, do sgioba na bainnse air neo mun bhanais fhèin, gu tric le bàird nach d' fhuair fiathachadh:[166]

> A' bhanais a bha 'n Iollaraigh,
> Bha Peigi Mhòr nigh'n Uilleim oirr'
> 'S bha Donnchadh Dearg an duine aice
> Ghan cruinneachadh le h-ionnsaid.
>
> Bidh fir a' bhaile faramach
> Bidh fir a' bhaile faramach
> Bidh fir a' bhaile faramach
> A-nochd air banais Dhùghaill.
>
> Bha mòran de luchd-fiachaidh ann,
> MacFhionghain mòr à Lìonacleit
> 'S Am Bior a bha 's an Iochdar,
> Ruairidh Ciar mac Iain 'ic Fhionnlaigh.
>
> Bha mòran de luchd chosgais ann
> Luchd ghiogachan is choidseachan
> 'S an t-ìm a bha na thorran ann
> Ga chosg air banais Dhùghaill.
>
> Gu robh Ceit Bhraigh Aoineart ann,
> Is caileag chridheil choibhneil i
> A chuile fear a' foighneachd
> Cò 'n tè ghrinn a bh'air an ùrlar.
>
> Bha Dòmhnall mac Chaluim Bhòdaich ann
> Bu mhath gu bruich na feòladh e
> 'Nuair dh'ith e fhèin a leòr dhi
> Thug e 'n còrr a dh' Iain Bàn Stiùbhart.
> (*Tocher* 50: 51–53; U.M. SA1954/54.B15)[167]

---

[165] Faic *Tocher* 41: 263; *Tocher* 48–49: 345.
[166] Faic Shaw 1986: 16.
[167] F.c. *Duan na bainnse* (A. Macdonald 1894: 67–69); *Òran na Bainnse* (Macdonald & Macdonald 1911: 106–107). *Banais Chiostal Odhair* (Gilleasbuig na Ciotaig ann am Macdonald 1894: 161–3; MacKenzie 1907: 166; *Tocher* 48–49: 375–6; U.M. SA1954/53.A9; C.NicC. SA1956/157.1); *Banais an Dotair* (*Tocher* 48–49: 377–378; U.M. SA1974/172.A3).

Mar bu trice 's e fireannaich a bhiodh a' seinn no math dh'fhaodte boireannaich òga nach robh fhathast air pòsadh. Ged a bha boireannaich àraid ann mar Eilidh Eòghainn Fhionnlaigh,[168] a sheinneadh nam faigheadh iad cuireadh, bha mòran dhe na seann daoine ga fhaicinn mì-fhreagarrach bean-phòsta le clann a bhith ga cur fhèin air beulaibh an t-sluaigh. Bhiodh dùil gun gabhadh seinneadairean leithid Ùisdein Sheumais Bhàin[169] agus Sheonaidh Bhig Aonghais Òig[170] òrain, ach chluinnte cuideachd aig banais daoine nach cluinnte anns an àbhaist a' seinn taobh a-muigh na h-eaglais no an dachaigh fhèin. Tha e coltach gun robh buaidh aig deoch-làidir air a seo agus daoine nach robh cleachdte ri òl air am misneachadh gu seinn: 'They let their hair down at wedding times' (M.E.D. SA1996.97).

Bha banais-taighe ann an ath oidhche às dèidh banais latha a' phòsaidh far am biodh sgioba na bainnse a' frithealadh agus iad a' nochdadh taing dha na càirdean agus na nàbaidhean a bha air an cuideachadh. Ann am Beàrnaraigh bhiodh na cailleachan a bha timcheall a' cruinneachadh ann an dachaigh bean na bainnse.[171] Ann an sgìrean de dh'Uibhist agus de Leòdhas bhiodh na daoine a bu shine uile a' cruinneachadh ann an dachaigh fear na bainnse.[172]

Bha pòsadh a' beothachadh coimhearsnachd ann an iomadach dòigh. Bha e ag ùrachadh càirdeis agus dàimh agus a' toirt cothrom do dh'òigridh coinneachadh agus eòlas a chur air a chèile. Na lùib seo bha seanchas farsaing agus bha cuimhneachain agus faireachdainnean gan dùsgadh nach leigte ris aig àm sam bith eile.[173]

---

[168] Eilidh Mhoireasdan, An Druim Dubh. Dh'inns mo sheanmhair dhomh mar a bha a seanmhair fhèin air a nàrachadh nuair a sheinn Mòrag, bean a mic, aig banais ann an Caolas Phaibeil. F.c. J.A. Macdonald 1999: 259; Ó Laoire 2002: 76.
[169] Ùisdean MacMhathain, Am Baile Sear.
[170] Seonaidh Dòmhnallach, Hòrasairigh.
[171] *Tocher* 48–49: 346–347.
[172] S.M. SA1970/66 & Mòr NicLeòid ann am Martin 2001: 254.
[173] Cf. Vento 1989: 103–104.

2.4 Àm bàis

Tha sgoilearachd dhùthchail agus eadar-nàiseanta a' dearbhadh gun robh cleachdaidhean nàbachd follaiseach aig àm bàis.[174] Ann an Uibhist bha muinntir a' bhaile a' cruinneachadh airson co-fhaireachdainn a nochdadh dhan teaghlach agus tacsa no cuideachadh sam bith a b' urrainn dhaibh a thoirt seachad, cleachdadh às an robh iomadach suidheachadh-aithris ag èirigh. Ged nach robh suidheachaidhean cosmhail ann an Uibhist cho soirbheachail mar shuidheachaidhean sòisealta agus a mheas Bruford a bha *wakes* ann an sgìrean dùthchail Èirinn,[175] bha àite sònraichte aca ann a bhith a' brosnachadh leantalachd roinnean àraid de bheul-aithris.

Eadar am bàs agus an tiodhlacadh bha càirdean agus nàbaidhean a' toirt biadh dhan dachaigh air an tàinig am bristeadh (Owen 1958: 112),[176] agus a' fàgail am beannachd mu dheireadh aig an neach a bha air caochladh le bhith a' cur làmh air mala a' mhairbh.[177] Bha adhradh teaghlaich cuideachd ga chumail gach oidhche. Ann a bhith a' rùsgadh am faireachdainnean ri càch-a-chèile bha daoine ag ùrachadh dàimh, ag ùrachadh an eòlais a thaobh càirdeis agus ag ùrachadh an creideimh.[178]

Mus tigeadh latha an tiodhlacaidh bha dithis no triùir de chàirdean agus de nàbaidhean[179] a' toirt greisean mu seach a' caithris a' chuirp anns an taigh-fhaire.[180] Bhiodh iad ri seanchas, a bha a' gabhail a-steach leithid naidheachdan na sgìre agus cuimhneachain air an duine a dh'fhalbh, agus math dh'fhaodte ag ùrnaigh.[181] Ann an Uibhist a Deas bha e na chleachdadh ùrnaighean pearsanta agus a' chonair-Mhoire a ghabhail aig amannan àraid.[182]

Bha fiathachadh chun an tiodhlacaidh air a thoirt seachad le facal o dhoras gu doras[183] do dhlùth-chàirdean, do dhaoine a bhuineadh dhan teaghlach agus do mhuinntir a' bhaile, agus cha smaoinicheadh neach air a dhol gu tiodhlacadh gun fhiathachadh.[184] Suas gu toiseach nan 1970an 's ann am broinn an taighe no

---

[174] Bennett 1992; Vallee 1954; Owen 1958; MacLean 1990: 106–107, 135; West 2000: 137–138; Ó Súilleabháin 1967; Christiansen 1943; Lewis 1977.
[175] Faic *SS* 13: 85. F.c. Bourke 1999: 3; Ó Duilearga 1999: 164. Cf. Eller 103; Shaw ann am MacNeil 1987: xxiii; Dégh 1969: 105.
[176] Cf. Lewis 153–154 a' sgrìobhadh mu Java. Ann an Achd Ille Bhuidhe 's e cliabh mònadh a bha iad a' toirt ann (Bennett 1992: 222).
[177] E.M. MAC19. Cleachdadh ris a bheil cuid de theaghlaichean ann an Uibhist fhathast a' cumail.
[178] Cf. Dégh 1969: 105–110.
[179] Fir a-mhàin ann an Uibhist a Tuath.
[180] Faic *Tocher* 7: 205.
[181] Faic E.M. MAC19. Cf. Vallee 1954: 46–47; Ó Súilleabháin 1966: xxxvii, 1967: 15; Shaw ann am MacNeil 1987: xxiii; MacNeil 1987: 30; Dégh 1969: 105–110. Tha e glè iongantach nach tug Owen 1958 iomradh air a' chleachdadh seo ann a bhith dealbhachadh cleachdaidhean àm bàis ann an sgìre Phaibeil.
[182] Faic D.A.S. SA1971/102.B2–3. Cf. Vallee 1954: 47; Ó Súilleabháin 1967: 15.
[183] Faic Owen 1958: 112.
[184] Faic S.D. MAC7.

taobh-a-muigh an taighe a bhiodh seirbheis an tiodhlacaidh.[185]

'S e fir a-mhàin a bha a' coiseachd leis a' ghiùlan dhan chladh.[186] Bha cuid a' creidsinn nuair a rachadh neach a thiodhlacadh gun robh spiorad an duine sin ag aire a' chlaidh gus an rachadh an ath duine a thiodhlacadh.[187] Air sàillibh nach robh teaghlaichean ag iarraidh gum biodh an aire-chlaidh air neach dhen cuid fhèin, bhiodh iad airson gum biodh iad air thoiseach nam biodh dà thiodhlacadh ann air an aon latha.[188]

Bha cosgais[189] ga riarachadh, anns a' bhitheantas taobh a-muigh gàrradh a' chlaidh (Owen 1958: 113), aig a' mhòr-chuid de thiodhlacaidhean suas gu na 1960an, airson an sluagh a bheathachadh mus tòisicheadh iad air an rathad dhachaigh. Bha an cleachdadh a' foillseachadh taingealachd. Mura biodh a' chosgais pailt bha e air a mheas gun robh dìmeas ga dhèanamh air an duine a bhathar a' tiodhlacadh (CD E.Do.; D.A.S. SA1971.103: 'Cuid an duine fhèin a' chosgais'). Uaireannan bhiodh daoine a' gabhail cus deoch-làidir agus bhiodh iad ri carachd air an rathad dhachaigh.[190] Air sàillibh seo dh'fheuch ministearan agus sagartan àraid ri cur as dhan chleachdadh.[191] Bhiodh mòran a' tadhal air càirdean air an rathad dhachaigh bhon chladh, a dh'ùrachadh an càirdeis agus a ghabhail naidheachdan a chèile.[192]

2.5 Suidheachaidhean creideimh

An eaglais

Bha an Creideamh Crìosdail, agus na cleachdaidhean adhraidh a bha na lùib, aig cridhe dualchas Gàidhlig na Gàidhealtachd: 'It was ... something real, alive, which pervaded his whole life and work from childbirth to death' (F.G. Thompson 1966: 232).

Ann an Uibhist a Tuath 's e an Eaglais Stèidhte, an Eaglais Shaor agus an Eaglais Shaor Chlèireach (An Eaglais Bheag) a bha na daoine a' leantainn. Ro linn an Dara Cogaidh, agus ann an cuid de sgìrean fada às a dhèidh, 's ann ann

---

[185] Faic Owen 1958: 112; S.D. MAC 7. Chithear seo uair ainneamh fhathast.
[186] Faic Owen 1958: 113. Airson cunntas air cleachdaidhean ann an Uibhist a Deas faic D.A.S. SA1971/102 & 103 agus M.C. SA1968/A7&B1, a tha a' tarraing air tuiream, tuireadh agus caoidh. Airson barrachd fiosrachaidh air na cuspairean sin faic S.M. SA1970/66, MacInnes 2006: 243; Ó Madagáin 1985: 151–156.
[187] 'faire-chlaidh'. Faic MacInnes 2006: 432.
[188] Faic Dòmhnall Eàirdsidh Dòmhnallach agus D.A.S. SA1971/103.A1.
[189] Briosgaidean agus càise le uisge-beatha no fion. 'S e falaraidh a chanadh iad ris anns an Eilean Sgitheanach (CD E.Do.) agus 's e falaraidh a chleachd Fionnlagh Ciobair anns an aoir *Òran a' Bharraich*: "S e bhios againn falaraidh an àite banais Fhionnlaigh.'
[190] Math dh'fhaodte airson fuasgladh a dhèanamh air aimhreit. Seo mar a bhrist sinn-sinn-seanair mo sheanmhar às a' Chaolas a chas.
[191] Faic M.N. MAC16; D.A.S. SA1971/102.B3.
[192] Faic M.M. MAC 9.

an Gàidhlig a-mhàin a bha daoine a' cur an cèill am beatha spioradail, agus iad air am baisteadh, air am pòsadh agus air an tiodhlacadh anns a' Ghàidhlig.[193]

Cleachdaidhean làitheil

Bha adhradh teaghlaich, far an robh gach ball dhen teaghlach a' cruinneachadh anns an dachaigh moch is anmoch airson an Leabhar a ghabhail, 'Ge b' e cò bha a-staigh' (M.M. MAC9), aig cridhe cleachdaidhean nan daoine. Bhiodh fear an taighe a' leughadh caibideil bhon Bhìoball Ghàidhlig agus ag ùrnaigh. Nam biodh comas seinn aig an teaghlach bhiodh iad a' seinn nan salm cuideachd, fear an taighe a' cur a-mach na loidhne agus an teaghlach a' togail an fhuinn:[194] 'Air feasgar ciùin sàmhraidh chluinneadh tu iad a' seinn' (mar a chaidh innse do dh'Isa NicIlip mu theaghlach an t-Saoir, Clann GhillEathain, à Grèineatobht). Ann an Uibhist a Deas bhiodh teaghlaichean a' gabhail a' chonair-Mhoire, agus math dh'fhaodte ùrnaigh an Spioraid Naoimh, còmhla a h-uile h-oidhche.[195]

Ann am mòran dhachannan bhiodh altachadh ga dhèanamh ron a h-uile biadh agus uaireannan às a dhèidh cuideachd. Bha e na chleachdadh aig cuid beannachadh Dhè iarraidh air an teaghlach, gu h-àraid aig àm an dà chogaidh nuair a bhathar ag ùrnaigh airson nan gillean a bha air falbh.[196] Bha *Leabhar Aithghearr nan Ceist* ga ionnsachadh dhan chloinn agus air aithris ann an Gàidhlig,[197] agus luach ga chur air an comas a chumail air chuimhne, an dà chuid ceistean agus freagairtean.

Suas gu àm an Dara Cogaidh bha an t-Sàbaid ri a cumail airson adhradh dhan Chruthaidhear a-mhàin agus cha robh ri dhèanamh ach obair na h-èiginn.[198] Bha i air a cumail ann an Uibhist a Deas anns a' cheart dòigh: ''S ged bhiodh iad a' tiormachadh leis a' phathadh nuair a theirigeadh e [an t-uisge] mu robh an Dòmhnach a-mach, cha rachadh iad dhan tobar' (D.A.S. SA19701971/102.B1).

Tha an reachd seo ri chluinntinn ann an Duan an Dòmhnaich:

> Di-domhnuich, an seachdamh latha,
> Dh' orduich Dia gu fois a ghabhail,
> Gu cumail na beath-maireannaich,
> Gun feum a thoir a damh no duine,

---

[193] Faic MacLean ann an Neat 1999: 48.
[194] Dòigh-seinn nan salm a tha a' cleachdadh gairm agus freagairt ris an canar 'preseantadh'.
[195] Faic D.A.S. SA1971/102.B2.
[196] Mar a chaidh innse dhomh le D.I.M.
[197] Mar a chaidh innse dhomh le F.M.
[198] Faic MacInnes 1971: 320–321.

No a creubh mar dheonaich Muire,
Gun sniomh snath sioda no strol,
Gun fuaigheal, gun ghreiseadh ni's mo,
Gun churachd, gun chliathadh, gun bhuain,
Gun iomaradh, gun iomairt, gun iasgaireachd,
Gun dol a mach dh' an t-sliabh sheilg,
Gun snaitheadh deilgne Di-domhnuich,
Gun chartadh taighe, gun bhualadh,
Gun atha, gun mhuileann Di-domhnuich.
(Carmichael 1983. Vol. 1: 216)[199]

Bha a' chuid a bu mhotha de theaghlaichean a' frithealadh na h-eaglaise gu cunbhalach agus choisicheadh iad astar mhìltean innte, pàrantan le clann nan cois, dà cheann an latha. Mar a bha teaghlaichean a' gabhail na slighe dhan eaglais bha iad a' togail muinntir eile a' bhaile agus fhad 's a bha iad a' coiseachd innte agus aiste bha iad a' cainnt. Ged as ann air cuspairean co-cheangailte ris a' cheann-teagaisg agus ri cò bha aig an t-seirbheis bu mhotha a bhiodh iad a' bruidhinn, bha an còmhradh, math dh'fhaodte ann an dòigh dhìomhair, a' bualadh air obair croitearachd cuideachd.[200]

Tron gheamhradh bhiodh daoine a bha astar bhon eaglais a' cruinneachadh ann an taighean-coinneimh no ann an taighean-leughaidh. Bhiodh coinneamh-sheachdain, agus coinneamh-ùrnaigh, anns na taighean-coinneimh sin cuideachd airson feadhainn nach b' urrainn coiseachd dhan eaglais Latha na Sàbaid. 'S ann ann an Gàidhlig air fad a bha na seirbheisean uile ro linn an Dara Cogaidh, suidheachadh air nach tàinig mòran atharrachaidh gu toiseach nan 1970an.

Sgoil fhonn

Bha Sgoil Fhonn, far am biodh gillean agus fireannaich òga ag ionnsachadh fuinn nan salm, agus mar a chuireadh iad a-mach an loidhne, air a cumail ann am mòran de sgìrean Uibhist a Tuath suas gu na 1970an. Dh'inns mo sheanmhair dhomh mar a bhiodh gillean a' bhaile, mo sheanair nam measg, a' cruinneachadh uair san t-seachdain tron gheamhradh ann an taigh-coinneimh Cladach a' Chaolais, far am biodh cothrom air fearas-chuideachd agus fealla-dhà a bharrachd air oideachas.[201]

---

[199] F.c. W. MacKenzie 1895: 18–19; D.C. Fraser *TGSI* 57: 78–79; M.C. SA1968/153.A1.
[200] CD E.Do. F.c. A.Dom SA1971/280.B7 a' bruidhinn air àite na h-eaglaise ann am beatha shòisealta na coimhearsnachd.
[201] Bha taighean-leughaidh aca ann am Beàrnaraigh far am biodh clann air an oideachadh ann a bhith a' leughadh a' Bhìobaill Ghàidhlig (F.N. SA1968/179).

Comanachadh

Bha àm comanachaidh air leth aig gach sgìre de pharaiste nan trì Eaglaisean Clèireach ann an Uibhist a Tuath. Bhiodh buill dhe na h-eaglaisean sin bho gach ceàrn dhen eilean, agus nas fhaide air falbh, a' cruinneachadh a dh'ùrachadh agus a dhaingneachadh an creideimh. Bha an comanachadh a' maireachdainn còig latha: Latha Trasgaidh Diardaoin; Latha na Coinneimh Cheist Dihaoine; Latha Ullachaidh Disathairne; Latha a' Chomanachaidh Latha na Sàbaid; Latha Taingealachd Diluain.[202]

Bha na cruinneachaidhean seo nan tachartasan sònraichte, le daoine a' tadhal air a chèile agus ceistean cudromach gan deasbad a bharrachd air seirbheisean foirmeil: 'They are like a spiritual gathering of the clans' (MacLean ann an Neat 1999: 46).[203]

Bha an comhluadar am measg nan daoine a bha a' cruinneachadh aig àm comanachaidh air a chomharrachadh mar 'càirdeas eaglais' air sgàth 's gun robh daoine a bha a' siubhal air astar a' faighinn aoigheachd, chan ann a-mhàin aig càirdean agus luchd-dàimh ach aig buill dhen eaglais nach robh càirdeach dhaibh idir. Dh'innis mo sheanmhair dhomh mar a bhiodh boireannach à Griomasaigh agus tè às na Hearadh a' fuireach ann an taigh a seanar, a bha na eildear anns an Eaglais Shaoir, a h-uile bliadhna ged nach robh càirdeas teaghlaich eatarra. Bha nàbannan a seanar, a bha a' frithealadh na h-Eaglais Bhig, iad fhèin a' toirt aoigheachd gu cunbhalach do dhaoine, agus nan robh daoine a' ruighinn agus gun àite-fuirich ann dhaibh, bheireadh mo shin-shin-seanair leabaidh dhaibh ged nach b' ann dhen aon eaglais ris fhèin a bha iad.

Bha àite sònraichte aig seinn nan salm, a thàinig bho thaobh a-muigh an dualchais ach air an do ghabh sluagh Clèireachail Innse Gall còir mar an cuid fhèin, aig an àm seo:

> When I was a young girl, the communion services were usually held outside. And it was wonderful to walk towards such a gathering, hidden in a hollow at the foot of the hills, and to hear the psalms sung by a large crowd coming towards you on the breeze. The sound would seem to well out of the very ground and fill the sky. Coming towards those ancient places resonant with praise was a very beautiful experience. (MacLean ann an Neat 1999: 46)[204]

---

[202] Airson cunntas air àm a' chomanachaidh ann an sgìre Phaibeil faic Owen 1957: 53–66.
[203] F.c. M.E.D. SA1996/97. Bha dithis pheathraichean NicAsgaill a bha air gluasad dhan Eilean Sgitheanach a' faighinn aoigheachd gach bliadhna bho theaghlach piuthar am mathar, taigh Màiri Anna NicCòrcadail, ann an Cladach a' Chaolais.
[204] F.c. MacInnes 2006: 441.

A rèir sgeòil, bhiodh daoine a' cumail sùil a-mach feuch am faiceadh iad fear no tè a bhiodh freagarrach airson cuideigin anns an teaghlach a bha fhathast gun phòsadh, agus bhite a' bruidhinn air dithis sam bith nach robh pòsta a bhiodh a' coiseachd air ais bhon t-seirbheis còmhla.[205]

2.6 An t-àite a bha aca

Tha sgoilearan eadar-nàiseanta beul-aithris ag aithneachadh gum faod suidheachadh sam bith anns a bheil daoine a' cruinneachadh còmhla a bhith na shuidheachadh-aithris,[206] agus tha an fhianais à Uibhist a Tuath a' cur ris a' bheachd seo. Gu dearbh, 's e cho tric agus a bha muinntir na coimhearsnachd a' cruinneachadh fad na bliadhna, ge b' e dè an t-adhbhar – ('[The] closely-knit community met often at various times ... at spring, autumn, the fishing, the cèilidh ...' M.E.D. SA1996/97)[207] – a dh'fhàg gun do lean beul-aithris: 'Siud mar a bha iad ga chumail beo – bha iad ga ùrachadh cho tric' (A.D. MAC15).[208]

Bha na seann eòlaichean mothachail air a seo. Nochd Pàdruig Moireasdan, mar eisimpleir, an t-àite cudromach a bha aig obair an eòrna agus aig an luadh ann a bhith a' tarraing dhaoine còmhla ann an suidheachaidhean a bha soirbheachail ann a bhith a' brosnachadh beul-aithris (SA1971/105).[209]

Tha clàran an tasglainn-bheòil a' dearbhadh gun robh na sgoilearan Gàidhlig cuideachd mothachail air an àite chudromach a bha aig suidheachaidhean-aithris an taobh a-muigh dhe na taighean-cèilidh a thaobh leantalachd beul-aithris, ach cha deachaidh seo a nochdadh nan cuid sgrìobhaidhean. Tha e coltach gun robh seo air sgàth 's gun robh iad an ìre mhòr a' sgrìobhadh do luchd-leughaidh Gallta, mòran dhiùbh bho shaoghal sgoilearachd eadar-nàiseanta, aig am biodh eòlas air na chaidh a sgrìobhadh cheana air a' chuspair ach aig nach robh fèin-eòlas air dualchas na Gàidhlig. 'S dòcha mar sin gur ann gun fhiosta dhaibh fhèin a lean na sgoilearan Gàidhlig ann an ceumannan leithid Iain Òig Ìle, Alasdair MhicGilleMhìcheil agus Iain Latharna Chaimbeil. Ann a bhith a' dèanamh seo chaidh a' mhòr-chuid de dh'aistidhean nan sgoilearan Gàidhlig a chuingealachadh ri cuspairean a thogadh deasbad sgoilearach, an àite chuspairean nach deach fhoillseachadh roimhe agus nach biodh idir furasta am mìneachadh ann an aiste ghoirid do neach aig nach robh eòlas air an dualchas.[210] Gu mì-fhortanach, mar thoradh air a seo chan eil mòran

---

[205] Faic M.E.D. SA1996/97. Cf. Stanley-Blackwell 2006.
[206] Faic Dégh 1969: 77–78; Vento 1989: 103–4.
[207] F.c. S.D. MAC20; Ross 1961: 18–20.
[208] Cf. Ó Laoire 2002: 46: '... memory depends upon renewal through enactment.'
[209] F.c. Ross 1961: 19–20; D.A.MacE. SA1974/58 a' bruidhinn air cleachdadh dhaoine a bhith a' seinn nuair a bha iad ag obair. Cf. West 2000: 134–135; Dégh 1969: 77.
[210] Cf. Chapman 1978: 228.

mothachaidh aig cuid dhe na sgoilearan a thàinig às an dèidh air meud nan suidheachaidhean-aithris no air cho cudromach agus a bha gach suidheachadh dhiubh sin a thaobh leantalachd beul-aithris.

3. Gnèithean de bheul-aithris

Chunnacas anns a' chiad earrann dhen chaibideil seo gun robh gnèithean àraid de bheul-aithris nach robh rin cluinntinn ach ann an suidheachaidhean agus aig amannan sònraichte, agus cuid eile a bha rin cluinntinn ann am beul an t-sluaigh ann an àite no aig àm sam bith tron bhliadhna. Tha na gnèithean seo cho lìonmhor 's nach ruig an obair seo air sealltainn gu mionaideach orra uile. Mar sin tha an earrann a leanas a' sealltainn air na gnèithean bu bhitheanta a bha rim faotainn ann an Uibhist a Tuath anns an fhicheadamh linn agus a' meòrachadh air a liuthad filleadh agus farsaingeachd a bha rim faighinn an taobh a-staigh dhiubh. Tha cunnart ann a bhith a' cur chrìochan ro theann air na gnèithean air a bheil mi am beachd meòrachadh a thaobh 's gun robh an aithris tric a' gluasad thairis air barrachd air aon ghnè.[211] Mar sin, tha na cinn-rannsachaidh a leanas farsaing.

3.1 Naidheachdan agus seanchas

Anns an là an-diugh tha am facal 'naidheachdan' air a chleachdadh airson fiosrachadh a tha air a chraobh-sgaoileadh anns na meadhanan agus tha a' chiall seo air prìomhachas fhaighinn air naidheachdan pearsanta a chleachd a bhith nam prìomh chùram do Ghàidheil. Gus o chionn ghoirid 's e an fhàilte a bu trice a chuirte air cèiliche anns na h-Eileanan air fad 'Ciamar a tha thu? 'S dè do naidheachd?'[212]

Mar a chaidh a thogail cheana, 's e còmhradh an cur-seachad a bu mhotha a bha aig muinntir Uibhist às dèidh a' Chogaidh Mhòir. Aig àm sam bith, ann an àite sam bith far am biodh daoine a' tighinn còmhla, ged nach biodh ann ach dithis,[213] bha an còmhradh a' ruith air cha mhòr a h-uile cuspair[214] ann an tomhas nach gabh crìochan mionaideach cur air. Bhiodh daoine gu cunbhalach a' còmhradh mu naidheachdan na dùthcha: '... 's feadhainn a bhiodh ri sabaid is dhen t-seòrsa sin. Dè ghaoth a bha ann, feuch am biodh feamainn ann a-màireach' (D.A.M. SA1969/36).

---

[211] Faic Clàr sgus Facal on Fhear Dheasachaidh, Moireasdan 1977.
[212] No "Bheil guth às ùr agad?' Cf. MacNeil 1987: 12.
[213] Faic E.Do. a' bruidhinn air mar a bhiodh athair agus a nàbaidh a' cur seachad uair a thìde no barrachd gach latha a' suidhe a' gabhail naidheachdan a chèile.
[214] Bhathar anns an àbhaist a' seachnadh chuspairean a bha nan cùis-mhaslaidh anns a' choimhearsnachd leithid muirt agus èigneachaidh (mar a chaidh innse dhomh le D.I.M.).

'S e 'naidheachd bheag' a chanadh daoine ri sgeul mu thachartasan anns a' choimhearsnachd, a dh'fhaodadh a bhith ùr no eachdraidheil (*historical tradition*). Math dh'fhaodte gun nochdadh cuspairean leithid gaisgich ann an cogadh, caractar èibhinn anns an sgìre no eachdraidh thobhtaichean a' bhaile a ghabhadh a-steach cò b' àbhaist a bhith a' fuireach annta agus dè dh'èirich dhaibh. Bhiodh cuspairean duilich cuideachd gan togail:

> Bhiodh deasbad air an iasgach ann,
> 'S gach deacair bha 'na ruaig;
> Bhiodh tubaistean is bàthadh,
> Is gàbhaidhean a' chuain,
> 'S bhiodh ionndrainn air na càirdean ann
> Thug tuinn an t-sàile bhuainn.   (D. MacDonald 2000: 68)

Bhiodh daoine tric a' toirt iomraidh air buill dhen teaghlach, no daoine a bhuineadh dhan nàbachd, a bha a-nis a' fuireach 'air falbh', leithid bhoireannach òga aig an cosnadh air mhuinntireas no ghillean òga aig muir. Bhiodh cuid a' còmhradh mu phoilitigs na dùthcha agus naidheachdan an t-saoghail mhòir.

Bhiodh iad cuideachd a' bruidhinn air beathaichean: 'Thòisicheadh iad air bruidhinn air caoraich. Thigeadh iad an uair sin gu comharraidhean. Dè 'n comharra aig an duin' ud 's dè 'n comharra aig an duin' ud eile. Mura biodh fhios aig an dara duine bhiodh fhios aig an duin' eile' (D.A.M. SA1969/36).[215]

Ach bha naidheachdan nan seann daoine gu h-àraid a' gabhail a-steach mòran a bharrachd air naidheachdan an ama. Bha iad a' gabhail a-steach eachdraidh na dùthcha, cuspair air an robh iomadh taobh, nam measg eachdraidh timcheall nan ainmeannan àite (CD E.Do.). Cha robh cnoc, beinn, rubha, sgeir, creag, bàgh, loch, abhainn, pàirc, achadh no crìoch croit no baile gun ainm (*Tocher* 41: 265), agus bha gach ainm 'ag innse an sgeulachdan fhèin' (An Comunn Gàidhealach 1938: 131). Uaireannan bhiodh e gu math soilleir carson a thugadh an t-ainm: Cnoc an Eadraidh; Pàirc na Connlaich; Loch an Fhaing; Cnoc Cachaileith a' Bhàillidh; Rubha nan Gidheagan.[216] Aig amannan eile bha feum air mìneachadh agus leis a seo thigeadh fiosrachadh a bharrachd am bàrr. Ann a bhith a' mìneachadh 'Fèith na Fala', mar eisimpleir, bhiodh sgeul Blàr Chàirinis[217] air aithris, agus 's dòcha gun togte eachdraidh nan cinnidhean a bha an sàs anns a' bhatal agus, cuideachd, an t-òran *A Mhic Iain*

---

[215] Chuala mi aig an Dr Iain MacAonghuis gun robh cuid de dhaoine ann a bha math air sloinneadh bheathaichean.
[216] A tha air fad ann an Cladach Chirceabost.
[217] 1601. Faic MacInnes 2006: 241.

'ic Sheumais.[218] Mar an ceudna, le bhith a' mìneachadh mar a fhuair àiteachan leithid Hòglan[219] agus Caisteal Odair[220] an ainm, bhiodh e coltach gun leanadh cunntas air an làrach a dh'fhàg na Lochlannaich.[221]

Dh'fhaodadh eachdraidh na dùthcha tòiseachadh le naidheachd bheag a bha dùthchail ach a ghluaiseadh gu leithid cogadh nan Seumasach, eachdraidh Chlann Dòmhnaill Shlèite, na fuadaichean, eilthireachd, bristeadh an fhearainn[222] agus stòiridhean mu dheidhinn ceann-cinnidh no uachdaran aig an robh deagh chliù no aig an robh mì-chliù.

Bha sloinneadh (*patronymics*) na chuspair sònraichte a bha air a chleachdadh ann an iomadach suidheachadh suas gu meadhan na ficheadamh linn, ann a bhith a' cumail ròs air càirdean.[223] Mar a chomharraich Dòmhnall Aonghais Bhàin: 'Bhiodh sloinneadh air ar sinnsearachd ga mhìneachadh 's ga luaidh' (D.MacDonald 2000: 68). Sgrìobh an t-Urramach Uilleam MacMhathain nach robh e neo-àbhaisteach coinneachadh ri daoine aig an robh an comas an sinnsearachd a shloinneadh seachd ginealaich air ais (Matheson *TGSI* 52: 318), agus bha cuid a rachadh a-mach cho fada ri aon ghinealach deug (A.M. SA1980/32.A1).[224]

Ann an sloinneadh Gàidhlig tha sinnsearachd neach, anns a' bhitheantas, air ainmeachadh a thaobh athar: mar eisimpleir, Dòmhnall Iain Ruairidh 'ic 'Illeasbaig (D.I.M.). Bha an cleachdadh seo ga chumail ann an Èirinn cuideachd, mar a nochd Ó Duilearga ann a bhith a' dealbhachadh sinnsearachd an t-seanchaidh Seán Ó Conaill: 'Sean the son of Donal, the son of Muiris, the son of Seathra, the son of Seathra' (Delargy 1945: 9).

Bha suidheachaidhean ann far an robh atharrachadh a' tighinn ann an dòigh sloinnidh. Uaireannan, nam biodh boireannach ainmeil airson comas sònraichte no nam bàsaicheadh an duine aice òg, bhiodh a' chlann air an sloinneadh air am màthair. Far an robh neach dìolain, 's ann air ainm a mhàthar a bha e air a shloinneadh, rud a bha ga leantainn fad a bheatha. Tha seo na eisimpleir air a' bhuaidh a tha aig dualchas air an dòigh anns a bheil cànan a' dèiligeadh ri càirdeas (Crystal 2000: 62).[225] Bha daoine cuideachd air an sloinneadh a rèir an ceàird, no ceàird a bha ruith ann an teaghlach an athar,

---

[218] *Tocher* 35: 304–305; Campbell & Collinson 1981 Vol 3: 250–256; Mac-na-Ceàrdadh: 1879: 131–135; Tolmie 1997: 255–257; Thomson 1954: 7–8; R.D. SA1955.58.4; S.MacG. SA1968/68.A1–2. Faic MacLellan 1997: 7 airson naidheachd air mar a fhuair Loch nam Bràithntean ann an Uibhist a Deas ainm.
[219] D.MacG. SA1962/53.B2; I.MacI SA1972/24.A12.
[220] Macdonald 1894: v.
[221] Faic Ian A. Fraser 1979.
[222] A thachair ann an Grèineatobht, Baile Raghnaill agus Baile Lòin.
[223] Faic *TGSI* 32: 278 a tha a-mach air 'Gaelic relationship' a tha a' toirt a-steach càirdeas, cleamhnas, duinealas agus sloinneadh.
[224] F.c. An Comunn Gàidhealach 1938: 99; Vallee 1954: 145–149.
[225] Faic *TGSI* 36: 38–41 airson fhaclan a tha a' mìneachadh ceanglaichean càirdeis.

mar a bha Uilleam Cìobair agus Seonaidh Ailig Dhòmhnaill a' Ghobha; a rèir an àite-fuirich, mar a bha Dòmhnall Ruadh Chorùna; agus a thaobh ciorram a bha iad a' fulang, mar a bha Gilleasbuig na Ciotaig (Macdonald 1894: 142– 144).

Às dèidh pòsadh bha boireannach tric aithnichte a rèir an duine a phòs i, feallsanachd a tha an seanfhacal 'Cha bhi dùthchas aig mnaoi no sagart' a' daingneachadh.[226] Air an làimh eile, ge-ta, feumar cuimhneachadh gum biodh boireannach tric a gluasad às dèidh pòsadh gu sgìre far nach robh a teaghlach fhein aithnichte agus gum biodh buaidh aig a sin air mar a bha muinntir na sgìre sin ga sloinneadh. Mar eisimpleir, bha Eilidh Mhoireasdan à Baile Raghnaill, a bha pòsta aig Eòghainn Fhionnlaigh Chìobair às an Druim Dhubh, air a sloinneadh air clàran Sgoil Eòlais na h-Alba mar Eilidh Eòghainn Fhionnlaigh, ach 's e Eilidh Sheonaidh mhic Alasdair a chante rithe na baile fhein. Mar an ceudna, 's e Ceit, Bean Eàirdsidh Raghnaill a theirte ri Ceit Dhòmhnallach, ach b' aithne dha a luchd-eòlais fhein i mar Ceit Nill. (Cf. Bourke, ed. 2002: 1196, a tha ag innse nach robh boireannaich às a' Ghaeltacht a' cleachdadh an ainm pòsta nam beatha làitheil. Mar eisimpleir, chùm a' bhana-sgeulaiche Èireannach Peig Sayers, Peig Mhór, a h-ainm fhèin às dèidh pòsadh.)

Bha e na chleachdadh aig daoine anns an dol seachad eachdraidh a thoirt air an duine a bhathar a' sloinneadh no air an àite às an tàinig e fhèin no a theaghlach, fiosrachadh a tha cudromach a thaobh cheistean sòisealta agus *ethnological* (Matheson *TGSI* 52: 318).[227] Anns an dòigh sin bha seanchas ag èirigh a-mach às an t-sloinneadh agus an aithris a' gluasad bho chuspair gu cuspair:

> Dòmhnall-Iain mac Dhòmhnaill mhic Iain mhic Aonghuis Ruaidh mhic Dhòmhnaill Ruaidh mhic Aonghuis Sgitheanaich; to which is added the information that the last named Angus came from Skye as calf-herd (buachaille-laogh) to Donald MacDonald of Balranald (Dòmhnall Beag Bhaile Raghnaill), and that he took up residence in a house in Balranald, one end of which was occupied by Iain mac Aonghuis mhic Dhòmhnaill, known as An Dall Beag. (*ibid.* 326)

Thog Dòmhnall Eàirdsidh Dòmhnallach (D.A. MacDonald 1988) seo agus e a' bruidhinn mu Dhòmhnall Ailig MacEachainn:

---

[226] Cf. L. MacKinnon 1956: 37.
[227] Cf. Shaw 1999: 313.

He could point to sights where there wasn't a stone to be seen and say such and such a family lived there, and give up their diaries. He could tell you when people had been cleared and where they had gone. He could give people's genealogy back for generations.[228]

Bha urram ga chur orrasan aig an robh comas a thaobh sloinnidh agus bhiodh farpaisean aca feuch cò b' fhaide a rachadh air ais: 'Thòisicheadh an uair sin sloinneadh ... ma dheireadh bhiodh a h-uile sloinneadh air an cruinneachadh còmhla – ach dh'fhaillich Adam orra!' (D.A.M. SA1969/36).

Bhiodh daoine cuideachd ag obair air amaladh-cainnte, air tòimhseachain[229] agus air seanfhaclan (E.D. SA1971/1). Suas gu na 1960an bha cànan làitheil nan daoine air a dèanamh beartach le na bha de sheanfhaclan na measg[230] (J.A. Macdonald 1999: 292) agus bha cuid a' dèanamh farpais feuch cò aige bu mhotha a bha dhiubh: 'Oidhcheannan, ag obair air seanfhaclan a bhiodh iad. Cò aig' a bhiodh a bu mhotha de sheanfhaclan, an dara duine a' feuchainn ris an duin' eile a bheatadh ...' (M.M.N. SA1971/3).

Tha mòran sgoilearachd ri fhaotainn air seanfhaclan.[231] Tha sgoilearan eadar-nàiseanta, anns na bliadhnaichean mu dheireadh, air gluasad air falbh o bhith gan cruinneachadh a-mhàin gu bhith a' dèanamh mion-sgrùdadh air am mìneachadh agus air an t-suidheachadh anns a bheil iad air an cleachdadh. Tha e aithnichte an-diugh gum bu chòir rannsachadh sam bith air seanfhaclan a dhèanamh anns an dearbh cho-theacsa shòisealta anns a bheil iad a' nochdadh (Kirshenblatt-Gimblett 1994: 118). Mura dèanar seo dh'fhaodadh atharrachadh tighinn air brìgh an t-seanfhacail a rèir na cuideachd agus a rèir an t-suidheachaidh anns a bheil e air a chleachdadh (*ibid.* 111). Tha seo gu h-àraid fìor ann an cànan mar a' Ghàidhlig a tha stèidhte gu ìre mhòr air gnàthasan-cainnte agus air dualchainntean ionadail.

Tha seanfhaclan an t-saoghail mhòir air a bhith air an seòrsachadh mar an gliocas a tha air drùdhadh tro na ginealaich a dh'fhalbh (Bascom 1954: 345; Nicolson 2003: xxiii)[232] – breithneachadh ris a bheil na seanfhaclan Gàidhlig a' cur taic. Tha e air a ràdh gur h-e 'gliocas mòrain, agus gèiread aoin' a tha

---

[228] F.c. An Comunn Gàidhealach 1938: 99–100.
[229] Faic Abrahams & Dundes 1972b, anns a bheil clàr-leabhraichean de sgoilearachd eadar-nàiseanta air a' chuspair; Nicolson 1938.
[230] Airson cruinneachaidhean dhiubh faic Nicolson 2003; J.L. Campbell 1965; *Tocher* 7: 206–207; *Tocher* 48–49: 290–297; *TGSI* 36: 9–82; M.M.N. SA1971/3; M.M.N. SA1071/184.B5; A.I.M. SA1971/107.A13; M.NicG. SA1968/218.
[231] Faic Finnegan 1996: 151, Mieder & Dundes 1994: 118 agus Abrahams 1972a anns a bheil clàran-leabhar de sgoilearachd eadar-nàiseanta. F.c. Nicolson 1938; Nicolson 2003; T.D. MacDonald 1926; Rev. Duncan Campbell *TGSI* 44: 1–32.
[232] Cf. Dorian 1974: 123.

annta agus 'gum faighear a' mhil 's an gath ann an colainn bhig' (L. MacKinnon 1956: 7). A rèir MhicFhionghain, 'Chan 'eil ceàrn de thìr an eòlais, no ach beag de rìoghachd a' chreidimh, nach 'eil iad a' còmhdachadh' (*ibid.*), agus iad a' foillseachadh eòlas, gliocas, gleustachd agus feallsanachd dhaoine tro iomadach glùin.

3.2 Sgeulachdan

Bhiodh luchd-fiosrachaidh Sgoil Eòlais na h-Alba[233] agus sgoilearan na Gàidhlig[234] a' cleachdadh barrachd air aon fhacal airson na h-aon ghnè de bheul-aithris. Dh'adhbhraich sin gun do nochd mì-chinnt am measg dhaoine mu dè an dearbh chiall a tha aig an fhacal 'sgeulachd'. 'S tric a chuala mi fhèin daoine a' feuchainn ri rian a chur air an eadar-dhealachadh a bha iad am beachd a bha eòlaichean a' toirt. Ach math dh'fhaodte gu bheil briathrachas agus modhan sgrìobhaidh ùra na Gàidhlig air an cuspair a dhèanamh nas duilghe na tha e (Thomson 1983: 279).

'S ann ainneamh a bha briathrachas àraid aig sgeulaichean bho dhualchasan na Roinn Eòrpa airson na h-iomadh gnè de sgeulachd a bha aca (Bruford & MacDonald 2003: 11).[235] 'S ann bho sgoilearan na ficheadamh linn a thàinig am briathrachas air a bheil cruinneachaidhean de sgeulachdan air feadh na Roinn Eòrpa, cruinneachadh Sgoil Eòlais na h-Alba nam measg, air an rangachadh an-diugh.[236]

Chithear bho na cruinneachaidhean de sgeulachdan Gàidhlig a chaidh fhoillseachadh[237] nach eil rangachadh idir soirbh taobh a-muigh siostam rangachaidh Aarne agus Thompson (1961). 'S e seo an siostam a tha sgoilearan na Gàidhlig (m.e. Calum MacGhillEathain; Bruford & MacDonald), mar a tha sgoilearan air feadh an t-saoghail (m.e. Ó Duilearga; Dégh), air a chleachdadh ann a bhith a' rangachadh sgeulachdan clasaigeach no *folktales*. Tha cuid de sgoilearan a' cleachdadh rangachadh a rinn Ó Súilleabháin agus Christiansan air sgeulachdan Èireannach (1963) agus rangachadh a rinn Christiansan air *Migratory Legends* (1958) a bharrachd. Ged a rinn Bruford rangachadh air na tha ri fhaotainn de *fairy legends* agus *witch legends* (*SS* 2: 13–

---

[233] 'iad ag innse nan naidheachdan, 's nan sgeulachdan, 's nan stòireannan.' (A.M. SA1969/39)
[234] Tales, folk-tales, legends and stories (MacLean 1952: 120–125); folktales, traditional tales, tales, stories (Bruford & MacDonald 2003: 1, 7); sgeulachdan, naidheachdan, stòireannan (an Dòmhnallach ann am Moireasdan 1977: xv).
[235] Bha an dòigh fhèin aig eòlaichean nam Meadhan-Aoisean air na sgeulachdan aca a sheòrsachadh. Faic Rees 1961; MacCana 1980.
[236] Airson geàrr-chunntas air sgoilearachd co-cheangailte ri rangachadh sgeulachdan dualchasan na Roinn Eòrpa faic Bruford & MacDonald 2003: 11–18; Dégh 1969: 311–312; Agnes Kovács ann a Honko 1981: 105.
[237] J.F. Campbell 1983; Lord Archibald Campbell 1889–95; Craig 1944; Moireasdan 1977; Bruford & MacDonald 2003.

47 agus *SS* 11: 1–47) ann an tasglann Sgoil Eòlais na h-Alba, chun a seo cha deach clàr-amais iomlan de sgeulachdan na Gàidhlig fhoillseachadh. A dh'aindeoin 's nach eil iad coitcheann (Bruford & MacDonald 2003: 18), tha na cinn a chleachd Bruford agus an Dòmhnallach ann an *Scottish Traditional Tales*,[238] agus am fiosrachadh a tha an cois nan sgeulachdan fhèin, a' toirt dhuinn seòrsachadh a tha a' cur nan sgeulachdan Gàidhlig ann an co-theacsa sgoilearachd eadar-nàiseanta. Mar sin, 's ann ri rangachadh agus briathrachas an leabhair sin a tha an leabhar seo a' leantainn.

A dh'aindeoin 's gun do sgrìobh Eachann MacGhillEathain ann an 1860, 'In North Uist and Harris these tales are nearly gone' (J.F. Campbell 1983. Vol. 1: v–vi),[239] bha mòran de sgeulachdan eadar-nàiseanta air an clàradh aig an Sgoil Eòlais ann an Uibhist a Tuath suas gu toiseach nan 1970an: '... it was a sheer joy to find so much material in my own community' (D.A. MacDonald 1988). Tha clàran-amais tasglann-beòil Sgoil Eòlais na h-Alba a' dearbhadh gun robh sgeulachdan Oiseanach, sgeulachdan romansach, gnèithean eadar-dhealaichte dhe na sgeulachdan gaisgeil, uirsgeulan eachdraidheil agus uirsgeulan os-nàdarrach uile rim faotainn ann an Uibhist a Tuath anns an fhicheadamh linn:[240]

> Bha iad aig na seann daoine ... Bha fear Niall MacLeòid ann, bha dòrlach aige dhiubh ... Lachlann Dòmhnallach, bha esan làn dhiubh. Sgeulachdan na Fèinne 's feadhainn dhen t-seòrsa sin, bha iad aige ... Agus a chuile gin dhe na seann daoine – O, dh'fhaodainn, o, dh'fhaodainn fichead no còrr a chunntais dhe na seann daoine agus bhiodh iad air ais 's air adhart ...
> (P.M. SA1963/12.B3)

Mar a tha an leabhar aig Bruford agus an Dòmhnallach a' foillseachadh, bha farsaingeachd mhòr ann an gnè agus ann an cuspair nan sgeulachd a bha rim faotainn ann an Uibhist. Bha àireamh mhòr dhiubh air cuspairean os-nàdarra no cleachdaidhean saobh-chràbhach. Bha sìthichean, taibhsean, manaidhean,[241]

---

[238] Children's Tales; Fortune Tales; Hero Tales; Trickster Tales; Other Cleverness, Stupidity and Nonsense; Fate, Morals and Religion; Origin and Didactic Legends; Legends of Ghosts and Evil Spirits; Legends of Fairies and Sea-folk; Legends of Witchcraft; Robbers, Archers and Clan Feuds.
[239] Bha Bruford (Bruford & MacDonald 2003: 7) dhen bheachd gun robh a h-uile coltas ann gun robh MacGhillEathain a' ciallachadh nan sgeulachdan gaisgeach (*hero-tales*) fada.
[240] *Oisein an deidh na Feinne* (A.M. SA1971/4.A3); *Diarmad agus Gràinne* (A.M. A1971/4.B1); *Duan na Ceàrdaich* (A.M. SA1958/15; Dòmhnall Dòmhnallach, Taigh a' Gheàrraidh SA1969/114.B6); *Clann Lìr* (A.M. SA1971/3.B7). F.c. Moireasdan 1977, CDTRAX9014, Bruford & MacDonald 2003 agus clàran leithid P.M., A.M., A.MacC., D.MacD, A.I.M. agus D.MacG.
[241] Bha cuid a' faicinn mhanaidhean tro aislingean.

bana-bhuidsichean,[242] an droch-shùil,[243] snàithle[244] agus a' dèanamh frìth[245] gu cunbhalach a' nochdadh mar chuspairean, ach math dh'fhaodte gur e an dà shealladh an cuspair a bu bhitheanta, le gun robh e a' nochdadh ann an iomadach cumadh: a' faicinn ro-shealladh air rudan fada mus do thachair iad; a' faicinn choigreach mus tigeadh iad an rathad; a' faicinn phòsaidhean agus gu h-àraid a' faicinn bhàs (*Tocher* 6: 192–195).

Bha sgeulachdan mu ghadaichean agus sgeulachdan a ghabhadh cur fo cheann creideimh bitheanta cuideachd (Moireasdan 1977: xv). Bha sgeulachdan anns an robh an Gàidheal làidir a' dèanamh a' ghnothaich air a' Ghall no air an t-Sasannach, sgeulachdan mu dheidhinn chreutairean os-nàdarra a bhuineadh dhan uisge, mar a' mhaighdeann-mhara agus an t-each-uisge,[246] agus sgeulachdan mu dhaoine làidir, leithid *Am Muilear Cam agus am Balbhan Sasannach*[247] agus *Tarbh na Leòid*,[248] cuideachd measail aig an t-sluagh (Moireasdan 1977: xvi). Bha *animal tales*,[249] leithid *Am Madadh Ruadh 's am Madadh-Allaidh*[250] agus *An Sionnach agus an Gèadh*,[251] agus *formula tales* leithid *Biorachan Beag agus Biorachan Mòr*,[252] a bhiodh na seann daoine, agus boireannaich gu h-àraid, ag innse dhan chloinn, pailt air feadh na Gàidhealtachd.

Tha e coltach gun robh cleachdaidhean stèidhte ann a thaobh dè an seòrsa sgeulachd a bha iomchaidh a rèir cò bha anns an èisteachd. Mar eisimpleir, ged a bha na h-*animal tales* air an innse taobh a-staigh an teaghlaich, cha bhiodh fìreannach aig an robh cliù mar shàr sgeulaiche airson an leithid aithris nam biodh cèilichean an làthair.[253] Tha e coltach cuideachd gun robh 'the discussion and comment that preceded or followed the telling of a tale' (D.A. MacDonald ann an Thomson 1994: 281) na phàirt riatanach dhen aithris.[254]

---

[242] 'S e fear dhe na cuspairean a bu bhitheanta a bha a' nochdadh anns na sgeulachdan seo a bhith toirt toradh bhon chrodh (*Tocher* 3: 92).
[243] A rèir M.M.N. SA1071/7.B2 's e farmad a bha a' fàgail gun robh an droch shùil ga cleachdadh. Airson fiosrachadh mun droch shùil faic W. MacKenzie 1895: 34–41.
[244] *A' dèanamh Snàithle* A.M. SA1982/159.A4. Airson fiosrachadh mu eòlas an t-snàithle faic W. MacKenzie 1895: 41–43.
[245] M.e. *Ceàrd a rinn frìth* (A.M. SA1979/58.B1 & 1982/159.A3). Airson fiosrachadh mu bhith a' dèanamh frìth faic W. MacKenzie 1895: 7–12.
[246] Faic MacRury1950: 23.
[247] AT924B. R.D. SA1955/57–58.1; C.Dix SA1971/277.B8.
[248] E.D. SA1971/1.A1; A.M. SA1971/160; A.MacG. SA1968/55.B5.
[249] Cf. Dégh 1972: 68; Ó Súilleabháin 1966: 3–18, 257–261.
[250] AT15. C.Dho. SA1969/107.B1; C.S. SA1972/181.B5; *Scottish Studies* 8: 218–227.
[251] J.F. Campbell 1860 1: 275.
[252] AT2030. C.Dho. SA1969/107.B4; M.M.N. SA1970/211/A3; E.D. SA1971/176; C.L. SA1971/160; S.MacF. SA1971/172.A1.
[253] Cf. Faragó ann an Dégh 1969: 391; Glassie 1995: 78–79.
[254] F.c. D.A.S. SA1971/101.B1 & SA1971/4.B7; Shaw 2007: 7–8. Cf. Shaw ann am MacNeil 1987: xxiii; Dégh 1969: 118; Kaivola-Bregenhoj 1989: 81.

3.3 Òrain, duain agus rannan

Bha na Gàidheil a' tuigsinn gun robh tairbhe shònraichte anns na h-òrain Ghàidhlig. Bha iad mothachail gun robh na h-òrain a' toirt beothachadh dhaibh nan spiorad agus sàsachadh dhaibh nan inntinn, mar aon neach agus mar bhall de choimhearsnachd, tro iomadach glùin. Mar a their an seanfhacal, 'Riaghladh goirid air an òr ach riaghladh fada air an òran' (Carmichael 1954. Vol. 5: 62). Bha na Gàidheil a' meas gun ruigeadh 'òran math air làn cruinne de shluagh' (*ibid.*) agus gun robh luach anns na h-òrain a riaraicheadh an saoghal air fad: 'If all the music of the world was cut off, the music of the Western Isles would serve the whole world' (N.N. *Tocher* 38: 8).

Bha seinn nan òran Gàidhlig anns a' chiad leth dhen fhicheadamh linn glè eadar-dhealaichte seach mar a tha i an-diugh, agus an t-òran slàn ga 'innse' dhut às aonais taic ciùil:[255] 'Bha an t-òran ga sheinn: ged a bhiodh deich ceathramhan ann, sheinnte e o cheann gu ceann agus bha e cho math ri sgeulachd ... chluinnte a h-uile facal' (S.S. SA1968/156).[256]

Tha na cruinneachaidhean mòra[257] a' dearbhadh gun robh farsaingeachd mhòr ri faotainn a thaobh gnè, cuspair agus faireachdainn anns na h-òrain Ghàidhlig.[258] Dh'aithnich Ross (1957) gun robh feum air rangachadh ann an co-theacsa sgoilearachd agus 's esan a rinn a' chiad oidhirp air na h-òrain Ghàidhlig a sheòrsachadh. Sheòrsaich Bruford na h-òrain fo ochd cinn àraid, ach bha e mothachail gu bheil òrain ann a dh'fhaodadh a bhith fo bharrachd air aon cheann agus mar sin nach gabh seòrsachadh cinnteach a dhèanamh (*F.R.* Nov.1978: 4). Air sgàth 's nach ceadaich meudachd an leabhair dhomh sùil a thoirt air gach gnè de dh'òran[259] a tha ri chluinntinn air clàran Sgoil Eòlais na h-Alba, tha mi air taghadh a dhèanamh de dh'òrain, duain agus rannan a nochdas farsaingeachd na bha ri fhaotainn ann an Uibhist a Tuath. Tha an taghadh seo a' toirt a-steach òrain obrach, òrain pìobaireachd, òrain spioradail, duain Callainn, rannan chloinne agus òrain bàird an eilein.

Sgrìobh Collinson gu bheil dà phrìomh ghnè de dh'òrain obrach[260] ann: '... songs for the communal task ... and songs sung by women to beguile the solitary

---

[255] Faic Ó Madagáin 1985: 157.
[256] F.c. An Comunn Gàidhealach 1938: 52; MacLellan 2000: 24. Ach faic Bruford *FR* May 1978: 15. 'S ann air na faclan (*lyrics*) agus air an fhonn (*melody*) mar nithean air leth a bhios daoine anns an fharsaingeachd a' bruidhinn anns an là an-diugh agus chan ann air an òran gu h-iomlan. Faic Ó Madagáin 1985: 137–143: 'Partnership of Words and Music'.
[257] MacKenzie; Mac-na-Ceàrdaidh; A. Macdonald; Macdonald & Macdonald; Campbell & Collinson; K.C. Craig; Tolmie.
[258] F.c. N.N. *Tocher* 38: 9.
[259] Cf. Merriam 1976: 214, 217–218.
[260] Faic Bruford *FR* Oct. 1978: 4–8; Ó Madagáin 1985: 197–214.

occupations of the womenfolk ...' (1966: 67).[261] Tha an seòrsachadh seo meallta gu ìre air sgàth 's nach eil e a' gabhail beachd nach ann daonnan nan aonar a bha boireannaich nuair a bha iad a' maistreadh, a' snìomh, a' bleoghainn no a' còcaireachd.[262] Gu dearbha, 's e cho tric agus a bha clann a' cluinntinn nan òran a dh'fhàg gun robh uimhir dhiubh air chuimhne aig a' chiad ghinealach às dèidh dhan obair sgur.[263]

Dhen chiad ghnè 's e na h-òrain luaidh[264] a bu bhitheanta ann an Uibhist suas gu meadhan na ficheadamh linn air sgàth 's gun do mhair an luadh na b' fhaide na seòrsaichean obrach eile (J.L. Campbell ann an Collinson 1966: 68; MacInnes 2006: 211). Ged nach eil aonta am measg sgoilearan a thaobh cuine dìreach a chaidh na h-òrain luaidh a dhèanamh, tha e coltach gu bheil aonta ann gun tàinig iad thugainn o bheul-aithris eadar meadhan na siathamh agus na seachdamh linn deug (Collinson 1966: 69–70; Campbell & Collinson 1969. Vol. 1: 17–23). Tha corra òran a dh'fhaodar bliadhna a chur air a thaobh gu bheil e a' toirt iomradh air neach no air tachartas eachdraidheil, leithid *A Mhic Iain 'ic Sheumais*.[265] Tha òrain eile a dh'fhaodar bliadhna a chur orra a thaobh gun deach an dèanamh le bàrd àraid, leithid *Òran Molaidh do Ghilleasbaig Òg Heidhsgeir*.[266] Thèid againn air linn a chur air a' mhòr-chuid de dh'òrain a thaobh cuspair agus na rudan air an robh iad ag aithris – mar eisimpleir, aodach agus armachd, aoigheachd nan ceann-cinnidh agus luingeas de dheifir seòrsa (Campbell & Collinson 1969. Vol. 1: 17–23).

Tha caochladh cuspair ri fhaighinn anns na h-òrain a tha ag ainmeachadh àiteachan agus daoine bho linntean agus bho sgìrean eadar-dhealaichte, ach 's e an cuspair a bu bhitheanta moladh nam fear – an coltas, am beusan, an cliù, an gaisge, na daoine bhon tàinig iad, an comas a thaobh seilg, gairge an cath agus am mìneachd ri luchd-dàimh – agus gaol, mar a thuirt Nan NicFhionghain: 'praise, parting, deception and rejection' (*Tocher* 38: 8),[267] rud a sheallas gur h-e boireannaich a rinn a' mhòr-chuid dhiubh. 'S e gaol cuideachd an cuspair a bha anns na h-òrain basaidh, ach le fealla-dhà nan cois. Bha cuid dhe na h-òrain seo gan dèanamh an làrach nam bonn fhad 's a bha an luadh a' dol air adhart (Campbell & Collinson 1969. Vol. 1: 17–23).[268]

---

[261] Cf. Ó Madagáin 1985: 197.
[262] Faic E.D. SA1971/47; D.A.S.1971/102.B2.
[263] '... 's nam biodh latha ciùin ann chluinninn i [Ceit an Tàilleir] a' seinn aig an taigh aice fhèin' (D.I.Mac MAC8).
[264] CDTRAX9003.
[265] Campbell & Collinson 1981. Vol. 3: 493–558; Gillies 2006: 129–132.
[266] A chaidh a dhèanamh le Raonaid NicDhòmhnaill, Raonaid nighean Mhic Nèill. Macdonald & Macdonald 1911: 114–115. F.c. *Gairm* Àir. 20: 347–355.
[267] Airson beagan fiosrachaidh mu dheidhinn Nan NicFhionghain, Nan Eachainn Fhionnlaigh, faic Ross 1957: 18–19.
[268] F.c. M.M. MAC9; M.MacG. SA1968/229; CDTRAX9003.

Ged a bha àireamh de dh'òrain àraid a bha aithnichte mar iorram fhathast rim faotainn (m.e. *Màili Dhonn, Bhòidheach, Dhonn*),[269] tha e coltach gum biodh na fir a' seinn òrain sam bith a bha freagarrach a thaobh ruitheam na h-obrach nuair a bhiodh iad ag iomradh: '… a bha freagairt do ghluasad ràimh … cho fad' 's a bha e freagairt air a sin, fhios agad, a' falbh a dh'iarraidh na buille 's a' tighinn air ais leatha' (P.M. SA1966/93.B2).[270]

'S e boireannaich agus clann a bu trice a bha a' bleith mine le clachan brathann[271] agus bha na h-òrain a bha iad a' seinn tric a' toirt iomradh air an obair:

> 'S i mo bhrà fhìn as fheàrr
> Gu min a thionndadh mach à gràn …   (P.M. SA1966/93 B2)[272]

Ach ann an sgìrean àraid bha cuid de ghillean òga a dhèanadh an obair cuideachd agus an t-seinn na tarraing dhaibh:

> Bhitheamaid glè dheònach, nuair a chluinneamaid buidheann a' dol a bhleith le brà, gu faigheamaid fhìn a bhith bleith agus a bhith 'g èisteachd ri tè dhe na nigheanan a bh' ann, seann mhaighdeann, Anna, a' gabhail òran. Agus chan ann a-mhàin gan gabhail ach dhèanadh i iad a cheart cho math …
> (P.M. SA1966/93 B2)[273]

'S e luinneag no crònan a theireadh iad ris na h-òrain bleoghainn,[274] òrain a bha tric a' nochdadh a' cheangail agus na co-fhaireachdainn a bha eadar banachag agus a' bhò bhainne:[275]

> 'S mo hòireagan o ho m'aghan
> Mo hòireagan m'aghan ciùin
> M'aghan cridhe còire gràdhach
> Gabh an fhàrdrach 's fan ri d'laogh

---

[269] Faic P.M. SA1966/93B2; *Gairm* Àir. 20: 358.
[270] F.c. A.L. SA1969/38; Ross 1957: 145. Cf. Ó Madagáin 1985: 200 agus Finnegan ann an Ó Madagáin 1985: 201. Math dh'fhaodte gun tàinig cuid de dh'òrain luaidh bho òrain iomraidh o thùs: Matheson *TGSI* 41: 22; MacInnes 2006: 329.
[271] Ro linn nam muilnean agus anns na bliadhnaichean às dèidh a' Chogaidh Mhòir: MacDonald 1995: 177 F.c. D.A.MacE. SA1974/58; MacLellan 1997: 7.1; Carmichael 1997: 597.
[272] F.c. *Tocher* 13: 174 *Òran na Brathainn*; SA1970/65.A1.
[273] F.c. *SS* 32: 38–49; D.A.S. SA1970/35A. Cf. Ó Madagáin 1985: 200–201.
[274] Faic Ross 1957: 143–144.
[275] Cf. Ó Madagáin 1985: 203–204.

> 'S a bhò dhubh ad 's a bhò dhubh
> 'S ionnan galair dhòmhsa 's dhut
> Thusa bhith caoidh do laoigh
> 'S mise 's mo mhac caomh fon mhuir (*Tocher* 7: 218–219)[276]

Ged nach deach mòran eisimpleirean de dh'òrain maistridh àraid[277] a chlàradh, tha e coltach gum biodh boireannaich a' gabhail òran sam bith a bha freagarrach a thaobh ruitheam na h-obrach nuair a bhiodh iad a' maistreadh (*Tocher* 7: 218–219).[278]

Tha deasbad air a bhith an lùib eòlaichean co-dhiù a b' e gnè àraid a bha anns na h-òrain a bhite a' gabhail nuair a bhite a' snìomh no an e òrain a bh' annta a bha aig na boireannaich co-dhiù a bha a' freagairt air an obair (Bruford *FR* Oct. 1978: 7; MacLeod 1984: 195).[279] Ged a tha fianais ann a tha ag ainmeachadh gnè àraid de dh'òrain (Bruford *FR* Oct. 1978: 7; Shaw 1986: 202–205), dh'inns Ceit, Bean Eàirdsidh Raghnaill, do dh'Iseabail T. NicDhòmhnaill gur e òrain sam bith le sèist a bha fada gu leòr airson an snàithlean a dhraghadh a-mach a bhathar a' seinn.[280] A rèir Ceit, bha na h-òrain gu tric nan òrain-luaidh, òrain leithid *Mi 'm aonar air buail' an lochain* (Craig 1949: 74) agus *Òganaich dhuinn a rinn m' fhàgail* (Campbell & Collinson 1981. Vol. 3: 212–213). Tha fianais cuideachd an lùib clàran na Sgoil Eòlais gur ann a' cleachdadh 'òrain sam bith aig an robh ruitheam freagarrach' a bha iad nuair a bha iad a' càrdadh (A.L. SA1969/38).[281]

Ged as e na boireannaich a bu mhotha a bhiodh a' seinn thàlaidhean[282] agus iad ag altram leanabain ri ruitheam a bha daonnan teann, socair,[283] bha tàlaidhean air chuimhne aig na fir cuideachd.[284] Tha na tàlaidhean a' suathadh ri iomadach cuspair.[285] Bha cuid dhiubh làn fiosrachaidh mu dhòigh-beatha

---

[276] Airson eisimpleirean eile faic *Tocher* 7: 217; Shaw 1986: 157–164; I.T. NicDhòmhnaill 1995: 3, 6–8. F.c. *Tocher* 27: 152–153; R.D. SA1958/176; Macdonald & Macdonald 1911: lv, 329–330; Carmichael 1997: 342.
[277] *Am Maistreadh a bh'aig Moire*: CDTRAX9018; *Thig, a Chailleach*: *Tocher* 5: 135.
[278] Faic Carmichael 1997: 639 airson fiosrachadh mun chrannachan.
[279] F.c. Ross 1957: 145. Cf. Ó Madagáin 1985: 205–205.
[280] Cf. Dan Allan Gillis ann am MacLellan 2000: 15: 'Bha 'chaoin a' freagairt dha ...'. Bha *Ille Bhig, Ille Bhig Shùnndaich ò* aithnichte aig Ciorstaidh Nic a' Phearsain mar thàladh agus mar òran a bhite a' gabhail nuair a bhathar a' snìomh (C.N. SA1963/70.A2).
[281] F.c. C.Dho. SA1969/107B.
[282] P.D. MAC13; M.M. MAC9; *Bruford FR* Nov. 1978: 4. Airson eisimpleirean de thàlaidhean faic Tolmie 1997: 157–178 agus Shaw 1986: 137–149. F.c. Ross 1957: 140–143.
[283] Airson sgoilearachd air a' bheachd gu bheil ceòl èifeachdach ann a bhith a' sireadh fois no cadail faic Ó Madagáin 1989: 29 & 1985: 199, 211; Ralls-MacLeod 2000: 80–84, 88–89; Lyle 1990: 27–28; Bruford *FR* Nov.1978: 4.
[284] M.e. R.D. SA1955/58.10 (*Mo bhò dhubh mhòr*); P.M. SA1962/42.A3 (*Bà mo leanabh bà*) & SA1966/93.A2 (*Bà, bà mo leanabh*).
[285] Faic Bruford FR Nov. 1978: 4–7; Ross 1957: 140–143; Shaw 1986: 165–172; I. T. NicDhòmhnaill 1995: 40–42; MacInnes 2006: 429.

nan daoine,[286] gaol,[287] gorta,[288] eud mu leannan,[289] dìolanas,[290] creideamh nan daoine bho shean[291] agus luchd-togail creiche. Bha mòran dhiubh ag aithris gaol màthar dhan leanabh a bha i ag altram, ged a bha sgeulachd a bharrachd tric air a chùlaibh.[292] Bha feadhainn eile ag aithris eachdraidh an sinnsir agus na dh'fhaodadh a bhith an dàn dhut agus na bhite a' sùileachadh bhuat mar cheann-cinnidh.[293] Bha cuspairean a shaoileadh tu a bhiodh nan cùis-eagail do chlann cuideachd a' nochdadh:

> Hobhan obhan oran hailig thu
> Criomaidh na luchaigh thu,
> Ithidh na radain thu,
> Hobhan obhan oran hailig thu   (*Tocher* 4: 101)

A rèir Bhruford (*FR* Nov.1978: 4–8),[294] 's e an cuspair as bitheanta, ge-tà, sìthichean, agus gu h-àraid uallach màthar gun dèante beud air an leanabh.

Mhair òrain cumhaidh, leithid *Griogal Cridhe*,[295] mar thàlaidhean agus bha òrain bleoghainn[296] agus laoidhean cuideachd air an cleachdadh airson leanabain a thàladh nan cadal (L.D. SA1968/204.B3; P.M. SA1975/110.B2; I.N. MAC3).

Bha òrain pìobaireachd[297] a' gabhail a-steach canntaireachd,[298] òrain a' chiùil-mhòir agus puirt-à-beul (Bruford *FR* Nov. 1978: 7–8; Dickson 2006: 18–24). Ged a tha e coltach gur h-e na seann bhodaich a bu mhotha a bhiodh a' gabhail phort-à-beul, bha boireannaich àraid ann a bha sònraichte air an gabhail. Dh'inns Alasdair Boidhd mar a bhiodh a' chlann a bhiodh a' tadhal air a nàbaidh, Màiri NicGhillFhaolain, a' dannsa ris an t-seinn aice, agus 's ann bhuaipese a dh'ionnsaich Alasdair am port a leanas:

---

[286] *Crodh an Tàilleir* (R.D. SA1958/171.A6); *Aoidh, na dèan cadal idir* (C.Dix SA1968/188.A10 a dh'ionnsaich mi bho Chatrìona Garbutt. Tha Bruford a' toirt tarraing air ann an FR Nov.1978: 5).
[287] *Ille Bhig, Ille Bhig Shunndaich ó* (C.N. SA1963/70.A2) a chaidh a dhèanamh le tè a bh' ann an gaol le each-uisge a chaidh a mharbhadh le a bràithrean.
[288] *Bà, Bà, Mo Leanabh Beag* (Shaw 1986: 143) a tha a' tarraing air gaiseadh a' bhuntata.
[289] *O Bà O Ì, O Mo Leanabh* (Shaw 1986: 146–147).
[290] *Dian Cadalan* (Shaw 1986: 156); *O Bà, Mo Leanabh, O Bà, O Bà* (*ibid.* 144–145).
[291] *Tàladh Dhòmhnaill Ghuirm* (Campbell & Collinson. Vol. 2: 128–131, 238).
[292] *O mo leanabh gaolach thu* (C.Dix SA1968/184.A110)
[293] *Tàladh Choinnich Òig* (Shaw 1986: 152); *Tàladh Dhòmhnaill Ghuirm* (Campbell & Collinson. Vol. 2: 128–131, 238); *Tàladh Iain Mhùideartaich* (A. Macdonald 1894: 91).
[294] F.c. Ross 1957: 141–142.
[295] *Clo Dubh Clo Donn* CDTRAX9018. F.c Ross 1957: 142.
[296] M.e. *Till an crodh, laochain* (I.T. NicDhòmhnaill 1995: 14; Shaw 1986: 162–164).
[297] Faic Ross 1957: 131–133.
[298] Faic SA1956/158.5 airson blasad de channtaireachd air a gabhail le Ceit NicCarmaig, Cladach Bhàlaigh. Tha puirt-à-beul rin cluintinn aice air SA1956/156.6 & 7.

'S a hao hil o ho il 's e Cairistion' Nighean Eòghainn
O hao hil a ho il cha mhòr nach do chailleadh i.
Ù bhìl ù bhì seinnidh Cas Odhar a' phìob
Ù bhìl ù bhì nì sinn ruidhl' aighearach. (*Tocher* 3: 86)[299]

Ged a tha a' mhòr-chuid dhe na puirt-à-beul aotrom, èibhinn, bha puirt ann cuideachd a bha car dìomhair agus cuid eile a bha drabasta (Bruford *FR* Nov. 1978: 7).[300]

Bha òrain a' chiùil-mhòir an dà chuid aig boireannaich agus aig fireannaich ann an Uibhist a Deas.[301] Dh'inns Alasdair Boidhd mar a dh'ionnsaich e òrain pìobaireachd bho Anna Dhòmhnallach, 'Anna nighean a' Phìobaire', a bha pòsta aig bràthair a mhàthar, agus a bhiodh a' seinn fhad 's a bhiodh i a' fighe no a' fuaigheal (*Tocher* 3: 84).[302] Ach 's ann aig na fir à teaghlaichean anns an robh pìobaire[303] cha mhòr a-mhàin a chaidh òrain a' chiùil-mhòir[304] a chlàradh ann an Uibhist a Tuath. Gu tric cha ghabhadh sgaradh a dhèanamh eadar na h-òrain agus eachdraidh nan òran a bha air a h-aithris nan cois. Mar eisimpleir, sgeul *Fhir a' Chinn Duibh*, aig a bheil dlùth-cheangal ris a' phìobaireachd *Cumha na Cloinne* (*Tocher* 3: 84–85; Bruford *FR* Nov. 1978: 8).

Bha òrain eile a tha ceangailte ri ceòl-mòr, ged nach eil dlùth-cheangal aca ri pìobaireachd shònraichte a dh'aithnicheas sinn an-diugh (MacInnes 2006: 324), gu tric air an cleachdadh airson clann a shocrachadh.[305] Dh'inns Alasdair Dòmhnallach dhomh mar a bhiodh athair, Ruairidh na Càrnaich, a' seinn *Mo bhò dhubh mhòr* (R.D. SA1955/58.10) dha na h-oghaichean aige mar thàladh, agus bhiodh Alasdair fhèin ga sheinn do Mhìcheal mo mhac. Tha sgoilearan ag aithneachadh na feumalachd seo annta: '… their tenacity in the oral tradition is often due to their use as lullabies' (NicLeòid CDTRAX9018).[306]

---

[299] F.c. Bruford *FR* Nov.1978: 7–8. Bha rann a bharrachd aig U.M. a bha ag ainmeachadh Chnoc a' Lìn ann an sgìre Phaibeil (*Tocher* 35: 329). Airson fiosrachadh mu phìobaire Mhic 'ic Ailein faic I.M. SA1971/177.A9.

[300] Faic D.MacG SA1962/55.B15–17.

[301] Òrain leithid *Cumha na Cloinne* (*Tocher* 3: 85–86), *Colla mo Rùn, Fear Dhun-Treò* (*Tocher* 11: 98–99), *Pìobaireachd Dhòmhnaill Duibh* (MacInnes 2006: 323–324; Gillies 2006: 124–128), *Cumha Mhic an Tòisich* (Macdonald & Macdonald 1911: 336) agus *Cha tig Mòr mo bhean dhachaigh* (I.T. NicDhòmhnaill 1995: 38–39; Macdonald & Macdonald 1911: 328. Faic *Tocher* 4: 120–123 airson sgeul an òrain).

[302] F.c. Dickson 2006: 154.

[303] M.e. D.MacG; S.MacG; R.D.

[304] Òrain leithid *Pìobaireachd Dhòmhnaill Duibh* (S.MacG. SA1968/235/B8); *Ceann Tràigh Ghruinneard* (R.D. SA1958/171); *Mo bhò bheadarrach, 's mo bhò ghreannmhor* (R.D. SA1958/171.A7b); *Cha tig Mòr mo bhean dhachaigh* (R.D. SA1957/109.A4 ged a bha an t-òran seo aig E.Mh. (SA1957/91.A3) cuideachd.

[305] Òrain leithid *Ceann Tràigh Ghruinneard* (R.D. SA1958/171), *Chaidh Donnchadh dhan bheinn* (P.M. SA1966/93.A1; R.D. SA1958/176.A3), *Mo bhò bheadarrach, 's mo bhò ghreannmhor* (R.D. SA1958/171.A7); *Crodh Laoigh nam bodach* (S.MacG SA1970/128/4); *Fàilte Dhruim Fionn* (*Tocher* 13: 194).

[306] F.c. Bruford *FR* Nov.1978: 8. Cf. Ó Madagáin 1985: 213.

A dh'aindeoin na sgrìobh Bruford (*FR* Feb. 1979: 8–9), tha saidhbhreas de laoidhean agus de dhàin spioradail ann an dualchas na Gàidhlig.[307] Tha roinn dhiubh a tha a' cur an cèill teagasg na h-eaglaise gu soilleir; cuid nach eil annta ach ainmeachas air buaidh na Crìosdaidheachd; agus cuid eile a tha nan cothlamadh dhe na dhà (Teip I.M.). Math dh'fhaodte gur e laoidhean a tha a' comharrachadh tachartas duilich ann am beatha na coimhearsnachd a bu mhotha a sgaoil agus a b' fhaide a mhair air beul an t-sluaigh,[308] laoidhean leithid *Mi 'n còmhnaidh fo smalan, sibh daonnan 'nam aire* (C.Nic. SA1970/194.A5)[309] agus *Òran Maighstir Seòras*[310] (C.Nic. SA1954/23.2). Ged nach robh laoidhean gan seinn anns an eaglais ann an Uibhist a Tuath suas gu na 1980an,[311] bha fireannaich agus boireannaich fhathast gan dèanamh agus gan seinn anns an dachaigh.[312] Dh'inns Isa NicIllip dhomh mar a bhiodh a màthair agus peathraichean a màthar ann an Grèineatobht tric a' tighinn còmhla nan dachannan airson laoidhean agus dàin spioradail a ghabhail.[313]

Tha spioradalachd nan daoine a' nochdadh an lùib òrain shaoghalta nam bàrd ionadail cuideachd. Tha òrain leithid *Òran d'a nighinn* (Mac-na-Ceàrdadh 1879: 254–258) agus *Tha mi duilich, cianail duilich* (Dòmhnallach 1995: 24–27) ag ainmeachadh Dhè agus chleachdaidhean Crìosdail, agus òrain eile, leithid *An Eala Bhàn* (Dòmhnallach 1995: 59–63),[314] a' foillseachadh creideas anns a' bheatha mhaireannaich gun a bhith ag ainmeachadh Dhè fhèin. Tha cuid dhen bheachd gu bheil òrain leithid *Deàrrsadh Gealaich air Loch Hòstadh* (MacGillFhaolain 1991), le bhith a' moladh bòidhchead nàdair, a' dùsgadh fhaireachdainnean spioradail agus a' nochdadh creideas ann an cruthachadh Dhè (D.D. MAC 1).[315]

Tha clàran Sgoil Eòlais na h-Alba a' soilleireachadh dhuinn gur h-e òrain nam bàrd Uibhisteach a bu trice a chluinnte aig seinneadairean a' Chinn a Tuath

---

[307] Faic MacInnes 1971: 308–352; MacKinnon 1956: 136–74; Grant 1926.
[308] Air sgàth am feumalachd agus an tairbhe ann a bhith a' cur an cèill faireachdainnean na coimhearsnachd. Faic Ó Madagáin 1985: 185–186.
[309] A chaidh a dhèanamh le Iain Ruadh MacLeòid nuair a bhàsaich clann dhan robh e na ghoistidh, leis a' ghriùthrach.
[310] A chaidh a dhèanamh le Coinneach Peatarsan do Mhaighstir Seòras Rigg, a fhuair bàs às dèidh a bhith a' frithealadh do thè dhen choitheanal aige air an robh am fiabhras mòr (Shaw 1986: 12).
[311] Faic Ross 1957: 122.
[312] M.e. I.Do.; E.MacF.; R.N.; Tè à Uibhist A.I.Mac. F.c. P.M. SA1975/110.B3; A.MacP & D.I.MacD SA1968/232; D.Mac SA1957/110; D.MacGh SA1957/110; Airson eisimpleirean bho Bheinn na Fadhla agus Uibhist a Deas faic F.Nic. SA1951/08 & SA1962/046; C.Nic. SA1951/05. Cf. Ó Madagáin 1985: 164–166.
[313] Dh'inns Sybla Shillady dhomh gun robh seo a' tachairt ann an Bàgh a' Chàise cuideachd. Cf. Ó Madagáin 1985: 166.
[314] Faic E.Mh. SA1963/69.A5; S.MacG SA1968/65.B2; *Am Fianais Uibhist* air a ghabhail le Niall MacFhearghais (Neillie Dhòmhnaill Alasdair).
[315] Cf. F.G. Thompson 1966: 231.

letheach-rathaid tron fhicheadamh linn. B' e Iain MacCodrum[316] a b' ainmeile dhe na bàird sin agus 's esan a bu mhotha a choisinn cliù taobh a-muigh an eilein.[317] Ach bha farsaingeachd ann a thaobh comasan agus amasan nam bàrd, agus air sàillibh seo bha iomadh gnè ri faotainn, eadar cumha agus marbhrann agus aoir agus port.[318] Bha caochladh chuspair an lùib nan òran cuideachd, nam measg moladh cinnidh,[319] moladh an àite agus an t-sluaigh,[320] na fuadaichean,[321] eilthireachd,[322] gaol,[323] cogadh,[324] tachartasan eachdraidheil[325] agus tachartasan èibhinn anns a' choimhearsnachd.[326] Bha cuid de dh'òrain a' tarraing air barrachd air aon chuspair.[327] Bha na cuspairean sin a' dùsgadh iomadh faireachdainn, eadar miann, ionndrainn, dòchas, gràdh agus àbhachdas.

Ged a bha òrain MhicCodrum rin cluinntinn air feadh Uibhist, tha e coltach gur ann aig muinntir na sgìre às an robh bàrd àraid a bu dualaiche na h-òrain aige a chluinntinn. Mar eisimpleir, 's ann aig seinneadairean sgìre Chàirinis agus a' Bhaile Shear (leithid Ùisdein Sheumais Bhàin) a bu mhotha a chluinnte na h-òrain aig Dòmhnall Ruadh Chorùna agus Ruairidh MacAoidh. Bha buaidh aig càirdeas cuideachd air cò aige a bhiodh òrain bàird àraid. Mar eisimpleir, bha cuid dhe na h-òrain aig Ruairidh MacAoidh aig mac a pheathar, Eòghainn Dòmhnallach, nach robh a' fuireach anns an aon sgìre no aithnichte mar sheinneadair. Anns an aon dòigh, bha na h-òrain aig Dòmhnall Ruadh Chorùna aig a cho-ogha, Magaidh Bhoidhd.

---

[316] Faic MacMhathain 1939; A. Macdonald 1894: i–xlvi, 1–141.
[317] Bha seachd-deug dhe na h-òrain aige aig Donnchadh Clachair (*Tocher* 25: 1).
[318] Faic A. Macdonald 1894; MacMhathain 1939, 1962, 1977; Macdonald & Macdonald 1911; D. Dòmhnallach 1995; MacAoidh 1938; MacGill'Fhaolain 1991.
[319] M.e. *Moladh Chlann Domhnaill* agus *Smeòrach Clann Dòmhnaill* (A. Macdonald 1894: 77–85).
[320] M.e. *Moladh Uibhist* (MacAoidh 1938: 17); *Chì mi Cleatrabhal Bhuam* (MacGillFhaolain 1991; Aonghas D. MacDhòmhnaill, 'Aonghas a' Phost Oifis', SA1969/73.A4); *Bu chaomh leam bhith 'n Uibhist 'n àm losgadh an fhraoich* (B.Nic. 1968/206.A2 & S.MacG. SA1968/207.B3).
[321] M.e. *Mo thruaighe lèir na Gàidheil* (S.MacG SA1968/66.A8) air a dhèanamh le Calum MacGhillIosa, Alba Nuadh.
[322] M.e. *Òran Bhancùbhar* (a chaidh a dhèanamh le Teàrlach Dòmhnallach, 'Teàrlach Mòr', a Boighreigh às dèidh imrich do Chanada) a tha ri chluintinn air *Am Fianais Uibhist* (Raghnall Iain Dòmhnallach à Baile Mhàrtainn) agus air SA1968/288.B6 Raghnall Dòmhnallach).
[323] M.e. *A Nighean Bhuidhe Bhàn* (MacKenzie 1907: 415; E.D. SA1968/281.B2); *A Mhàiri Bhòidheach* (A. Macdonald 1894: 216–218; S.MacG SA1968/275.A5; R.I.D. SA1967/128.7); *Ille Dhuinn, 's toigh leam thu* (Maighread Dhòmhnallach, 'Maighread nighean Ailein', a tha ri chluintinn air *Am Fianais Uibhist* agus e air a ghabhail le Isa NicIllip); *Mo Nighneag Bhòidheach Uibhisteach* (MacAoidh 1938: 2–4. S.MacG SA1968/65.B8; U.Mac. SA1966/95.A2; *Am Fianais Uibhist* air a ghabhail le Mòrag NicNeacail); *Òigh Loch nam Madadh* (S.MacG SA1968/66.B8; *Am Fianais Uibhist* air a ghabhail le Janice Simpson).
[324] M.e. *Òran a' Chogaidh* (Moireasdan 1977: 92–93). Tha mòran de dh'òrain cogaidh am measg òrain Dhòmhnaill Ruaidh Chorùna (Dòmhnallach 1995: 2–63).
[325] M.e. na h-òrain co-cheangailte ri sgeulachd Seasaidh Bhaile Raghnaill (m.e. *An t-Apran Goirid* N.D. SA1957/88.A3. F.c. 'Songs of the Balranald Elopement' *TGSI* 57: 1–57) agus sgeulachd Ghilleasbuig Òig Heidhsgeir (m.e. *Ach 'Illeasbuig Òg Heidhsgeir* D. MacG. SA1972/134.A4; T.M. SA1956/9.1; Tè à Uibhist A.I.D. SA1972/132.A12 & SA1972/134.A4).
[326] M.e. *Òran na Caillich* (*Tocher* 54–55: 323–325).
[327] M.e. *An Eala Bhàn* (Dòmhnallach 1995: 58–63): cogadh, cianalas, spioradalachd agus gaol.

Bha e na chleachdadh stèidhte, nuair a theannadh daoine ri òran, fiosrachadh aithris mu dheidhinn. Rachadh innse leithid cò rinn an t-òran agus carson a chaidh a dhèanamh (J.A. Macdonald 1999: 265).[328]

Bha duain Challainn air an aithris aig gillean air an oidhche ron t-seann Bhliadhn' Ùir air feadh nan Eilean ro linn an Dara Cogaidh mar chuid de dheas-ghnàth a bhathar a' creidsinn a chuireadh fuadach air droch gheasan (A.M. SA1980/31.5; Ross 1957: 137–138).[329] Ged a bha beagan atharrachaidh a' tighinn air faclan nan duan o sgìre gu sgìre (Ferguson 2004: 30–41), agus cuid de dhuain ionadail ag ainmeachadh dhaoine àraid no tachartas èibhinn anns a' bhaile,[330] cha robh mòran atharrachaidh a' tighinn air brìgh nan rann agus bha sreathan leithid 'Gum beannaicheadh Dia sibh is deagh Bhliadhn' Ur dhuibh', ''S fosgail an doras 's leig a-staigh sinn' agus 'tighinn deiseal air an fhàrdaich' a' nochdadh gu cunbhalach air feadh nan Eilean.[331]

Bha e ri ràdh, nan gabhadh duine beachd air dè an taobh a bhiodh a' ghaoth Oidhche Challainn, gur ann bhon taobh sin a bhiodh i buailteach sèideadh fad na bliadhna a bha air thoiseach orra:

> Gaoth a deas na Callainn, teas is toradh,
> Gaoth an iar na Callainn, iasg gu carraig,
> Gaoth a tuath na Callainn, fuachd is feannadh,
> Gaoth an ear na Callainn, meas air chrannaibh. (SCRE 1964 Àir.77)[332]

Chan eil mòran sgoilearachd ri fhaotainn air rannan cloinne na Gàidhlig. Chaidh feadhainn bho làmh-sgrìobhainn Mhaighstir Ailein Dhòmhnallaich fhoillseachadh anns an *Celtic Review* (1911–12: 371–376; 1912–13: 166–168) agus chaidh cruinneachadh a rinn The Scottish Council for Research in Education a chur an clò ann an 1964 fon tiotal *Aithris is Oideas*.[333] Chaidh cuid eile, air a bheil coltas tòimhseachain, amaladh-cainnte agus òrain bheaga am measg eile, a chlàradh an lùib an t-seanchais a chruinnich Sgoil Eòlais na h-Alba:

---

[328] F.c. Carmichael 1997: 22; An Comunn Gàidhealach 1938: 52; A.MacC. SA1969/035. Cf. Ó Madagáin 1985: 173-174.
[329] A rèir Aonghais Iain MhicDhòmhnaill (Astràilia) (SA1964.05.A2), bha an dearbh chleachdadh ri fhaicinn ann an Ceylon.
[330] M.e. *Illean nach ann againn tha fortan* (D.MacG. SA1962/53.B9).
[331] Faic Ferguson 2004: 30; Shaw 1986: 13; SCRE 1964: Àir.109–113; Ross 1957: 137.
[332] F.c. *Tocher* 4: 123; J.G. Campbell 2005: 535; D.I.D. MS Book 6: 516.
[333] Airson cunntas air na bha ri fhaotainn ann an Uibhist a Tuath dhe na rannan sin faic Eàrr-ràdh 5.

Mhòrag, a bheil thu ann,
Fire faire, bheil thu ann –
H-uile fear a thig dhan bhaile
'G iarraidh gealladh air do làimh.   (S.MacG. SA1971/8.A4)

Tha na rannan anns a' bhitheantas a' dealbhachadh dual de bheatha nan daoine agus iad a' toirt iomradh air cuspairean leithid chleachdaidhean obrach,[334] cuairt nan ràithean, beathaichean, eunlaith, maorach agus iasg – nìthean a bha a' cumail am beatha riutha. Mar eisimpleir:

Turas buidh' na h-aoigheachd,
Saoithean a' mhogalain,
Uisge tobar na tràghad
'S bàirnich nam botaichean.   (S. MacG SA1970/209)

Gaoth o'n rionnaig Earraich,
Teas o'n rionnaig Shamhraidh,
Uisge o'n rionnaig Fhoghair,
Reodhadh o'n rionnaig Gheamhraidh.   (SCRE 1964 Air.48)

Bha rannan àraid ann a bhiodh clann ag aithris nuair a bha iad a' cluich chleasan leithid *Mireag nan Cruach,* far am biodh clann a' ruith a-mach 's a-steach air na cruachan anns an iodhlainn air oidhche ghealaich (Bho I.N.).[335]

---

[334] Cf. Daaku 1973: 53.
[335] Faic SCRE 1964 Àir. 271 airson dreach dhen chleas seo, air a bheil *sgiobagan*, agus an rann a bha na chois. Faic D.E.Mac SA1968/142.B7 agus D.Do. SA1971/6.A1, air a bheil fiosrachadh mu na cleasan *Cipean Dochartaigh, Speilean, Clach Bhaidseilear, Spidean, Ceangail an tairbh* agus *Ag iomradh a Heidhsgeir.* F.c. SCRE 1964: 55–84.

Caibideil a Dhà: Co-theacsa Dualchasach Beul-aithris

1. Sgàthan air an dualchas

Tha na tha am facal *culture* a' gabhail a-steach air atharrachadh thairis air an linn a chaidh seachad, bho mhìneachadh a bha an ìre mhòr stèidhte air modailean Greugais, Laideann agus Eabhra gu beachd nas fharsainge a tha ag aithneachadh dualchas-beòil a thuilleadh air dualchas litreachail (Finnegan 1996: 50). Air sgàth 's gu bheil sgoilearachd air a' chuspair air leudachadh gu bhith beachdachadh bho chaochladh sheallaidhean, chan eil crìochan teann air na tha am facal a' toirt leis, agus tha seo a' fàgail nach eil aon mhìneachadh dearbhte ri fhaotainn ann am Beurla. Ged a tha atharrachadh air tighinn air an tuigse a tha aig a' mhòr-shluagh air dè dìreach a tha dualchas a' gabhail a-steach – agus am facal uaireannan air a chleachdadh anns an là an-diugh ann an dòigh a tha buailteach a bhith staoin agus cumhang – tha e coltach nach eil connspaid no deasbad a' nochdadh ann an raon sgoilearachd na Gàidhlig. Tha an dòigh anns an robh am facal air a chleachdadh aig luchd-fiosrachaidh Sgoil Eòlais na h-Alba, agus an dòigh anns a bheil sgoilearan Gàidhlig leithid Meek agus MhicAonghuis ga chleachdadh anns an là an-diugh, a' dearbhadh gun robh agus gu bheil tuigse an lùib luchd na Gàidhlig a thaobh na tha 'dualchas', ann an co-theacsa choimhearsnachdan Gàidhlig na Gàidhealtachd, a' gabhail a-steach. Saoilidh mise gu bheil am mìneachadh aig faclair Collins ag aithris na tha am facal a' ciallachadh dha na Gàidheil: 'the total of the inherited ideas, beliefs, values, and knowledge, which constitute the shared basis of social action' (1984: 364).

Tha luchd-antropeòlais ag aithneachadh gu bheil tomhas de cho-ionnanachd eadar na bunaitean air a bheil dualchasan eadar-dhealaichte stèidhte agus gu bheil maireannachd dualchais an crochadh air tuigse gach ginealaich agus air eudmhorachd gach ginealaich gu bhith ga ghiùlan agus ga lìbhrigeadh:

> ... culture is simply a convenient term to describe the sum of learned knowledge and skills – including religion and language – that distinguish one community from another and which, subject to the vagaries of innovation and change, passes on in a recognisable form from generation to generation.
> (Lewis 1977: 17)[1]

---

[1] F.c. Merriam 1976: 146, 161–162.

Tha a' chiad chaibideil a' cur air adhart gun robh eòlas, spioradalachd, feallsanachd agus cànan nan daoine mar chomharran air dualchas Uibhist a Tuath anns an fhicheadamh linn.[2] Tha a' chaibideil seo a' cur air adhart gu bheil beul-aithris na linne agus na cleachdaidhean a bha na cois a' cur taic ris a seo.

Co-obrachadh

Bha cleachdadh cèilidh nan taighean a' nochdadh na dàimh a bha eadar na daoine agus 'a h-uile duine dìreach a' coiseachd a-staigh. Cha robh leithid de rud ri fiathachadh a' dol an uair sin' (I.D. MAC14) agus 'cho lom 's gu robh gnothaichean an uair ud chan fhalbhadh iad gun tì' (D.A.S. SA1970/35.A).[3]

Bha na bha tachairt anns an taigh-chèilidh mar sgàthan air na bha a' tachairt anns an sgìre agus bhiodh easbhaidh air a' chèilidh mura biodh spionnadh anns a' choimhearsnachd:

> The exchanges characteristic of the taighean cèilidh were the life-blood of the village and reflected a living community. News was passed, people gently ribbed and satires exchanged, relieving many of the pressures that built up in a small self contained community – essential in a society that relies on co-operation for survival.
>
> (McKean 1997: 98)[4]

Bha an cèilidh a' brosnachadh agus a' daingneachadh a' co-chomainn agus a' chomhluadair a bha an lùib nan croitearan nan obair làitheil (Sutherland 1937: 13):

> ... pìob a' dol mun cuairt is stòiridh a' dol mun cuairt cuideachd. Chuireadh iad ma chuairt a' phìob air a chèile gus am faigheadh a h-uile duine riamh smoc 's bhiodh iad ag innse nan naidheachdan 's nan sgeulachdan 's nan stòireannan.
>
> (A.M. SA1969/39)

Bha an dòigh anns an robh suidheachaidhean na h-aithris a' tarraing dhaoine còmhla nan inntinn agus nam bodhaig na fianais air an eisimeileachd air càch-a-chèile agus a' neartachadh na dàimh eatarra. Lean seo an lùib nan eilthireach:

---

[2] Cf. Alt mu 'Himalayan Kingdom of Bhutan', *The Sunday Times Magazine* 29 January 2006: 'Certain values – [...] respect for ancestors and religious belief; the need for kinship in a harsh terrain – have meaning. That is Bhutan.'
[3] Cf. MacNeil 1987: 17.
[4] Cf. Glassie 1982: 9, 1995: 304.

... gun robh an cèilidh math airson aonachadh nan daoine airson an cumail ann an toileachadh agus gun robh e 'gan cumail dlùth dha chèile ann an càirdeas agus nam feòil agus nan spiorad.

(MacNeil 1987: 16–17)[5]

Chan e an cèilidh an aon suidheachadh sòisealta a bha a' dèanamh aonachadh anns a' choimhearsnachd, mar a nochd Martin ann a bhith a' meòrachadh air feumalachdan agus tairbhe an rèitich:

... rich in allusion and metaphor ... the idiom of the bardic contest ... is truly multi-functional; achieving dissipation of hostility while engendering incorporation; utilizing and integrating the wider community ... (Martin 2001: 389)[6]

Chithear an co-obrachadh agus an co-chomann air an robh McKean agus Sutherland a-mach ann an cleachdaidhean nàbachd na coimhearsnachd. Chan eil 'neighbourliness' no 'community' (Dwelly 1988: 683) a' foillseachadh doimhneachd, no farsaingeachd, no blàths an fhacail 'nàbachd' mar a bha e air a chleachdadh anns a' Ghàidhealtachd: math dh'fhaodte gur e 'community kinship' as fheàrr a ruigeas air a chiall (S.M. SA1968/074). Bha cleachdaidhean obrach, mar obair ann am pàirt (S.M. SA1967/135),[7] a bha a' dèanamh feum dha gach croitear, a' nochdadh co-obrachadh agus comhluadar an lùib nan croitear. Ach 's e an dòigh anns an robh nàbachd a' tarraing dhaoine còmhla airson a chèile a chuideachadh ann an iomadach suidheachadh obrach agus cobhair a dhèanamh air teaghlaichean ann an èiginn, gun iarraidh agus gun dùil ri tuarastal, a bha a' nochdadh gu soilleir spiorad agus bann làidir na coimhearsnachd:[8] 'Cha robh duine a' dol a-staigh ... 's obair aig a nàbaidh ri dhèanamh' (mar a chaidh innse dhomh le E.M.).[9]

Bha daoine an-còmhnaidh a' cuimhneachadh air seann daoine[10] no boireannach sam bith a bha leatha fhèin: '... bhiodh e a' dèanamh a h-uile h-obair dha mo sheanmhair. 'N àm an fhoghair bhiodh e dèanamh nan cruachan dhi 's bhiodh e treabhadh. Bha e math dhi' (P.D. MAC13).

Bha an cleachdadh seo nochdte cuideachd aig àm èiginn: 'Coingealladh a chanamaid ris a sin ... Gu h-àraid nam biodh duine bhiodh air dheireadh, ma

---

[5] F.c. Shaw ann am MacNeil 1987: xxv.
[6] Cf. Aili Nenola-Kallio ann a Honko 1981: 140.
[7] Cf. Shaw 1986: 3–4; Glassie 1995: 304; MacKay 1987: 216–218; West 2000: 132–135, 141; Eller 1979: 100.
[8] Cf. West 2000: 133–144 a' sgrìobhadh mu 'neighbouring / to neighbour' ann an Siorrachd Pheairt.
[9] F.c. S.D. MAC12; Nicolson ann am Bennett 1992: 222.
[10] Bhiodh muinntir na coimhearsnachd mar eisimpleir a' buain mònadh dhaibh (S.D. MAC7).

bha thusa deiseil dhe d' obair bha thu cuideachadh an duine a bha air dheireadh ... Ma bha bochdainn aig duine san taigh reidheadh ga chuideachadh' (D.E.D. MAC17).[11]

Bha iad a' faicinn iomchaidh gum biodh daoine co-ionnan.[12] Bha an fheallsanachd seo, air an robh Maighstir Ailein Dòmhnallach a' toirt 'coimhearp' (Campbell 1991: 78), a' cur bacadh air daoine bho bhith a' dèanamh adhartais a chuireadh iad air leth bhon coimhearsnaich. Cha robh dùil gum biodh daoine ag oidhirp air beatha a bha eadar-dhealaichte seach mar a bha aig an sinnsear agus aig an nàbaidhean (Wilson ann an Campbell 1991: 78), agus bu tric a bhiodh am beachd 'Rinn e an gnothach dhòmhsa; carson nach dèanadh e 'n gnothach dhutsa'[13] no an abairt 'B' eòlach a sheanair air' ri cluinntinn. A chionn 's gun robh an dòigh-smaoineachaidh seo stèidhte air an luach a bha daoine a' cur air an dualchas, bha na beachdan agus na cleachdaidhean a bha a' cur bacadh air leasachadh ann an iomadach taobh dhem beatha aig an aon àm a' brosnachadh nan seann chleachdaidhean coimhearsnachd.

Bha an dàimh a bha co-obrachadh anns a' choimhearsnachd a' brosnachadh a' toirt buaidh air mar a bha daoine gan giùlan fhèin ann an iomadach suidheachadh dhem beatha.[14] Bha e ri fhaicinn, mar eisimpleir, ann an cleachdadh na h-òigridh a bhith a' toirt tiodhlac beag dha na seann daoine air am biodh iad a' tadhal air chèilidh, a' nochdadh am buidheachais a bharrachd air an luach a bha iad a' cur air an eòlas: "'S bhiodh iad a' buain na mònadh dha m' athair a h-uile samhradh, na gillean a bhiodh a' cruinneachadh. Dh'fhalbhadh sgioba a-mach dhan bheinn 's bhuaineadh iad a h-uile fàd dhen mhònaidh' (M.M.N. SA1971/3).

Bha taigh ann an Loch Euphort far am biodh na gillean òga a bha a' cruinneachadh a' tarraing phocannan mònadh dhan bhodach (S.D. MAC12), cleachdadh a bha ri fhaicinn ann an Èirinn cuideachd (Ó Duilearga 1999: 165; D.A. MacDonald Rhind 3).[15]

Bha feadhainn aig an robh dùil ri duais bheag air choreigin agus bhiodh na cèilichean ag ullachadh airson gum biodh iad cinnteach gum faigheadh iad sin:

---

[11] Cf. MacKay 1987: 216–218 agus West 2000: 135–140 a' sgrìobhadh mu 'lovedarg'; Dégh 1969: 23.
[12] Ach a-mhàin an t-eadar-dhealachadh a bhathar a' dèanamh eadar luchd-aideachaidh agus luchd-leantainn na h-eaglaise.
[13] Mar a thuirt bodach ann an Cladach Chirceabost ri a mhac nuair a nochd e gun robh e an dùil taigh ùr a thogail an àite fuireach anns an t-seann dachaigh: mar a chaidh innse dhomh le D.I.M.
[14] Airson fiosrachadh co-cheangailte ri 'An Pobal' ann an Èirinn faic Ó Giolláin 2005: 69–123.
[15] Airson fiosrachadh mu chleachdadh dhaoine ann am mòran dhualchasan neo-litreachail, tro iomadach linn, ann a bhith ag iomlaid thiodhlacan faic Mauss 1990: 'A gift that does nothing to enhance solidarity is a contradiction' (Mary Douglas aig vii).

Lachlainn Mòr, duine còir, duine gasta. O, bha cuimhne smaointeachail aige: agus bhithinn-sa dol air chèilidh ann. 'S bhiodh a chuile duine againn glè chinnteach – o, 's e 'ghoid uaireannan a dhèanamaid, ach uaireannan eile chuireamaid sgillinnean còmhla 's cheannaicheamaid unnsa tombaca, 's bhiodh an uiread sin aig fear ma seach againn na phòcaid a' dol air chèilidh. (P.M. SA1972/47.B2)[16]

Mura biodh smoc aig Lachlainn cha bhiodh e cho deònach sgeulachd innse:

'Bheir mise sgeulachd dhut: tha mo phìob falamh!' 'Ma-tha, cha bhi sinn fada ga lìonadh dhut, a Lachlainn.' 'Siuthad, ma-tha, a ghràidhein, agus gheibh thusa sgeulachd.' (P.M. SA1972/47.B2)

Tha far an robh duine a' suidhe an coimeas ri neach eile (*proxemics*) ann an suidheachadh-aithris na dhual eile de ghiùlan nan daoine. Tha Finnegan air comharrachadh an àite chudromaich a tha aig cleachdaidhean dualchasach a thaobh 'nearness, distance and placing' (1996: 106) ann a bhith a' cur beul-aithris an cèill.[17] Tha an dòigh anns an robh 'na bodaich a' tighinn cruinn' (A.M. SA1969/39) aig an teine ann an Uibhist a' nochdadh caidreachas agus co-ionnanachd nam measg fhèin. Bha an cleachdadh seo cuideachd air a chumail aig na ceàrdannan: '… where aa the traivellers used to sit in a circle – they wis jist like Indians' (S.R. ann an D.A. MacDonald Rhind 3).

Bha cleachdadh nam fear ann a bhith a' cur mun cuairt na pìob thombaca agus, mar a bhiodh na h-Innseanaich Ameireaganach agus muinntir Èirinn (Delargy 1945: 19) a' dèanamh, duine mu seach a' toirt tarraing no dhà oirre, a' toirt gach neach anns a' chuideachd na bu dlùithe dha chèile agus a' daingneachadh an co-ionnanachd: 'Ma bha thu lìonadh pìob … 's gun robh feadhainn a-staigh còmh' riut a bha 'smocadh, bha 'phìob a' dol gus an teirigeadh i' (D.A.S. SA1970/35.A).[18]

Bha an fhearas-chuideachd a bha na lùib a' brosnachadh aonachd nam measg, agus nam biodh connspaid anns a' choimhearsnachd bha an taigh-cèilidh a' toirt cothrom do dhaoine còrdadh a dhèanamh: '… 'the pipe of peace', tha mi cinnteach' (A.M. SA1969/39).[19]

---

[16] Cf. D.W. *Tocher* 33: 145.
[17] Airson clàr-leabhar de rannsachadh eadar-nàiseanta air *proxemics* faic Finnegan 1996: 106–107.
[18] F.c. D.I.MacD SA1971/1.
[19] Cf. Glassie 1995: 298.

Modhannan coimhearsnachd

Mar a chunnacas cheana, bha Calum MacGhillEathain dhen bheachd gun robh riaghailtean cumhang a' riaghladh an taigh-chèilidh (Maclean 1957: 32).[20] Ged a tha e coltach gun robh a' mhòr-chuid de dhaoine a' cumail ri cleachdaidhean stèidhte, chan eil mi ag aontachadh gur e 'riaghailtean' air leth a bha annta. Aig an àm a bha sin 's e fireannaich a bha air ceann nan teaghlach agus 's e fireannaich a bha a' riaghladh gnothaichean a' bhaile (S.M. SA1967/135.B1).[21] B' e togail na cloinne urram a thoirt dham pàrantan agus do dhaoine na bu shine. Às dèidh pòsadh dh'fheumadh nighean, anns a' bhitheantas, a companach a leantainn dhan eaglais aigesan. Taobh a-staigh na h-eaglaise cha robh beul fhosgladh aig boireannach, 's gun e ceadaichte ach do dh'fhireannaich a-mhàin a bhith teagasg, a bhith nan èildearan, a bhith nam buill de chùirt na h-eaglaise no os cionn na seinn. Bha iad gu ìre mhòr air an cumail sìos mar a bha boireannaich ann an treubhan tùsanach Ameireaga a Tuath, aig nach robh inbhe no àite oifigeil anns an treubh (Barnes 1984: 182). 'S e na fir a bha ri reic agus ri ceannach stuic, agus a rèir cuid cha robh aig boireannach ach 'tuarastal na circeadh – a biadh' (*Tocher* 7: 206).[22] Cha mhotha bha e na chleachdadh aig boireannaich, gu h-àraid boireannaich phòsta, a bhith a' dol air chèilidh (A.M. SA1982/158.B2). Nan tachradh dhaibh a bhith an làthair, b' e cleachdadh nam bodach a bhith cruinn mun teine, agus an cùl ri cuideachd eile an taighe, a' fàgail nam boireannach air iomall gnothaich (D.A. MacDonald Rhind 3). Cha robh dùil anns an àbhaist gum biodh boireannach, a dh'aindeoin a h-eòlais, ag aithris sgeulachdan ann an cuideachd fhear (D.A.S. SA1969/62.A1; D.A. MacDonald Rhind 3).[23]

Bha cleachdaidhean modhalachd mòran na bu chudromaiche an uair sin na tha iad an-diugh agus bha cleachdaidhean coimhearsnachd, a bha a' stiùireadh gach raon de bheatha nan daoine, an ìre mhòr stèidhte air modh agus spèis do chàch-a-chèile. Mar eisimpleir, ged a bha fear an taighe agus cèilichean àraid anns a' bhitheantas a' faighinn nan suidheachan a bu chofhurtaile no a b' fhaisge air an teine, bha riarachadh nan àiteachan-suidhe gu ìre mhòr an urra ri co-dhiù a b' e fireannaich no boireannaich a bha an làthair, agus an aois agus an inbhe.[24] Cha togadh cèiliche a ghuth gun iarraidh. Bha urram air a thoirt do dhaoine na bu shine anns a' chuideachd a thaobh cò rachadh iarraidh gu seinn

---

[20] F.c. Carmichael 1983: xxviii–xx.
[21] Cf. Eller 1979: 101–102 re suidheachadh Appalachia.
[22] Airson fiosrachaidh mun dòigh anns an robh àite nam boireannach air a choimeas ri beatha nan cearc ann an Éirinn, faic Bourke 1999: 43–45.
[23] A tha a' nochdadh gur ann mar seo a bha ann an Èirinn cuideachd.
[24] Cha bhiodh e air fhaicinn iomchaidh anns an àbhaist do dh'fhireannach tadhal air banntraich gun chuideachd mnatha (mar a chaidh innse dhomh le D.I.M.).

no aithris an toiseach, agus 's e fear an taighe a bha a' stiùireadh na bha a' tachairt (D.A.S. SA1976/155.B3). Bha na h-aon chleachdaidhean rim faicinn an lùib nan ceàrdannan (Shaw 2007: 6). Ged as ann ag 'èisteachd ri na bodaich' a bhiodh gillean òga ann an cuideachd sheanairean, agus e na chleachdadh anns a' bhitheantas nach biodh an òigridh ag aithris sgeulachd air beulaibh dhaoine na bu shine (Maclean 1957: 27; A.I.M. SA1971/107),[25] chan eil seo ach na fhianais air spèis na h-òigridh dhan seanairean agus air an luach a bhathar a' cur air an eòlas.[26]

Mar sin, tha mise a' meas gur h-e cleachdaidhean a bha stèidhte air modhannan coimhearsnachd, agus nach e 'riaghailtean' air leth, a bha a' stiùireadh mar a bha daoine gan giùlan fhèin anns an taigh-chèilidh.

Bha cleachdaidhean na coimhearsnachd, agus cleachdaidhean nan teaghlaichean taobh a-staigh na coimhearsnachd, a' stiùireadh mar a bha daoine gan giùlan fhèin ann an iomadach suidheachadh sònraichte eile cuideachd. Bha cleachdaidhean bainnse, ann a bhith a' nochdadh an luach a bha daoine a' cur air càirdeas, air nàbachd, air dàimh, air cleamhnas agus air an eòlas a thaobh beul-aithris, nan sàr eisimpleirean air an dòigh anns an robh beul-aithris na Gàidhlig, agus na cleachdaidhean a bha na cois, na samhlachas air an dualchas:

> ... saoilidh mi gu bheil a chuile nì a tha crochte ri bainnsean nan samhla air dòigh-beatha a dh'fhalbh o chionn ùine glè ghoirid: a' bhanais, far an robh òrain is dannsa, biadh is deoch air ullachadh le muinntir a' bhaile, 's fearas-chuideachd gu leòr ...
> (NicLeòid 2002: 35)

Mar a dhealbhaich Aonghas Lachlainn Bhig:

> 'S minig a chualas ceòl na pìoba,
> Meòirean sùbailte cho cinnteach,
> Sgioba bainnse dol 's a' ruidhle,
> Ach dh'fhalbh an lìnn sin bho Loch Hòstadh.
> (MacGillFhaolain 1991)[27]

Bha cleachdaidhean an luaidh, am blàths agus an carthannas, spionnadh agus sgairt nam ban, ann an seinn nan òran cuideachd mar sgàthan air an dualchas.

---

[25] Air sgàth seo tha e doirbh a dhearbhadh gu dè an aois aig an robh sgeulachdan air drùdhadh a-steach air inntinn dhaoine òga agus dè an aois aig an robh iad comasach air an aithris (Maclean 1957: 27). Thuirt D.A.S. gun robh sgeulachdan aigesan nuair a bha e a' dol dhan sgoil (SA1971/101.A2).
[26] Dh'inns D.A.S. mar a bhiodh e a' gabhail sgeulachd sam bith a chuala e, ach nach cuala e aig athair, dha athair nuair a bhiodh iad ag obair còmhla (SA1969/62.A1 & SA1970/206).
[27] Bho *Deàrrsadh Gealaich air Loch Hòstadh*. F.c. Màiri Mhòr nan Òran ann am Meek 1998: 119 ln 27–30.

Aonghas Lachlainn Bhig a-rithist:

> Bu tric bha mnathan luaidh mun chlèithe,
> An clò fo smachd le buillean gleusda,
> Sgòrnain bhinn le fuinn fo ghleus
> 'S an eala 'g èisteachd air Loch Hòstadh.
>
> (MacGillFhaolain 1991)[28]

A chionn 's gun robh teaghlaichean an eisimeil a chèile, bha daoine faiceallach nach rachadh nàbaidhean a-mach air a chèile. Bha mòran dhòighean aca air a dhol timcheall air duilgheadasan sam bith a bhiodh eatarra gun oilbheum a thogail, mar a nochd Martin (2001: 195) ann a bhith a' dealbhachadh mar a rachadh aig nighean air fear a dhiùltadh aig rèiteach gun an gille, no a theaghlach, a nàrachadh, le bhith a' cleachdadh bhriathran àraid.

Bha an spèis a bha ga toirt do sgeulaiche cuideachd a' foillseachadh gun robh beatha shòisealta nan daoine na h-ìomhaigh air an dualchas:

> Every evening in winter, when his day's work was done, he[29] and a number of other young boys visited the house of old, bed-ridden Roderick MacDonald ... Every evening, when the visitors arrived – and invariably they were the same visitors – the mattress on which the old man lay was carried and placed beside the fire in the living room. 'Lift me up now, dear and beloved ones,' the old man would say to the young men. When propped up into a comfortable position, the old man told tales ...
>
> (Maclean 1952: 125)[30]

Cha b' e seanchaidh, no 'sgoilear' mar a theireadh mòran ann an Uibhist ri 'traditional storyteller' (J.A. Macdonald 1999: 10), a bha anns a h-uile neach a dh'innseadh sgeulachd idir, mar a chomharraich Ó Duilearga (1945: 19) agus e a' dèanamh eadar-dhealachadh eadar na *shanachies* ann an Èirinn aig an robh na sgeulachdan mòra agus na *shanachies* nach robh ag aithris ach seanchas.[31] Ach ge b' e dè a eòlas, bha tarraing ann an deagh sgeulaiche: 'An fheadhainn a chitheadh a' tighinn e [Alasdair MacCuidhein], thigeadh iad airson a bhith ga èisteachd ...' (A.M. SA1982/152.B2).[32]

---

[28] Bho *Deàrrsadh Gealaich air Loch Hòstadh*.
[29] Seumas MacFhionghain, 'Seumas Iain Ghunnairidh'.
[30] F.c. D.I.B. SA1971/2.
[31] Cf. von Sydow 1934: 347–348.
[32] Cf. Shaw ann am MacLellan 2000: xxiv.

Bha feadhainn air am biodh farmad nam biodh sgeulachd aig cuideigin eile nach robh aca fhèin: '... bha MacCuidhein gu h-àraid, chan iarradh e cus dhen t-seanchas bhith aig duine eile idir' (A.M. SA1982/158.B2). Cha robh Alasdair MacCuidhein, mar eisimpleir, idir toilichte gun robh *Duan na Ceàrdaich*, nach robh aige fhèin, aig Dòmhnall Mòr Hùna (SA1968/152).[33]

Bha dùil aig sgeulaiche sònraichte ri fìor aire an luchd-èisteachd agus sàmhchair: 'Cha robh guth air sìon ach ag èisteachd a' Bharraich ...' (D.A.MacE. SA1974/164).[34] Bha e air a chur dhan chloinn gun fheumte fuireach sàmhach, 'mar gum biomaid san eaglais ... Cha leigeadh an t-eagal leinn dad a ràdh' (A.M. SA1980/31.A4). Ann a bhith ag èisteachd gun ghuth 's gun ghluasad bha an luchd-èisteachd a' toirt modh agus urram dhan sgeulaiche agus a' nochdadh an luach a bhathas a' cur air an eòlas aige. Bha an luach seo air a nochdadh le mar a bhiodh cuid de chlann òga ag iarraidh air daoine sònraichte sgeulachd, eadhon sgeulachd àraid, innse (Maclean 1957: 27)[35] agus le mar a bhiodh clann eile air an glacadh cho mòr is gun robh iad air bhioran na bha iad air a thogail a liubhairt iad fhèin:

> Bhiodh iad ag innse nan sgeulachdan a chualas aig Aonghas Barrach dha chèile anns an sgoil ... dhan fheadhainn nach biodh cho fortanach 's gun cluinneadh iad e. Bhitheadh gu dearbh. Làrna-mhàireach bhite 'g innse pìosan dhith 's mar a bha i.
> (D.A.MacE. SA1974/164)[36]

Meomhair

Tha sgoilearan air cuimhne nan Gàidheal bho shean a chomharrachadh: 'I visited these, and listened, often with wonder, at the extraordinary power of memory shown by untaught old men' (J.F. Campbell 1983. Vol. 1: xx).

Tha clàran an tasglainn-bheòil a' dearbhadh gun robh comas cuimhne an t-sluaigh fhathast air leth math aig toiseach na ficheadamh linn. Tha e coltach gun robh seo mar thoradh air comann-sòisealta aig nach robh leughadh no sgrìobhadh nan cànan mhàthaireil agus a dh'fheumadh a h-uile nì a chumail air chuimhne. Bha sàr chuimhne, ge-tà, aig eòlaichean nan coimhearsnachd: aig na bàird a dhèanadh agus a ghleidheadh am bàrdachd fhèin; aig na pìobairean aig an robh uimhir de cheòl-mòr agus de cheòl-beag; aig na seinneadaran aig am biodh na ceudan òran agus an eachdraidh a bha air an cùl; agus aig na

---

[33] Cf. Dégh 1969: 82–83. Bha seo ri fhaicinn ann an co-theacsa seinn nan òran cuideachd (Ó Madagáin 1985: 184).
[34] F.c. Thomson 1994: 281.
[35] Cf. Dégh 1969: 101.
[36] Cf. Seonaidh Stiùbhart *Tocher* 31: 36; Dégh 1969: 104, 391.

seanchaidhean aig an robh tobar gun tràghadh de sgeulachdan agus de dh'eachdraidh. Mar a sgrìobh Ó Duilearga:

> These old tradition-bearers, like the old manuscripts, are libraries in themselves. Questioning them, we can turn over page after page in their capacious memories ... For here we have the spoken word where the manuscript has the written.   (Delargy 1945: 182)[37]

Rachadh aig Aonghas Bharrach air sgeulachdan aithris airson ochd uairean a thìde gun stad ach airson biadh no ceò (Maclean 1957: 30), agus chaidh aig Donnchadh mac Dhòmhnaill 'ac Dhonnchaidh air *Fear na h-Eabaid* aithris, agus ath-aithris ann an ceann trì bliadhna, gun ach atharrachadh glè bheag a' tighinn oirre (Draak 1958: 48).[38]

Cha robh aig Seán Ó Conaill ach èisteachd ri sgeulachd aon uair airson i a bhith aige air chuimhne (Ó Duilearga 1981: xviii)[39], agus bha an comas seo an lùib luchd-aithris Uibhist cuideachd: 'Agus airson stòiridh a chluinnteil aon uair, ma chòrd an stòiridh rium, tha mi a' smaoineachadh gum bi cuimhne agam oirre cho fad' 's 'ios cuimhne air fhàgail agam' (R.M. SA1974/166.A4).[40] Bhiodh cuid ag aithris sgeulachd ùr an oidhche a chualas i airson a bhith cinnteach gun robh i aca (D.A.S. SA1970/206.A2 & SA1969/62.A1).[41]

Bha iomadh dòigh anns an robh sgeulaichean a' cumail air an cuimhne agus ag aithris an cuid sgeulachdan.[42] Bha cuid, mar a bha Aonghas Lachlainn Bhig nuair a bha e ag èisteachd leithid Alasdair MhicCuidhein, a' faicinn ìomhaighean agus a' dèanamh dealbh air na bha iad a' cluinntinn (A.M. SA1979/58.B8).[43] Bha iad an uair sin a' faicinn dealbh na sgeulachd mun coinneamh nuair a bha iad fhèin ga h-aithris: 'Bha sealladh agams' air an sgeulachd a ghabh mi dhut ann a shin – bha sealladh agam romham oirre fad an t-siubhail ... Cha robh agam ach sealladh mar a bha mi a' dol air aghaidh ...' (ann an D.A. MacDonald *SS* 22: 9).[44] Chan eil seo ao-coltach ri mar a bhiodh a' bhana-bhàrd Maighread Nighean Lachlainn, nuair a bha i a' dèanamh bàrdachd, a' faicinn na bàrdachd sin a' ruith a-null air bàrr tobhta an taighe. A rèir luchd-aithris, bhiodh i 'a' feitheamh na bàrdachd a' ruith air na glasfhadan'

---

[37] F.c.Thomson 1954: 2–3.
[38] F.c. Bruford *SS* 22: 27–35; Shaw ann am MacNeil 1987: xxix–xxx.
[39] F.c. Delargy 1945: 34 Cf. Bruford 1969: 55, 64–65; Laurent 1983: 112.
[40] F.c. D.A.S. SA1970/206.A2; *Tocher* 2: 36–37. Cf. Kaivola-Bregenhoj 1989: 47.
[41] F.c. R.M. SA1975/35.
[42] Faic D.A. Macdonald *SS* 22: 1–26 agus *ARV* 37: 117–124; Bruford *ARV* 37: 103–109; Bruford & MacDonald 2003: 28. Cf. Laurent 1983: 114.
[43] F.c. D.A.S. SA1973/42.A2 & SA1976/155.B1; D.A.MacDonald *SS* 22: 3–11.
[44] F.c. D.A. MacDonald *ARV* 37: 121–123; A.M. SA1979/58.B8; R.M. SA1974/166.A4; D.A.S. SA1973/42.A2; Bruford 1969: 217.

(MacInnes 2006: 246). Nam b' e an dealbh a bha air chuimhne aig sgeulaiche: 'Chan e na h-aon fhaclan gun atharrachadh, math dh'fhaodte, bhios buileach ann idir … O, chan eil mi 'cuimhneachadh oirre mar fhaclan idir, ach dìreach na dealbh' (A.M. SA1979/58.B8).

Dh'fhaodadh tachartas sam bith sgeulachd a dhùsgadh nan ceann: 'Nuair a chluinneadh tu guth air ròin, no bhith 'marbhadh ròn, no 'dol a dh'iasgach, no 'dol gu muir, no leithid sin, thigeadh stòiridh dhen t-seòrsa sin a-staigh air duine. Thigeadh an dealbh còmhla ris' (*ibid.*). 'S ann le bhith a' ruith thairis orra gu tric a chumadh iad fhèin grèim orra agus a thogadh daoine eile bhuapa iad: '… gur e an dòigh air an cumail air chuimhne bhith gan innse o dhuine gu duine, 's gun tigeadh iad a-nuas o linn gu linn' (R.F. SA1974/166.A4).[45]

Bha na bàird o shean an eisimeil an cuimhne ann a bhith a' dèanamh agus a' gleidheadh an cuid bàrdachd (MacNeacail ann an Neat 1999: 234; MacDonald 1995: xlv). A rèir na bana-bhàird Màiri NicGhillEathain, thàinig leisge agus lagachadh ann a bhith a' cumail na cuimhne air ghleus an cois comas sgrìobhaidh (MacLean ann an Neat 1999: 54).[46]

Sgrìobh Neat gur ann aig bàird a nì seinn a tha a' chuimhne as fheàrr agus an àireamh as motha de dh'òrain air chuimhne: '… the very best remembrancers seem to have 'photographic-type' aural memories that are immediately triggered by the stimulus of rhythmical melodies which deliver the words onto the tongue as some kind of chant' (1999: 293). Tha rannsachadh an Athar Urramaich Dhòmhnallaich a' toirt ùghdarrais dhan bheachd gu bheil cuimhne dhaoine air faclan òran anns a' bhitheantas an urra rin cuimhne air an fhonn: '… the actual words of the song were recalled in most instances only when the melody was clearly established' (J.A. Macdonald 1999: 266). Chuir Aonghas Lachlainn Bhig taic ris a' chunntas seo: 'Tha am fonn na chuideachadh mòr dhan chuimhne; tha fhios gu bheil …' (A.M. SA1984/110.B6). Tha e aithnichte ann an Uibhist gun toireadh seinneadair sònraichte leis òran air aon èisteachd (J.A. Macdonald 1999: 267).[47]

Mar an ceudna, tha e coltach gun robh cuimhne stèidhte air claisneachd (*aural memory*) cudromach a thaobh comas aithris nan sgeulachd ann an Uibhist: 'I hear my grandfather's voice telling every word of a story' (MacLean ann an Neat 1999: 49).[48] Bha seo aithnichte an lùib nan ceàrdannan cuideachd. Bha cuid dhiubh sin, a thuilleadh air a bhith a' cluinntinn guth an sgeulaiche

---

[45] F.c. A.M. SA1980/32.A1; D.A.S. SA1970/34. A2.
[46] Cf. Shaw ann am MacNeil 1987: xxiv.
[47] Math dh'fhaodte gun robh seo nas coltaiche tachairt le òrain a chualas aig banais agus na seinneadairean mothachail gur dòcha nach biodh cothrom aca an cluinntinn a-rithist (*Tocher* 41: 263). Cf. Ó Laoire 2002: 73.
[48] F.c. Bessie Whyte ann am Bruford *ARV* 37: 106.

bhon do thog iad sgeul sònraichte, a' faicinn ìomhaigh: 'When I'm tellin' you one o his stories, I'm not wi you. I'm back wi him at the open fire listenin tae his voice tellin' me ... and I can visualise him the minute I tell a story' (D.W. *Tocher* 33: 145).[49]

Bha uaill air na Gàidheil a bhith ag aithris nan sgeulachd mar a chaidh an lìbhrigeadh dhaibh fhèin: 'Sen mar a chuala mis' i' (Dòmhnall Ailig Mhurchaidh, *Tocher* 48 & 49: 435).[50] Chomharraich Donnchadh MacUilleim gun robh spèis ga nochdadh dhaibhsan a thug na sgeulachdan seachad ann a bhith gan aithris mar a chualas iad agus gum biodh dìmeas ga dhèanamh orra nan atharraicheadh neach an sgeul a fhuaireas bhuapa (*Tocher* 33: 145).

Anns na daoine

Thog Neat a' cheist 'What combination of nature and nurture gives Gaelic tradition bearers their special skills of composition and recall?' (1999: 301). A rèir Benedict, 'The human cultural heritage ... is not biologically transmitted' (1952: 10). Tha Mihály Hoppál ag aontachadh:

> Culture is inherited not biologically but via traditions, via the behavioural patterns ... and, above all, through the language which the members of the community acquire in the course of socialization and learning. (Ann an Kvideland 1992: 141)

Tha am beachd seo a' faighinn taic bhon dòigh anns an do ghabh daoine a thàinig bho thaobh a-muigh dualchas Gàidhlig Uibhist, agus a chaidh an uchd-mhacachd an taobh a-staigh dheth, ris an dualchas mar gum b' ann dhe na daoine sin fhèin a bha iad.[51] A thuilleadh air a seo, tha e dearbhte gur ann anns a' choimhearsnachd, agus nach ann a-mhàin anns an teaghlach, a thog mòran de sgeulaichean Uibhist agus Èirinn an eòlas. 'S ann bho sheann chìobair air an robh Alasdair Mòr, a bhiodh a' tadhal air dachaigh Aonghais Bhig MhicGhillFhaolain na òige, a fhuair Aonghas Beag a' mhòr-chuid dhe na bha aige de sgeulachdan (SA1963/55.A8).[52]

Air an làimh eile, tha aonta agus cinnt am measg mòran ann an Uibhist gu bheil nàdar na bàrdachd agus a' chiùil a' ruith 'ann an treubhan' (A.M.

---

[49] F.c. 142; Bruford *ARV* 37: 106; Glassie 1987: 10.
[50] F.c. Calum Seonstan *Tocher* 13: 188; D.A.S. SA1973/42.A2; Bruford 1969: 59–60, 238 & *SS* 22: 27. Cf. Ó Súilleabháin 1966: 143; Delargy 1945: 194; Ó Duilearga 1999: 161; Dégh 1969: 166–168.
[51] M.e., an sgrìobhadair Bill Innes.
[52] F.c. Maclean 1952: 125. Cf. Delargy 1945: 11, 22; Shaw ann am MacNeil 1987: xxxiii; Dégh agus Vázsonyi 227–228.

SA1980/32.A1).[53] Is tric a chuala mi fhèin 'Cha b' e cheannach a rinn e' agus iomradh ga thoirt air cuideigin aig an robh tàlant sònraichte. Bha Dòmhnall Ailein Dhòmhnaill na Bainich gu làidir dhen bheachd gun robh nàdar na bàrdachd ('sìol nam bard') a' ruith ann an teaghlaichean: '... chan eil de dh'fhoghlam air an t-saoghal a dhèanadh duine na bhàrd ... Cha toir thu annad fhèin idir e' (J.A. Macdonald 1999: 9,30,58).[54] Bha cuid dhe na bàird a b' ainmeile ann an Uibhist anns an fhicheadamh linn càirdeach dha chèile: bha Dòmhnall Ailein Dhòmhnaill na Bainich agus Dòmhnall Ruadh Chorùna anns na h-oghaichean; 's ann bho Chlann MhicRuairidh, 'Clann na Ceàrdaich', à sgìre Sholais, a thàinig am bàrd Dòmhnall Iain Dhonnchaidh, taobh athar; agus 's e bràthair-màthar Dhòmhnaill Iain Dhonnchaidh Dòmhnall Ruadh Phàislig.

Tha mòran anns na h-Eileanan dhen bheachd gu bheil comasan aithris cuideachd a' ruith o ghinealach gu ginealach ann an teaghlaichean. Mar a sgrìobh Calum MacGhillEathain mu Dhonnchadh mac Dhòmhnaill 'ac Dhonnchaidh, athair Dhòmhnaill Iain Dhonnchaidh, a bha bho bhàird Chlann Dòmhnaill an Eilean Sgitheanaich: 'His people have been poets and story-tellers for generations. His great grandfather, John, son of Donald, son of Norman, was in his day a noted story-teller ...' (Maclean 1957: 32).[55]

Bha seo ri fhaicinn ann an Uibhist a Tuath cuideachd: b' e tè de Chlann MhicRuairidh a bu mhàthar do Dhòmhnall Dhonnchaidh agus b' e Iain Linc[56] bràthair-athar Màiri Maighread NicGhillEathain.[57] Tha e aithnichte a bharrachd gur ann à Uibhist a Tuath a thàinig sinnsearan cuid dhe na h-eòlaichean a b' ainmeile a chaidh a chlàradh ann an Uibhist a Deas agus ann am Barraigh, eòlaichean leithid Dhonnchaidh mhic Dhòmhnaill 'ac Dhonnchaidh,[58] na Boidhdich agus na Seonstanaich (U.M. *Tocher* 35: 287– 288). A thuilleadh air a seo, tha fianais ann '[that] the active bearing and secondary transmission of songs was practised by certain families' (J.A. Macdonald 1999: 256).

Tha e coltach gun robh ceàirdean àraid tric a' ruith ann an teaghlaichean a bha aithnichte airson an eòlais a thaobh beul-aithris. Bha goibhneachd a' ruith ann an Clann MhicRuairidh agus 's ann bho a sheanair, Seonaidh MacRuairidh, 'Gobha an t-Sruthain', agus bho na daoine a bhiodh a' tadhal air a' cheàrdaich aige, a thog Dòmhnall Dhonnchaidh cuid dhe a sheanchas, a bharrachd air

---

[53] F.c. D.I.Mac. MAC8; MacAmhlaigh ann an Dòmhnallach 1995: xxix. Mar an ceudna, tha na seanfhaclan tric a' tarraing air mar a tha modh agus tàlant 'a' ruith 'san fhuil' (MacKinnon 1956: 10).
[54] F.c. MacInnes 2006: 244–245.
[55] F.c. *Tocher* 25: 3; *Tocher* 27: 129–130; Neat 1996: 3–17, 65–85; Shaw 2007: 2. Cf. Delargy 1945: 21.
[56] 'S ann bho Sheonaidh Iain Linc (Laing) a fhuair an t-Urramach Uilleam MacMhathain mòran dhe na h-òrain Uibhisteach a bha aige.
[57] Tha an aon phàtran ri fhaicinn an lùib phìobairean Uibhist a Deas (Dickson 2006: 154–155).
[58] B' e a shinn-seanair Iain mac Dhòmhnaill 'ic Thormoid às a' Cheathramh Mheadhanach (*Tocher* 25: 2).

a' ghoibhneachd ionnsachadh.[59] Bha teaghlach Dhòmhnaill Ailig MhicEachainn nan clachairean agus nan greusaichean[60] aig an robh cothrom an ealain a chleachdadh agus a leasachadh nam beatha làitheil. Mar an ceudna, bha saoirsneachd, a bharrachd air ealain a' bhàird, a' ruith ann an teaghlach Dhòmhnaill Ailein Dhòmhnaill na Bainich[61], agus bha athair agus seanair Dhonnchaidh mhic Dhòmhnaill 'ac Dhonnchaidh nan clachairean.[62] Chan eil e soilleir, mar sin, am b' ann a' ruith anns na daoine a bha gibht nan eòlaichean sin no am b' e na cothroman èisteachd agus am brosnachadh a fhuair iad nan òige, taobh a-staigh an teaghlaich agus anns a' choimhearsnachd, a ghleus na comasan a bha aca.[63]

Tha e aithnichte gu bheil buaidh aig an tlachd a tha luchd-aithris a' gabhail ann a bhith a' lìbhrigeadh an eòlais, agus aig ùidh an luchd-èisteachd, air leantalachd beul-aithris.[64] Cha tog duine òran no sgeulachd mura bheil ùidh aige annta: "S iomadh rud a leig mi seachad a dh'fhaodainn a bhith air a chumail' (A.D. MAC15).[65] Tha e aithnichte cuideachd gu bheil feum aig comas nàdarra air brosnachadh.[66] Mar a thuirt Eòs Nìll Bhig: 'An nì nach cluinn cluas, cha ghluais cridhe' (MacNeil 1987).[67]

Dhealbhaich Dòmhnall MacGhillFhaolain, Dòmhnall Aonghais, mar a bha na bha aige de bheul-aithris mar thoradh air an dlùths a bha eadar e fhèin agus athair agus air cho tric agus a bha athair a' lìbhrigeadh eòlais dha:

> O chionn fada nuair a bha mi na mo bhalach beag, bha m' athair a' cosnadh agus nuair a thigeadh e dhachaigh sgìth am beul na h-oidhche, agus nuair a ghabhadh e bhiadh, bu ghnàth leis a dhol na shìneadh air an t-sèidhsidh. Bha miann mòr agamsa air m' athair agus bithinn an-còmhnaidh cuide ris agus chan fhaicinn sìon na b' fheàrr na dhol nam shìneadh cuide ris. Agus bhiodh esan a' cur nam both dheth a' gabhail luinneagan ann a shineach, agus bha mise gan comharrachadh agus a' smaoineachadh orra. Agus 's e bun a bh' ann, mu dheireadh thall bha iad agam a cheart cho

---

[59] F.c. *Tocher* 25: 3.
[60] D.A.MacE SA1963/51.B9.
[61] J.A. Macdonald 1999: 12.
[62] *Tocher* 25: 2.
[63] Faic J.A. Macdonald 1999: 60; *Tocher* 27: 129–131. Cf. Blacking ann am Merriam 1976: 132.
[64] Faic N.N. ann an *Tocher* 7: 201–202;
[65] F.c. D.A.S. SA1972/34.B2 & SA1971/43.A2; N.N. *Tocher* 7: 201; Bruford 1969: 167. Cf. Ó Laoire 2002: xiii–xiv, 53, 65–68, 77–80 a-mach air *desire* no *dùil* ann an co-theacsa òrain: '*Chuir siad dúil san amhrán*' (77).
[66] Cf. Ó Laoire 2002: 54–55.
[67] Air a' chiad duilleag, air nach eil àireamh. 'S ann a' rabhadh an aghaidh fothail a tha an seanfhacal seo air a chleachdadh ann an Uibhist a Tuath (*Tocher* 47: 290).

cinnteach 's a bha iad aige fhèin.   (SA1962/54.A2)[68]

Mar an ceudna, 's e gun robh e a' cadal anns an aon rùm ri sheanair, a bhiodh ag innse sgeulachdan dha airson a chur a chadal, a dh'fhàg gu bheil sgeulachdan (nam measg AT956B) aig Alasdair Dhòmhnaill Iain Anndra à Baile Mhàrtainn nach eil aig duine eile dhen aon ghinealach anns an teaghlach aige.[69] Bha an t-àite cudromach a bha aig a' ghràdh a bha eadar na ginealaichean ann an leantalachd beul-aithris air a chomharrachadh aig Donnchadh MacUilleim: 'full of love of our father's voice' (D.W. *ARV* 37: 70).

Seanfhaclan agus sgeulachdan

Bha na seanfhaclan, a bha air am filleadh a-staigh dhan dualchainnt, nan ìomhaigh air bunaitean dualchas Gàidhlig Uibhist. Bha iad a' moladh leithid càirdeis,[70] suidheachadh teaghlaich, moraltachd, onair, dìcheallachd, fialaidheachd agus teagasg na h-eaglaise.[71] Bha iad cuideachd a' càineadh droch bheusan, leithid baralachd, fèinealachd, seòltachd, meallachd agus dìomhanas.[72] Bha cuid eile a' nochdadh, agus a' gabhail beachd air, modhan dhaoine, math no olc. Mar eisimpleir, cleachdadh dhaoine a bhith a' gabhail taobh an cuideachd fhèin – 'Is toigh leis an fheannaig a h-isean cam carrach fhèin' – agus àite nam fear ann an coimeas ri àite nam ban anns a' choimhearsnachd – 'Dà rud a tha toirmisgte, fead nighinne agus gairm circe.'

Bha seanfhaclan leithid 'Gheibhear deireadh gach sgeòil an-asgaidh' a' nochdadh nach eil feum ann an coimhearsnachd bheag ann a bhith a' cleith naidheachd a chionn gun tig gach nì am follais ge b' oil le daoine.[73]

Tha na seanfhaclan Gàidhlig nan sàr eisimpleir air cho comasach agus a bha daoine air iad fhèin a chur an cèill. Bha briathran snaidhte, lìomhte agus gèiread inntinn air an cothlamadh annta agus iad a' comharrachadh 'the strategic use of speech in social interaction' (Duranti ann an Shaw 1999: 311). Tha iad mar sin a' foillseachadh an dlùth-cheangail a tha eadar cànan agus eòlas agus

---

[68] F.c. D.A.S. SA1971/101.A2.
[69] S.D. MAC7.
[70] Faic L. MacKinnon 1956: 27–35.
[71] Faic Nicolson 2003: xxvi–xxxi.
[72] M.e. Is fheàrr caraid sa chùirt na crùn san sporan; Ruigidh roinn air biadh na cnotha; Taigh gun chù gun chat gun leanabh, taigh gun ghean gun ghàire; Aig cho math 's gum faigh e shaoghal, cha teid an t-aingidh às gun pheanas; A' bhò as caoile tha sa bhuaile, 's i as cruaidhe geum; Is ann air a shon fhèin a nì an cù comhart; Is e a' mhuc shàmhach as motha dh'itheas; Faighneachd air fios nas miosa na breug; B' fheàrr a' bhreug na faighneachd le fios; Faighneachd le fios nas miosa na mhèirle; Am fear a bhios na thàmh, cuiridh e na cait san teine. Tha na seanfhaclan seo uile rim faighinn ann an *Tocher* 47: 290–297. F.c. M.M.N. SA1971/3: An car a tha san t-seana mhaide, 's duilich a thoirt as; Cha tig às a' phòit ach an toit a bhios innte.
[73] M.M. MAC10.

feallsanachd dhualchasan àraid.[74]

Bha susbaint fharsaing nan sgeulachd, a bha a' cur air adhart feallsanachd agus faireachdainnean nan daoine air caochladh chuspair, a' fàgail gun robh na sgeulachdan mar sgàthan air gach taobh dhen dualchas. Bha moraltachd agus Diadhachd air am moladh ann an iomadach dòigh. Bha e air a mholadh, mar eisimpleir, gun dìonadh creideamh daingeann neach agus gum biodh duais acasan a bha dìleas do Mhac Dhè agus gun tigeadh peanas orrasan nach leanadh ri a theagasg.[75] Bha dìcheall, onair, foighidinn, coibhneas agus cùram chloinne cuideachd gam moladh. Bha na sgeulachdan tric a' dèanamh càineadh air modhan a bha air am meas mar dhroch bheusan, leithid adhaltranais, mèirle, leisge,[76] spìocaireachd, eud agus sannt. Bha mòran a bha a' toirt rabhaidh do dhaoine an aghaidh a bhith a' bristeadh na Sàbaid le bhith a' dèanamh obair croite, a' sealg, ag iasgach no le bhith an sàs ann an cur-seachadan saoghalta.[77] Bha iad cuideachd a' rabhadh an aghaidh droch ghiùlan no mì-mhodh aig leithid comanachaidh.[78]

Bha cuid de bheul-aithris na linne a' seachnadh a bhith a' togail gu fosgarra chuspairean a bha duilich an làimhseachadh agus nan uallach do dhaoine. Bha sgeulachdan nan sìthichean, mar sin, air an cleachdadh mar dhòigh air a bhith cleith an uilc a bha an cois chuspairean mar a bha èigneachadh, murt, col agus goid chloinne (J.G. Campbell 2005: xxxiv–li: 'codes for social issues').[79] Bha òrain leithid *Crodh Chailein*[80] cuideachd a' falach sgeulachd dhorcha nach dùraigeadh daoine aithris.[81] Bha daoine a' creidsinn gum faodadh na sìthichean falbh le pàiste agus tàcharan fhàgail na àite.[82] Bha sgeulachdan eile a' toirt cofhurtachd do dhaoine, a bharrachd air a bhith a' toirt comhairle dhaibh a thaobh mar bu chòir dhaibh iad fhèin a ghiùlan ann an suidheachaidhean duilich mar bhàs leanaibh.[83]

---

[74] Faic Shaw 1999: 311.
[75] *An nighean Dhiadhaidh* (Tè à Uibhist A.I.D. SA1971/181.A2).
[76] *Bean leisg air a peanasachadh* AT1370 (C.L. SA1971/179/B8).
[77] *A' Roinn an èisg ris an Donas* (P.M. SA1972/48.A2); *Fear a' treabhadh air DiDòmhnaich* (Tè à Uibhist A.I.D. SA1971/175.B3); *A' cluich chairtean air an t-Sàbaid* (Tè à Uibhist A.I.D. SA1971/175.B7; Tè à Uibhist A.I.D. SA1971/181.A3; D.MacDh. SA1971/2.A4); *Na trì pìobairean nach deach an tiodhlacadh* (Tè à Uibhist A.I.D. SA1971/175.A9); *Tha 'n uair a' teannadh ort* (C.R. SA1971/168.A7); *Giolasag a-null* (C.R. SA1971/168.A8).
[78] Bha creideamh nan daoine air a chur an cèill ann an sgeulachdan na h-Èireann cuideachd: Ó Súilleabháin 1966: xxxviii.
[79] Cf. Bourke 1999: 30.
[80] R.D. SA1958/171.A11; S.MacG SA1968/66.A8; Tolmie 1997: 243.
[81] Faic *Tocher* 8: 244–245.
[82] Faic *Pàistean a dh'fhàg na sìthichean* F67 (C.Dix SA1968/185.A6); *Sìthe Cnoc a' Chuillinn* (D.A.S.1971/101.B5); *Sìthiche an àite pàiste* F61 (P.M. SA1963/12.B2); *Tocher* 52: 134; J.G. Campbell 2005: li–lxvi. Cf. Bourke 1999: 35.
[83] M.e. *Bean a bha tuireadh ro mhòr* (N.D. SA1953/20.A11). Cf. Naughton 2003: 53.

Bàrdachd na sgìre

Tha tomhas de mhì-chinnt air nochdadh a thaobh inbhe cuid dhe na bàird Ghàidhealach air sgàth fasan sgoilearan a bhith a' cleachdadh briathrachas leithid 'bàrd ionadail' agus 'bàrd baile'.[84] Ann a bhith a' dèanamh seo tha e coltach gu bheil sgoilearan, a bharrachd air a bhith a' dèanamh seòrsachadh, a' meas chomasan nam bàrd sin nas ìsle na comasan nan sàr bhàrd Gàidhealach aig an robh cliù air feadh na Gàidhealtachd. Tha e coltach gun robh Somhairle MacGill-Eain mothachail air a seo nuair a thug e 'a snobbish classification' air an abairt 'village poetry' (1989: xii). Tha e aithnichte gu bheil ciall a' bhriathrachais air atharrachadh tro na bliadhnaichean agus gu bheil 'bàrd baile' gu h-àraidh air a chleachdadh an-diugh ann an dòigh a tha a' toirt a-steach mòran a bharrachd na bha e bho chionn dà fhichead bliadhna (MacInnes ann an Neat 1999: 337–338). Tha e aithnichte cuideachd nach gabh eadar-dhealachadh cinnteach a dhèanamh daonnan: 'It may sometimes be difficult to decide questions of demarcation between village and other poetry' (Thomson 1994: 135). Math dh'fhaodte gu bheil fuasgladh ann an sealladh MhicilleDhuibh: 'either no poet is a bard baile, or every poet is a bard baile; either no poet is a bard, or every poet is a bard' (Black 2002: lxii). A chionn 's gur e susbaint, brìgh agus feumalachd agus tairbhe na bàrdachd a tha mi a' cur romham a rannsachadh, chan eil ceistean co-cheangailte ri eadar-dhealachadh a thaobh inbhe nam bàrd air a bheil mi a-mach, seach bàird eile, ag èirigh anns an leabhar seo.

Bha àite sònraichte riamh aig òrain nam bàrd Gàidhealach ann a bhith a' foillseachadh bunaitean an dualchais.[85] Bha e mar dhleastanas air na bàird gum biodh na h-òrain aca a' foillseachadh beusan agus beachdan na coimhearsnachd agus nach e an smaointean fhèin.[86] Mar a sgrìobh Glassie, 'The community's collective voice' (1982: 16). Bha am bàrd cuideachd na 'bearer of the history, traditions and lore of the people for whom he exercised his art' (J.A. Macdonald 1999: 40). Chan ann anns a' Ghàidhealtachd a-mhàin a bha seo ri fhaicinn: '... the songs ... belonged to the culture ... expressed its values, had a role in the moulding and perpetuation of the culture, and enhanced the sense of belonging of both singer and audience' (Ó Madagáin 1985: 172).[87]

Tha òrain cinnidh rim faotainn ann an caochladh dhualchasan (Merriam 1976: 248). Chithear mar a lean ìomhaigh òrain molaidh nan ceann-cinnidh ann am bàrdachd dualchas na Gàidhlig tro na linntean agus, nuair a dh'atharraich suidheachadh nan ceann-cinnidh, mar a ghabh na bàird nan àite cuspairean a

---

[84] Faic Black 2002: lxi–lx11; Thomson 1994: 301; J.A. Macdonald 1999: 36–37.
[85] Meek 1995: 34; Neat 1999: 217. Cf. Ó Madagáin 1985: 174–178.
[86] Faic J.A. Macdonald 1999: 45.
[87] F.c. Lloyd 121–122, 136; Glassie 1987: 10: '... their values ran to oneness'.

bha dlùth dhaibh fhèin (MacInnes 2006: 313–5; Meek 1998: 35–8).[88]

Bha òrain nam bàrd Uibhisteach, ann a bhith a' nochdadh chuspairean leithid bòidhchead na h-àrainneachd, deagh bheusan an t-sluaigh, cogadh, na fuadaichean agus eilthireachd, mar sgàthan air eachdraidh, eòlas, spioradalachd, feallsanachd, uallaichean, poilitigs agus rùn na coimhearsnachd ann an linn nam bàrd fhèin (J.A. Macdonald 1999: 283).[89] Mar a sgrìobh Lloyd (1956: 136) agus e a-mach air bàird ionadail na Cuimrigh: 'His theme ... was the life of his local community, its occasions of joy and sorrow felt in common by the closely-knit families.' Bha na bha seo air a chur an cèill ann an dualchainnt a' bhàird fhèin. Bha e ann an amharc nam bàrd gur ann anns na coimhearsnachdan airson an d' rinneadh a' bhàrdachd a bhiodh na h-òrain air an gabhail agus cha bhiodh dùil aca gum biodh a' bhàrdachd air a sgaoileadh an taobh a-muigh dhe sin (MacInnes ann an Neat 1999: 337): 'Tha iad aig muinntir Uibhist, nach ann dhaibh a rinn mi iad' (D.A.D. ann an J.A. Macdonald 1999: 79).

Tha bàrdachd Aonghais Lachlainn Bhig, mar a bha bàrdachd Màiri Mhòr nan Òran,[90] na deagh eisimpleir air mar a bha saothair nam bàrd na sgàthan air a' choimhearsnachd agus air an dualchas air an robh i stèidhte. Tha a' bhàrdachd aige loma-làn shamhlaidhean air an tarraing bhon dùthaich, bhon chroitearachd agus bho chomhluadar nan daoine. Bha Aonghas mothachail air doimhneachd na buaidh a bha aig obair nàdair air beatha nan daoine: 'O, tha mòran ann an oidhche bhrèagha ghealaich ... tha sìth mhòr ann an oidhche bhrèagha ghealaich ... fois is sàmhchair' (A.M. SA1984/112.A1).

Ann a bhith ag aithris gu mionaideach mar a bha na bha a' bualadh air a shùil agus air a chluais a' dùsgadh fhaireachdainn agus aigne, tha e a' dealbhachadh '[how] nature was cherished for the richness of her association for his own people' (Lloyd 1956: 122):[91]

> Tha barrachd ann anns an t-sruthan 's a tha anns a' chuan, barrachd sìth ann. Tha e nas sìtheile. Tha e nas inntinniche na tha an cuan. Tha an cuan cho fiadhaich ... chan urrainn dhut a dhol an urras air a' chuan. Faithnichidh tu sin air, air an fhuaim aige. Chan ionnan sin 's an sruthan beag tha thu cluinnteil air chùl a' chnuic anns a' ghleann. Tha an ceòl san fhear sin nach eil, ... nach ionnan idir, 's tha sìth ann nach ionnan. Chan eil sìth sa chuan idir. Nuair as sìtheile a tha e chan eil e earbsach sam bith.
> (A.M. SA1984/111B)

---

[88] F.c. Neat 1999: 217; Ross 1961: 32: 'continuity of values'.
[89] F.c. Merriam 1976: 207: '... song texts are a reflection of the culture of which they are part ...'
[90] Faic Meek 1998: 37.

Dh'inns e cuideachd mar a bha àileadh leithid àileadh flùran na machrach, àileadh losgadh na ceilp, àileadh fhalaisgean agus àileadh an fhraoich, a bhuineadh cho dlùth dhan dùthaich, a' dùsgadh cuimhne agus aithne:

> ... 'tighinn a-staigh ann a shineach rathad na beinne ... le cairtean ... bhuaileadh àileadh machaire Hòmhstadh thu 's àile beag gaoithe ann on tuath, 's dòcha – bhuaileadh e thu fada mu ruigeadh tu e. (A.M. SA1984/112.A1)[92]

Tha *eponymous verse* air a bhith air a chleachdadh mar nòs (*code*) aig na bàird Ghàidhlig fad linntean ann a bhith a' foillseachadh doimhneachd am miadh agus a' bhuintealais a bha aig daoine ris an dùthaich.[93] Bha ainmeannan leithid Cille Mhoire agus Cille Pheadair[94] a' nochdadh spioradalachd bho shean.[95] Bha moladh an lùib cuid dhe na h-ainmeannan, leithid Fèith na Fala, Rubha nam Marbh[96] agus Clach na Birlinn,[97] a tha a' comharrachadh thachartasan ann an eachdraidh às an robh an sluagh a' dèanamh uaill. Bha cuid dhe na h-àiteachan, leithid Creag Hàstain agus Bhàlaigh,[98] air an ainmeachadh air sgàth am bòidhcheid airson cianalas a dhùsgadh (Meek 1998: 37) agus spiorad ùrachadh (MacAmhlaidh ann an Dòmhnallach 1995: xxv). Bha ainmeannan àiteachan leithid Cille Mhoire agus Àird a' Bhorrain[99] air an cleachdadh, chan ann a-mhàin nan cuimhneachain air sinnsearachd na sgìre, ach mar shamhlaidhean cumhachdach air sluagh agus dòigh-beatha a dh'fhalbh (Meek 1998: 37).[100] Mar a sgrìobh Basso (1990: 100–103 agus 172): 'to communicate solicitude, reassurance, and personal solidarity'. Chithear seo ann am mòran dhe na h-òrain aig Aonghas Lachlainn Bhig agus aig Dòmhnall Ruadh Chorùna, anns a bheil cothlamadh de dhealbhan nàdair agus cuimhneachain air dòighean coimhearsnachd a dh'fhalbh. Tha na h-òrain aca cuideachd ag ainmeachadh

---

[91] F.c. Basso 1990: 132–136.
[92] Bha bòidhchead nàdair cuideachd air a comharrachadh ann an gnàthasan-cainnt: *Cho geal ri canach an t-slèibh*.
[93] Faic Meek 1998: 37; J.A. Macdonald 1999: 290; Shaw ann am MacLellan 2000: 19; Shaw 2007: 10. Cf. Basso 1990: 169–171 a' bruidhinn air feumalachd agus tairbhe ainmeannan àite an lùib an treubh *Western Apache*.
[94] A tha an iar air Baile Lòin.
[95] Macdonald 1894: viii–ix.
[96] R.D. SA1958/171; D.MacD SA1956/8.2; A.I.M. SA1968/208.A1; A.Do.SA1968/208.A1
[97] A.Do.SA1968/208.B3.
[98] 'Leòidean Chreag Hàstain' agus 'machraichean Bhàllaigh' ann an *Comunn Uidhist agus Bharraidh* (MacAoidh 1938: 63; *An Lorg nam Bàrd* CEOLCD02); 'Creag Hàsdain' ann an *'S ann mu thuath, fada tuath* aig Fionnlagh Cìobair (*Faileasan Uibhist* CEOLCD01). F.c. 'Loch Hòmhstadh' ann an *Deàrrsadh Gealaich air Loch Hòstadh* [sic] (MacGillFhaolain 1991).
[99] *Moladh Uibhist* (MacAoidh 1938: 17); *Ho Ro Iollaraigh* (P.M. SA1962/41.A2 & SA1966/82.B2; *An Lorg nam Bàrd* CEOLCD02). F.c. Cnoc Cholasaigh ann a *Chì mi Cleatrabhal Bhuam* (MacGillFhaolain 1991).
[100] Cf. Nettle 1965: 5; Basso 1990: 100–103 agus 172.

dhaoine air an robh muinntir an sgìrean fhèin glè eòlach agus measail airson cuimhneachain a dhùsgadh dhan luchd-èisteachd a bheireadh toileachas aig caochladh ìre dhaibh.[101]

Bha bàrdachd na sgìre tric a' nochdadh gaol do theaghlach, agus gu h-àraid urram agus meas do mhàthair.[102] Bha iad gu cunbhalach a' moladh deagh bheusan nan daoine. Bha gaisge nam fear agus bòidhchead, socharachd, coibhneas, dèanadachd[103] agus modhalachd nam ban riamh air an comharrachadh aig na Gàidheil.[104] Bha mòran òran nach robh nan laoidhean a' foillseachadh creideamh domhainn, fìor nan daoine agus cinnt nan daoine anns an t-sìorraidheachd.[105]

Bha àbhachdas nan daoine agus an luach a bha iad a' cur air geur-chainnt cuideachd a' nochdadh ann an òrain nam bàrd Uibhisteach: 'Bha chuile duine an uair ud cho eirmseach ... dhèanadh iad òran mu rud sam bith a thachair' (P.M. SA1966/93.B2), mar a tha òrain leithid *Seice Ruairidh*[106] a' nochdadh. Bhiodh cuid dhe na bàird a' giorradh air a chèile cò b' fheàrr a dhèanadh rann mu bhanais no rudeigin èibhinn a bha air tachairt sa choimhearsnachd.[107]

Bha faireachdainn làidir am measg nam bàrd gum bu chòir na h-òrain a bhith air an seinn mar a chaidh an dèanamh: "S math a dh'fheumadh òran a bhith air a dhèanamh – 's iomadh fear-millidh a th' air' (J.A. Macdonald 1999: 274).[108] Bha iad am beachd gun robh brìgh nan òran air a call le cleachdadh sheinneadairean gun a bhith seinn ach ceathramh no dhà[109] agus gun deach milleadh a bharrachd a dhèanamh orra nuair nach robh daoine gan togail gu ceart: 'Feumaidh na faclan a bhith ceart co-dhiù, co-dhiù, thoradh ..., 's e na faclan, 's iad an t-òran an dèidh a chuile rud' (A.M. SA1984/111B).[110] A dh'aindeoin sin, bha fonn nan òran a' cur ris na faclan, agus a rèir Aonghais Lachlainn Bhig chan eil an aon spiorad ann am bàrdachd a tha air a h-aithris agus a tha ann an òran air a dheagh sheinn (A.M. SA1984/111B).[111]

---

[101] Faic Eàrr-ràdh 3 agus 4.
[102] *Eilean Uibhist mo rùin* (MacGillFhaolain 1991; Aonghas D. MacDhòmhnaill, 'Aonghas a' Phost Oifis', air *Am Fianais Uibhist*); *Horo Chan eil cadal orm* (MacGillFhaolain 1991; R.I.D. SA1969/37.A3 & A5); *Gu mo mhàthair* (Dòmhnallach 1995: 10); *Comunn Uidhist agus Bharraidh* (MacAoidh 1938: 63; *An Lorg nam Bàrd* CEOLCD02).
[103] Bha leisge ann am boireannach air a dìteadh: *A bhean leisg* (C.L. SA1971/79).
[104] *Moladh Uibhist* (MacAoidh 1938: 17; U.Mac. air CDTRAX9002; *Faileasan Uibhist* CEOLCD01).
[105] *Òran d'a nighinn* (Mac-na-Ceàrdadh 1879: 254–258); *Tha mi duilich, cianail duilich* (MacDhòmhnaill 1995: 24–27); *Bu chaomh leam bhith fuireach* (MacGillFhaolain 1991); *Marbhrann do'n Rìgh* (MacMillan 1968: 253–255).
[106] A chaidh a dhèanamh le Aonghas Robastan mu dheidhinn a' bhàird Ruairidh MacAoidh: R.D. SA1958/176; S.MacG. SA1968/67.B7.
[107] I.N. MAC3.
[108] F.c. Shaw ann am MacLellan 2000: 38, 51.
[109] S.S. SA1968/156.
[110] Faic Ó Madagáin 1985: 178–180; Shaw ann am MacLellan 2000: 23, 38.
[111] Faic Ó Madagáin 1985: 141–143, gu h-àraid Seaghán Bán Mac Grianna aig 142–143 agus Thomas Davies aig 143.

Dealbh 1: Post na Nollaig an Cladach Chirceabost mu 1938

Dealbh 2: Fang Chlachan a' Ghluip

Dealbh 3: Iain Dingwall agus a theaghlach

Dealbh 4: A' cìreadh, a' càrdadh agus a' snìomh mu 1900
Anna 'lleasbaig Mhòir à Cladach Chirceabost a tha a' càrdadh.

Dealbh 5: A' togail mhònadh an Sgìre Phaibeil
Eàirdsidh Dhòmhnaill Iain, Oighrig Dhòmhnaill Iain, Maighread nighean Màiri-Anna Dhòmhnaill 'ic Fhionnlaigh, Anndra Alasdair mhic Anndra, Màiri Dhòmhnaill Iain

Dealbh 6: A' deànamh cruach-fheòir
Aonghas Ailig an t-Saoir, Seonaidh Ailig Nèill, Dòmhnall Ailein Mhic an Tòisich, Dòmhnall Eòghainn Mhic an Tòisich

Dealbh 7: Màiri NicRuairidh, Màiri Bheag, à Saighdinis

Dealbh 8: Aonghas Dòmhnallach, Aonghas Aoidh Dhòmhnaill Bhàin, à Hàstain

Cleachdaidhean càirdeis

Suas gu deireadh na ficheadamh linn bha càirdeas a' ciallachadh dìlseachd agus cùram do chàch-a-chèile agus bannan a bha ceangal dhaoine ri chèile fad am beatha agus tro iomadach glùin.[112]

Bho àm am breith bha clann air an dearbh-aithneachadh air cò b' athair dhaibh agus air dlùths a' chàirdeis. Tha an dòigh anns an robh sloinneadh a' cur cuideam air taobh d' athar a' nochdadh leiteachas an dualchais. Cha dìochuimhnicheadh daoine uair sam bith cò bha càirdeach dhaibh, agus an càirdeas sin ga chumail suas anns an treas no fiù 's an ceathramh ginealach mus canadh iad gun robh an càirdeas 'fad' as'.[113] Bhiodh càirdean gu minig a' cruinneachadh aig amannan sònraichte agus 's e 'càirdeas is comain is eòlas' (Dwelly 1988: 161) a bha a' riaghladh cò bha a' faighinn fiathachadh gu banais no gu tiodhlacadh.[114] Bha cunnart dha-rìribh ann gun tigeadh sgaradh ann an teaghlach mura faigheadh cuideigin aig an robh dùil ri fiathachadh cuireadh. Bha càirdeas a' ciallachadh gum faigheadh neach aoigheachd aig càirdean aig àm sam bith: 'Far am bi mo chràdh bidh mo làmh, is far am bi mo ghràdh bidh mo thathaich' (*Tocher* 47: 293).

A thuilleadh air a seo bha càirdeas tric a' riaghladh cò an taigh air am biodh daoine a' tadhal air chèilidh.[115] Mar sin, nam biodh cuideigin airson sgeulachd a chluinntinn bho Aonghas Barrach, 's dòcha gur ann gu taigh Dhòmhnaill 'ic Alasdair a rachadh iad: '... bha bean a' Bharraich ... agus bean Dhòmhnaill 'ic Alasdair cho càirdeach dha chèile – 's e nighean bràthar do bhean Dhòmhnaill 'ic Alasdair a bha ann am bean Aonghais Bharraich' (D.A.MacE. SA1974/164).

Bha dùil gun tadhaileadh neach a bha ag obair air falbh air a chàirdean uile nam biodh e aig an taigh air làithean-saora, agus bhiodh daoine aig an robh dùil gun tadhaileadh iad mì-thoilichte mura dèanadh iad sin.[116] Ged nach robh e na chleachdadh aig boireannaich a bhith a' cèilidh nan taighean, nam biodh beachd aig fear tadhal air càirdean, bhiodh fear is bean glè thric a' dol ann còmhla.[117]

Bha càirdeas a' tighinn am follais ann a bhith ag ainmeachadh chloinne, agus daoine tric a' toirt ainm seanar a thaobh athar air a' chiad mhac agus ainm seanmhar a thaobh a màthar air a' chiad nighean. Bha tarraing tric ga thoirt air sloinneadh neach ann a bhith ga mholadh no ga dhì-moladh. Co-dhiù bha moladh no càineadh ga dhèanamh air neach, rachte air ais gu eachdraidh a

---

[112] Cf. Eller 1979: 102.
[113] Cf. Dégh 1969: 23.
[114] Faic MacKay 1987: 215.
[115] I.N. MAC3.
[116] I.N. MAC3.
[117] A.D. MAC15; I.N. MAC3.

shinnsearachd agus chuireadh air gun robh feart no beus air choreigin 'anns na daoine'. Mar a theirear anns an t-seanfhacal, 'Thèid dùthchas an aghaidh nan creag.'

Creideamh agus spioradalachd

Bha dìlseachd a thaobh chleachdaidhean creideimh nam beatha làitheil a' foillseachadh doimhneachd spioradalachd nan daoine:

> Many a poor black cottage is there
> Grimy with peat smoke,
> Sending up in the soft evening air
> Purest blue incense;
> While the low music of psalm and prayer
> Rises to Heaven. (Nicolson RSS 1903: ciii)

Mar a dh'inns mo sheanmhair dhomh:

> Air feasgar ciuin samhraidh bhithinn fhèin, 's mo phiuthar 's mo mhàthair a' seasamh anns a' chidsin ann an taigh mo sheanar air Cnoc na h-Àtha ag èisteachd Clann Iain 'ic Nèill, Clann 'icÌosaig, a' seinn aig àm an leabhair – bha a h-uile duin' aca cho math air seinn – Niall air an ceann a' cur a-mach na loidhne agus càch a' togail an fhuinn. (M.N.)

Cleachdaidhean bàis

Bha modhan cainnte tric air an cleachdadh ann a bhith a' dèiligeadh ri suidheachaidhean duilich nam beatha làitheil agus, mar an ceudna, aig àm bàis bha daoine gu minig a' cleachdadh mhaoth-fhacal leithid 'shiubhail e' (S.D. MAC20) agus 'chaochail e', faclan a tha ag oidhirpeachadh air suidheachadh dòrainneach a dhèanamh nas fhasa le bhith a' nochdadh creideas ann an sìorraidheachd.[118]

Bha cleachdaidhean àm bàis, a bharrachd air a bhith a' foillseachadh an àite chudromaich a bha aig spioradalachd agus aig càirdeas anns a' choimhearsnachd, a' nochdadh co-fhaireachdainn, co-fhulangas, bàidh, gràdh, truacantachd agus tuigse eadar na daoine. Ann a bhith a' cruinneachadh ron tiodhlacadh, a' cuimhneachadh agus a' bruidhinn ri càirdean agus

---

[118] Ged a bha 'dh'eug' glè bhitheanta ann an Uibhist a Tuath cuideachd. Faic *TGSI* 36: 70–80 airson fhaclan agus abairtean co-cheangailte ri bàs.

nàbaidhean anns an robh earbsa aca, agus aig an robh co-luach air an duine a bhàsaich, bha cothrom aig an teaghlach am faireachdainnean fhèin a rùsgadh airson gun tigeadh leigheas.[119] Bha daoine a' cur luach air an aonachd a bha anns a' choimhearsnachd a thaobh dìlseachd dha na cleachdaidhean sin a bha a' nochdadh urram dha na mairbh agus meas do dheas-ghnàthan an sinnsearachd (Iain MacNeacail ann am Bennett 1992: 224):

> The way I see it is they helped to take John Stewart to his grave; they took part in it ... everyone taking part. The fact that his [neighbours] went and dug the grave the night before ... I thought that was magnificent ... it just shows the respect they had for the dead; they would walk him to his resting place.
> (Iain Johnston ann am Bennett 1992: 229, 231)[120]

2. An aghaidh an dualchais

Mhothaich Bascom gu bheil eadar-dhealachadh tric ri fhaicinn eadar susbaint agus brìgh beul-aithris dualchais àraid agus an dòigh anns a bheil daoine gan giùlan fhèin taobh a-staigh an dualchais sin (1954: 338). Tha an suidheachadh iongantach seo a' nochdadh cheistean mum feumalachdan sòisealta agus mun bhuaidh-inntinn a tha aig beul-aithris ann an dualchas sam bith (*ibid.*).

Ged a thàinig an Creideamh Crìosdail a dh'Alba mu 565, 'It was well into the eighteenth century before the Church could effectively assert itself in the Gaelic areas of Scotland' (T.M. Murchison ann am Butler 1994: 36), agus mhair cuid de chleachdaidhean an tùs-chreideimh am measg nan Gàidheal a-staigh dhan fhicheadamh linn. Nochd MacGilleMhìcheil, agus e a' dol às àicheadh eadar-dhealachadh a bha aig cridhe deasbad sgoilearan na Roinn-Eòrpa aig an àm, nach robh na Gàidheil a' faicinn sgaradh no còmhstri sam bith ann a bhith nan Crìosdaidhean agus aig an aon àm a bhith a' gleidheadh cuid de chleachdaidhean an tùs-chreideimh:

> Religion, pagan or Christian, or both combined, permeated everything ... The people were ... unable to see and careless to know where the secular began and the religious ended ... The Celtic missionaries allowed the pagan stock to stand, grafting their Christian cult thereon. (Carmichael 1983. Vol. 1: xxxix)[121]

---

[119] Cf. Basso 1990: 172 a tha ag innse mun chofhurtachd agus an leigheas a bha ann an cuid de sgeulachdan an treubha thùsanaich *Western Apache*.
[120] F.c. Owen 1958: 113.
[121] F.c. MacRury 1950: 20–24. Cf. Avensberg ann an Naughton 2003: 23; Naughton 2003: 34, 53.

Mar a thachair ann an iomadach dualchas eile, ghabh eaglaisean a' Chreideimh Chrìosdail ri cuid dhe na seann cleachdaidhean a bha aig bun-stèidh an dualchais airson a dhèanamh na b' fhasa iad fhèin a stèidheachadh anns an dualchas (Naughton 2003: 18; Ó Giolláin ann an Naughton 2003: 20). Mar a sgrìobh Naughton: 'Early missionaries utilized already existing sites by Christianizing them and thereby establishing a syncretistic continuity where the new religion did not oust its predecessor completely, but rather appropriated its power and was augmented by it' (2003: 20). Tha an cothlamadh a chaidh a dhèanamh gu math follaiseach ann an cleachdadh nan eaglaisean a bhith a' cumail sheirbheisean comanachaidh air làraich leithid Chreag Hàstain, aig an robh dlùth-cheangal ri cleachdaidhean pàganach.[122]

Bha an Creideamh Crìosdail agus an tùs-chreideamh air an tàthadh ann an cuid dhe na seann sgeulachdan, òrain, ùrnaighean agus seuntan Gàidhlig a bha a' gairm air cumhachdan a' chruinne-cè agus air neart Mhic Dhè.[123] Ged a bha daoine air a bhith air an iompachadh, bha iad mar gum biodh nan inntinn fhèin a' seasamh air crìoch eadar an dà chreideamh. Bha an 'dual system of belief' (Naughton 2003: 53) ri fhaicinn ann am mòran de chleachdaidhean agus de bhriathrachas na ficheadamh linn a bharrachd. Bha a' Challainn, mar eisimpleir, air a comharrachadh ann an sgìrean àraid de dh'Uibhist gu deireadh na ficheadamh linn. Bha cuid dhe na làithean a bha an tùs-chreideamh a' meas sònraichte, leithid Latha Beallltainn, Latha Fèill Mhìcheil agus Latha Brìghde,[124] fhathast air an ainmeachadh ann an sgeulachdan, ann an naidheachdan mu sheann chleachdaidhean,[125] ann an gnàth-fhacail agus ann an rannan cloinne[126] anns an dara leth dhen linn sin. Tha e coltach gun do mhair cuid dhen bheul-oideas a bha an cois nan seann cleachdaidhean a dh'aindeoin teagasg a' chreideimh ùir air sgàth 's gun robh feumalachd agus tairbhe na chois agus beul-aithris ga cleachdadh ann a bhith 'explaining the mysteries of life and to bring comfort, discipline and some colour to their lives' (Naughton 2003: 53).

Tha mòran sgrìobhte mu chleachdaidhean saobh-chràbhaidh, a tha a' toirt a-steach creideas ann am manaidhean,[127] an dà shealladh, sìthichean, taibhsean, an droch shùil, geasalanachd, snàithle agus frìth, air tìr-mòr na Gàidhealtachd agus anns na h-Eileanan.[128] Ach 's e cuspair airidh air mion-sgrùdadh a bharrachd a tha ann am maireannachd creideas ann an cleachdaidhean saobh-

---

[122] Faic MacInnes 2006: 441. F.c. F.G. Thompson 1966: 229–230.
[123] MacInnes 2006: 425–442; Bruford 1969: 25. Cf. Ó Súilleabháin 1966: xxxviii; Ó Madagáin 1989: 34.
[124] Faic Carmichael 1997: 580–595, 625–626.
[125] Faic T.D. SA1953/23.
[126] M.e. SCRE Àir.54, 58.
[127] Manadh bàis agus manadh air a' bheò (I.Mo. SA1968/215.A1–4).
[128] M.e. M. Martin 1703; MacEchern 1922; Campbell & Hall 1968; Bruford 1972; A.J. Macdonald 1972; D.J. MacDonald 1972; D.A. MacDonald 1974; MacInnes 1989; Cohn 2000; J.G. Campbell 2005; MacInnes 2006: 459–476.

chràbhach, air an robh coltas bho thaobh a-muigh an dualchais a bhith a' dol an aghaidh a h-uile nì a bha an Creideamh Crìosdail a' cur romhpa, ann an comann-sòisealta a bha stèidhte air a' chreideamh sin. Tha clàran na Sgoil Eòlais a' dearbhadh gun robh creideas anns na cleachdaidhean sin thairis air na h-eaglaisean a dh'aindeoin is gu bheil e air fhàgail air cuid dhe na h-eaglaisean Clèireachail gun robh ìmpidh air a chur air luchd-leantainn cleachdaidhean saobh-chràbhach a sheachnadh. Tha an Dr Iain MacAonghuis air nochdadh gun robh an Eaglais Phròstanach buailteach a bhith a' càineadh creideas anns an dà shealladh, anns an robhar a' faicinn taobh olc, ged a rachadh aig cuid air gabhail ri manaidhean gun mhòran dragh a thaobh feallsanachd a' Chreideimh Chrìosdail (MacInnes 2006: 431).[129] Tha am beachd a tha ri fhaotainn an lùib luchd-aideachaidh gur e gibht bho Dhia a tha ann (Cohn 2000: 146, 171, 174)[130] ga dhèanamh nas fhasa ciall a thoirt às mar a bha daoine a' gabhail ri mar a bha cleachdaidhean saobh-chràbhach agus an Creideamh Crìosdail a' suathadh ri chèile.

Tha cuid a' meas an dà shealladh mar 'the unhappy gift' (J.G. Campbell 2005: 242)[131] agus bha e na uallach do chuid aig an robh e (E.Mac. SA1969/94).[132] Bha e air a chreidsinn gun robh an dà shealladh aig daoine àraid. Dh'ainmich Ruairidh MacFhearghais, Ruairidh Leagsaidh (SA1968/141.B4), dithis aig an robh e. Dh'inns Eàirdsidh MacAmhlaigh (SA1969/94) gun robh e fhèin air tachartasan fhaicinn mus tàinig iad gu bith agus dh'ainmich e teaghlach anns an robh grunn aig an robh e.[133] Na bheachd-san, bha an comas seo a' ruith ann an teaghlaichean[134] – a rèir Dhòmhnaill Dhòmhnallaich, Dòmhnall 'A' Ruaidh (MAC5), 'o fhear gu bean no o bhean gu fear'.[135] Bhruidhinn Pàdruig Moireasdan (SA1971/106A) mu sheallaidhean bàis (*death omens*) co-cheangailte ri iasgairean. Bha e air a chreidsinn cuideachd, nan cuireadh neach aig an robh an dà shealladh a làmh air gualainn, no a chas air cas, neach eile fhad 's a bha e a' faicinn sealladh leithid sluagh tiodhlacaidh, gun toireadh seo orra an dearbh sealladh fhaicinn: 'Cuir do làmh air mo ghualainn cheàrr agus coimhead a-mach air mo ghualainn dheas' (*Tocher* 6: 192).[136] Tha fianais ann gun robh creideas an lùib luchd-aideachaidh gum faodadh seo a bhith.[137]

---

[129] Cf. *TGSI* 21: 109.
[130] F.c. J. Fraser 1707: 19; MacEchern 1922: 298, 313.
[131] F.c. Cohn 2000: 146, 175: 'unwanted gift'.
[132] Cf. D.I.D. MS Book 1: 96; Cohn 2000: 146, 175.
[133] F.c. D.MacAon SA1971/160; D.MacD. SA1968/108.
[134] F.c. S.M. SA1968/223.A2.
[135] Cf. Cohn 2000: 172–176.
[136] F.c. P.M. SA1968/107.B3&108.A2; J.G. Campbell 2005: 244, 506; Cohn 2000: 173.
[137] Faic MacInnes 2006: 463; J.G. Campbell 2005: 257, 506; Tè à Uibhist A.I.D. SA1968/208.B2; D.MacD. SA1968/108.B3.

Tha àireamh mhòr dhe na sgeulachdan a chaidh a chruinneachadh ann an Uibhist a Tuath a' tarraing air manaidhean, an dà shealladh, gu h-àraid seallaidhean bàis, taibhsean, an droch shùil, snàithle agus geasalanachd. Bha mòran naidheachdan mu bheathaichean a dh'fhàs tinn no nach leagadh am bainne às dèidh do dhroch shùil laighe orra, no as dèidh mì-mholadh no moladh meallta: "Nan canadh duine 'Dhia, Dhia, nach ann a tha na caoraich aig an duine ud', tha mi a' smaointinn gun robh e 'g àibheiseachadh a leithid de chaoraich, shaoilinn sin ceart gu leòr' (D.A.S. SA1971/101.B5).[138] A rèir Ruairidh MhicFhearghais (SA1968/141.B2&B3), cha tèid an droch shùil a chur ort ma bhiathas tu an duine a bha an dùil a dhèanamh. Bha e air a chreidsinn aig cuid nan rachadh mì-mholadh no moladh meallta a dhèanamh air nì co-cheangailte ris an obair gum feumadh an croitear sàr mholadh a dhèanamh a chuireadh bacadh air an droch rùn (Carmichael 1997: 644–645; S.M. SA1968/211). Ach a rèir Ruairidh na Càrnaich, nan rachadh moladh meallta a dhèanamh air do chuid air a' chiad latha dhen treabhadh, dh'fheumadh tu fhèin mì-mholadh na bu mhotha na a mholadh-san a dhèanamh airson nach tigeadh mì-shealbh air an obair (SA1958/176.A11).

Bha daoine air leth ann, fir agus mnathan, a bha a' dèanamh snàithle, a bha a' gabhail a-steach aithris seun, airson leigheas a dhèanamh air beathach sam bith air an robh an droch shùil air laighe no a chaidh àibheiseachadh. A rèir Dhòmhnaill Alasdair Seonstan (SA1971/101) agus Ruairidh MhicFhearghais (SA1968/141), bha an t-eòlas seo air a ghiùlan o fhear gu bean no o bhean gu fear.[139] Dh'ainmich Eàirdsidh MacAmhlaigh mar a thug snàithle a rinn Raghnaid Iain Bhàin leigheas do dh'each à Eilean Bhorghaigh (SA1969/95.A10). Dh'inns Seonaidh Dhodaidh mar a bhiodh iad ag aithris seun a tha ag ainmeachadh Dhè agus nan Naomh nuair a bha iad a' dèanamh an t-snàithle: 'Trì snaoim air a h-uile snàithle, trì beannachdan Moire air a h-uile snaoim' (S.M. SA1968/228.A2).[140] Ach a dh'aindeoin 'the strong belief in the evil eye, for instance, the cures for evil eye, which were practised and may still be practised on these islands' (D.A. MacDonald 1988),[141] chan e cuspair a bha ann air an robh daoine anns an fharsaingeachd deònach bruidhinn anns an dara leth dhen fhicheadamh linn (*ibid.*).

Bha seuntan air an aithris cuideachd airson leigheas dhaoine (Carmichael

---

[138] F.c. R.D. SA1958/171.B2; S.M. SA1968/211.B4–5, B7; B.Nic. SA1968/213.B6–9; Carmichael 1997: 642–645.
[139] Chan ann ann an dualchas na Gàidhlig a-mhàin a bha a leithid ri fhaotainn. Bha duain anns na cànain Innseanach trì mile bliadhna air ais a bha faisg air duain Ghàidhlig nam brìgh agus bha cosmhalachd dhen t-seòrsa seo ri faotainn anns an t-seann chànain Ghearmailtich cuideachd.
[140] F.c. MacRury 1950: 21; D.A.S. SA1971/101.
[141] A rèir Dhòmhnaill Eàirdsidh Dhòmhnallaich, chan eil ann ach beagan bhliadhnaichean bhon a bhàsaich duine àraid ann an Uibhist a Tuath chun am biodh daoine a' dol airson snàithle (D.A. MacDonald 1988).
[142] F.c. MacRury 1950: 21; D.A.S. SA1971/101; Carmichael 1983. Vol. 2: 13–21.

1997: 377–84). Dh'inns Catrìona NicLeòid à Beàrnaraigh mar a chuir i 'leigheas nan trì snaoim' gu feum nuair a bha i fhèin tinn (*Tocher* 11: 120).[142] Bha iad air an cleachdadh a bharrachd airson daoine a chumail sàbhailte ma bha cunnart mun coinneamh.[143] Dh'inns mo sheanmhair dhomh mar a chaidh seun aithris do dh'Fhearghas MacFhearghais à sgìre Phaibeil mus do dh'fhalbh e dhan Chiad Chogadh airson gun tilleadh e slàn, rud a rinn e.[144] Bha iomradh tric air a thoirt air a' chleachdadh seo anns na sgeulachdan.[145]

Bha mòran rudan nàdarra a bha air am meas mar mhanaidhean math no dona.[146] Bha caoraich agus eòrna abaich, mar eisimpleir, air am meas math agus treabhadh agus fochann eòrna air am meas an aghaidh sin (S.Mac. SA1971/174.A4). A rèir Dhonnchaidh mhic Dhòmhnaill 'ac Dhonnchaidh, bha daoine a' creidsinn nam biodh cùlaibh a' chiad uain a chitheadh duine ris an duine sin nach biodh cùisean cho math leis fad na bha ri tighinn dhen bhliadhna, ach nam biodh aghaidh an uain ris, bha sin air a chunntais na chomharra math, agus gun soirbhicheadh a' bhliadhna a bha ri tighinn leis anns gach dòigh (D.I.D. MS Book 51: 4803).[147] Tha naidheachdan air an aithris cuideachd mu dhaoine a chuala guth neach a chaidh a bhàthadh ag innse dhaibh far an robh iad a' laighe (*Tocher* 16: 318–321), agus mu dhaoine a chuala guthan a' toirt comhairle dhaibh a thaobh, mar eisimpleir, far am bu chòir dhaibh eaglais ùr a thogail: 'Seachain Hogh is Hòmhstadh is dèan Cille Mhoire an Colbhasaigh' (A.M. SA1971/159.B7).[148] Tha leantalachd nan sgeulachdan sin[149] a' cur taic ris a' bheachd gun robh creideas aig a' mhòr-shluagh ann an raon de shaobh-chràbhadh.[150]

O shean bha gabhail an taoibh dheiseil ann an suidheachadh sam bith air a mheas rathail agus a' dol tuathal air a mheas mì-rathail. Tha e coltach gur ann bho thùs-chreideamh, a bha ri fhaotainn cho fada air falbh ris na h-Innsean, a thàinig an creideas seo (Mallory 1989: 129, 184). A rèir beul-aithris, 's ann deiseal air gach nì a bha na Draoidhean a' coiseachd agus 's ann tuathal a bha buidsichean a' dannsa. Sgrìobh Martin Martin (1994: 106) gur ann deiseal a bha an sagart a' dol timcheall air tobar ann a bhith ga choisrigeadh agus tha

---

[143] Faic F.G. Thompson 1966: 236.
[144] Faic W. MacKenzie 1895: 43, far a bheil seun air a mhìneachadh mar '*an amulet to render a warrior invulnerable.*'
[145] *Tè a bha a' giùlan pàiste ùine mhòr* (B.N. SA1971/173; M.M.N. SA1971/3.B1).
[146] Faic W. MacKenzie 1895: 10–11.
[147] F.c. Carmichael 1983. Vol 2: 179.
[148] F.c. A.M. 1969/39.A6.
[149] A tha, math dh'fhaodte, a' riochdachadh na bha luchd-leantainn an tùs-chreideimh a' creidsinn mun chruinne-cè agus mun àite a tha aig mac an duine ann (Bruford & MacDonald 2003: 20).
[150] Tha creideas ann an saobh-chràbhadh a' nochdadh ann an ainmeannan àiteachan, leithid Cnoc Cuidhein (*Witches Corner*) cuideachd.
[151] Bha 'clàr clì a' charbaid' na chomharra air nàimhdeas (O' Rahilly 1976 : 25, 42, 147, 162, 253, 259).

sgeulachd na Tàine a' nochdadh gur ann deiseal a bha Cù Chulainn agus a laoich a' cur an aghaidh air raon catha airson gum biodh sealbh leotha.[151]

Lean an cleachdadh seo ann an iomadach seagh air feadh na Gàidhealtachd agus nan Eilean a-staigh dhan fhicheadamh linn. 'S ann deiseal a bha daoine a' dol a-steach agus a' fàgail thaighean air Oidhche Challainn agus bha na faclan '*tighinn deiseal air an fhàrdaich*' rin cluinntinn anns na duain a bhathar ag aithris an oidhche sin agus iad a' dol timcheall an taighe, agus timcheall an teine nuair a bha e am meadhan an ùrlair, leis a' ghrèin.[152]

Aig àm tiodhlacaidh bha iadsan a bha a' giùlan na ciste a' dol deiseal air an dachaigh mus rachadh iad dhan chladh:

> ... 's ann a' falbh deiseal on taigh a bha iad. Bha iad a' gabhail ceann deas an taighe daonnan ... mar a bha e riamh a' dol ... Ged a bhiodh e doirbh dhaibh dhèanadh iad saod a choreigin air. Math dh'fhaodte gu rèitichte àite a gheibhte a' chiste ... gos am faighte timcheall ceann a deas an taighe.
> (D.A.S. SA1971/103.A1)

Bha daoine a' gabhail rathad a bha a' leantainn na grèine air an rathad dhan chladh. Bha iad a' tighinn deiseal nuair a bha iad a' dol a-steach no a' tighinn a-mach on chladh cuideachd (Shaw 1986: 13), cleachdadh a bha ga chumail air feadh Alba agus ann an cuid de dhùthchannan na Roinn Eòrpa (Maclean 1991: 135).

Ann a bhith a' dèanamh gluasad sam bith bhiodh daoine a' leantainn na grèine. Nam biodh cuideigin a' falbh le geòla bhon chladach dhèanadh e cuairt bheag leis a' ghrèin an toiseach (mar a chaidh innse dhomh le S.D.).[153] Nam biodh clachair a' cur sreath air tobhtaidh bhiodh e an-còmhnaidh a' leantainn na grèine (mar a chaidh innse dhomh le D.I.M). 'S ann deiseal cuideachd a bhiodh iad a' gluasad a' chlò aig luadh (Collinson 1966: 68).

Bha làithean a bha air am meas rathail agus mì-rathail a thaobh cleachdaidhean obrach:

Dihaoine gu buain,	An rud a thòisichear Diluain,
'S Diluain gu curachd,	Biodh e luath no biodh e mall,
Dihaoine gu fàs	Is mì-shealbhach moch Diluain
'S Dimàirt gu gearradh.	A dhol a bhuain na Maighdinn.
(SCRE 1964 Àir.59)	(*ibid.* Àir. 130)

---

[152] F.c. Ferguson 2004: 30; Shaw 1986: 13; SCRE 1964 Àir. 111; I.N. MAC3.
[153] Cf. Shaw 1986: 13.
[154] A tha bitheanta ann an Uibhist fhathast. F.c. SCRE 1964 Àir.60.

Bha geasalanachd a' nochdadh ann an gluasad thaighean no sprèidh cuideachd:

Imprig Shatharna mu thuath,
'S imprig Luain mu dheas –
Ged nach biodh agam ach an t-uan,
Is ann Diluain a dh'fhalbhainn leis. [154]

Bha daoine a' cur soitheach salainn[155] dhan chiste-bhàis aig Tuath agus aig Deas anns a' chiad leth dhen fhicheadamh linn. Bha cuid nach do dh'fheòraich riamh carson a bha seo (D.A.S. SA1971/102.B3) agus bha cuid eile a bha a' smaoineachadh gun robh e airson nach tigeadh at anns a' chorp (Aonghas mhic Anndra SA1977/58). Tha Bennett a' cur taic ris a' bheachd gun robh ceangal aige ri cleachdaidhean a thàinig bhon tùs-chreideamh: '... in former times ... it was firmly held that if the corpse were not watched, the devil would carry off the body ...' (Rev. James Napier ann am Bennett 1992: 235).[156] Bha creideas na leithid a' nochdadh tric ann am beul-aithris stèidhte air suidheachadh a' bhàis. Mar eisimpleir, bha e ri ràdh, nan coisicheadh cat tarsainn air corp agus an uair sin tarsainn air cuideigin eile, gum biodh an duine sin air a bhualadh leis a' ghalar tarsainn (*paralysis*) (N.D. SA1953/23.B6).

A rèir Napier, cha robh ann an caithris aig deireadh na naoidheamh linn deug ach 'a custom followed without any basis of definite belief, and merely as a mark of respect for the dead' (ann am Bennett 1992: 235). Tha cuid ann an Uibhist dhen bheachd gur e cho dona 's a bha na taighean le fosglaidhean agus radain a dh'fhàg nach b' urrainn do dhaoine a' chiste fhàgail fosgailte mura biodh cuideigin a' gèard a' chuirp (E.M. MAC19). Mar a sgrìobh Margaret Fay Shaw: 'The origin of such beliefs was lost or else rationalized' (Shaw 1986: 13).[157]

Bha cleachdadh banachaig ann a bhith a' dòrtadh bainne air clach àraid airson a dhèanamh cinnteach gum biodh an crodh torrach a' nochdadh creideas ann an tùs-chreideamh. Bha e na cleachdadh aig banachagan cuideachd a bhith a' clapran na bà agus ga beannachadh dhan Tighearna mus rachadh a bleoghainn agus a-rithist às dèidh a bleoghainn (R.D. SA1958/171.A10). Ged a bha Dia air ainmeachadh anns a' bheannachadh, agus ann an cuid dhe na seann luinneagan no na crònain bhleoghainn,[158] tha an cleachdadh seo nas

---
[155] Bha e air a chreidsinn cuideachd nach rachadh aig sìthiche air a dhol tarsainn uisge saillte (*Tocher* 38: 23).
[156] Cf. Ó Súilleabháin 1967: 167.
[157] F.c. MacInnes 2006: 431–432; Agnes Kovács ann a Honko 1981: 126.
[158] Airson eisimpleirean faic *Tocher* 7: 217. Bha cuid eile a' dèanamh athchuinge ri na naoimh:
  Thig, a Chaluim Chaoimh, o'n chrò,
  Thig, a Bhrìghde mhòr nam buar,
  Thig, a Mhoire mhìn o'n neòl,
  'S dilinn dòmhsa bò mo luaidh. (SCRE 1964 Àir.117)

coltaiche ri deas-ghnàth an tùs-chreideimh na tha e ri cleachdadh a chaidh a chruthachadh ann an linn a' Chreideimh Chrìosdail. Anns an aon dòigh, bha cuid dhe na rannan Callainn, a thàinig a-nuas às linntean ro àm Chrìosda, agus a bha air an aithris an cois chleachdaidhean an tùs-chreideimh, a' beannachadh Dhè agus ag iarraidh a bheannachaidh-san:

> Dhé, beannaich dhomh an là ùr,
> Nach do thùradh dhomh roimhe riamh;
> Is ann gu beannachadh do ghnùis,
> Thug thu 'n ùine so dhomh, a Dhia.
>
> Beannaich thusa dhomh mo shùil,
> Beannaicheadh mo shùil na chì;
> Beannaichidh mise mo nàbaidh,
> Beannaicheadh mo nàbaidh mì.[159]
>
> Dhé, tabhair dhòmhsa cridhe glan,
> Na leig a seall' do shùla mì;
> Beannaich dhomh mo ghin 's mo bhean,
> 'S beannaich dhomh mo nearc 's mo nì.[160] (SCRE 1964 Àir.109)

Bha daoine a' creidsinn cuideachd gun robh leigheis ann an uisge àraid, leithid uisge Tobar Chiuthairigh.[161] Bha cuspair an uisge airgid,[162] a bha air a chleachdadh, am measg eile, mar leigheas agus airson do dhìon bhon droch shùil (S.M. SA1968/222.B4), tric a' nochdadh an lùib nan sgeulachd.[163] Chuala Seonaidh Dhodaidh fhèin na òige rann air aithris ann an sanais nuair a bha uisge far airgid ga dhèanamh airson leigheas each (SA1968/222.B5). Ged nach robh fìor chreideas aig Dòmhnall Eàirdsidh Dòmhnallach anns an droch shùil mar 'practising force' (D.A. MacDonald 1988), bha e an làthair nuair a chaidh uisge far airgid a dhèanamh aig luadh a bha e a' clàradh do sgoil Eòlais na h-Alba agus dh'aidich e nach robh dragh sam bith aige leis an teicneolas a bha air a bhith a' dèanamh dhuilgheadasan dhaibh às dèidh dhan mhnaoi-luaidh an t-uisge sin a chrathadh air a' chlò (*ibid.*).

Bha daoine a' cur mòran stòir ann an geasalanachd: 'S uabhasach a' ghèill a

---

[159] Faic W. MacKenzie 1895: 39, a tha ag innse gu robh an earrann seo dhen rann air a cleachdadh aig muinntir an Eilein Sgitheanaich anns na làithean a dh'fhalbh airson iad fhèin a dhìon bhon droch shùil.
[160] '*And bless my means and my cattle*'.
[161] Ann am Maireabhal. Faic MacRury 1950: 22; S.M. SA1968/222.B1; E.Mac. SA1969/95.A7.
[162] Airson fiosrachadh air ciamar a bhathar ga dhèanamh faic S.MacF. SA1971/172.B4. F.c. W. MacKenzie 1895: 37–38.
[163] M.e. *An t-Uisg' Airgid* (A.M. SA1982/159.A5).

bha iad a toir' o shean' (R.D. SA1958/176.A11). Bha seo a' gabhail a-steach creideas ann an droch chòmhdhalaichean, agus e air a mheas mì-shealbhach daoine àraid, a dh'fhaodadh a bhith fireann no boireann, a choinneachadh air an rathad a dhèanamh nì sònraichte: 'Nan tachradh iad riut gum faodadh tu tilleadh dhachaigh, nach fhaigheadh tu rud sam bith a bha thu falbh air a shon' (D.A.S. SA1971/101.B5). Bha iasgairean gu h-àraid a' cumail suas mhodhannan agus chleachdaidhean a thaobh cò a bha air am meas mar dhroch chòmhdhalaichean nam biodh tu dol air turas mara no a dh'iasgach.[164] Bha e air a mheas na dhroch chòmhlachadh nan coinnicheadh daoine ri ministear no ri boireannach air a rathad dhan phort, no ri boireannach a' dol a dh'iasgach dhan locha (D.A.S. SA1971/102.A2). Bha e air aithris nam biodh ministear air bòrd gun robh stoirm do-sheachanta (E.Mac. SA1969/95.A11) agus nam faiceadh tu corra-ghritheach gum bu chòir dhut tilleadh dhachaigh (E.Mac. SA1969/95.A11). Cha bhiodh iasgairean a' cleachdadh dath a' chrotail nan aodach air sgàth 's 'what came from the rocks will return to the rocks' (Shaw 1986: 13).[165] Bha e air a mheas mar dhroch chòmhlachadh aig croitear nan tigeadh coigreach no duine àraid dlùth nuair a bha e a' tòiseachadh air obair, gu h-àraid obair às ùr leithid treabhaidh no cuir, air eagal gun tigeadh mì-shealbh air an obair (R.D. SA1958/176.A11).

Tha e coltach gun robh creideas farsaing ann a bhith a' dèanamh frìth anns na linntean a dh'fhalbh.[166] Bha an creideas seo fhathast ri fhaicinn aig fìor thoiseach na ficheadamh linn ged nach e cuspair a bha ann air an robh a h-uile duine ro dheònach bruidhinn (Maclean *TGSI* 42: 56–67).[167] Bha frìth air a chleachdadh airson ro-shealladh air rudan mus tachradh iad agus airson fiosrachadh fhaighinn air rud neo-aithnichte (Shaw 1986: 8). Bha dà riochd dhen chleachdadh ri fhaotainn – *passive divination* agus *active divination* (Maclean *TGSI* 42: 56). Tha *passive divination* a' toirt a-steach sealladhean, leithid sluagh a' dol seachad, agus fuaimean, leithid gairm coilich tron oidhche, a bha a' tighinn gun iarraidh nam manadh air bàs. Tha *active divination* a' mìneachadh iomadach suidheachadh far an robh neach a' dèanamh frìth,[168] agus e tric ag aithris duan sònraichte,[169] airson sealladh air na bha ri teachd no fios fhaighinn air rud nach robh aithnichte aig an àm.[170] Bha e air a chleachdadh

---

[164] Airson fiosrachadh air *fishing taboos* faic Lachlan Dick SA1976/75.
[165] F.c. C.Se. SA1951/13/A10.
[166] Faic W. MacKenzie 1895: 7–12; Carmichael 1954 Vol. 5: 286–297; MacInnes 2006: 451.
[167] Cf. Shaw ann am MacLellan 2000: xxxix.
[168] Faic Carmichael 1997: 642–643, W. MacKenzie 1895: 8 agus D.A.S. SA1971/101 airson fianais gun robh a' chiad Diluain anns gach ràith air fhaicinn mar latha sònraichte airson frìth a dhèanamh.
[169] Ubag, ubhaidh, obag no obaidh a' ciallachadh *charm, spell* no *incantation* (W. MacKenzie 1895: 5). F.c. Dwelly 1988: 988–989.
[170] Faic W. MacKenzie 1895: 7–12. Bha mìneachadh aislingean agus fàidheadaireachd air an gabhail mar *subjective divination* (MacLean *TGSI* 42: 57).

airson faighinn a-mach an robh leithid seo a dhuine a' dol a thilleadh dhachaigh slàn no an robh creutair a bha tinn a' dol a thighinn air adhart: 'Ma bha iad a' faicinn, ga brith dè rud a chitheadh iad, co-dhiù bha 'chùlaibh riutha no 'aghaidh riutha … ma bha 'aghaidh riutha bha e 'tilleadh, ach ma bha 'chùlaibh riutha cha robh' (D.A.S. SA1971/101.B5).[171]

A rèir Dhòmhnaill Alasdair Seonstan, 'Cha robh sìon a dh'fheum ann 'dol a dhèanamh frìth mur' robh rann agad … bha iad a' gabhail an rann agus bha iad a' dol a-mach às an taigh 's 'dol deiseal air an taigh, feuch dè chitheadh iad.' (D.A.S.1971/101.B5).[172] Tha an rann a leanas ceangailte ri frìth bàis:

> Bròg seachad taigh tilgtear liom
> Fiach am maireann an deud-gheal donn,
> Ach 'n uair a shiubhail bean 'na deidh,
> 'S ann a fhuair i beul fo bonn.　　(D. Dom. *Tocher* 25: 11)[173]

Dh'inns Ruairidh na Càrnaich mar a rinn boireannach àraid[174] às a' Bhaile Shear frìth, a bha i a' leughadh air na h-eòin, dha sheanmhair fhèin (R.D. SA1958/171.B3). Mhìnich e mar a bha eòin biathte mar an fheannag, am fitheach agus an clamhan a' ciallachadh a' bhàis[175] agus mar a bha an calman na lighiche mòr a bha air fhaicinn mar eun beannaichte.[176] Ann a bhith a' comharrachadh gur e an calman a thug an duilleag a-staigh dhan Àirc, nochd e mar a bha cleachdaidhean saobh-chràbhaidh agus an Creideamh Crìosdail measgaichte ann am beatha làitheil dhaoine.[177] Tha seo air a dhaingneachadh ann am faclan na h-ubaige a leanas:

> Dia romham;
> Moire am dheaghaidh
> 'S am Mac a thug Righ nan Dul
> 'S a chàirich Brighde na glaic.
> Mis' air do shlios, a Dhia,
> Is Dia na'm luirg.
> Mac Moire, a's righ nan Dul,
> A shoillseachadh gach ni dheth so,
> Le a ghras, mu'm choinneamh.　　(W. MacKenzie 1895: 8)

---

[171] F.c. SA1971/102.A1b; W. MacKenzie 1895: 9.
[172] F.c. Peigi NicRàth ann an J.L. Campbell 2000: 56.
[173] F.c. *TGSI* 42: 64; W. MacKenzie 1895: 8–9.
[174] Bha boireannaich àraid ann a bha aithnichte mar 'mnathan-fiosrachaidh' cuideachd (Ailein Dòmhnallach SA1968/210).
[175] F.c. W. MacKenzie 1895: 11; A.M. SA1971/4.B2.
[176] F.c. W. MacKenzie 1895: 11; MacInnes 2000: 451. Cf. Tillhagen 1980: 95–97.
[177] Faic Carmichael 1983. Vol. 1: xxxii; W. MacKenzie 1895: 7–12.

Bha e na chleachdadh ann an Uibhist a Deas a bhith a' coisrigeadh uinneagan air taobh an iar an taighe agus e ri chreidsinn, nan tigeadh sluagh an rathad 's gun an uinneag air a coisrigeadh, 'gun robh cron aca, dìreach fuil aca ri tharraing às an taigh' (D.A.S.1970/189.A3). Bha iad 'Ga coisrigeadh an ainm an Athar 's a Mhic 's an Spioraid Naoimh … Bha e a' creidsinn gu mòr as an rud. Mar a coisrigeadh e fhèin i dh'fhoighneachdadh e an do choisrigeadh an uinneag … Cha rachadh e chadal idir … gun cinnt … a bhith aige gun robh 'n uinneag air a coisrigeadh' (*ibid.*).

Bha e na chleachdadh aig cuid ùrnaigh aithris nuair a bhathar a' smàladh an teine cuideachd (D.A.S.1970/189.A4):

> Smàlaidh mise nochd an teine
> Mar a smàl Mac Mhuire.
> Guma slàn an tigh 's an teine;
> Guma slàn a' chuideachd uileag.
> Cò bhios air an fhaire nochd?
> Muire gheal agus a Mac.
> Aingheal Dè dh'innis,
> Aingheal a labhras.
> Aingheal a bhios an dorus an tighe
> Gus an tig a' latha geal a màireach.   (*Tocher* 1: 9)[178]

Bha mòran dhaoine a' creidsinn anns na sìthichean anns a' chiad leth dhen fhicheadamh linn.[179] Dh'inns Pàdruig Mòireasdan (SA1966/93.B2) mar a bhiodh daoine a' bruidhinn orra agus dh'ainmich e gur e Baile na Draoidheachd a chanadh iad ri àite far an deach sluagh an eilein fhaicinn.[180] Dh'ainmich Dòmhnall Dhonnchaidh (SA1968/212.B2) agus Aonghas MacCoinnich (SA1972/22.A3) gum b' àbhaist sìthichean a bhith ann a Bhàlaigh agus thug Aonghas Iain MacPhàil iomradh air mar a bhiodh iad a' togail dhùn agus bharpannan (SA1971/159.B2).[181] Bha daoine a' creidsinn gun toireadh na sìthichean an cuid chloinne air falbh, a' fàgail thàcharan nan àite, mar a tha na sgeulachdan a' nochdadh.[182] A rèir beul-aithris, 's ann bho na sìthichean a thug

---

[178] F.c. C.Nic. SA1951/37.A10; Carmichael 1983. Vol. 1: 235–241; W. MacKenzie 1895: 85; SCRE 1964 Àir. 134. Cf. Ó Madagáin 1985: 168.
[179] Faic *Tocher* 6: 171; *Tocher* 38: 9; MacRury 1950: 20; Naughton 2003: 39. A rèir Naughton, bha pearsaichean eaglais nam measg.
[180] Tha creideas anns na sìthichean a' nochdadh ann an ainmean àiteachan leithid Cnoc Sìtheil, a tha ann an sgìre Sholais, cuideachd (D.MacD. SA1972/24).
[181] Cùirn-chuimhne air na mairbh.
[182] *Sìthe Cnoc* a' *Chuillinn* (D.A.S.1971/101.B5). Bha na bha seo ri fhaicinn ann an Èirinn cuideachd (Ó Súilleabháin 1966: xxxviii; Naughton 2003: 19).

an teaghlach Clann Anndra (na Lincich) an cosantas.[183] Bha sgeulachdan eile a bha a' nochdadh mar a bha daoine a' creidsinn ann am beathaichean os-nàdarra leithid an eich-uisge[184] agus na bean-nighe.[185] Tha an sgeul *An Crodh-mara* ag innse mar a bhiodh na beathaichean sin a' tighinn air a' mhachaire taobh an iar Uibhist a Tuath agus machaire Bheinn na Fadhla agus mar a bhiodh na buachaillean ag eubhach orra:

> Donnach, Tromach, Sgiathan, Liathan!
> Thigeadh an crodh-laoigh
> Co-dhiùbh thig no dh'fhan na buachaillean. (*Tocher* 16: 308–311)

Bha creideas dhaoine anns na beathaichean sin a' nochdadh cuideachd ann an òrain leithid *A Mhòr, a Mhòr* agus na sgeulachd a bha na chois (*Tocher* 47: 288–289).

Chithear mar sin mar a bha na seann sgeulachdan, na h-òrain agus eile a' giùlan geasalanachd bho shean agus mar a lean snuadh an tùs-chreideimh tro na linntean. Tha an fhianais seo, a bharrachd air a bhith a' dearbhadh leantalachd buaidh an tùs-chreideimh air an dualchas, a' dearbhadh cho cudromach agus a bha an dualchas fhèin dhan t-sluagh.

---

[183] Faic *Sìol sìthe chlann Anndra* (S.MacF. SA1971/172.B5). F.c. A.I.M. SA1968/210.B2; B.Nic. SA1968/213.B2; S.M. SA1968/211.B2.
[184] *Tarbh na Leòid* (E.D. SA1971/A.A1). F.c. Shaw 1986: 11; CD E.Do.
[185] *Maor na Meòirean Mòra* (A.M. SA1971/159.B4); *Bean-nighe* (M.M.N. SA1968/216.B7); *A' bhean-nighe* (A.M. SA1982/159.B6); *Bean-nighe* (E.Mac.SA1969/95.A5).

Caibideil a Trì: Feumalachd agus Tairbhe Beul-aithris

Tha aonta am measg sgoilearan eadar-nàiseanta gum feumar meòrachadh air feumalachd agus tairbhe beul-aithris ann an dualchas àraid airson làn-thuigse fhaighinn air a' bheul-aithris sin (Finnegan 1996: 112; Herskovits 1961: 167). Tha iomadaidheachd feumalachd agus tairbhe beul-aithris aithnichte am measg nan sgoilearan sin (Finnegan 1996: 125–131; Merriam 1976: 209–227; Ó Madagáin 1985: 137; Shaw ann am MacLellan 2000: 19; Shaw 2007: 10). Tha e aithnichte cuideachd gu bheil aithris nan sgeulachd, aithris nan seanfhacal agus seinn nan òran tric a' nochdadh barrachd air aon fheumalachd (Finnegan 1996: 125–131; Merriam 1976: 209–227; Nettle 1965: 120; Ó Madagáin 1985: 214; Shaw 2007: 10). Tha a' chaibideil a leanas gus coimhead air a' chuspair seo bho shealladh dualchas na Gàidhlig.

Air sgàth iomadaidheachd agus iomadh-fhillteachd nam feumalachd cha tèid agam taobh a-staigh obair dhen t-seòrsa seo rannsachadh a dhèanamh air a' chaochladh fheumalachd agus tairbhe a dh'fhaodadh a bhith aig gach gnè de bheul-aithris na Gàidhlig. Mar sin, 's e mo roghainn rannsachadh a dhèanamh air ceithir dhe na feumalachdan a bha air am meas aig Bascom (1954) mar cheithir de phrìomh fheumalachdan beul-aithris, ged a tha mi mothachail, mar a bha Bascom fhèin, nach eil crìochan cruaidhe eadar na feumalachdan a tha mi ag ainmeachadh no eadar na feumalachdan sin agus feumalachdan eile air a bheil mi am beachd tarraing.

1. Cur-seachad

A rèir Bascom (1954: 343), 's e cur-seachad fear de phrìomh fheumalachdan beul-aithris an t-saoghail mhòir, breithneachadh a tha fìor ann an suidheachadh beul-aithris na Gàidhlig. Tha aonta am measg luchd-aithris gur h-e an cèilidh an cur-seachad a bu mhotha a bha aig daoine:

> Nuair a thigeadh dithis na triùir ann a shin air chèilidh 's bhiodh naidheachdan thall 's naidheachdan a-bhos 's bhiodh siud ann 's bhiodh seo ann, agus cha bhiodh an oidhche mionaid a' dol seachad seach nuair tha duine na shuidhe leis fhèin ...
> (D.A.S. SA1973/42.A2).[1]

---

[1] F.c. *SS* 22: 11; D.A.S. SA1974/55/B5; P.M. SA1966/93.B2; A.M. SA1971/4. Cf. Ó Duilearga 1981: xviii; Dégh 1969: 76.

A rèir MhicNeacail, b 'e an aon chur-seachad a bha aca (McKean 1997: 138), ach tha na sgrìobh NicLeòid (2002: 35) agus Martin (2001: 277) a' nochdadh gun robh an t-aighear a bha ri fhaotainn aig rèiteach agus aig banais na chur-seachad do dhaoine cuideachd. Bha beul-aithris a' toirt toileachais aig iomadh ìre dhaibhsan a bha an làthair anns na suidheachaidhean-aithris sin agus tha am beachd ri fhaotainn am measg sgoilearan eadar-nàiseanta nach bu chòir an fheumalachd seo a mheas nas lugha: "… from the point of view of the audience, the central aim is surely enjoyment. This need not be categorised in reductive terms as 'mere enjoyment'" (Finnegan ann am Martin 2001: 389).[2]

Tha e cudromach nochdadh gun robh na suidheachaidhean-aithris, ach gu h-àraid an cèilidh, a thuilleadh air a bhith nan cur-seachad, a' dèanamh togail inntinn dhaibhsan 's dòcha a bha fo phràmh agus fo throm-inntinn ann a bhith a' cur seachad am mulad ann an cuideachd a chèile (Delargy 1995: 24). Ach 's e prìomh amas na h-earrainn seo meòrachadh air dè bha a' fàgail gun robh beul-aithris na Gàidhlig cho tarraingeach do luchd-aithris agus do luchd-èisteachd. Ann a bhith a' dèanamh seo tha m' aire gu sònraichte air aithris nan sgeulachd agus seinn nan òran.

Aithris nan sgeulachd

A rèir Uí Dhuilearga: '… the art of the folk-tale is in its telling; it was never meant to be written nor to be read. It draws the breath of life from the lips of men and from the applause of the appreciative fireside audience' (Delargy 1945: 13).

Bha an tlachd agus an toileachas a gheibheadh na cèilichean gu ìre mhòr an crochadh air comas an luchd-aithris. Bha mòran dhiubh, leithid an sgeulaiche Donnchadh mac Dhòmhnaill 'ac Dhonnchaidh, deas-bhriathrach,[3] siùbhlach nan cainnt: 'He tells stories perpetually and is now a master of the art. His command of language is magnificent …' (Maclean 1957: 32). A rèir Uilleim MhicMhathain: '… his command of the language was consummate: the elegance of his phrasing was noticeable in the most ordinary conversation' (*Tocher* 25: 2).[4] Tha seo a' cur taic ri breithneachadh Crystal: '… it is a salutary experience … to encounter the oratorical range, technical complexity and communicative power displayed by the master speakers of indigenous languages' (2000: 50).[5]

---

[2] F.c. Nettle 1965: 120.
[3] Faic Shaw 1999: 319.
[4] F.c. Draak 1958: 53.
[5] Cf. Delargy 1945: 14; Sándor 1967: 308.

A dh'aindeoin is nach robh foghlam foirmeil aca, bha na sgeulaichean nan sgoilearan,[6] mar a nochd Ó Duilearga mu Sheán Ó Conaill:

> He had never been to school, and was illiterate so far as unimaginative census-officials were concerned and he could neither speak nor understand English. But he was one of the best-read men in the unwritten literature of the people whom I have ever known, his mind a storehouse of tradition of all kinds, pithy anecdotes, and intricate hero-tales, proverbs and rimes and riddles, and other features of the rich orally preserved lore common to all Ireland three hundred years ago. He was a concious literary artist. He took a deep pleasure in telling his tales; his language was clear and vigorous, and had in it the stuff of literature. (Delargy 1945: 10)[7]

Bha ealantas an luchd-aithris a' dùsgadh ùidh agus a' glacadh inntinn na bha anns a' chuideachd.[8] Bha sgeulachd air a deagh aithris le deagh sgeulaiche leithid Sheumais MhicFhionghain a' tighinn beò dhan luchd-èisteachd:

> His style was, of course, that of the real traditional story-teller. By modulation of tone and gesture he brought considerable dramatisation to bear on his telling of a tale. He acted the part of the characters and showed that he had mastered an art that had taken centuries to develop. His voice was beautifully clear and pleasing. He stamped his own personality on every story he told, and his lively sense of humour enhanced his storytelling considerably. His aim was to delight and entertain, and he certainly did both. (Maclean 1957: 27)

Bha an sgeulaiche a' daingneachadh a bhriathran le a ghluasad agus le atharrachadh a ghuth agus aogais:

> Bhiodh a chlann 's dòcha nan suidhe timcheall an teine agus a' dol air chrith uaireannan 's esan a bruidhinn air rudan uabhasach ... agus chuireadh e fhèin an cruth a bha sin air nuair a thigeadh e gu pìos ... shìneadh e mach a sgòrnan, 's dh'fhosgladh e a shùilean, shaoileadh tu dìreach gun robh 'n naidheachd air a

---

[6] Cf. Merriam 1976: 146.
[7] Cf. J.F. Campbell 1983. Vol. 1: vi.
[8] Cf. Dégh 1969: 82.

bheulaibh, gun robh 'n gnothach a' tachairt air a bheulaibh. Mar sin, bha e a' dol a-staigh air an duine a bha 'g èisteachd cho math, cho fìor mhath. Cha robh pìos dhan stòiridh nach robh e a' deanamh 'na h-actions' ... ag obair le làmhan. O, bha.
(D.A.MacE SA1974/164)[9]

Mar a sgrìobh Dòmhnall Eàirdsidh Dòmhnallach, 'Storytelling at its best is very much a visual and dramatic art' (D.A. MacDonald ann an Thomson 281).[10]

Tha Finnegan air nochdadh dìreach cho cudromach agus a tha 'body language, gesture, facial expression, and other forms of non-verbal expression involving movement' (1996: 106) air feadh an t-saoghail ann a bhith a' cur beul-aithris an cèill:

> In Africa tales are essentially modes of dramatic expression ... the only way fully to convey how these stories are told would be to have a talking motion picture, which would capture the total setting of teller and audience, the gestures, the play of facial expression, and the total effect would not be very dissimilar from drama as we know it on the stage.   (Herskovits 1961: 167–8)[11]

A dh'aindeoin an sgilean, bha èifeachdas sgeulaiche an ìre mhòr an urra ri brosnachadh a luchd-èisteachd. Bha fios aig an luchd-èisteachd dè na sgeulachdan a bha aig an sgeulaiche agus bha iad ga bhrosnachadh gu bhith gan aithris. Às aonais luchd-èisteachd aig an robh ùidh ann a bhith gan giùlan, cha robh sgeulaiche a' faicinn seagh ann a bhith ag aithris a sgeulachd (von Sydow 1934: 348): ''S làn thoigh leam a bhith gan innse ... chan eil mi a' smaoineachadh mura bithinn a' smaoineachadh gun còrdadh e ris an duine ris am biodh mi gan innse gum biodh mi air mo chur timcheall 'son an innse idir' (R.F. SA1975/35.A4).

Cha tig sgeul beò far nach eil luchd-èisteachd a tha furachail, eòlach, ùidheil: 'For any storyteller the presence of an audience, especially an acculturated and practised one, involves the important but less tangible contexts of audience expectations involving group aesthetic conventions, standards of performance and other forms of shared cultural knowledge' (Shaw 2007: 4). Mar a sgrìobh Leach, 'an audience willing to listen and able to evaluate and appreciate' (ann

---

[9] Cf. Delargy 1945: 16; Rodgers, a' sgrìobhadh mu Pheig Sayers, ann an Ó Súilleabháin 1966: xxvii–xxviii; Sándor 1967: 310.
[10] Cf. Sándor 1967: 307.
[11] Cf. Sándor 1967: 309. Airson clàr-leabhar de rannsachadh eadar-nàiseanta air *kinetics* faic Finnegan 1996: 106–107.

an Dorson 972: 426).[12] Dhearbh Draak (1958: 48) seo ann a bhith a' dealbhachadh mar a bha atharrachadh a' tighinn air mar a bha Donnchadh mac Dhòmhnaill 'ac Dhonnchaidh ga ghiùlan fhèin a rèir cò bha anns an èisteachd.[13]

Bha àite cudromach aig luchd-èisteachd ann a bhith a' moladh sgeulaiche airson cho math 's a ghabh e sgeulachd, ann a bhith ga cheartachadh nan rachadh e iomrall no nan atharraicheadh e sgeul, agus ann a bhith a' togail còmhraidh air na thachair anns an sgeulachd.[14] Ann a bhith a' lìbhrigeadh an eòlais fhèin agus a' toirt am beachd air na chuala iad, bha luchd-èisteachd a' cur ris an aithris agus a' nochdadh an luach a bha iad a' cur air an dualchas. Tha cho cudromach agus a bha an iomlaid agus an conaltradh seo air a chomharrachadh ann an sgoilearachd eadar-nàiseanta: '... the affirmations by the audience as a story unfolds are essential to the telling of a tale' (Herskovits 1961: 168).

Seinn nan òran

Bha àite cudromach aig seinn nan òran Gàidhlig ann a bhith a' tarraing dhaoine còmhla: 'The concept of song is above all a social one, and is concerned with the communal life of the people who practise and maintain the tradition' (Shaw ann am MacLellan 2000: 20). A rèir Uí Mhadagáin (1985: 215), 'Song was an integral part of a whole culture which embraced the life of the community in all its facets ... "art was a part of life, not separated from it"'.[15]

Ach a rèir McKean (1997: 139), cha robh daoine bho thaobh a-staigh an dualchais an-còmhnaidh mothachail air an àite riatanach a bha aig seinn nan òran nam beatha no air cho iomadh-fhillte 's a bha feumalachd agus tairbhe nan òran:[16] 'MacNeacail, as part of the community, may not see some of the other ways the songs work; he is unable to gain an objective perspective (and it probably does not occur to him to try).'[17] Mar a sgrìobh Iain Seathach:

> ... singing occupies such a fundamental, pervasive role in the Gaelic world that to question the reasons for its existence would be like attempting to produce an explanation for why we breathe air or walk on the ground. (Shaw ann am MacLellan 2000: 18)[18]

---

[12] F.c. D.A.S. SA1971/101.B1 & SA1971/111.B5; R.M. SA1975/35. Cf. Ó Duilearga 1999: 160.
[13] Cf. Delargy 1945: 17; L. Williamson *ARV* 37: 74; Dégh agus Vázsonyi 1975: 233; Kaivola-Bregenhoj 1989: 80.
[14] Faic D.A.S. SA1971/101.B1; Black ann an J.G. Campbell 2005: xxi. Cf. von Sydow 1934: 348; Delargy 1945: 10–11, 33; Ó Duilearga 1999: 160; Dégh 1969: 117–119.
[15] F.c. 130, 132; Ross 1961: 19; MacLeod 1984: 95; Ó Laoire 2002: xi.
[16] Faic Shaw ann am MacLellan 2000: 19.
[17] F.c. Fr. Allan McDonald ann an Ó Madagáin 1985: 133.
[18] F.c. Seathach 2002: 3; Ross 1961: 19–20.

Ann a bhith ag ainmeachadh 'entertainment' mar aon dhe na deich prìomh fheumalachdan a dh'ainmich e a bha ann an ceòl, rinn Merriam (1976: 223) eadar-dhealachadh eadar 'pure entertainment' agus suidheachaidhean far a bheil an fheumalachd seo measgaichte le feumalachdan eile.[19] Tha an t-eadar-dhealachadh seo ri fhaicinn ann an co-theacsa seinn nan òran Gàidhlig ann an Alba, ann an Èirinn agus ann an Ceap Breatann, agus mòran shuidheachaidhean ann far an robh cur-seachad na aon fheumalachd an lùib fheumalachdan eile.[20]

Bha seinn phort-à-beul agus òran beaga dhan chloinn, mar eisimpleir, a' cumail na cloinne bige air an dòigh agus a' toirt beothachadh dha na seann daoine a bha gan gabhail a bharrachd air a bhith a' cur seachad na h-ùine dhaibh. Anns an aon dòigh, dh'fhaodadh seinn nam ban, fhad 's a bha iad a' snìomh, leanabh ann an creathail ri taobh na cuibhle a chur a chadal a bharrachd air an obair a chumail a' dol. Mar an ceudna, bha seinn nan òran luaidh, a bharrachd air a bhith ag aotromachadh na h-obrach agus mar sin a' cur seachad na h-uine (P.D. MAC13),[21] a' brosnachadh faireachdainnean nam boireannach agus a' toirt cothrom agus misneachd dhaibh na faireachdainnean sin a chur an cèill an lùib chàirdean, rud a bha na shaorsa agus na thogail-inntinn dhaibh.[22]

Tha e aithnichte am measg sgoilearan eadar-nàiseanta gun tèid aig ceòl air daoine a bhrosnachadh gu bhith a' cur an cèill fhaireachdainnean aig ìrean eadar-dhealaichte (Burrows ann am Merriam 1976: 219). Chithear seo ann an seinn nan salm Gàidhlig, gu h-àraid aig tiodhlacadh no aig àm comanachaidh:

> ... in the midst of a committed congregation, responding to the lead of a good precentor, a sense of spiritual ecstacy can come, at once overwhelming and sublime, yet totally within one's comprehension and control. (MacLean ann an Neat 1999: 47)[23]

Ann a bhith gam brosnachadh-san a tha a' seinn gu bhith a' cur an cèill am faireachdainnean agus a' dùsgadh fhaireachdainnean anntasan a tha san èisteachd,[24] tha an t-seinn a' nochdadh feumalachd *catharsis* no *release*

---

[19] Nochd e cuideachd gun robh am measgachadh de dh'fheumalachdan math dh'fhaodte na bu bhitheanta ann an comainn-shòisealta far nach eil comas leughaidh neo sgrìobhaidh aig a' mhòr-shluagh na tha ann an comainn-shòisealta anns a bheil foghlam foirmeil ri fhaighinn anns an àbhaist (223).
[20] Faic Ó Madagáin 1985: 172, 214; Shaw ann am MacLellan 2000: 19. Cf. Ó Laoire 2002: 35–36 a-mach air *Caitheamh Aimsire*.
[21] Mar a bha na h-òrain a bha boireannaich Alaska a' gabhail nuair a bha iad a' glanadh seice nam beathaichean.
[22] Cf. Ó Madagáin 1985: 135–136, 144; Shaw ann am MacLellan 2000: 19.
[23] F.c. MacInnes 2006: 440–441; Knudsen 1966: 9–10.
[24] Faic Burrows ann am Merriam 1976: 219–220. F.c. McAllester ann am Merriam 1976: 220.

function, feumalachd a tha aithnichte ann an dualchasan air feadh an t-saoghail.[25]

A thuilleadh air a seo, tha cofhurtachd ann am briathran agus ann am fuairean[26] na bàrdachd spioradail a tha a' toirt faochadh dhaibhsan a tha ga dèanamh, ga seinn agus ga h-èisteachd ann an suidheachaidhean far a bheil cràdh is dòrainn mhòr a tha doirbh a ghiùlan nam beatha. Tha seo a' nochdadh an leigheis a tha ann an ceòl.[27]

Bha seinn nan òran aig cèilidh cuideachd a' toirt cothrom do sheinneadairean am beachdan agus am faireachdainnean air caochladh chuspair a nochdadh, agus, ann a bhith a' togail an fhuinn, bha an luchd-èisteachd a' tighinn còmhla ann an guth, ann am faireachdainn agus ann an inntinn. Bha seinn nan sèist mar sin a' brosnachadh co-chomann am measg an t-sluaigh. Mar a sgrìobh Merriam (1976: 47), bha an t-seinn mar 'aid in the integration of society'.

Bha àite cudromach aig luchd-èisteachd ann a bhith a' brosnachadh sheinneadairean:

> The role of the passive tradition bearers of these songs was to aid the singers by acting as prompters and to sing the refrain at the end of a stanza or to join in the chorus between stanzas.
> (J.A. Macdonald 1999: 262)[28]

Ann a bhith a' cumail faclan nan òran an cuimhne nan seinneadairean, bha an eòlas fhèin air ùrachadh, agus faireachdainn air a dùsgadh nam measg gur ann leothasan a bha na h-òrain.[29] Bha seinn nan sèist a' brosnachadh sheinneadairean gu bhith a' seinn le bhith a' nochdadh luach anns na h-òrain agus nan saothair. Ann a bhith a' toirt seachad fiosrachadh ceangailte ri na h-òrain, leithid cò rinn iad agus an suidheachadh anns an do rinneadh iad, bha an còmhradh a' fosgladh a-mach agus cothrom aig gach neach a bha an làthair breith a thoirt air na bha iad a' cluinntinn. Anns an dòigh seo bha eòlas air na h-òrain air ùrachadh agus air a sgaoileadh.

Bha uaill aig daoine nan dualchas fhèin agus ann an comas luchd-eòlais. Bha luchd-eòlais nan Eilean, mar a bha luchd-eòlais na h-Èireann, ga fhaicinn mar fhiachaibh orra fhèin an cuid eòlais a lìbhrigeadh (Delargy 1945: 20–21;

---

[25] Merriam 1976: 194, 221–223; Finnegan 1996: 129; Ó Madagáin 1985: 148–50, 185–186; Shaw ann am MacLellan 2000: 20; Ó Laoire 2002: xii, xv–xvi. Math dh'fhaodte gur ann far a bheil 'cultural tradition that lays stress on social control, moderation, quiet, 'shame' sanctions ...' (Kiel ann am Merriam 1976: 221) a tha an fheumalachd seo gu h-àraid cudromach.
[26] Tha 'fuair' a' ciallachadh *sound*.
[27] Faic Merriam 1976: 111–113; Ralls-MacLeod 2000: 87–89; Lyle 1990: 27–28; Ó Madagáin 1985: 185–186; Ó Laoire 2002: xii.
[28] F.c. MacInnes 2006: 222–229; Shaw ann am MacNeil 1987: xxiii.
[29] Faic Shaw ann am MacLellan 2000: 25–26. Cf. Ó Madagáin 1985: 173 re *identity function*.

Ó Duilearga 1999: 166).³⁰ Bha e mar dhleastanas orra na sgilean a dh'ionnsaich iad bhon sinnsearan a ghiùlan agus a thoirt dha na ginealaich a bha a' tighinn às an dèidh. Thogadh gach neach a rèir a chomais agus a thuigse, agus a rèir eòlais agus fheumalachd fhèin. Bha an luchd-eòlais mothachail gun robh buaidh aca air mar a bha an dualchas a' leantainn agus gun robh a' bhuaidh seo an urra ris an inbhe a bha aca anns a' choimhearsnachd. Bha an inbhe seo mar an ceudna an crochadh air a' chomas a bha aca daoine a thoileachadh agus a riarachadh. Ann a bhith gan toileachadh bha iad gan gluasad gu bhith ag ionnsachadh agus ag aithris iad fhèin. Ged nach robh a h-uile neach aig an robh ùidh ann an sgeulachdan no ann an òrain gan giùlan agus gan sgaoileadh taobh a-muigh an teaghlaich fhèin (*bearers and transmitters*), bha mòran dhaoine a' giùlan na bha iad a' cluinntinn gun fhios do dhaoine eile (*passive bearers*). Tha cho cudromach agus a bha an suidheachadh seo a thaobh leantalachd beul-aithris air a dhearbhadh leis an àireamh àrd de luchd-aithris, nach robh aithnichte mar sgeulaichean no mar sheinneadairean, a thug sgeulachdan, òrain agus eile do Sgoil Eòlais na h-Alba.³¹ Bha an aon suidheachadh ri fhaicinn ann an Èirinn.³²

2. A' fìrinneachadh agus a' daingneachadh an dualchais

Dh'ainmich Bascom (1954: 344) an dòigh anns a bheil beul-aithris a' fìrinneachadh agus a' daingneachadh dualchas àraid ann a bhith a' dìon deas-ghnàthan agus riaghailtean an dualchais sin dhaibhsan a tha gan cumail suas agus gan gleidheadh mar tèile de phrìomh fheumalachdan beul-aithris. Chleachd e earrannan dhe na sgrìobh Malinowski airson seo a shoilleireachadh:

> Myth fulfils in primitive culture an indispensable function: it expresses, enhances, and codifies belief; it safeguards and enforces morality; it vouches for the efficiency of ritual and contains practical rules for the guidance of man ... a pragmatic charter of primitive faith and moral wisdom [...] The function of myth, briefly, is to strengthen tradition and endow it with a greater value and prestige by tracing it back to a higher, better, more supernatural reality of initial events.   (1926: 19, 91–92)

Bha mòran dhe na cleachdaidhean a bha an cois beul-aithris na Gàidhlig, a

---

[30] Ag innse mun sgeulaiche Dónal Eoin MacBriarty a thug, air leabaidh a bhàis, sgeul àraid do dhlùth-charaid airson nach rachadh an sgeul air dìochuimhne.
[31] Daoine leithid E.D., aig nach cuala nàbaidhean air an robh e flor eòlach òran riamh.

bharrachd air susbaint na beul-aithris fhèin, a' toirt ùghdarrais dhan bheachd seo. Math dh'fhaodte gur e a' phrìomh eisimpleir dhen seo an dòigh anns an robh daoine a' fìrinneachadh agus a' dìon an rud a bhathar a' dèanamh le bhith ag aithris chleachdaidhean sinnsearachd:

> Mise an nochd a' tighinn g'ur n-ionnsaidh
> A dh' ùrachadh dhuibh na Callainn.
> Cha ruig mi leas a bhith ga innseadh
> Bha i ann bho linn mo sheanar. (SCRE 1964 Àir. 111)[33]

Cluinnear tric air clàran Sgoil Eòlais na h-Alba luchd-aithris a' fìrinneachadh na bhathar ag aithris le bhith ag ràdh leithid 'Bhiodh na seann daoine ga ràdh' no 'Bha e aig na seann daoine'. Anns an aon dòigh cluinnear Dòmhnall MacGhillFhaolain a' fìrinneachadh na sgeulachd *Fuasgladh nan trì snaoim* (SA1962/53)[34] le bhith ag ainmeachadh gum b' e a sheanair fear de chriutha a' bhàta air a bheil an sgeul a-mach. Bha an aon seòrsa cleachdaidh aca ann an Cataibh.[35] Ann a bhith a' tarraing air ceanglaichean dùthchasach bha daoine a' nochdadh an luach a bha iad a' cur air leantalachd beul-aithris[36] agus air an dualchas agus air na daoine air an robh a' bheul-aithris a' toirt fianais: 'I remember my auld father tolt me this. It's always the remembrance of the old folk. As long as they are there in their stories, they're alive' (D.W. *Tocher* 33: 141).

Mar sin, bha spèis dhaoine do dhùthchas an teaghlaich agus do dhùthchas na coimhearsnachd air a tasgadh anns gach nì a bhathar ag aithris.[37] Bha na bha seo a' toirt am follais an luach a bha daoine gu coitcheann agus fa leth a' cur air am beatha fhèin, mar neach air leth, mar choimhearsnachd, mar sgìre agus mar Ghàidheil. Bha an fheallsanachd seo a' coileanadh fèin-fhiosrachadh agus fèin-spèis, agus ri linn sin a' neartachadh na coimhearsnachd.[38] Bha e a' toirt air daoine creidsinn gur e rud seasmhach, luachmhor, airidh air urram a bha aca ri ghiùlan agus ri thoirt seachad:[39] '... to some of these people, their tradition was the most important thing about themselves; they saw this as probably the most important facet of their lives ... the older generation of informants had a deep seated respect for the tradition' (D.A. MacDonald

---

[32] Faic Delargy 1945: 12–13, Ó Laoire 2002: 80–84.
[33] F.c. Ferguson 2004: 30–31; J.G. Campbell 2005: 532; Ross 1957: 137.
[34] F.c. *Na Trì Snaoimean* C.Dix SA1973/124.B4
[35] Faic Dorian 1974: 118. Cf. Dégh 1969: 86–87.
[36] Faic Dorian 1974: 122.
[37] Faic Shaw 1999: 313.
[38] Bha cuid dhe na bhathar ag aithris – mar eisimplear, na h-òrain agus na sgeulachdan a bha dì-moladh nan uachdaran – aig an aon àm a' cur an aghaidh ùghdarrais.
[39] Faic McKean 1997: 97.

1988).⁴⁰ Tha seo ri fhaicinn anns an dòigh anns an robh luchd-aithris diadhaidh, ann a bhith ag aithris an eòlais air cuspairean àraid do luchd-cruinneachaidh na Sgoil Eòlais, a' dol an aghaidh teagasg na h-eaglaise airson nach rachadh na bha aca air dìochuimhne.

Bha leantalachd chleachdaidhean cuideachd a' faighinn ùghdarras is barantas bho chleachdaidhean sinnsearachd. Cha robh daoine a' cur ceist anns na bhathar a dèanamh air sgàth 's gun robh e air a bhith riamh na chleachdadh aig an cuideachd. Mar a sgrìobh Olav Bo mu chleachdaidhean Nirribheach: '… old norms and beliefs were so widely accepted that nobody doubted their justification …' (1988: 144). Tha seo ri fhaicinn anns an dòigh anns an robh neach sam bith a bha a' falbh le geòla a' dol cuairt leis a' ghrèin an toiseach. Cha robh na daoine a' sireadh ciall airson nan seann chleachdaidhean seo no a' ceasnachadh cò às a thàinig iad, oir bha iad cinnteach gun robh e ceart air sgàth 's gun robh an cuideachd air a bhith 'ga dhèanamh riamh'. Bha iad cinnteach às an rud a bhathar a' dèanamh co-dhiù bha gus nach robh cunnart na lùib no dòigh na bu fhreagarraiche ann air a dhèanamh. Aig amannan, b' e siud an dòigh a b' fhasa air a dhèanamh, ged nach b' ann air an adhbhar seo idir a bhathar ga dhèanamh ach air sgàth gur h-e cleachdadh a bha aig an cuideachd bho shean: 'the justification of a vast historical continuity' (Benedict 1952: 2). Bha gun robh na seann daoine ris a' toirt neart agus misneachd do dhaoine fa leth agus mar choimhearsnachd.

Bha an spèis a bha ga toirt do shinnsearachd agus do rùn teaghlaich ga toirt dhan chànain cuideachd: 'It belonged to our ancestors and it's part of our culture …' (MacNeil 1987b). Bha an luach a bha daoine a' cur air leantalachd na cànain, a bhathar a' faireachdainn a bha leothasan bho thaobh a-staigh an dualchais a-mhàin, a' nochdadh anns a' bhàrdachd aig Ruairidh MacAoidh, aig Dòmhnall Ruadh Chorùna agus aig Aonghas Lachlainn Bhig.⁴¹ Tha e ri fhaicinn cuideachd anns an luach a bha na Gàidheil a' cur air ainmeannan àiteachan a bha nam fianais air gach taobh de dh'eachdraidh na dùthcha, agus air feallsanachd an cuideachd tro iomadach glùin:

> Don choigreach … chan eil annta ach cnuic is sgeirean ach tha iad nan comharraidhean 's nan cuimhneachan air caol shàbhalaidhean 's air bàthaidhean, air beatha is air bàs, ann an cridheachan iasgairean Èirisgeigh. (An Comunn Gàidhealach 1938: 130)⁴²

---

⁴⁰ F.c. D.A. MacDonald 1972: 423.
⁴¹ Faic Earr-ràdh 2, 3 agus 4. F.c. Dòmhnall Aonghais Bhàin ann an D. MacDonald 2000: 80.
⁴² F.c. CD E.Do. Cf. Basso 1990: 100–101, 169–172.

Tha an fheallsanachd seo air a dearbhadh anns an dòigh anns an robh daoine anns an fharsaingeachd dìleas dhan chànain suas gu na 1960an a dh'aindeoin cion taic agus mì-rùn bho thaobh a-muigh an dualchais (Macdonald 1997: 220).

Ged a tha e coltach gun robh leantalachd chleachdaidhean ri faicinn ann an iomadach suidheachadh agus seagh, cha cheadaich meudachd an leabhair dhomh sealltainn ach air àireamh glè bheag dhe na suidheachaidhean sin. Mar sin, 's ann air cuid dhe na cleachdaidhean a bha a' tighinn am follais aig àm bàis, aig rèiteach agus banais, ann a bhith ag adhradh, ann a bhith a' seinn nan òran agus ann a bhith ag aithris nan sgeulachd, a tha na leanas gus meòrachadh.

Àm bàis

Chan eil suidheachadh ann far a bheil deas-ghnàth agus cleachdadh a thaobh creideimh a' bualadh air inntinn mhic an duine nas motha na aig àm èiginn, bàis no tiodhlacaidh (Christiansen 1943: 4). Mhothaich Vallee (1954: 50, 128) gu bheil deas-ghnàth co-cheangailte ri caoidh agus tiodhlacadh a' toirt fear dhe na cothroman as bitheanta dhan t-sluagh cruinneachadh airson an aonachd a nochdadh agus an fheallsanachd air a bheil an aonachd sin stèidhte a dhaingneachadh.[43]

Bha e na chleachdadh air feadh nan Eilean co-fhaireachdainn agus urram a nochdadh nuair a thigeadh naidheachd bàis. Bha daoine a' leigeil às a' chruinn agus cha robh ri dhèanamh ach obair èiginn agus tròcair fhad 's a bha an corp os cionn talmhainn (E.M. MAC19).[44] Bha dùil gum biodh na seann chleachdaidhean a bha stèidhte air càirdeas agus nàbachd air an cumail suas. Anns an dòigh seo bha an càirdeas eatarra air ùrachadh agus air a dhaingneachadh.[45]

Bha cleachdadh caithris nam marbh air a bhith na bhun-stèidh do shuidheachadh a' bhàis fad linntean, agus mar sin bha leisge air daoine an cleachdadh a chur bhuapa.[46] Bha leantalachd a' chleachdaidh a' toirt faothachadh aig àm bròin agus daoine a' faireachdainn saoirsneil ann a bhith a' coileanadh rùn an sinnsir.[47] Mar a chunnacas cheana, aig àm tiodhlacaidh 's ann deiseal a bhathar a' giùlan na ciste a' fàgail na dachaigh, air an rathad dhan chladh agus a' dol a-steach dhan chladh air sgàth 's gur h-e sin cleachdadh an

---

[43] Cf. Nenola-Kallio ann a Honko 1981: 140.
[44] F.c. CD E.Do.; Nicolson ann am Bennett 1992: 221–222. Bha an cleachdadh seo air a chumail ann an dualchasan eile cuideachd, leithid sgìrean ionadail de Java (Lewis 1977: 153–154).
[45] Cf. Dégh 1969: 105.
[46] Faic Ó Súilleabháin 1967: 166.
[47] Faic Christiansen ann an Ó Súilleabháin 1967: 172.

sinnsir. Bha an dlùth-cheangal a bha daoine a' faireachdainn rin sinnsearachd nochdte cuideachd anns an dòigh anns an robh iad a' tiodhlacadh an cuideachd còmhla:

> Nuair a chuireadh a-mach à Solas na daoine a thàinig a Loch Euphort bhiodh iad air ais 's air adhart a Sholas tuilleadh, agus nuair a bha iad an Solas 's ann ann an cladh Chlachan Shannda a bha iad a' tiodhlacadh. 'S e 'n cladh a b' fhaisg' orra ann an Solas. Nuair a thàinig na daoine a Loch Euphort bha iad fhathast a' falbh gu cladh Chlachan Shannda nuair a bhàsaicheadh duine – air an astar a bha sin. 'S dh'fheumadh iad falbh sa gheamhradh, dh'fheumadh iad falbh 's i dubh dorcha sa mhadainn, falbh le each is cairt 's a' chiste agus coiseachd fad an rathaid à Loch Euphort gu Clachan Shannda, an tiodhlacadh a dhèanamh, agus mun àm a dh'fhàgadh iad an cladh bhiodh na solais air a dhol air anns na taighean a chitheadh iad. Bhiodh i dorcha mus fhàgadh iad an cladh, 's bh' aca ri coiseachd air ais a Loch Euphort a-rithist, agus bhiodh iad air ais anmoch an oidhche sin no tràth an ath mhadainn – air an astar a bha sin le each is cairt agus an tiodhlacadh. (S.D. MAC7)[48]

Tha e fhathast na chleachdadh aig cuid de dhaoine aig àm tiodhlacaidh, mar a bha uaireigin aig àm comanachaidh, a bhith a' dol timcheall uaighean an cuideachd fhèin agus a' cuimhneachadh orra:

> An Cille Mhoire 'n àm nan òrdugh,
> Mu'n readh Bòrd a chuartachadh,
> Dhìreamaid ri leathad Phòil,
> 'S bhiodh sealladh brònach, truasail ann,
> Sean is òg a' sileadh dheòir,
> Air tolmain bhòidheach, uain-bhratach,
> A' smaointinn air luchd-dàimh nach beò,
> Bhi sud fo'n fhòd air fuarachadh! (MacAoidh 1938: 19)[49]

---

[48] F.c. M.N. MAC16; E.M. MAC19; M.M. MAC9. Bha e na ghoirteas a bharrachd do theaghlaichean air an tàinig bristeadh ri linn an dà chogadh gun robh na gillean a chaill iad air an tiodhlacadh 'leotha fhèin': 'S iomadh gaisgeach fearail treun tha na laighe fuar leis fhèin' (MacGillFhaolain 1991: *Cuiribh Fàilt Orra Nall*).

[49] Bho *Moladh Uibhist: Music from the Western Isles* CDTRAX9002; *Faileasan Uibhist* CEOLCD01.

Bha cleachdadh nam bàrd ann a bhith a' comharrachadh nan àiteachan adhlaicidh a' dèanamh cinnteach nach rachadh na dh'fhalbh air dìochuimhne:

> Tha cnoc Cholasaigh balbh
> Far an caidil na dh'fhalbh ...   (MacGillFhaolain 1991)[50]

Tha cuid de bhàrdachd na sgìre a' nochdadh doimhneachd fhaireachdainnean dhaoine rin càirdean a dh'fhalbh: 'àiteachan cadail aig càirdean agus luchd-gaoil' (B.Nic. SA1968/206.A2).[51]

'S e càirdean agus nàbaidhean a bha a' cladhach na h-uaghach agus ga lìonadh,[52] agus chan fhàgadh duine an cladh gus am biodh an uaigh dùinte, cleachdadh a tha muinntir Uibhist a Tuath fhathast a' coimhead air mar an gnìomh deireannach a thathar a' dèanamh dhan neach nach maireann:

> 'S e cleachdadh uabhasach brèagha a th' ann, tha mi a' smaoineachadh, gu bheil thu tiodhlacadh do chuid fhèin agus gu bheil thu gabhail pàirt ann gus a bheil e ullamh. Chan eil thu idir ga fhàgail aig muinntir na Comhairle no cuideigin eile ri dhèanamh 's coiseachd air falbh 's 'fàgail na h-uaigh fosgailte. Tha thu cuir crìoch air an obair.   (S.D. MAC 7)

Tha an dòigh anns a bheil leisge air daoine an cleachdadh seo a leigeil bhuapa, ùine mhòr às dèidh feum a bhith air, a' foillseachadh an luach a tha daoine a' cur air leantalachd chleachdaidhean agus air na bha na cleachdaidhean sin a' ciallachadh dhan t-sluagh bhon tàinig iad:

> Tha feadhainn nach eil airson dealachadh ris ... chan eil iad airson falbh às a' chladh gus am bi an uaigh air a dùnadh ... tha cus a' smaoineachadh nach biodh an gnothach ceart gun a chrìochnachadh, mar a bha e a' dol o chionn fada. (E.M. MAC19)

A rèir Bennett, tha cleachdaidhean àm bàis 'essential to the stability of life. Their existence allows the community to fall back on the security of established order at a time when the bereaved cannot possibly have the inner resources to organise anew the entire procedure from the moment of death to the last

---

[50] Bho *Chì mi Cleatrabhal Bhuam*. Faic Aonghas D. MacDhòmhnaill, 'Aonghas a' Phost Oifis', SA1969/73.A4; Ceana Chaimbeul, *Guth a Shnìomhas* SKYECD12.
[51] Bho *Bu chaomh leam bhith 'n Uibhist 'n àm losgadh an fhraoich* (B.Nic. SA1968/206.A2; S.MacG. SA1968/207.B3).
[52] Cleachdadh a bha ri fhaotainn ann an dùthchannan eile, leithid Java (Lewis 1977: 153–154).

farewell of burial' (1992: 175).⁵³

Tha e aithnichte gu bheil deas-ghnàthan an tiodhlacaidh a' daingneachadh choimhearsnachdan air feadh an t-saoghail: 'for the neighbourhood group it is said to produce rakun, 'community harmony" (Lewis 1977: 153–154).

Rèiteach agus banais

Bha deas-ghnathan an rèitich nan sàr eisimpleir air mar a tha an luach a chuireas daoine air cleachdaidhean agus beul-aithris sinnsearachd a' dìon leantalachd agus seasmhachd coimhearsnachd. Mar a sgrìobh Martin:

> What emerges is the concept of unity; of the poets, of the families, of the couple, of the sexes, and of the culture, since such a virtuosic display reassures those gathered that custom is being followed, that the status quo will remain unaltered by the impending change in the role and circumstances of those at the centre of the ritual. The order of things in both nature and society is re-enacted and asserted, the hierarchy shown to be unchanged. The masters of ceremony are in their place, choreographers of social stability. The elaborate mechanisms for inclusiveness indicate an overwhelming desire to deny any fragmentation in the community ...   (2001: 394)

Bha cleachdaidhean bainnse a' foillseachadh an luach a bha daoine a' cur air càirdeas. Tha seo air a chomharrachadh aig na bàird a dhèanadh aoireadh orrasan nach do chuir cuireadh gu feadhainn aig an robh dùil ris:

> 'S tìm dhuinn bhith dol dhachaidh
> 'S gun ar cairtealan 'n ar còir,
> Bho nach d' fhuair sinn fiadhachadh
> Gu biadhtachd no gu ceòl;
> Mas e so a' chuideachd
> A rinn dearmad buideil oirnn:
> Fàgaibh far an d' fhuair sibh e
> Fear ruadh a' c—— mhòir.   (Bho *Duan na Bainnse*)⁵⁴

---

⁵³ F.c. Vallee 1954: 51.
⁵⁴ MacMhathain 1939: 1–2. F.c. A. Macdonald 1894: 679; .Bruford *FR* Jan.1979: 8.

Tha an dòigh anns an do lean cleachdadh fiathachadh-beòil, a bha ag ùrachadh càirdeis agus dàimh, bliadhnaichean às dèidh feum a bhith air, a' dearbhadh leantalachd anns an fheallsanachd sin a bha a' faighinn ùghdarrais bhon sinnsear.

Bha an t-aighear a bha rèiteach agus banais a' togail anns a' choimhearsnachd a' dùsgadh, am measg eile, buadhan cruthachail, leithid spiorad na bàrdachd anns an fheadhainn aig an robh a bheag no a mhòr dheth. Bha suidheachaidhean aoibhneis, mar a bha suidheachaidhean bròin, mar mheadhan air geur-fhaireachdainn agus mac-meanmna a dhùsgadh. Nuair a thachradh sin bhiodh inntinnean gan rùsgadh agus ùr-chruthachadh ga dhèanamh air an dualchas.

Ag adhradh

Tha an dòigh anns an tàinig tomhas de chothlamadh eadar seann chleachdaidhean an tùs-chreideimh agus cleachdaidhean a' Chreideimh Chrìosdail na dhearbhadh air an spèis a bha aig dhaoine do chleachdaidhean spioradalachd an sinnsir. A thuilleadh air a seo, bha an 'dual and continuous system [of belief]' (Naughton 2003: 34) a' comharrachadh gaol dhan cuideachd agus dhan dùthchas (*ibid.*). Ann a bhith a' seinn nan salm Gàidhlig fo stiùir preseantair[55] bha gach duine, a bharrachd air a bhith ag adhradh mar neach air leth, ag adhradh mar bhall dhen choitheanal:

> The ideal of their singing is not that of unison: the singers rather seek instinctively to form a whole by complementing each other ... individual people, who in the singing fellowship reserve the freedom to bear witness to their relation to God on a personal basis ... (Knudsen 1966: 10)

Ann a bhith ag adhradh mar aon an lùib coitheanail bha daoine a' neartachadh na dàimh agus na h-aonachd a bha eatarra a bharrachd air an spioradalachd fhèin. Mar a sgrìobh an Dr Iain MacAonghuis, '*affirming their togetherness*' (MacInnes 2006: 441).[56]

Air sàillibh seo lean daoine orra a' preseantadh nan salm fada às dèidh comasan leughaidh a bhith aig a' mhòr-shluagh. Ann a bhith a' cruinneachadh aig àm comanachaidh bha daoine a' daingneachadh an càirdeis, an

---

[55] A tha ri chluintinn air *Psalm Singing from North Uist* RLS254 agus air *Gaelic Psalms from Lewis* CDTRAX9006.

[56] Faic Merriam 1976: 224 a' bruidhinn air feumalachd agus tairbhe seinn nan òran spioradail a thaobh 'validation of social institutions and religious rituals'.

spioradalachd agus an dìlseachd do chleachdaidhean an sinnsearachd.[57]

Bha leantalachd cleachdaidhean creideimh taobh a-staigh an teaghlaich cuideachd air a meas luachmhor:

> Ach tha na h-ùrnaighean sin cho math am measg an t-sluaigh agus nach leig a leas sagart a bhith gan ionnsachadh do dhuine sam bith. O, tha, tha. Cha leig, cha leig. O, cha leig. 'S tha fhios mar sin gur e seann ùrnaigh a thàinig a-nuas o shinnsearachd a th' ann. 'S e, o shinnsearachd gu sinnsearachd.
>
> (D.A.S 1971/102.B2)

Seinn nan òran

Tharraing Breandán Ó Madagáin (1985) aire sgoilearan gu buaidh seinn nan òran ann an suidheachaidhean neo-fhoirmeil ann an Èirinn anns an naoidheamh linn deug. Tha Iain Seathach air an obair a rinn Ó Madagáin a chomharrachadh agus a leudachadh:

> ... the enhancement of a sense of communality in performers and audience, the articulation and reinforcement of shared cultural values, the evocation of personality-forming experiences, and the shaping and transmission of culture. Allusions within songs, especially when supported by an associated story, were an aid to understanding society and the values, questions and examples contained in folk tales are also to be found in song texts.
>
> (Shaw ann am MacLellan 2000: 19)[58]

Dh'fhaodadh an geàrr-chunntas seo a bhith air a sgrìobhadh mu sheinn nan òran ann an Uibhist anns a' chiad leth dhen fhicheadamh linn. Air sgàth 's gun robh na h-òrain a' foillseachadh eachdraidh, eòlas, spioradalachd agus feallsanachd nan daoine[59] dhan do rinneadh iad, bha na bha annta a' buntainn gu dlùth ris a' choimhearsnachd. Co-dhiù as ann ag èisteachd ri na h-òrain no gan seinn a bhiodh daoine, bha seinn nan òran a' toirt cothrom dhaibh an eòlas air an fhiosrachadh a bha air a thasgadh anns an òran ùrachadh no a leudachadh agus an smuaintean air cuspair na bàrdachd a nochdadh agus a sgaoileadh am measg chàirdean. Anns an dòigh sin bha iad a' comharrachadh agus a' daingneachadh an càirdeis agus na nàbachd a bha aig bunait an dualchais

---

[57] Faic MacLean ann an Neat 1999: 46. F.c. Chapple and Coon ann an Owen 1957: 65.
[58] Faic Merriam 1976: 226–227 a' bruidhinn air mar a tha seinn nan òran a' cruthachadh 'integration of society', 'solidarity' agus 'unity' ann an coimhearsnachd.
[59] A rèir Benedict 1952: 11, 's e an fheallsanachd a tha a' brosnachadh ceangal daingeann eadar daoine.

agus a' neartachadh a' cho-chomainn a bha eatarra.[60]

Tha clàran na Sgoil Eòlais a' dearbhadh gun robh na seann daoine 'ro dheònach na h-òrain a thoirt seachad' (Teip C.G.),[61] agus b' e am miann gun leante air an seinn agus nach rachadh na h-òrain, no na daoine bhon d' fhuair iad na h-òrain, air dìochuimhne (*Tocher* 27: 134).[62] Bha na seinneadairean a' cur luach ann a bhith a' giùlan nan òran agus gan gabhail mar a chuala iad fhèin iad (Shaw ann am MacLellan 2000: 38–39), agus b' e an dòchas gum biodh an aon spèis dhan dìleab aig na ginealaich dhan robh iad gan toirt seachad agus a bha aca fhèin: 'Tha mi'n dòchas a nisd a' chiad triob a chluinneas tu e gun toir thu'n aire dha' (A.B. *Tocher* 3: 84).[63] Tha an fheallsanachd seo a' nochdadh spèis dha na bàird agus dhan dualchas a bha iad a' riochdachadh.

Bha cuid dhe na bàird aig an robh beachd a thaobh mar bu chòir na h-òrain aca a bhith air an seinn: ''S nuair a tha seinneadair ann a thogas ceart an t-òran 's a sheinneas gu math e, 's e rud mòr a th' ann' (A.M. SA1982/111B). Bha urram air a thoirt do sheinneadairean leithid Ùisdein Sheumais Bhàin, airson a dhìlseachd ri faclan agus fonn òrain leithid *An Eala Bhàn*, a chaidh a mhilleadh, a rèir a' bhàird, le atharrachadh a rinneadh air na faclan, air an fhonn agus air an dòigh anns an robhar ga sheinn.[64] Dh'innis Ùisdean fhèin dhomh gun robh milleadh ga dhèanamh air an dualchas le bhith ag atharrachadh faclan, fonn agus gnè nan òran.

Tha na h-òrain luaidh a' comharrachadh fìor sheann dualchas agus a' dearbhadh leantalachd beul-aithris tro thrì cheud bliadhna co-dhiù.[65] 'S ann air sgàth an luach a bha iad a' cur air an eòlas agus air an fheallsanachd a bha air an tasgadh anns na h-òrain seo, agus air sgàth na spèis a bha aca dha na daoine aig an cuala iad na h-òrain, a chùm daoine orra gan seinn fada às dèidh dhan luadh fhèin a dhol à bith.

Aithris nan sgeulachd agus nan naidheachd

Tha Iain Seathach air an t-àite cudromach a tha aig aithris nan sgeulachd ann a bhith a' fìrinneachadh agus a' daingneachadh dualchas cheàrdannan Chataibh a nochdadh: 'a strong emphasis on social and historical continuity, and shared values, is expressed through the tales and consciously handed on by the reciter' (Shaw 2007: 10).[66]

---

[60] Faic Shaw ann am MacLellan 2000: 27. Cf. Kvideland 1983: 182; Merriam 1976: 226–227.
[61] F.c. Shaw 1986: 16. Cf. Delargy 1945: 23: 'le cruí mór maith amach'.
[62] F.c. D.W. *Tocher* 33: 141.
[63] F.c. Seathach 2002: 8.
[64] Faic Dòmhnallach 1995: 58.
[65] Faic Collinson 1966: 69. F.c. MacInnes 2006: 211–229.
[66] F.c. D.W. *ARV* 37: 70 & *Tocher* 33: 141.[67] Cf. Dorson 1972: 22.

Math dh'fhaodte gun robh am fiosrachadh mu shinnsearachd a bha air aithris dhan òigridh an cois nan sgeul a cheart cho cudromach a thaobh leantalachd an dualchais agus a bha aithris nan sgeulachdan fhèin: 'so they'll know at least who their people are' (S.R. *Tocher* 40: 186).[67] Tha cho cudromach agus a tha e do dhaoine air feadh an t-saoghail an ceangal eadar iad fhèin agus an sinnsear a chomharrachadh agus a chumail suas ri fhaicinn ann an iomadach seagh: 'still keep myths and village organization and relationship terminology that link them with these people' (Benedict 1952: 163). Dh'inns Donnchadh MacUilleim (*Tocher* 33: 141–145) mar a bha aithris nan sgeulachd a' cruthachadh caidreachais am measg a chuideachd agus a' daingneachadh co-cheangal agus aonachd taobh a-staigh na coimhearsnachd. Mar a sgrìobh Iain Seathach: 'reinforcing internal cohesion' (Shaw 2007).[68] B' e seo tiodhlac an sinnsir: 'They were the parents' gift of themselves and their heritage given with love to their children' (McDermitt, *Tocher* 33: 144).[69]

Bha seo ri fhaicinn cuideachd ann an dualchas Uibhist, far an robh feallsanachd na coimhearsnachd air a lìbhrigeadh agus a' faighinn taic bho na sgeulachdan a bhathar ag aithris. Bha sgeulachdan leithid *Am Muillear Cam 's am Balbhan Sasannach* (R.D. SA1955/57–58.1), anns an robh na Gàidheil a' faighinn làmh-an-uachdair air na Goill, aithnichte air feadh Innse Gall (*Tocher* 1: 24–27). Bha brìgh a leithid seo de sgeulachd a' brosnachadh comhluadar am measg nan daoine agus a' daingneachadh agus a' dìon feallsanachd an dualchais fhèin a bharrachd air a bhith a' dèanamh tàir air dòighean nan Gall. Anns an dòigh seo bha na h-Eileanaich, mar a bha na ceàrdannan, a' cumail an eadar-dhealachaidh eadar cleachdaidhean agus feallsanachd an dualchais fhèin agus cleachdaidhean agus feallsanachd bhon taobh a-muigh dheth.

Ann a bhith gan aithris dhan òigridh bha luach ga chur air leantalachd nan sgeulachd agus air an t-sinnsearachd bhon d' fhuair iad na sgeòil: air an eòlas, air an fheallsanachd agus air an dualchas a bha iad a' riochdachadh: 'They gave you a tale which would never be forgotten so they will never be forgotten' (D.W. *ARV* 37: 70. F.c. *Tocher* 33: 145).[70]

Ann a bhith ag ùrachadh agus a' cnuasachadh an cuid sgeul, ged nach biodh èisteachd aca bha na seann daoine, a bharrachd air a bhith a' gleusadh an cuimhne,[71] a' cur luach air na bha aca air chuimhne. Ann a bhith ag aithneachadh gun robh rud prìseil aca ri lìbhrigeadh, bha na seann daoine a' cur luach air an eòlas fhèin, agus mar sin air am beatha agus an dualchas fhèin, agus

---

[68] F.c. Shaw ann am MacNeil 1987: xxv.
[69] Cf. Daaku 1973: 54.
[70] F.c. D.A. MacDonald 1972: 423, 428; Seán Ó Conaill ann an Delargy 1945: 186.
[71] Faic D.A.S. SA1970/206.A2, SA1971/43.A2 & SA1974/55.B2; Bruford *SS* 22: 38; Shaw 2007: 9; Shaw ann am MacNeil 1987: xx, xxxiv; Delargy 1945: 12; Ó Duilearga 1999: 172.

air beatha agus dualchas an sinnsearan: 'Calmachd is tapachd is fearalas cha leigeadh iad idir air dìochuimhne' (An Comunn Gàidhealach 1938: 100).

3. Foghlam neo-fhoirmeil

Dh'ainmich Bascom (1954: 344–345) an t-àite a tha aig beul-aithris ann an oideachas – gu h-àraid, ach chan ann a-mhàin, ann an comainn-shòisealta neo-litreachail – an lùib prìomh fheumalachdan beul-aithris. Tha an earrann a leanas gus meòrachadh air an ìre aig an robh beul-aithris na Gàidhlig air a cleachdadh ann an oideachadh chloinne. Ann a bhith a' dèanamh seo tha mi gus meòrachadh air buaidh suidheachadh na dachaigh air leantalachd eòlais eadar-ghinealaich (*intergenerational transmission*).

Tha e aithnichte gu bheil oideachadh leanaibh (*enculturation* no *cultural learning*) a' tòiseachadh bho latha a bhreith agus gur e oideachadh an leanaibh a tha an ìre mhòr a' dealbh beachdan agus giùlan an duine:

> From the moment of his birth the customs into which he is born shape his experience and behaviour. By the time he can talk, he is the little creature of his culture, and by the time he is grown and able to take part in its activities, its habits are his habits, its beliefs his beliefs, its impossibilities his impossibilities. (Benedict 1952: 2)[72]

Tha e aithnichte a bharrachd gu bheil beul-aithris air a cleachdadh air feadh an t-saoghail airson buaidh a thoirt air inntinn pàiste bho latha a bhreith (Bascom 1954: 346; Shaw 1999: 311–313). Tha àite cudromach aig a seo co-cheangailte ri caochladh thaobhan dhen *socialisation process*, gu h-àraid a thaobh 'acquisition of language competence, shared standards, roles, norms and values' (Kvideland 1980: 59). Tha seo ri fhaicinn anns an dòigh anns an robh clann ann an dualchas na Gàidhlig air am brosnachadh gu bhith a' cleachdadh cainnt a bha cinnteach, ceart agus a bha freagarrach ann an co-theacsa sòisealta. Mar eisimpleir, bha clann air an comhairleachadh 'sibh' a chleachdadh ann a bhith a' bruidhinn ri inbhich.[73]

Tha brìgh an t-seanfhacail "S e 'n t-ionnsachadh òg an t-ionnsachadh bòidheach' a' cur taic ris a' bheachd gur e am fiosrachadh a tha a' drùdhadh air neach na òige as cudromaiche dha air sgàth 's gu bheil an t-ionnsachadh seo a' leantainn ris: 'Rud a chì na big, 's e nì na big[74] – rud a chunnaic iad 's a chual'

---

[72] Cf. Ó Laoire 2002: 48–49.
[73] Faic Shaw 1999: 313.
[74] F.c. 'An nì a chluinneas na big, is e chanas na big' (MacKinnon 1956: 27). Cf. Ó Laoire 2002: 46–48: 'An rud a tchí leanbh, ní leanbh' (d. 46).

iad. Rud a dh'ionnsaich mi òg, tha cuimhn' agam air fhathast' (A.D. MAC15).[75]

Bha clann bheaga air an togail an teis-meadhan an teaghlaich[76] is an cluas ri claisneachd. Bha gach facal a bhathar a' cluinntinn a' drùdhadh a-staigh orra agus air a ghleidheadh air chuimhne.[77] A rèir Phàdruig Mhoireasdain, 's e na 'chuala iad fhèin nuair a bha iad òg, mus deach am breith 's an àrach' (SA1972/35.A2)[78] a dh'fhàg gun robh uimhir dhe na seann bhodaich nan deagh sgeulaichean.

Ged a tha an t-àite a bha aig an taigh-chèilidh ann a bhith ag oideachadh òigridh ann an òrain agus ann an sgeulachdan aithnichte ann an litreachas, chan eil mòran sgoilearachd ri fhaotainn air an àite a bha aig beul-aithris na Gàidhlig ann a bhith a' stiùireadh dòigh-smaointinn na h-òigridh. Tha e aithnichte ann an dùthchannan eile gu bheil buaidh aig aithris nan rann agus seinn nan òran chloinne aig aois aig a bheil inntinn pàiste fosgailte cudromach a thaobh mar a chinneas nàdar a' phàiste, mac-meanmna a' phàiste agus beachdan a' phàiste (Leea Virtanan ann a Honko 1983: 194).[79]

Tha e aithnichte cuideachd gu bheil seanfhaclan, tòimhseachain agus dubh-fhacail, a bharrachd air a bhith ag oideachadh na cloinne ann am bunaitean an dualchais, a' geurachadh an inntinn, am meomhair, an eanchainn, an cuimhne agus an comasan cainnte:

> 'Training' received consciously and unconsciously, by young and old at these ceilidhs was invaluable in strengthening memory, in cultivating rapid and fluent oral composition, in exercising the faculties of observation and reasoning ...
> (Dr. D.J. MacLeod, *TGSI* 39–40: 255)[80]

Tha e coltach gur e an t-oideachadh seo a dh'fhàg 'cho farsaing is cho domhain is a bha an eòlas, cho geur 's a bha an comas breithneachaidh agus cho ealanta cothromach is a bha am briathran aig gach àm' (An Comunn Gàidhealach 1938: 43).

Tha e cudromach nochdadh gun robh cuid de dh'eòlas nan seann daoine air a dhubh-chosnadh bhon chruadal a bha aca a' tighinn beò. Bha an sluagh an

---

[75] F.c. L. MacKinnon 1956: 20–27. Cf. Pádraig Ua Duinnín ann an Ó Madagáin 1985: 177.
[76] Gu tric ann an ciste tì (M.Nic MAC23).
[77] Faic Shaw ann am MacLellan 2000: 35–40. F.c. Ó Laoire 2002: 43, 53, 59–65 a-mach air *tógáil* agus *foghlaim* ann an co-theacsa *song acquisition*. ''S ann bho bhith a' coimhead inbheach a bha clann ag ionnsachadh dannsa cuideachd: '... it was what they saw older ones do that the younger ones did ...' (Fr. Calum MacNeill VAuncat). Cf. McPhee ann am Merriam 1976: 147–148: 'imitation of elders.'
[78] F.c. D.A.S. SA1972/34.B2.
[79] Faic Shaw ann am MacNeil 1987: xxv re sgeulachdan.
[80] Faic Shaw 1999: 309–323.

urra ris an eòlas a bha aca air aimsir, air àrainneachd, air dòighean obrach agus air a' mhuir. Cha robh aca ach lusan na talmhainn agus toradh na mara airson leigheas dhaoine agus bheathaichean agus mar sin bha feum air eòlas air gach luibh agus air mar a bu chòir a chleachdadh. Bha luach ga chur air mòr-eòlas air eachdraidh an eilein agus an t-sluaigh. Bha na modhannan a bha an cois an eòlais seo, agus na cleachdaidhean a bha an lùib aithris agus sgaoileadh an eòlais, riatanach airson co-obrachadh agus rèite anns a' choimhearsnachd.

Òrain agus rannan

Bha mòran oideachaidh ann an eòlas nàdair a bha air a dheilbh timcheall air eunlaith, creutairean, luibhean agus cuairt nan ràithean an lùib nan rannan chloinne. Bha fuaim agus ruitheam rannan leithid *An taiseagan, an taiseagan, stobar as an arm e* (S.MacG SA1971/8) gan dèanamh tlachdmhor dhan chloinn anns an aon dòigh anns a bheil *nursery rhymes* ann am Beurla. Bha feadhainn, leithid *Òran na h-Eala* (U.M. SA1954/55.B3), air an seinn.[81]

Bha am fiosrachadh a bha annta mu aimsir a' mìneachadh, mar eisimpleir, mar a bha gaoth a' riaghladh cothrom dhaoine air an obair a dhèanamh:

> Gaoth a tuath fuachd is feannadh,
> Gaoth a deas teas is toradh,
> Gaoth an iar iasg is bainne,
> Gaoth an ear meas air chrannaibh.   (SCRE 1964 Àir. 79)

Bha cuid de rannan a' teagasg dhaibh ruitheam cunbhalach nan ràithean. Tha an rann a leanas cuideachd a' moladh pòsadh mar rud nàdarra agus ceart:

> Cha robh samhradh riamh gun ghrian,
> Cha robh geamhradh riamh gun sneachd,
> Cha robh Nollaig mhòr gun fheòil,
> No bean òg le deòin gun fhear.   (*ibid.* Àir. 90)[82]

Bha na rannan anns an robh fiosrachadh mu luibhean, maorach agus feamainn[83] a' toirt fiosrachaidh air an robh deagh fheum, gu h-àraid a thaobh dè bha freagarrach agus sàbhailte do dhaoine ithe:

---

[81] F.c. Carmichael 1997: 328; *A' Chaora Chrom* (SCRE 1964 Àir.32); *Thogail nam Bò* (SCRE 1964 Àir.69); *Dannsa nan Tunnagan* (SCRE 1964 Àir. 255); *Crodh an Tàilleir* (SCRE 1964 Àir. 313). Fhuaireas mòran eisimpleirean dhiubh seo bho Anna Sheonstan à Barraigh.
[82] F.c. *Tocher* 4: 128.

> Sòbhragan, sealbhagan,
> Carrachain no peasair-radan,
> Braonan no curralan,
> Brisgean no curran-earraich,
> Puinneagan is giolla-phì,
> Muran agus feada-coille –
> Biadh na cloinne san t-samhradh. *(ibid.* Àir. 76)[84]

Bha beul-oideas a thaobh lusan a b' urrainnear a chleachdadh airson leigheas glè chudromach, agus bha daoine àraid ann, leithid Ceit a' Ghobha agus Niall a' Ghobha, a bha aithnichte airson an sàr eòlais: càite agus cuin am faighte na lusan; ciamar a bha iad rin làimhseachadh; agus ciamar a bha iad rin cleachdadh.[85] Mar an ceudna, bha feum aig clann, a bha tric an sàs ann a bhith a' buain stuthan mar chrotal, sealastair, buaghallan buidhe, puinteag, feanntagan, agus cairt ghleannach airson a chlòimh a dhath, air fios a bhith aca air cò ris a bha gach nì air an robh feum coltach, càite agus cuin am faighte e agus ciamar a bhathar ga dheasachadh airson dath àraid a chur air a' chlòimh.[86]

Bha rannan cloinne[87] tric a' tarraing air an obair anns am biodh clann an sàs:

> Anna Bheag an tèid thu
> Dha' n tobar leis a' chuman ùr. *(Tocher* 1: 28)[88]

Bha comhairle shocair bitheanta an lùib nan rannan. Anns an rann a leanas tha stiùireadh airson òganach:

> Na bi mòr 's na bi beag,
> An tigh an òil na cosg do chuid,
> A mhic ghaolaich na tog an trod
> 'S na ob i mas fheudar dhut. (SCRE 1964 Àir.341)

Bha rannan beaga cuideachd air an cleachdadh airson rabhadh a thoirt do chlann bheaga mu chunnartan nàdair:

---

[83] Faic SCRE 1964 Àir.70, 73, 74.
[84] F.c. 322.
[85] Airson fiosrachadh mu sheann leigheasan faic Shaw 1986: 47–51; D.A.S. SA1970/35B, F.N. SA1968/179, D.E.Mac. SA1968/142.B3; Ailig Dòmhnallach SA1971/280; A.I.M. SA1971/159. Bha trusadh duileisg (a bha air ithe amh neo ann am brot), cairgein (a bha air a bhruich ann am bainne agus air a mheas mar ìoc-shlaint airson trioblaid mionaich) agus feamainn chìrein (a bhite a' bruich agus a' toirt do laoigh airson am beathachadh) an urra ris an t-seòl-mara.
[86] Faic Shaw 1986: 53–55; C.M. SA1963/70; F.N. SA1958/172; C.N. SA1963/71.B1–2.
[87] Faic Morag MacLeod 1998 airson 'òrain bheaga'.
[88] F.c. SCRE 1964.

> Huis huis air an each, an t-each a' dol a Bhàlaigh –
> Beiridh am muir-làn ort,
> Beiridh e air chasan ort,
> Beiridh e air chinn ort –
> Huis huis air an each, an t-each a' dol a Bhàlaigh.
> (S.MacG. SA1968/65.A11)[89]

Bha oideachadh dhen t-seòrsa seo gu h-àraid cudromach far an robh clann an sàs ann an obair leithid a bhith ag iasgach lèabag, a' trusadh maoraich agus a' cruinneachadh crotail.[90]

Bha rannan eile anns an robh rabhadh do chlann gun a bhith a' siubhal ro fhada bhon dachaigh mus fhalbhadh na sìthichean leotha:

> Nuair thig an t-samhainn bidh ann, bidh ann,
> Bidh sìdhich is deomhain neo ghann, neo ghann,
> Bidh sìdhich le aithghear a' marcrachd 'san adhar
> A' goid leotha mhnathan is clann, is clann.   (*Tocher* 19: 119)[91]

Bha rabhadh do nigheanan òga gun a dhol air seachran cuideachd ri fhaotainn ann an òrain leithid *A ghaoil, leig dhachaigh gum mhàthair mi* (I.T. NicDhòmhnaill 1995: 44; Shaw 1986: 170–172; Gillies 2006: 430–432), a tha stèidhte air mar a dh'eirich do thè ris an do thachair each-uisge, agus *Ceud soiridh slàn dhan mhaighdeann a rinn mo leab' a chàradh* (bho Cheana Chaimbeul), a tha a' toirt comhairle do nigheanan òga gun a dhol ro dhàn air fir air eagal 's gum bi leanabh dìolain aca.

Tha Merriam air foillseachadh gu bheil òrain an t-saoghail mhòir tric air an cleachdadh mar 'an enculturative device' (1976: 208). Chithear seo ann an dualchas na Gàidhlig far an robh am fiosrachadh a bha anns na h-òrain a thàinig a-nuas bho linn a dh'fhalbh ag oideachadh chloinne ann an eachdraidh, ann am feallsanachd agus ann am poilitigs an sinnsearachd. Bha òrain molaidh MhicCodrum,[92] na h-òrain Seumasach,[93] na h-òrain fuadaich agus eilthireachd[94] nan eisimpleirean air a seo. Bha oideachas eachdraidheil ann an

---

[89] F.c. *Tocher* 35: 332. Airson dreach eile dhen òran seo faic I.T. NicDhòmhnaill and MacIllFhinnein 1995: 42.
[90] Faic Ceit NicDhòmhnaill 8.
[91] Cf. an sgeulachd *Leanabh air a ghiùlain air falbh le iolaire* (R.D. SA1958/171.A8). Math dh'fhaodte gur ann airson a leanaibh a bhàsaich anns an sgeul seo a chaidh an tàladh *Mo Chùbhrachan* a dhèanamh (R.D. SA1958/171.A9. F.c. Tolmie 1997: 167; Shaw 1986: 165–167; Ó Madagáin 1989: 30).
[92] M.e. *Moladh Chlann Dòmhnaill* (MacMhathain 1939: 62–65; A. Macdonald 1894: 77–82) agus *Smeòrach Chlann Dòmhnaill* (MacMhathain 1939: 22–24; A. Macdonald 1894: 82–85; E.D. SA1969/108.B3).
[93] Faic *Highland Songs of the Forty-Five*, J.L. Campbell 1997.
[94] M.e. *Òran do na fògarraich* (A. Macdonald 1894: 99); *Òran Fir Ghriminis* (A. Macdonald 1894: 104).

cuid de dh'òrain na ficheadamh linn cuideachd, gu h-àraid eachdraidh cogaidhean na Roinn Eòrpa (Dòmhnallach 1995: 2–49)[95] agus eachdraidh thachartasan sgìreil leithid bristeadh an fhearainn (*Òran na Raiders* CEUT 13). Bha fiosrachadh eachdraidheil agus dùthchail air a thasgadh anns na h-òrain luaidh cuideachd: 'The waulking songs kept news alive from generation to generation ... Those happenings that happened centuries ago are still to be told in song and story. It's wonderful' (N.N. *Tocher* 38: 9). Tha sgoilearan eadar-nàiseanta air comharrachadh gu bheil òrain air a bhith air an cleachdadh mar 'carriers of history' (Herskovits ann am Merriam 1976: 280) ann an dualchasan neo-litreachail air feadh an t-saoghail.[96]

Mar a chunnacas cheana, bha caochladh chuspair agus fhaireachdainn a bha air an tasgadh anns na tàlaidhean a' biathadh inntinn na cloinne bige[97] bho latha am breith. Mar an ceudna, bha na puirt-à-beul agus na h-òrain bheaga aotrom eile a bha na seann daoine a' gabhail do leanabain air an glùin gan cumail air an dòigh[98] agus gan oideachadh a thaobh dè bha air a mheas èibhinn anns a' choimhearsnachd.

Seanfhaclan agus tòimhseachain

A rèir Herskovits, tha àite air leth cudromach aig seanfhaclan ann an oideachas dhaoine:

> The morals they point give insights into the basic values of society; they teach us what is held to be right and wrong. They are, indeed, an index to accepted canons of thought and action. (1961: 167)

Chan eil e na iongnadh mar sin gun robh na seanfhaclan Gàidhlig air an cleachdadh, gu h-àraid aig na seann daoine (D.Do. SA1971/5–6), ann a bhith ag oideachadh chloinne ann am bunaitean an dualchais. Bha clann air an comhairleachadh gun a bhith dìomhain agus rud a bha airidh air a dhèanamh, gun dèanadh iad e cho math 's a b' urrainn dhaibh.[99] Bha e air a mholadh dhaibh, mar a bha e do dh'inbhich, a bhith foighidneach agus riaraichte len cuid.[100] Bha clann cuideachd air an earalachadh gun iad a bhith air am mealladh

---

[95] F.c. *Tocher* 16: 305–307.
[96] Faic Merriam 1976: 248, 280; Ross 1961: 34, 37–38.
[97] Cf. Lomax aig 172, Hardiman aig 176 agus Carleton aig 177 ann an Ó Madagáin 1985.
[98] E.M. MAC22; I.T. NicDhòmhnaill 1995: 49.
[99] Am fear a bhios na thàmh, cuiridh e na cait san teine.
[100] Gheibh foighidinn furtachd; 'S fheàrr an teine beag a gharas na 'n teine mòr a loisgeas; B' fheàrr creach 'san tìr na madainn chiùin 'san Fhaoilteach fhuar (*Tocher* 1: 14); Rud a thig leis a' ghaoith, falbhaidh e leis an t-sruth; Gabh an rathad fada glan, 's seachain an rathad goirid salach; Ruigidh each mall muileann, ach cha ruig fear a bhristeas a chnàmhan.

le coltas taitneach.[101] Bha comhairle ann do phàrantan cuideachd air mar a bu chòir dhaibh an cuid chloinne a thogail.[102] Bha cuid de sheanfhaclan a' toirt cunntas air nàdar an duine,[103] air ràithean na bliadhna agus air cleachdaidhean obrach. Mar eisimpleir, 'An obair a nithear Diluain, bidh i luath na bidh i mall', 'Dihaoine gu fàs is Dimàirt gu gearradh' agus 'An obair a nithear Dihaoine, bidh i faoin fadalach.'[104]

Chan eil teagamh nach robh buaidh aig fuaim agus ruitheam tarraingeach nam faclan air cho tric agus a bha iad air an cleachdadh airson fiosrachadh agus beachdan a lìbhrigeadh (L. MacKinnon 1956: 8, 50)[105] agus air cho luath agus a bha clann gan togail. Dh'fhaodadh suidheachadh sam bith anns am biodh inbhich, seann daoine gu h-àraid, agus clann còmhla a bhith air a chleachdadh airson oideachadh dhen t-seòrsa seo (D.Do. SA1971/6.A1).

Bhiodh na seann daoine agus màthraichean a' cur thòimhseachan agus dhubh-fhacal cuideachd (M.M. MAC9 & MAC10).[106] Bha cuid dhe na tòimhseachain agus na dubh-fhacail sin stèidhte air eòlas air am biodh feum aig an òigridh: eòlas air amannan agus aimsirean, air beathaichean, air na dùilean, air luibhean agus measan, air buill a' chuirp, air àirneis taighe, air innealan agus beairtean, air an taigh agus na bhuineadh dha, air còmhdach, air dàimhealachd agus air a' Bhìoball.[107] Mar eisimpleir:

    Trì aois coin, aois eich;
    Trì aois eich, aois duine;
    Trì aois duine, aois fèidh;
    Trì aois fèidh, aois fir-eòin;
    Trì aois fir-eòin, aois craobh-dharaich.   (Nicolson 1938: 22)

    Moigean min, min, mollach,
    A thig air tìr air na torran;
    Chan ith crodh no caoraich e,
    Ach ithidh daoine am moigean mollach.
    Duileasg   (*ibid.* 36)

---

[101] 'S iomadh rud buidhe nach e an t-òr, 's iomadh rud bòidheach as còir a sheachnadh.
[102] Nì màthair èasgaidh nighean leisg; Ma bhualas tu cù no gille, buail gu math e; An t-ionnsachadh òg an t-ionnsachadh bòidheach.
[103] 'S fheàrr a bhith staigh air droch dhuine na bhith mach air; Cha tig às a' phoit ach an toit a bhios innte; Is tapaidh gach cù air a shitig fhèin; Ma tha thu airson do mholadh bàsaich, neo airson do chàineadh pòs; Saoilidh am fear nach aithnich modh gur e 'm modh am mì-mhodh; Trì rudan a thig gun iarraidh, an t-eagal, an t-iadach 's an gaol. Airson dreach eile faic MacNeil 1987.
[104] Bha na trì seanfhaclan seo air bilean an t-sluaigh nuair a bha mi ag èirigh suas ann an Uibhist.
[105] Cf. Kirshenblatt-Gimblett 1994: 114.
[106] 'Foghlam a bh' ann … dh'fheumadh tu smaoineachadh …'
[107] Faic Nicolson 1938 agus SCRE 1964 airson eisimpleirean stèidhte air gach cuspair.

Bha na tòimhseachain tric a' cur ceist aig an robh feum air fuasgladh:

> A' mhuc a thàinig a Èirinn,
> 'S ann oirre bha 'n t-èideadh garbh,
> Deich earrannan, deich dramannan,
> Deich iallan fada fichead,
> Muc air fhichead, fichead marag?
> *Dias eòrna* (O.N. SA1958/177)

Dh' fhaodadh na ceistean a bhith air cuspair sam bith a bha air a mheas feumail: 'Ciod iad na roinn as fheàrr de dh'èisg? Cliabh sgadain, tàrr bradain, is cùl cinn a' bhric dhuibh.' Bha ceistean tric air an cleachdadh airson comas cunntais agus àireamhachd a gheurachadh (M.M. MAC10):

> Arsa cailleach,
> 'Nam bitheadh agam na bheil agam,
> Uiread eile, 's leth uiread,
> Dà ghèadh, agus bloigh geòidh,
> Dhèanadh sin fichead.'
> Cia mheud a bha aice?
> *Còig* (Nicolson 1938: 76)

> Is math a dhannsadh Ùisdean Friseal,
> Ùisdean Friseal, Ùisdean Friseal,
> Is math a dhannsadh Ùisdean Friseal,
> Leis an fhichead maighdinn;
> Còignear roimhe, 's às a dhèidh,
> Còignear roimhe, 's às a dhèidh,
> Còignear roimhe, 's às a dhèidh,
> Còignear air gach làimh dheth.
> Cia mheud a bha a' dannsadh leis?
> *Bha e a' dannsa leis fhèin le còig meòirean air gach cois agus làimh.*[108]

Bha e na chleachdadh aig cuid a bhith ceasnachadh chloinne air an eòlas a thaobh càirdeis agus sloinnidh an cuideachd fhèin agus muinntir na sgìre. Dh'inns Isa NicIlip dhomh mar a bhiodh peathraichean a màthar a' dèanamh cleas de dh'oideachadh a bha gan dèanadh eòlach air cò bha a' fuireach anns gach taigh agus dè cho càirdeach agus a bha gach ball dhen bhaile dha chèile.[109]

---

[108] Faic Nicolson 1938: 78; P.N. SA1958/89.B10. Cf. na sgeulachdan *A' chailleach 's am bodach 's na dithis bhalach* (S.MacF. SA1971/172.A6); *Fear aig nach robh sgeulachd* (AT2412B. P.Mac. SA1964/88/B.3); *Am Madadh-ruadh 's an gèadh 's am poca sìl* (AT1579. A.I.R. SA1971/177.B6; S.MacF. SA1971/172.A5).
[109] Faic *Tocher* 28: 232–233 airson seaghan dhen chleas seo ann an Leòdhas agus ann an Sealtainn.

Bha e riatanach gum biodh fios aig gach duine, chan e a-mhàin cò leis a bha e fhèin, ach air sinnsearachd gach neach anns a' choimhearsnachd, airson nach biodh tuilleadh agus a' chòir co-chleamhnais ann an teaghlaichean (J.A. Macdonald 1999: 11; Martin 2001: 274). Ged a tha e coltach nach robh riaghailtean teann aig an eaglais a thaobh na h-ìre de chàirdeas a bha ceadaichte airson pòsadh, cha robh teaghlaichean anns a' bhitheantas airson gum biodh dithis na bu dlùithe na 'n treas glùin a' pòsadh, agus ma bha càirdeas air an dà thaobh, bhiodh iad airson gum biodh e na b' fhaide a-mach na sin.[110] Bha e cudromach cuideachd airson gum biodh àite air a thoirt do chàirdean aig amannan sònraichte mar bhainnsean agus tiodhlacaidhean: '... ag innse, 's ag innse, 's ag innse a-rithist gos gum biodh e agad air do chuimhne' (I.N. MAC3). Ann a bhith ag oideachadh an cuid chloinne a thaobh cò iad, bha daoine ag ùrachadh an aithne air an cuideachd fhèin agus a' nochdadh an spèis dhan sinnsearachd.[111]

Sgeulachdan

Tha sgeulachdan air a bhith air an cleachdadh air feadh an t-saoghail airson oideachadh chloinne. Chithear seo an lùib cheàrdannan Alba:

> ... it was through the ritual of storytelling that the young learned the wisdom of their ancestors – a wisdom both practical and spiritual that prepared them for life within their society as well as outside it. Memorates, legends, tales and myths offered rich symbolic material steeped in essential truths. The plots revealed the inevitable dualities in nature and man – good and evil, love and hate, weakness and strength, cruelty and gentleness, pain and joy ... heroes exhibited courage, faith, cleverness, self reliance, humour and a will to survive ...   (McDermitt, *Tocher* 33: 143–144)

Bha sgeulachdan Gàidhlig na h-Alba agus na h-Èireann cuideachd air an cleachdadh a dh'oideachadh na cloinne ann am fìor-fhiosrachadh 'topographical, genealogical and historical' (Naughton 2003: 32)[112] agus anns an fheallsanachd a bha taisgte annta: 'the Scottish highlands and outer islands where history and folklore are notoriously intertwined' (Dorson 1973: 9).[113]

Sgrìobh Herskovits: 'Many stories point to a moral, and are used as educational devices for inculcating in the children the value-system of the people' (1961: 167). Bha *Jack Tales* nan ceàrdannan aithnichte mar 'a good

---
[110] Faic Vallee 1954,161.
[111] Cf. Bo 1988: 146.

means by which parents instil within the hearts of their children a sense of ethics and security' (S.R. ann an Shaw 2007) agus airson na dòigh anns an robh iad 'shapin' your character' (S.R. *Tocher* 40: 175).[114] Bha aithris nan sgeulachdan seo a' brosnachadh aonachd agus uaill am measg na h-òigridh: '... unify the people, develop pride among the young for the travellers' ways and establish sound moral values and common beliefs' (McDermitt, *Tocher* 33: 144).[115]

Tha an fheumalachd seo a' nochdadh anns na h-*animal tales* agus na *formula tales* ann an dualchas na Gàidhlig. Ged nach robh e, anns an fharsaingeachd, air a mheas iomchaidh do bhoireannach sgeulachd aithris ann an cuideachd fir (D.A.S. SA1971/101.A2; Shaw 2007),[116] bha e air fhaicinn coltach gu leòr gum biodh iad ag aithris sgeulachdan a bha air am meas freagarrach dhan cuid chloinne.[117] Bha cuimhne aig Dòmhnall Alasdair Seonstan air a mhàthair ag innse sgeulachdan mu leithid shìthichean dha h-oghaichean (D.A.S. SA1971/101.B1). Tha clàran na Sgoil Eòlais a' dearbhadh gur ann bho bhoireannaich anns an teaghlach, ach gu h-àraid bho am màthair, a thog mòran de luchd-aithris na Sgoile na h-*animal tales* agus na *formula tales* a bha aca.[118] Bha na sgeulachdan goirid seo ag oideachadh chloinne ann am moraltachd, ann am beusan agus ann am modhannan an dualchais.

Mar eisimpleir, tha an sgeulachd *A' Ghobhar Ghlas*[119] a' moladh do chlann gu bheil gliocas, a bharrachd air modh, ann a bhith a' gabhail comhairle màthar, agus tha sgeulachd *Chaluim Cille agus an liabag*[120] ag earalachadh chloinne gun a bhith cleachdadh cainnt mhì-mhodhail. Tha *Geodha nan Calman*[121] a' moladh Diadhachd dhaibh agus tha *An Coileach agus am Madadh-Ruadh*[122] a' toirt rabhaidh air a' chunnart a tha ann an cion eòlais a thaobh cò a tha càirdeach dhut. Mar a sgrìobh Naughton mu na h-uirsgeil Èireannach: '... when drawing on a moral lesson, could serve to warn or advise the listeners about all sorts of dangers as well as incorrect modes of behaviour' (Naughton 2003: 32).

---

[112] Cf. Dorson 1974: 75–112.
[113] Tha mòran dhualchasan neo-litreachail a' cur luach air an fhìor fhiosrachadh a tha air a thasgadh ann am beul-aithris agus air oideachas anns an fhiosrachadh seo (Bascom 1954: 345; Herskovits 1961: 167; Daaku 1973: 43).
[114] F.c. D.W. *ARV* 37: 70; D.A. MacDonald Rhind 3. Ann an dualchasan eile tha sgeulachdan mhanaidhean air an cleachdadh airson dèiligeadh ri modhannan a tha air an croiseadh (*cultural taboos*), leithid innse nam breug agus sannt (Grider ann am Burlakoff et al 1980: 55).
[115] F.c. D.W. *ARV* 37: 70. Cf. Eller 1979: 100; Kirshenblatt-Gimblett 1975: 108–109.
[116] Cf. MacNeil 1987: 22.
[117] Chan innseadh cuid, mar eisimpleir, sgeulachdan anns an robh murt neo goid. Faic M.M.N. SA1971/161.B3; D.A.S. SA1971/101.B1. Cf. MacNeil 1987: 22; Dégh 1969: 93.
[118] Faic clàran C.L.; M.M.N.; C.Dho.; A.Mac.; A.MacC.; D.MacD.
[119] AT123. M.M.N. SA1971/108.B4; C.D. SA1967/88/A2;6; C.Dho. SA1969/107.B9; *SS* 9: 108–113; C.Dix SA1967/88.A2. Anns an riochd Bharrach dhen sgeulachd bha an gobhar air ithe (SA1974/90.B3).
[120] AT250A. Carmichael 1997: 321; N.N. SA1958/151.8; D.S. SA1968/26.B3.
[121] M.M.N. SA1971/177.A6. F.c. *Crìosda 's na cearcan 's na tunnagan* (R.D. *Tocher* 1: 14–15). Airson seagh eile dhen sgeul seo faic *A' Chearc air a mollachadh* (Dòmhnall MacMhaolain SA1953/38.A3).
[122] AT62. *Tocher* 13: 208.

Tha mòran dhe na sgeulachdan goirid seo a' moladh modh agus taingealachd a shealltainn nuair a thèid biadh a thabhann dhut agus nach tèid deagh ghnìomh air dìochuimhne uair sam bith. Tha gleustachd,[123] foighidinn agus a bhith riaraichte le do chrannchur tric air am moladh cuideachd. Tha cuid dhe na sgeulachdan seo a' cur clann air am faire airson nach bi iad air am mealladh le briathran bòidheach, miodalach, sodalach.[124] Tha cuid eile a' moladh nach bu chòir beachd a thoirt seachad gun tuigse a bhith agad air an t-suidheachadh agus air a' bhuil a dh'fhaodadh èirigh às na chaidh a ràdh.[125]

Bha àite cudromach aig cuid dhe na sgeulachdan beaga seo, sgeulachdan leithid *Am Madadh-ruadh 's an gèadh 's am poca sìl*,[126] ann a bhith a' geurachadh inntinn agus meomhair na cloinne. A thuilleadh air a seo bha na sgeulachdan, mar a bha na h-òrain agus na rannan chloinne, gan oideachadh ann am briathrachas,[127] ann an gnàthasan-cainnt agus ann an gràmar, agus e aithnichte gu bheil cànan air a h-ionnsachadh 'by listening, by imitation, by engaging in a social discourse' (Carson 1986: 6 a-mach air *musical language* ann an co-theacsa leantalachd ceòl traidiseanta Èirinn).[128] Tha *Sgeulachd na Cailliche Bige* agus *Rann Iomaineach* (*The Celtic Review* 8: 166–8. F.c. *Tocher* 36 & 37: 438) nan deagh eisimpleirean air a seo. Earrann de *Rann Iomaineach* an toiseach:

> Thugainn a dh' iomain.
> Ciod e 'n iomain?
> Iomain chaman.
> Ciod e 'n caman?
> Caman iubhair.
> Dè 'n t-iubhar?
> Iubhar athar.
> Dè 'n t-athar?
> Athar eun.
> Dè 'n t-eun?

---

[123] *Sgeulachd na Corra-ghrithich* AT120 (M.M.N. SA1971/184/B16); *An Dreathan Donn* AT248 (*Tocher* 4: 108–115; Ali Dall SA1957/40.B8).

[124] *An gèadh agus an sionnach* AT122. Ann an sgeulachdan Gàidhlig tha an gèadh air a chunntas comasach agus geur-inntinneach, beusan a tha aithnichte anns an abairt *Nach bu tu an gèadh*. F.c. J.F. Campbell 160 Vol. 1: 275.

[125] *Diluain, Dimàirt* AT503 (*Tocher* 26: 106–109; D.Ailig.M. SA1972/24.A5; Tè à Uibhist A.I.D. SA1965/135.B4; C.Dix SA1971/277.A16 fon ainm *An Dà Chroit*).

[126] AT1579 (A.I.R. SA1971/177.B6; S.MacF. SA1971/172.A5). F.c. *A' chailleach 's am bodach 's na dithis bhalach* (S.MacF. SA1971/172.A6); *Fear aig nach robh sgeulachd* AT2412B (P.Mac. SA1964/88/B.3).

[127] An lùib seo geur-chainnt (*verbal wit*): *Uilleam, bi 'd shuidhe* AT1544 (A.Mac. SA1971/175.B9; A.MacG. SA1968/53.A7).

[128] F.c. Ó Laoire 2002: 46.

Eun air iteag.
Dè 'n iteag?
Iteag fithich.
Dè fitheach?
Fitheach feòla.
Dè 'n fheòil?
Feòil dhaoine.
Dè na daoine?
Daoine naomha.

Agus a-nis, earrann de *Sgeulachd na Cailliche Bige*:

Chaidh cailleach bheag bhìodach bhìodach
Gu fèill bheag bhìodach bhìodach.
Cheannaich i feòil bheag bhìodach bhìodach.
Thàinig i dhachaigh gu bìodach bìodach.
Dh'fhosgail i dorus beag bìodach bìodach
'S chuir i poit bheag bhìodach bhìodach
Air an teine bheag bhìodach bhìodach
Chuir i 'n fheoil bheag bhìodach bhìodach.
A's a phoit bhig bhìodach bhìodach
Chaidh i suas gu bìodach bìodach
Gus am bi'eadh an fheòil bhìodach bhìodach bruich
Thàinig i nuas gu bìodach bìodach
Fiach an robh 'n fheòil bhìodach bhìodach bruich.

Bha *chain tales* (no *cumulative tales* no *formula tales*) leithid *Biorachan Beag is Biorachan Mòr*[129] a' dealbhachadh do chloinn mar a tha nithean a' leantainn a chèile gu nàdarra agus a' bhuaidh a tha aig aon ghnìomh air na thig às a dhèidh. Bha seo air a dhèanamh ann an dòigh aighearach a bha tarraingeach dhan chloinn a thuilleadh air a bhith a' brosnachadh cuimhne agus a' gleusadh meomhair. Anns an aon dòigh bha amaladh-cainnt, leithid 'Tha ìte na circe brice ann an seotal ciste mo sheanmhar' agus 'Ceal maol sgalach, cluasan feannaig' (S.MacG. SA1971/8.A4) a' geurachadh eòlas na cloinne, gun fhiosta dhaibh fhèin, air modhan-cainnt leithid fuaimneachadh, siùbhlachas agus cliseachd teanga. Bha na deuchainnean uirghill seo, mar a bha na h-eisimpleirean a leanas, ri bhith air an aithris trì tursan gun stad:

---

[129] AT2030. C.L. SA1971/160; M.M.N.SA1970/211/A3; C.Dho. SA1969/107.B4; E.D. SA1971/176; S.MacF. SA1971/172.A1; C.Dix SA1967/88.A1; A.I.M. SA1968/41.B1; D.M. SA1977/187.A4.

Chleachd a' chearc dhubh a bhith a' breith anns a' chliabh
agus chleachd a' chearc liath a bhith a' breith anns a' chrò.

Cha robh reatha leathann, liath riamh reamhar.

Bithidh an luaithreachan luaithre 'n a uallachan gille.[130]

Bha an t-eòlas saidheans a bha taisgte ann an sgeulachdan leithid *Cìogain is Cuaigean*[131] a' leudachadh tuigse agus beachd air an t-saoghal a bha mun cuairt orra. Bha sgeulachdan, leithid sgeulachdan an eich-uisge, anns an robh comhairle do nigheanan òga fir air nach robh iad eòlach a sheachnadh, agus sgeulachdan leithid *Na h-aon deug mhic fo gheasaibh*[132], anns an robh comhairle do dh'òganaich droch bhuadhan agus chunnartan an t-saoghail mhòir a sheachnadh, cuideachd air am meas freagarrach do chloinn na bu shine.

Bha sgeulachdan nan sìthichean tric a' toirt earail do chloinn aig gach aois gun a bhith a' siubhal ro fhada bhon dachaigh mus rachadh iad air seachran agus gum falbhadh na sìthichean leotha (N.N. *Tocher* 38: 9).[133] Bha cuid de sgeulachdan nam bodach a' maoidheadh air clann gun a dhol a-mach air an oidhche no a dhol faisg air locha no air a' mhuir leotha fhèin air eagal 's gun coinnicheadh iad ri leithid bòcan.[134] Ann a bhith a' cur eagal am beatha air a' chloinn bhathas gan oideachadh gu bhith cùramach agus a bhith air am faiceal bho chunnart: '… ag innse naidheachdan uabhasach, naidheachdan oillteil uaireannan cuideachd. Bhiodh an t-eagal orm a' dol a chadal' (D.E. MacE SA1963/51.B8).[135]

An aghaidh seo, tha Raghnall MacilleDhuibh air nochdadh mar a bha sgeulachdan nan sìthichean mar iùl, gu h-àraid do chloinn, airson dèiligeadh ri caochladh shuidheachaidhean nam beatha (Black ann an J.G. Campbell 2005: xxii). Bha iad air an cleachdadh airson iomadach cuspair nach robh furasta a làimhseachadh – tinneas, bàs, bochdainn, feise, èigneachadh, murt, col, goid chloinne – a mhìneachadh do chloinn ann an dòigh a bha socair ach a bha fhathast gan earalachadh (Black 2005: xxxv–xxxvi). Mar a sgrìobh Honko (1983: 235): 'Myths … can be created to hide an unpleasant reality or in order to legitimize actions and attitudes.'

---

[130] A tha uile rim faighinn ann an Nicolson 1938: 90–96. Airson eisimpleirean eile faic S.MacGh. SA1971/7.B.
[131] AT2025. C.Dho. SA1969/107.B2; C.Dix SA1976/170.B13; E.D. SA1971/176.A1; S.MacF. SA1971/172.A2.
[132] D.MacD. SA1971/5.A1.
[133] *Na sìthichean a' goid clann* (D.A.MacG. SA1971/180.A7). Cf. Bourke 1999: 30.
[134] Faic E.Mac.SA1969/95.A6 airson naidheachd Lag nam Bòcan.
[135] F.c. A.M. SA1971/4 & SA1980/31.A4. Bha sgeulachdan iargalta ann a chuireadh 'eagal mo bheatha' air gillean nas sine a bha a' cèilidh nan taighean cuideachd (D.Do. SA1971/5. F.c. CD E.Do).

Bha cothrom aig clann caochladh sheòrsachan eile de sgeulachdan a chluinntinn nam biodh iad an làthair ann an suidheachadh cèilidh: 'And the bairns jist sut very quietly, and ye listened, every word – ye jist sort o luxuriated in every word, ye ken, at wis said' (S.R. ann an D.A. MacDonald Rhind 3).[136]

Mar a chunnacas cheana, bha na sgeulachdan tric làn fiosrachaidh eachdraidheil.[137] Tha rannsachadh bho dhualchasan eile air nochdadh gu bheil clann a' faighinn a cheart uiread de dh'fhiosrachadh dualchasach an lùib sgeulachdan an dualchais agus a tha iad anns an sgoil (Gayton ann am Bascom 1954: 345), breithneachadh ris a bheil suidheachadh na Gàidhealtachd a' cur taic: 'Ged nach robh na sgoiltean pailt an uair ud, chan fhaodar a bhith smaoineachadh gun robh an sluagh gun fhoghlum. B' e an tigh-cèilidh an sgoil a bha acasan ...' (MacMhathain 1939: v). Tha seo ri fhaicinn anns an dòigh anns an robh taighean àraid anns am biodh daoine a' cruinneachadh aithnichte mar cholaiste[138] no fiù mar oilthigh (An Comunn Gàidhealach 1938: 105). Bha na sgeulachdan mar sin ag oideachadh na h-òigridh mu choinneamh: '... the responsibilities and realities of adult life ...' (Burrison ann am Burlakoff & Lindahl 1980: 22).

Creideamh

'S ann bho bheul-oideas an teaghlaich a bha clann a' faighinn a' chiad oideachaidh ann a bhith ag adhradh. 'S ann aig an dachaigh a bhathar ag ionnsachadh seinn nan salm agus 'laoidhean cadal is dùsgadh', a bha a' toirt fiosrachadh domhainn mu chreideamh nan daoine (Teip C.G.).[139] Ann an Uibhist a Deas 's ann aig an taigh a bha clann ag ionnsachadh mòran dhe na h-ùrnaighean a bha an Eaglais Chaitligeach a' cur romhpa: 'Bidh thu gan togail nuair a chluinneas tu d' athair 's do mhàthair 's an fheadhainn a tha fàs sean, fhios agad. Nuair tha thu nad phàiste, nad chnapach, tha thu 'g èisteachd riutha 's tha thu gan togail mar sin' (D.A.S 1971/102.B2).

A rèir Owen (1958: 69), 's e màthraichean a bu mhotha a bha ag oideachadh na cloinne a thaobh teagasg na h-eaglaise ann an Uibhist a Tuath, ann a bhith ag ionnsachadh leithid Ùrnaigh an Tighearna agus *Leabhar Aithghearr nan Ceist* dhaibh, ach bha àite cudromach aig seanairean agus seanmhairean cuideachd (S.D. MAC12). Chithear mar sin mar a bha oideachadh neo-fhoirmeil na cloinne a' brosnachadh leantalachd gach taobh dhen dualchas agus

---
[136] Cf. Ó Madagáin 1985: 171 co-cheangailte ri seinn nan òran.
[137] Gabhaidh fiosrachadh dhen t-seòrsa seo a chleachdadh mar fhianais eachdraidheil ann an dualchasan nach do ghlèidh an leithid ann an sgrìobhadh (Montell ann am McKean 1997: xii).
[138] 'Colaiste Iain Ruaidh', ann an Cladach Chirceabost (bho D.I.M).
[139] Cf. Ó Madagáin 1985: 166–167.

a' daingneachadh na feallsanachd air an robh an dualchas stèidhte.[140]

4. A' gleidheadh chleachdaidhean stèidhte

Tha e coltach gu robh Bascom an luib na ciad fheadhainn a chomharraich an t-àite cudromach a tha aig beul-aithris ann a bhith a' gleidheadh chleachdaidhean stèidhte mar fheumalachd a tha a' seasamh leis fhèin. Dh'fhoillsich e gu bheil roinnean àraid de bheul-aithris a tha, a bharrachd air am feumalachd agus an tairbhe a thaobh foghlaim no ann a bhith a' fìrinneachadh agus a' daingneachadh dualchais, air an cur gu feum airson casg a chur air daoine bho bhith a' fiaradh bho chleachdaidhean sòisealta air a bheil an comann làn-eòlach.

Mhìnich Bascom (1954: 347) mar a bha seanfhaclan Afraganach air an cleachdadh airson smachd sòisealta a chumail air daoine fa leth agus, bhuaithe sin, air coimhearsnachd. Bha na seanfhaclan Gàidhlig air an cleachdadh anns an aon dòigh, agus iad air an aithris ann am beatha làitheil nan Eileanach airson moraltachd agus beusachd coimhearsnachd a chur an cèill agus a sgaoileadh.

Bha mòran dhe na seanfhaclan a' cleachdadh moladh agus dì-moladh airson cur air shùilean dhan t-sluagh mar bu chòir dhaibh iad fhèin a ghiùlan. Dh'fhaodadh seo a bhith tarbhach far an robh cuideigin airson beachdachadh air an dòigh anns an robh duine àraid ga ghiùlan fhèin an urra ri cleachdaidhean stèidhte, gu h-àraid far an robh an duine sin air dealachadh bho ghnàthasan sòisealta air an robh e mion-eòlach. Bha iad èifeachdach an lùib inbheach air sgàth 's gun robh iad a' toirt cothrom do dhaoine beachd a thoirt seachad air mar a bha duine àraid ga ghiùlan fhèin ann an dòigh a dh'fhaodadh a bhith connspaideach ach nach robh a' dèanamh masladh air an duine no sgaradh anns a' choimhearsnachd: '… an important aspect of proverb use is the indirectness it affords and the tacit understanding it assumes' (Kirshenblatt-Gimblett 1994: 114).[141]

Bha seanfhaclan ann anns an robh rabhadh agus seanfhaclan anns am biodh fanaid ga dèanamh air nàmhaid no eascaraid. Bha seanfhaclan eile ann anns an robh comhairle do chàirdean a bha a' meòrachadh air rudeigin a dhèanamh a bhiodh buailteach eas-aonta no nàimhdeas a thogail anns a' choimhearsnachd no peanas bhon chomann-shòisealta a thoirt orra fhèin no air an teaghlach.[142]

---

[140] Cf. Eller 1979: 100 re suidheachadh Appalachia.
[141] F.c. Kirshenblatt-Gimblett 1975: 108. Cf. Tracey ann am Merriam 1976: 190: 'You can say publicly in songs what you cannot say privately to a man's face, and so this is one of the ways African society takes to maintain a spiritually healthy community.'
[142] Cf. Eller 1979: 100–101 agus Vallee 1954: 162 co-cheangailte ris an dòigh anns a bheil càirdeas air a chleachdadh airson 'social control over deviance'.

Tha na seanfhaclan a' dearbhadh gur h-e cànan ghnàthas-chainnteach a bha anns a' Ghàidhlig. Tha feum mar sin air eòlas air a' chànain agus air feallsanachd na coimhearsnachd airson tuigse a bhith agad air brìgh nan seanfhacal. Mar a sgrìobh Kirshenblatt-Gimblett, 'proverbs may be understood differently by different individuals in different contexts' (1994: 111).[143] Nochd Herzog (ann am Bascom 1954: 347) gu bheil seanfhaclan ann an dualchasan àraid anns a bheil barrachd air aon teachdaireachd. Tha seo a' ciallachadh gun tèid aig aon seanfhacal air a bhith air a chleachdadh ann an suidheachaidhean eadar-dhealaichte airson comhairle, stiùireadh no rabhadh a thoirt seachad, rud a thèid aig cuid dhe na seanfhaclan Gàidhlig air a dhèanamh. Bha seagh eile dhen fheallsanachd seo ri fhaicinn ann an deas-ghnàthan an rèitich: '… genealogy and social censure are also featured; the audience is reminded that x is related to y, as well as hearing an affirmation of shared community values in the form of a satire of an errant contemporary' (Martin 2001: 278).

Cha bhiodh duine sam bith airson gum biodh iad nan cuspair bruidhne aig daoine eile no airson masladh a thoirt air an teaghlach aca (C.Se. *Tocher* 13: 166), agus chan eil teagamh nach robh eagal air daoine bho na bàird a bhiodh a' dèanamh aoir[144] (Shaw 1999: 320–321).[145] Mar a chaidh a radh mu Dhòmhnall Ailein Dhòmhnaill na Bainich: "S e duine cunnartach a bh' ann a dhol a-mach air – a chionn 's dhèanadh e òran dhut sa mhionaid' (J.A. Macdonald 1999: 264). Ged as e bàird na h-ochdamh agus na naoidheamh linn deug, leithid MhicCodrum agus Ghille na Ciotaig, a b' ainmeile ann an Uibhist a Tuath airson an geur-chainnt,[146] bha bàird na ficheadamh linn, bàird leithid Anndra Hòrasairigh[147] agus Fhionnlaigh Cìobair,[148] glè chomasach air aoir a dhèanamh cuideachd.

Bha sgeulachdan moraltachd, a bha mar sgàthan air togail nan daoine, cuideachd air an cleachdadh airson a dhaingneachadh do dhaoine ciamar a bu chòir dhaibh iad fhèin a ghiùlan.[149] Bha iad a' cur mu choinneamh dhaoine, mar eisimpleir, gum bu chòir an t-Sàbaid a bhith air a cumail (*Giolasag a-null*;[150]

---

[143] F.c. 115, 118. Cf. Brody 2002: 49.
[144] Aoir leithid *Cailleach Mhòr Staghlaidh* (*TGSI* 38: 514–517; E.D. 1969/110.A9; Fred MacAmhlaidh SA1952/112.18) agus *An gobh' a bh' ann an t-Hoghaigearraidh* (R.D. SA1958/171.A4).
[145] Cf. Merriam 1976: 197.
[146] Airson eisimpleirean dhen aoireadh a rinn iad faic MacMhathain 1939 agus A. Macdonald 1894.
[147] Faic *Tocher* 54–55: 323–325.
[148] M.e. *Òran a' Bharraich*. Math dh'fhaodte gur h-e *'S ann mu thuath fada tuath* an t-òran a b' ainmeile a rinn Fionnlagh Cìobair (E.Mo. SA1963/69.A2 & SA1972/132.A6; *Faileasan Uibhist* CEOLCD01). Bhiodh mac Fhionnlaigh, Eòghainn, ri beagan bàrdachd cuideachd, mar eisimpleir *Nuair a thig thu sìos dhan Chaolas* (E.Mo. SA1972/131.A2).
[149] Cf. Kirshenblatt-Gimblett 1994: 108–109; Basso 1990: 115–117.
[150] C.R. SA1971/168.A8.

A' roinn an èisg ris an Donas)[151] agus gun tig breugan am follais uair no uaireigin (*An dithis mharbh 's am ministear*).[152] Bha na sgeulachdan seo cuideachd a' moladh nach tèid deagh euchd air dìochuimhne (*An duine a thill a Ameireagaidh*).[153] Tha Basso (1990: 103, 117, 126) air foillseachadh gun robh treubh tùsanach *Western Apache* anns an aon dòigh a' cleachdadh sgeulachdan eachdraidheil[154] airson daoine a bhrosnachadh gu bhith dìleas do dh'fheallsanachd agus mhodhannan sòisealta an dualchais fhèin. Bha aoir air a cleachdadh anns an aon dòigh.[155]

Gabhaidh beul-aithris cuideachd a chleachdadh airson luaidh a dhèanamh air daoine a bha air am meas airidh air cliù airson an seasmhachd agus an dìlseachd dhan dualchas. Chithear seo anns na h-òrain molaidh agus na marbhrainn a rinn leithid Ghille na Ciotaig agus MhicCodrum:

> Duine measarra cliùiteach
> Bha gu h-aoigheil 'na ghiùlan 's 'na ghnàths,
> Beul na fìrinn 's an t-sùgraidh,
> 'S mór an dìth air an dùthaich do bhàs;
> 'S mór a' bheàrn 'n ar daoin' uaisle,
> Chaidh am mànran 's an uair sin mu làr;
> Dh'fhalbh ar tacsa 's ar rèite,
> Cùis as goirte do shéithear bhith fàs.
> (Bho *Marbhrann do Alasdair MacDhòmhnaill* aig MacCodrum).[156]

Ann a bhith a' cleachdadh sheanfhaclan, sgeulachdan agus òran airson na modhannan a bha aig bunait an dualchais a dhìon agus a ghleidheadh, bha na Gàidheil, a bharrachd air a bhith a' nochdadh spèis dhan dualchas, a' coileanadh 'culturally conditioned behaviour' (Benedict 1952: 14). Dhaibhsan a bha dìleas dhan dualchas bha seo a' cruthachadh 'a feeling of security and of living in harmony with the rules of tradition' (Bo 1988: 146).

---

[151] P.M.SA1972/48.A2.
[152] M.M.N. SA1971/108.B8.
[153] D. Ailig MacG. SA1971/161.B4. Teachdaireachd a tha air a daingneachadh an dà chuid ann an seanfhaclan leithid 'An làmh a bheir, 's i a gheibh' (T.D. MacDonald 1926: 27) agus ann an teagasg a' Bhìobaill: 'Tilg d'aran air aghaidh nan uisgeachan oir an dèidh mhòrain de làithean gheibh thu e' (*Eclesiastes* 11: 1).
[154] A bha a' comharrachadh ainm an àite anns an robh an sgeulachd stèidhte aig toiseach agus deireadh an sgeòil.
[155] Cf. Merriam 1976: 193–197, 224–225 a' bruidhinn air 'social control' agus feumalachd agus tairbhe òran ann a bhith 'enforcing conformity to social norms' agus a thaobh 'continuity and stability of culture'.
[156] MacMhathain 1939: 42–43. Airson eisimpleirean eile dhe na h-òrain molaidh agus na marbhrainn a rinn Gille na Ciotaig agus MacCodrum faic MacMhathain 1939 agus A. Macdonald 1894. F.c. Ross 1961: 23. Cf. Bascom 1954: 346.

Caibideil a Ceithir: Adhbharan Tanachaidh

A rèir Uí Laoire:

> Culture is always in the process of change at varying rates, according to varying levels of intensity of influence stemming from agencies of church and state, or market forces, influences that spread from their centres to the peripheries ...
> (Ann an Naughton 2003: 17)

Tha a' chaibideil seo gus meòrachadh air dè as coireach gun tàinig tanachadh cho aithghearr air beartas, doimhneachd agus farsaingeachd beul-aithris Uibhist a Tuath a' dol a-staigh dhan dara leth dhen fhicheadamh linn.

1. An dà chogadh

Bha an structar sòisealta a bha ann ron Chiad Chogadh a' toirt tacsa do bheul-aithris Ghàidhlig an eilein agus a' cur luach air dualchas na coimhearsnachd. Ged a thàinig atharrachaidhean mòra air an t-structar shòisealta seo ri linn an dà chogadh, b' e an Ciad Chogadh a chomharraich toiseach buaidh mhillteach an t-saoghail mhòir air cleachdaidhean agus cànan nan Gàidheal.[1]

'S e an t-atharrachadh a bu nochdar a thàinig air coimhearsnachdan Uibhist a Tuath ri linn a' Chogaidh Mhòir, mar a thàinig air a' Ghàidhealtachd air fad, gun robh teaghlaichean air an sgaradh agus uallach na h-obrach agus nan teaghlach air fhàgail aig na boireannaich. Bha fir na coimhearsnachd air fad a bha air falbh air an cùram. Air sàillibh seo cha robh na bha air am fàgail aig an dachaigh a' gabhail tlachd ann a bhith a' dol air chèilidh:

> Cha robh òigridh air am fàgail ann ach sgoilearan òga, agus bha na seann daoine cho trom-inntinneach thoradh nach robh taigh sa bhaile nach robh duine 's dithis air falbh às. Agus mura rachadh iad a choimhead air a chèile dhan choimhearsnachd air an latha cha robh mòran de dh'fhalbh na h-oidhche idir ann.
> (P.M. SA1971/105)[2]

Bha gach naidheachd bàis agus leòin a bha a' tighinn dha na bailtean a' còmhdach gach coimhearsnachd le mulad agus thàinig lùghdachadh air cleachdadh cèilidh nan taighean ri linn a' Chogaidh Mhòir:

---

[1] Faic D.A. MacDonald Rhind 3.
[2] F.c. D.A.S. SA1970/206.A2.

Bha e na mhulad. Mulad a chuir orra agus chan e a-mhàin dhan teaghlach go 'n tàinig an naidheachd ach bha daoin' eile ann a' comh-thùrs' ris. Bha iad a' faireachdainn a' bhuille iad fhèin. 'S cha robh fios aca cò 'n uair a dh'fhaodte a leithid de naidheachd tighinn uca. (P.M. SA1971/105)[3]

Chomharraich Dòmhnall Ruadh Chorùna cruaidh-chàs nan teaghlaichean:

> 'S lìonmhor fear is tè
> Tha 'n tìr nan geug nan caithris,
> Feitheamh ris an sgeul
> Bhios aig a' chlèir ri aithris –
> Ghillean, march at ease!
>
> Gura lìonmhor sùil
> Shileas dlùth 's nach caidil
> Nuair thig fios on Chrùn
> Nach bi dùil rim balaich –
> Ghillean, march at ease! (Dòmhnallach 1995: 28)[4]

Cha b' e na gillean a dh'fhalbh a thill, agus dh'fhàg na dh'fhoghlaim iad sgàil air an inntinn nach gabhadh dubhadh às. Dòmhnall Ruadh a-rithist:

> Fhads 's a bhitheas mis' air m' fhaotainn
> Anns an t-saoghal seo air m'fhàgail,
> Bidh nam chridhe beò 's nam shùilean
> Sealladh tùrsach mo chuid bhràithrean. (Dòmhnallach 1995: 26)

Mar a dhealbhaich Pàdruig Moireasdan agus e a' bruidhinn air na sgeulachdan a bha aige fhèin:

> Chaidh còmhdach orra mar thuigeas daoine gnothach a' chogaidh; na chaidh thu throimhe 's na chunna tu 's na bha grànda dheth, de ghnothach cogaidh 's obair cogaidh 's a h-uile sìon. Bha e mar gum biodh 's gun do gheàrr e tarsainn mun seo air an rud a chaidh seachad 's gun tug e, mar gum biodh, caoidh ùr dhut. (P.M. SA1971/105)

---

[3] F.c. D.A. MacDonald ann an Thomson 1994: 281.
[4] F.c. D. MacDonald 2000: 68.

Mhùth na bha seo aigne nan daoine. Dh'atharraich e fiù cuimhneachain dhaoine air làithean an òige:

> 'Eil fhios agad air a seo, a h-uile duine a bha rudeigin domhainn san inntinn, caran coltach rium fhìn, 'fhios agad, bha iad a' ràdh an aon rud: gun deach dìreach mar gum biodh 'blotting paper' a chur air uachdar làithean na h-òige agus taighean-cèilidh 's na gnothaichean sin. (P.M. SA1971/105)

Bha buaidh aig a seo air na chaidh de bheul-aithris air dìochuimhne:

> Chaill mise mòran, a Dhòmhnaill Eàirdsidh, sa chogadh ... agus òrain cuideachd, air nach eil cuimhn' a'm 's nach bi gu bràth, a bhithinn a' cluinnteil aca aig luadhadh 's aig snìomh, tàlaidhean brèagha ... (P.M. SA1972/35.A2)[5]

Thug na h-Eileanaich ùine mhòr a' faighinn seachad air a' chogadh, rud nach eil na iongnadh ma ghabhar beachd air mar a chailleadh mic is athraichean, bràithrean agus co-oghaichean, às an aon choimhearsnachd. Bha feadhainn ann nach d' fhuair riamh seachad air:

> Thug, thug. Bliadhnaichean, bliadhnaichean, bliadhnaichean, bliadhnaichean. Dh'fhaodadh sinn a ràdh, an fheadhainn a chaidh bristeadh a dhèanamh orra ... dh'fhalbh gillean òga às na teaghlaichean 's nach do thill, dh'fhaodadh sinn a ràdh le fìrinn, nach do dhìochuimhnich iad riamh e. Bha bristeadh ann fhad 's as bu bheò na pàrantan. (P.M. SA1971/105)[6]

Cha tàinig an cèilidh riamh air a chois ceart às dèidh a' chogaidh. Dh'adhbharaich an sgrios a chaidh a dhèanamh air àireamh an t-sluaigh[7] agus air inntinn na thàinig troimhe gainnead ann an cothroman aithris agus èisteachd. Mar a dh'inns Dòmhnall Alasdair Seonstan, cha robh an aon ùidh no luchd-èisteachd aig na sgeulaichean às a dhèidh (SA1970/206.A2 & SA1971/43.A2).

Le deireadh a' chogaidh thàinig atharrachaidhean air dòigh-beatha nan Eileanach a chuir ris a' chrìonadh ri linn a' chogaidh fhèin:

---

[5] F.c. SA1971/105.
[6] F.c. D.A.S. SA1970/206.A2.
[7] Chailleadh ceud, dà fhichead agus a naoi à Uibhist a Tuath anns a' Chogadh Mhòr.

Theann an cèilidh a dhol bhuaithe às dèidh a' Chiad Chogaidh; cha robh e cho math an uair sin fhìn. Theann cleachdaidhean ùra agus gnothaichean a' tighinn a-staigh ...   (P.M. SA1971/105)[8]

Thàinig atharrachadh ann am feallsanachd nan daoine agus cha robh an aon dreach air a' choimhearsnachd a thaobh a' chèilidh no a thaobh a' charthannais agus a bha ann roimhe:

> Bha leithid de dh'òigridh air falbh air Ghalltachd far an robh iad a' dèanamh innealan cogaidh, 's obair fùdair 's a h-uile deisealachadh eile dhen t-seòrsa sin a bhuineadh do chogadh. Thug iad dhachaigh mòran de chleachdaidhean Gallta leotha staigh ... Agus cha robh feum an uair sin air an t-seann rud.
> (P.M. SA1971/105)[9]

Air sgàth 's nach robh fearann ann an Uibhist a chumadh na thill, rinn mòran eilthireachd a Chanada anns na bliadhnaichean às dèidh a' Chogaidh Mhòir, gu h-àraid eadar 1923 agus 1926. Air a' chòigeamh latha deug dhen Ghiblean 1923 thog am *Marloch* trì cheud à Beinn na Fadhla, Barraigh agus Uibhist a Deas ann am bàgh Loch Baghasdail air an t-slighe a dh'Alberta.[10] Air an dara latha fichead dh'fhàg trì cheud eile Uibhist a Tuath agus Uibhist a Deas air a' *Hebrides* airson am *Metagama*, a bha air an t-slighe a dh'Ontario, a choinneachadh ann an Steòrnabhagh.[11] Nam measg Dòmhnall MacAoidh, dhan t-rinneadh an t-òran *Ille Dhuinn, on dh'fhàg thu mise*,[12] agus Ailig Dhòmhnaill Ruaidh mhic Alasdair à Boighreigh, a rinn *Òran Bhancùbhar*.[13] Chaidh àireamh a bharrachd de dh'Uibhistich a thogail air Cluaidh.

Dh'atharraich gnothaichean ann an Uibhist, mar a dh'atharraich iad air tìr-mòr na h-Alba, gu mòr agus gu luath ri linn an Dara Cogaidh. Chailleadh fichead agus a dhà-dheug dhe na dh'fhalbh à Uibhist a Tuath ach rinn mòran a bharrachd na sin an dachaigh air tìr-mòr, far am faigheadh iad cosnadh agus

---

[8] F.c. D.A.S. SA1971/43A2; CD E.Do.
[9] F.c. M.M. MAC10: 'Thàinig a' Bheurla a-steach an lùib nan saighdearan.'; CD E.Do; J.A. Macdonald 1999: 51. Cf. Nenola-Kallio ann a Honko 1981: 140.
[10] Rinneadh an t-òran *Cumha Barraich*, a tha a' comharrachadh na h-àireimh mhòir de Bharraich a sheòl air a' *Mharloch*, le Dòmhnall Iain mhic Mhurchaidh 'ic Fhionnlaigh o Eilean Bhatarsaigh:
  'S e feasgar latha Sàbaid bh' ann 's bha bàtaichean mun cuairt
  Toirt Beannachd nam Beann Àrda dhaibh mun tàirneadh iad gu cuan;
  Bu duilich leam 's bu chràiteach e bhith faicinn phàistean truagh
  'S ag èisteachd osnaich mhàthraichean 's an cridh' ga fhàsgadh cruaidh.
[11] *Stornoway Gazette*, 26 Giblean 2003.
[12] E.Mo. SA1963/69.A6; *Faileasan Uibhist* CEÒLCD01.
[13] *Tocher* 42: 408–411.

dachaigh dhaibh fhèin.[14] Bha droch bhuaidh aig lùghdachadh air àireamh an t-sluaigh air misneachd nan daoine[15] agus thug gainnead fhireannach spionnadh às a' choimhearsnachd. Thàinig lùghdachadh anns an àireamh de shuidheachaidhean sòisealta co-cheangailte ri suirghe agus pòsadh. Leis gun robh mòran dhe na chaidh a chall anns an dà chogadh gun phòsadh, no air ùr-phòsadh, cha do dh'fhàg ach àireamh glè bheag dhiubh sliochd às an deidh. Bha buaidh mhillteach aig na bha seo air cleachdaidhean sòisealta na coimhearsnachd agus mar sin air leantalachd beul-aithris.

2. Crìonadh a' chèilidh

A rèir luchd-aithris, bha buaidh mhòr aig leasachadh nan taighean air crìonadh an taigh-chèilidh. Bha barrachd rùm anns na seann taighean dubha leis an teine ann am meadhan an làir airson a bhith a' suidhe cruinn na bha anns na taighean-tughaidh ùra le leac an teinntein aig ceann an taighe, agus a rèir Dhonnchaidh Dhòmhnallaich bha droch bhuaidh aig an atharrachadh a thàinig air suidheachadh agus dreach nan taighean air aithris nan sgeulachd agus air gnè a' chèilidh.[16] Tha seo air a' nochdadh aig na bàird:

> A charaid, dh'fhalbh a h-uile rud,
> Nuair dh'fhalbh an cabar suith;
> Dh'fhalbh an eilteas is am bàigh
> Ro bhuileach às ar dùthaich.
> Dh'fhalbh am blàths 's an subhachas,
> An cridhealas 's am mùirn
> Thuit acraichean a' chàirdeis
> Nuair dh'fhalbh an cabar sùith.
> A chàirdean, dh'fhalbh an cèilidh
> Nuair dh'fhalbh an cabar suith.　　(Dòmhnallach 1991: 16)[17]

Ann a bhith ag ainmeachadh an leabhair aige 'Mar chuimhneachan air seann ghinealach nan taighean-cèilidh aig an cuala mi a liuthad sgeulachd agus òran', chomharraich Pàdruig Moireasdan gun robh e an comain eòlaichean nan taighean-cèilidh airson na bha aige fhèin de bheul-aithris. Tha na chlàr leithid Aonghais Lachlainn Bhig agus Aonghais Iain MhicPhàil a' cur taic ris an

---

[14] Faic D.A. MacDonald ann an Thomson 1994: 281.
[15] Faic McKean 1997: 103.
[16] Faic Maclean 1956: 57: 32.
[17] F.c. D.MacDonald 2000: 72.

fheallsanachd seo.[18] Chan urrainn, mar sin, a dh'aindeoin na sgrìobh MacGhillEathain (Maclean 1957: 24), nach robh buaidh aig lùghdachadh a' chèilidh air beatha shòisealta nan daoine agus mar sin air an dualchas-bheòil. Ged a sgrìobh MacCormaig (1923: 92) 'To the cèilidh we owe the preservation of much of our unwritten literature', chan eil e coltach gun robh mòran dhaoine mothachail anns na Leth-cheudan air dìreach cho cudromach agus a bha an cèilidh a thaobh leantalachd beul-aithris, ann a bhith a' toirt cothrom dha gach ginealach ann an teaghlach an eòlas ùrachadh agus a sgaoileadh taobh a-staigh an dachaigh fhèin agus ann an dachannan na coimhearsnachd.

Math dh'fhaodte gu bheil dealbh nach eil coileanta air nochdadh a thaobh an àite a bha aig a' chèilidh ann an leantalachd beul-aithris, dealbh a tha stèidhte air cunntaisean sgoilearan leithid McKean. Ged as e a thuirt MacNeacail: '… bhithinn gan cluinntinn a' s na taighean cèilidh 's an àitean dhen t-seòrsa sin' (McKean 1997: 97–98), ma tha McKean air oidhirp a dhèanamh air faighinn a-mach dè na suidheachaidhean-aithris eile air an robh e a' bruidhinn no an ìre aig an robh buaidh aig na suidheachaidhean sin air eòlas MhicNeacail, chan eil e a' nochdadh anns an leabhar aige. A rèir McKean (1997: 100 & 104), cha robh ùine airson fealla-dhà no fearas-chuideachd de sheòrsa sam bith bho thoiseach an earraich gu deireadh an fhoghair. Ged a thuirt Margaret Fay Shaw (1986: 7), 'From Spring until Autumn everyone was too occupied with work to spend time at the fireside', tha e soilleir gun robh ise mothachail gun robh mòran dhe na suidheachaidhean obrach air an do sgrìobh i cuideachd nan suidheachaidhean-aithris aig an robh àite cudromach a thaobh leantalachd an dualchais. Saoil, mar sin, an do thuig McKean gun robh fearas-chuideachd nan cèilidhean taighe an co-làimh ris a h-uile suidheachadh obrach anns an robh barrachd air aon neach an sàs?

Chan eil teagamh nach tàinig lùghdachadh mòr air an àireamh de shuidheachaidhean-aithris le crìonadh cleachdadh cèilidh nan taighean. Cha robh na cuirmeam foirmeil a dh'fheuch ris a' bheàrn a lìonadh a' nochdadh ach mìr meanbh dhen eòlas a bha ri fhaotainn anns na taighean-cèilidh agus bha iad a' casg còmhradh agus comhluadar. A rèir cò bhiodh na fhear an taighe, dh'fhaodadh gum biodh naidheachd bheag ri cluinntinn, ach cha bhiodh guth air leithid sgeulachd no air an eachdraidh a b' àbhaist a bhith nan cois. Air sàillibh seo chaill iadsan a b' àbhaist a bhith anns an èisteachd an cothrom an t-eòlas seo a chluinntinn agus a thogail, agus an uair sin a ghiùlan agus a sgaoileadh am measg an cuideachd fhèin (*passive* agus *secondary tradition bearers*). Bha buaidh mhòr aig a seo air mar a thàinig tanachadh ann an eòlas na coimhearsnachd taobh a-staigh aon ghinealach.

---

[18] F.c. CD E.Do.

Cha ghabh e a bhith, ge-tà, gun robh leantalachd gach gnè de bheul-aithris an crochadh air maireannachd nan taighean-cèilidh àraid no air cleachdadh cèilidh nan taighean. Chan ann air aon suidheachadh-aithris a-mhàin a bha leantalachd beul-aithris an crochadh ach air a' chaochladh chothroman a bha beatha làitheil nan daoine, gach ràith dhen bhliadhna, a' toirt do dhaoine, fireann agus boireann, sean agus òg, tighinn còmhla ann an comhluadar agus ann am fearas-chuideachd.

3. Atharrachadh ann an cleachdaidhean obrach

Mar a thàinig airgead agus uidheamachd[19] mean air mhean am measg an t-sluaigh, cha robh uimhir feum aig daoine air càch-a-chèile agus mar thoradh air a seo thàinig lùghdachadh mòr air an àireamh de shuidheachaidhean-aithris. Nuair a thàinig an tractar dhan dùthaich, cha robh feum aig na croitearan air na h-eich no air a' cheàrdaich; nuair a thàinig innealan airson froiseadh agus càthadh, dhèanadh gach croitear obair fhèin; nuair a thàinig feansaichean ann an linn tabhartasan Bòrd an Àiteachais, cha robh feum air buachaille baile no air cuidhe; nuair a thòisich daoine air todhar Gallta a chleachdadh, sguir iad a roinn na feamad; nuair a fhuair daoine anns an fharsaingeachd am fòn, 's ann ainneamh a dh'fheumadh daoine coinneachadh airson gnothaichean baile, leithid diobadh chaorach, a chur air dòigh; tha *central heating* cha mhòr air cur às do dh'obair na mònadh.

Ri linn a' chàr cha robh feum aig luchd-ciùird air aoigheachd anns an dachaigh aig am biodh iad ag obair. Cha robh feum air aoigheachd nas motha aig àm bainnse no àm comanachaidh.

Nuair a thàinig cumhachd an dealain thàinig mòran innealan a leasaich obair nam ban. Chan fheumadh iad, mar eisimpleir, an nigheadaireachd a dhèanamh aig an locha. Chuir na bha ri cheannach anns na bùthan às do bhith a' dèanamh arain, ime agus càise agus thàinig lùghdachadh anns an àireamh de bhoireannaich a bha a' bleoghainn a' chruidh. Chuir na bùthan agus na *catalogues* às do dh'obair calanais.

A dh'aindeoin is gun robh an cèilidh air a bhith a' crìonadh bho linn a' Chiad Chogaidh, mheas Pàdruig Moireasdan gur h-e na h-atharraichidhean a thàinig ann an cleachdaidhean obrach a chuir às dha, nam measg mar a chaidh an luadh à bith agus an dòigh anns an robhar a' sìor leigeil obair an eòrna à cleachdadh: '… nuair a sguir an àtha 's a' tìreadh 's na gnothaichean a bh' ann a shean sguir an cèilidh leis ann an tiotan' (P.M. SA1971/105).

---

[19] A thòisich le taic bho Bhòrd an Àiteachais anns na 1930an.

Chan urrainn nach robh droch bhuaidh aig an lùghdachadh a thàinig air àite na cloinne ann an obair an fhearainn agus ann an obair na dachaigh air leantalachd beul-aithris: 'Bha sinn uile a' cuideachadh air a' chroit nuair a bha sinn òg, b' e sin an cleachdadh a bh' ann – bha a h-uile sìon a bha ri dhèanamh, bha an teaghlach a' gabhail pàirt ma b' urrainn dhaibh sin a dhèanamh' (M.M. MAC9).[20] Le crìonadh anns a' chleachdadh seo, thàinig lùghdachadh air an àireamh de chothroman a bha aig òigridh air eòlas an teaghlaich agus air eòlas na coimhearsnachd a chluinntinn.

Tha buaidh air a bhith aig cothroman cosnaidh, aig a' Chomhairle agus aig an Arm gu h-àraid, air na bannan a tha a' ceangal coimhearsnachd: '… chan eil an aon dàimh aca ris na nàbaidhean ann an dòigh sam bith 's chan eil an aon cho-fhaireachdainn aca ris na nàbaidhean …' (S.D. MAC20). Tha mòran an-diugh nach eil an eisimeil obair croitearachd airson am beòshlainte agus a tha air ùidh a chall innte, nach eil dèonach làmh-chuideachaidh a thoirt do chàirdean agus do nàbaidhean a tha fhathast an urra rithe: 'People nowadays are less hospitable, less kind to each other, less generous, more materialistic, and altogether less 'spiritual'. *Tha gràdh nàdarra fhéin a' falbh*' (MacInnes 2006: 460).[21]

Mar a sgrìobh Whitaker:

> … traditional Gaelic society … was a way of life with its own codes of values, its own purpose, its own ethical system. Once you modify the one by the introduction of a money economy … the collapse of the rest was bound to follow.
> (Ann an Chapman 1978: 130)

Tha an droch bhuaidh a tha aig lùghdachadh ann an co-obrachadh air spiorad agus co-ionnanachd na coimhearsnachd aithnichte ann an dualchasan eile, leithid sgìrean ionadail Java:

> The absence of pressures toward interfamilial co-operation exerted by the technical requirements of wet-rice growing … severely weaken the social support of the syncratic village pattern … each man makes his own living independent of how his neighbours make theirs, his sense of the importance of the neighbourhood community naturally diminishes. (Lewis 1977: 149)

---

[20] CD E.Do.
[21] F.c. E.M. MAC21.

Thàinig leasachadh mòr anns na taighean ann an Uibhist le tabhartasan bhon Riaghaltas. Dh'adhbhraich an rèidio, am fòn agus an telebhisean, a thàinig an cois an leasachaidh seo, lùghdachadh a bharrachd air cleachdadh cèilidh nan taighean:

> With electricity came facilities for television reception, and soon every household had a set. This not only caused people to stay at home instead of going to visit friends, but it discouraged them from visiting because, when they did so the television set was often not even switched off in the house they were visiting.
>
> (MacLeod 1984: 196)[22]

Cha robh boireannaich deònach na bu mhotha gun rachadh na taighean ùra spaideil aca a chleachdadh mar àiteachan obrach: 'Chan e taighean mòra 'classy' a bha 'n uair ud ann. Cha robh aca ach teine meadhan an ùrlair. Bha 'chliath air a cur sìos on teine. Cha b' urrainn dhaibh sin a dhèanamh an-diugh' (A.I.M. SA1970/210).

Ri linn nan taighean ùra dh'fhaodadh an dachaigh fhèin a bhith aig gach ball dhen teaghlach. Tha seo a' fàgail nach eil an aon àite aig seann daoine ann a bhith a' togail chloinne. Air sgàth 's gun robh teaghlaichean air an sgaoileadh, cha robh an aon chothrom aig an òigridh eòlas an sinnsearachd a chluinntinn. Thug seo creathnachadh air bun-stèidh an teaghlaich agus thàinig bristeadh air freumh an eòlais. Thàinig lùghdachadh air a' mheas a bha aig an òigridh air na seann daoine agus air doimhneachd na bàidh a bha eadar na ginealaichean. An-diugh, nuair a thig an t-àm nach tèid aig seann daoine air sealltainn riutha fhèin, chan eil dleastanas air a dhèanamh mar a bha, agus 's ann gu dachannan-cùraim a tha mòran a' dol an àite a bhith fo chùram an teaghlaich. Tha seo a' sìor lagachadh ceanglaichean an teaghlaich agus tha e a' sìor bhristeadh mar a bha eòlas a' leantainn bho ghinealach gu ginealach.

Le leasachadh ann an cothroman obrach, fhuair mòran de bhoireannaich cosnadh air falbh bhon dachaigh, agus, air sgàth 's nach robh buill na bu shine dhen teaghlach a' fuireach còmhla riutha, bha an cuid chloinne tric air am fàgail fo chùram dhaoine nach buineadh dhan teaghlach. An-diugh tha mòran dhen chloinn air an cur ann an ionadan cùram chloinne fhad 's a tha am pàrantan ag obair. Mar thoradh air a seo tha bunaitean an teaghlaich, na cleachdaidhean a bha stèidhte air càirdeas, agus mar sin leantalachd beul-aithris, a' sìor chrìonadh.

---

[22] F.c. D.A.MacE. SA1974/56. Cf. Shaw ann am MacLellan 2000: 53; S.R. *Tocher* 40: 175; Agnes Kovács ann a Honko 1981: 126.

4. Buaidh nan Gall

'S e as motha a thug taic do leantalachd beul-aithris Ghàidhlig Uibhist mar a bha na h-Eileanan, agus na coimhearsnachdan iomallach an taobh a-staigh dhiubh, air leth bhon t-saoghal a-muigh, agus gu ìre bho chèile, gu letheach tron fhicheadamh linn.[23] Tha seo air a shoilleireachadh le bhith a' sealltainn air sgìrean iomallach mar Loch Portain agus Loch Euphort, a bha gu ìre mhòr air leth gu deireadh nan 1960an, agus far an robh daoine dìleas do bheul-aithris na Gàidhlig agus dha na cleachdaidhean a bha na cois na b' fhaide na bha iad ann an sgìrean mar Loch nam Madadh, far an do thuinich mòran dhe na ciad choigrich agus air an tàinig buaidh nan Gall na bu tràithe.[24] Dh'atharraich seo le leasachadh a thaobh rathaidean agus innleachdan conaltraidh, agus ann an ùine glè gheàrr fhuair buaidh an t-saoghail mhòir làmh-an-uachdair air na coimhearsnachdan sin.

Bhuail buaidh saoghal nan Gall air cleachdaidhean coimhearsnachd Uibhist ann an dà dhòigh eadar-dhealaichte: na coigrich a thàinig a-steach dhan choimhearsnachd a dh'fhuireach agus a dh'obair, agus na meadhanan Beurla a thàinig a-steach do dhachannan na coimhearsnachd bhon taobh a-muigh.

Tha e aithnichte gu bheil droch bhuaidh air a bhith aig *cultural assimilation* air mion-chànain an t-saoghail mhòir.[25] Tha seo soilleir ri fhaicinn ann an Uibhist a Tuath, far a bheil an àireamh glè bheag de choigrich a rinn an dachaigh anns an eilean eadar 1960 agus 1999[26] air buaidh a thoirt air gach taobh de bheatha na coimhearsnachd agus air inbhe agus neart na Gàidhlig anns an àite-obrach, anns an t-suidheachadh shòisealta agus anns an dachaigh.[27] Tha seo air lùghdachadh a dhèanamh air cothroman dhaoine Gàidhlig a chleachdadh, agus air sàillibh seo tha inbhe na Beurla air sìor mheudachadh. Mar thoradh air a seo, mean air mhean, tha eòlas agus misneachd na coimhearsnachd air crìonadh agus tha an sluagh, mean air mhean, a' gabhail ri cleachdaidhean fuadain:

> Gur aithnicht' air an dùthaich
> 'S na fasain thàinig ùr,
> Gun do dh'atharraich i cùrsa
> Fo stiùireadh nan Gall.
> (Dòmhnall Ruadh Phàislig, MacMillan, ed. 1968: 38)

---

[23] Faic J.F. Campbell 1983. Vol. 1: xxxi: '... farthest from the world ...' Cf. Dorian 1981: 73.
[24] Chithear seo anns an dòigh anns an do chaill cuid de chlann Loch Portain am fileantas anns a' Ghàidhlig ùine ghoirid às dèidh dhaibh gluasad gu Sgoil Loch nam Madadh às dèidh do Sgoil Loch Portain dùnadh ann an 1968 (I.N. 2006: 2).
[25] Faic Crystal 2000: 70. F.c. Dorian 1981: 51–52, 70–71 a-mach air *'linguistic tip'*.
[26] Ged a tha an àireamh sin a' sìor fhàs. Faic Eàrr-ràdh 6.
[27] Cf. Nettle & Romaine 2000: 148.

A rèir Crystal, 's e feallsanachdan an dualchais fhuadain a tha a' gabhail làmh-an-uachdair air coimhearsnachdan dha bheil iad a' tighinn a-steach as coireach gu bheil mion-chinnidhean air feadh an t-saoghail a' cur an cùl rin dualchas dùthchasach fhèin:

> One isn't born with feelings of shame and a lack of self confidence about one's language. Where do they come from? In virtually all cases, they are introduced by a more dominant culture, whose members stigmatise the people in such terms as stupid, lazy and barbaric ... and their language as ignorant, backward, deformed, inadequate ... (Crystal 2000: 84)[28]

Bha sluagh na Gàidhealtachd, tro iomadh glùin teaghlaich, air an claoidh le bochdainn agus ana-ceartas. Bha an Riaghaltas, agus buidheannan mar an *Scottish Society for the Propagation of Christian Knowledge*, ag oidhirpeachadh air cur às dhan chainnt agus dhan dualchas.[29] Chruthaich mì-rùn mòr nan Gall dìth misneachd an lùib na mòr-chuid a bha a' faireachdainn gun robh daoine on taobh a-muigh 'a' coimhead sios orra' (P.D. MAC13) airson a bhith deireannach: 'Bha daoin' ann, tha mi cinnteach, a bha a' dèanamh tàir' air daoine aig an robh Gàidhlig – tha sin ann gus an latha 'n-diugh' (D.E.D. MAC17).[30]

Dh'adhbhraich an suidheachadh agus an fheallsanachd seo *language shift* anns a' choimhearsnachd. Mar thoradh air sin chaidh bristeadh a dhèanamh air na dòighean anns an robh gach taobh de bheul-aithris Uibhist air a sgaoileadh anns a' choimhearsnachd, anns a' cheart dòigh 's a thachair ann an Ceap Breatann.[31] Tha seo air truailleadh a dhèanamh air tuigse na coimhearsnachd a thaobh feumalachd agus tairbhe beul-aithris agus a thaobh *performance criteria*.[32] B' àbhaist gun robh seinneadairean air am meas air na bha aca de dh'òrain (*repertoire*) agus air mar a 'dh'innseadh iad an t-òran'[33] is chan ann a-mhàin air an guth-cinn binn, ceòlmhòr.[34] Mar a thuirt Lachlann Dhòmhnaill Nìll, 'Bha an t-òran 'na naidheachd fhèin' (MacLellan 2000: 24).[35] Bha feum aig seinneadairean mar sin air luchd-èisteachd aig an robh Gàidhlig agus aig an robh ùidh innte agus anns an dualchas a bha i a' riochdachadh.[36]

---

[28] Cf. Campbell 1950: 64; Dorian 1981: 51–52, 70–71.
[29] Faic Campbell 1950: 55–60; Meek 1996a: 17–22; S.D. MAC7.
[30] F.c.S.D. MAC7. Cf. Dorian 1981: 70.
[31] Faic Shaw ann am MacNeil 1987: xxxvi agus ann am MacLellan 2000: 52.
[32] Faic Shaw ann am MacLellan 2000: 22–24, 53.
[33] Abairt a chuala mi aig an Dr Iain MacAonghuis.
[34] Cf. Nettle 1965: 12; Merriam 1976: 115–117; Ó Madagáin 1985: 178–182.
[35] F.c. Seathach 2002: 7.
[36] Faic J.A. Macdonald 1999: 64. F.c. Shaw ann am MacLellan 2000: 53.

Mar a thuirt MacNèill (1987): 'There has to be an ear to hear the sound ... if there's no ear within the distance to hear it, it just dies out.'[37] Bha an aon suidheachadh ri fhaicinn a thaobh aithris nan sgeulachd: '... without an appreciative audience, the traditional storyteller has no longer a function' (Ó Súilleabháin 1974: 15).

Dh'fhoillsich Iain Seathach mar a bhiodh daoine na bu bhuailtiche òrain le sèist beothail a sheinn na sgeulachd aithris far an robh duilgheadasan a thaobh cànain.[38] Bha cuid a sguir a sheinn aig cuirmean air sgath gun robh iad a' faireachdainn nach robh na h-òrain aca a' còrdadh ri daoine nach robh a' tuigsinn nam faclan.[39]

Bho shean cha bhiodh luchd-aithris anns a' bhitheantas a' coileanadh an gnìomh, a-mach o rèiteach no banais, ach mu choinneamh àireamh glè bheag de dhaoine air an robh iad mion-eòlach. Nuair a thòisich cuirmean foirmeil gan cumail anns a' choimhearsnachd thàinig atharrachadh a thaobh àireamh an luchd-èisteachd agus a thaobh cò bhiodh an làthair.[40] Bha buaidh aig a seo, air sgàth modh agus miann luchd-aithris an luchd-èisteachd a riarachadh agus gun coigrich fhuadach, air taghadh sgeulaiche no seinneadair.[41] Mar sin, chan innseadh sgeulaiche stòiridh geasalanachd a bha ag ainmeachadh teaghlach àraid, agus cha ghabhadh seinneadar òran anns an robh aoireadh no magadh air eagal gum biodh cuideigin anns an èisteachd a ghabhadh oilbheum. Cha mhotha a ghabhadh seinneadar òran a bha e a' meas nach còrdadh ri luchd-èisteachd a bha air pàigheadh a dh'èisteachd ris. Ann a bhith ag atharrachadh an roghainn airson coigrich a thàladh agus a shàsachadh, thàinig lùghdachadh air àireamh agus air gnè nan òran a bha rin cluinntinn, chan ann a-mhàin aig na cuirmean foirmeil ach, air sgàth 's gum biodh seinneadairean a bha a' seachnadh òran àraid a' call misneachd a bhith gan seinn, anns gach suidheachadh sòisealta. Mar sin, bha cearcall an luchd-èisteachd air a leudachadh agus àireamh nan òran agus gnè nan òran air a lùghdachadh. Mar a sgrìobh Butler mun Chomunn Ghàidhealach: '... diluted the culture in order to make it more palatable for a wider audience' (1994: 94–95). A chionn 's nach robh iad air an lìbhrigeadh, chaidh mòran òran, agus an t-eòlas a bha nan cois, air dìochuimhne. Mar a sgrìobh Nettle: 'folk song must be performed and accepted or it will be forgotten and die' (1965: 3, 13–14).

---

[37] F.c. Shaw ann am MacLellan 2000: 53; Glassie 1985: 10.
[38] Faic Shaw ann am MacLellan 2000: 52.
[39] Faic DFS 69/1: 29. Cf. Carthy ann an DFS 68/3: 31.
[40] An-diugh tha na 'cèilidhean' seo, anns a' bhitheantas, a' tarraing dhaoine nach biodh anns an àbhaist còmhla agus a tha a' pàigheadh airson seinneadairean agus luchd-ciùil a tha air an ainmeachadh ro-làimh èisteachd. B' e m' eòlas fhèin gur e seann daoine às a' choimhearsnachd aig a bheil cuimhne air na seann nòsan, no luchd-turais a tha ag iarraigh blasad air na nòsan sin, as trice a tha anns an èisteachd.
[41] Faic Shaw ann am MacNeil 1987: xxxvi agus ann am MacLellan 2000: 52–53; Ildiko Kriza 1981: 136–137.

Air an làimh eile, a chionn 's gun robh na cuirmean foirmeil, mar a bha bainnsean agus cruinneachaidhean neo-fhoirmeil, gu h-àraid aig amannan sònraichte mar a' Bhliadhn' Ùr, a' toirt cothrom do dhaoine òrain a gabhail agus òrain ionnsachadh, lean seinn nan òran na b' fhaide an lùib an t-sluaigh na lean aithris nan sgeulachd. Air sgàth 's nach robh na cothroman cho deiseil a thaobh aithris nan sgeulachd, thàinig lùghdachadh anns an àireamh dhaoine a bha gan giùlan agus a bha comasach air an lìbhrigeadh. Mar thoradh air a seo chaidh mòran de sgeulachdan air dìochuimhne. Tha a' phuing seo air a nochdadh aig Ó Duilearga:

> Most of those from whom folk-tales have been recorded in recent years have been passive bearers of tradition; that is to say, they have remembered many tales, but through lack of opportunity, natural shyness, or unfavourable circumstances have been content to remain passive, and have neither practised telling their tales or given others the chance of learning them. The tale that is not told by the story-teller without an audience remains passive and his tales die with him.   (Delargy 1945: 12–13)[42]

Nuair a thòisich Eileanaich, gu h-àraid nigheanan, air pòsadh taobh a-muigh an dualchais, thàinig lùghdachadh anns an àireamh de shuidheachaidhean làitheil anns an robh Gàidhlig air a cleachdadh, pàtran a tha aithnichte ann an dualchasan air feadh an t-saoghail.[43] Rinn seo cron air Gàidhlig anns an dachaigh, gu h-àraid far an robh teaghlaichean a' fàs suas. Nuair a bha mi fhèin òg 's e Gàidhlig a bha mo mhàthair a' bruidhinn ri a teaghlach fhèin agus ri a nàbaidhean ach, air sgàth 's nach robh Gàidhlig aig m' athair, 's e Beurla a bhruidhneadh iad uile nam biodh m' athair anns an èisteachd, agus 's e Beurla a chùm iad riumsa, ach a-mhàin mo sheanair. Bha an cleachdadh seo bitheanta aig an àm agus chan urrainn nach robh buaidh aige air beachdan na h-òigridh a thaobh feumalachd agus luach na cànain, a bharrachd air a' bhuaidh a bha aige air an comasan labhairt agus air an eòlas air an dualchas: 'Tha sinn tuilleadh is modhail ... no chan eil sin a' cur cus urraim air ar dualchas fhèin' (fear à Uibhist MAC). Bha seo a' bualadh air òigridh na coimhearsnachd air fad, oir nam biodh aon phàiste aig nach robh Gàidhlig an làthair 's ann ann am Beurla a bhiodh clann a' bhaile a' cluich.[44] A rèir Eòin Dhòmhnallaich (CD E.Do.), seo a' chiad adhbhar gun do thòisich a' Bheurla air fàs cho bitheanta ann an raon-cluiche na sgoile.

---

[42] F.c. Ó Súilleabháin 1974: 15: 'Without an appreciative audience the traditional storyteller has no longer a function ...' Cf. Dégh agus Vazsonyi 1975: 209.
[43] Cf. Crystal 2000: 18; S.R. *Tocher* 40: 185.

Gun eòlas air eachdraidh nan teaghlaichean, chan eil ciall no feumalachd ann an sloinneadh neach do choigreach. Mar thoradh air a seo tha atharrachadh air tighinn, mean air mhean, air an dòigh anns a bheil daoine air an ainmeachadh. An-diugh, 's ann mar neach air leth a tha gach fear no tè anns a' bhitheantas aithnichte, agus chan ann mar fhear no tè de theaghlach àraid. Às aonais cleachdadh sloinnidh tha an dlùth-cheangal a bha an sluagh a' faireachdainn rin sinnsearachd air a mhùchadh agus air fhalach.

Tha buaidh air a bhith aig na Goill air mar a tha na h-Eileanaich ag adhradh cuideachd. 'S ann ainneamh an-diugh a tha seirbheis Ghàidhlig ri cluinntinn ann an Eaglais a' Chlachain air sgàth àireamh nan coigreach, agus nan Eileanach nach eil fileanta anns a' pharaiste nach eil ga h-iarraidh ('… tha sinn airson a' mhòr-chuid a thoileachadh agus chan eil sinn a' toirt urram dhuinn fhèin idir': fear à Uibhist MAC). Chaidh a ràdh rium fhèin, nuair a nochd mi dhan mhinistear nach robh aon laoidh Ghàidhlig ann an seirbheis laoidhean Nollaig, ged a bha Gàidhlig aige fhèin agus aig àireamh àrd dhen coitheanal aig an àm (24 Dùbhlachd 2000), 'The organist doesn't have Gaelic.' Tha còisir a tha a' seinn ann am Beurla air àite preseantadh nan salm Gàidhlig a ghabhail agus tha comas anns an t-seann dòigh seinn, agus na bha na cois, a' dol air dìochuimhne.

Tha an t-àrdachadh a tha air tighinn air prìsean nan taighean anns na deich bliadhna a dh'fhalbh a' ciallachadh nach tèid aig muinntir an àite air taighean anns a' choimhearsnachd a cheannach. Tha coigrich mar sin air a bhith a' tighinn a-staigh dha na coimhearsnachdan beaga agus iad a' gabhail àite sluagh na dùthcha. Tha seo air buaidh mhòr a thoirt air cànan na coimhearsnachd.[45]

Cha robh cànan riamh aig an robh uimhir de bhuaidh air feadh an t-saoghail 's a tha aig Beurla an-diugh,[46] agus tha làmh mhòr aig na meadhanan Beurla ann an seo. Ann an Uibhist, mar a tha ann am mion-dhualchasan anns an fharsaingeachd air feadh an t-saoghail, tha na meadhanan Beurla air àite nan seann ealain a ghabhail:

> As an English, monoglot 'mid Atlantic' culture quickly encroaches through the media … the number of passive bearers of local tradition, who provided the audience for the native singers, bards and storytellers of the past, is increasingly diminishing.
> (J.A. Macdonald 1999: 45)[47]

---

[44] D.E.D. MAC17.
[45] Faic Eàrr-ràdh 6: iii; S.D. MAC20; CD E.Do.
[46] Faic Crystal 2000: 70.
[47] Cf. Abley a thaobh na buaidh a tha aig a seo air mion-chànain.

Bha luchd-fiosrachaidh na Sgoil Eòlais ag aithneachadh a' chrìonaidh a thàinig air suidheachaidhean-aithris, agus mar sin air leantalachd beul-aithris, ri linn na thàinig de chur-seachadan an cois teicneòlas an dealain: 'Bha mòran a' dol nach eil a' dol an-diugh. Cha robh *wireless* ann an uair sin' (A.M. SA1979/58.B8).[48]

Nuair a bha Eileanaich a' suidhe a-staigh aca fhèin ag èisteachd rèidio no a' coimhead telebhisean, cha b' ann bho thaobh a-staigh na coimhearsnachd a bha na beachdan agus an fheallsanachd a bha a' drùdhadh a-steach orra a' tighinn ach bhon taobh a-muigh. Anns an dòigh seo bha iad air an oideachadh ann am modhannan agus ann an dòigh-smaointinn nan Gall, agus chaidh sgrios a dhèanamh air an eòlas agus air an spèis dhan dualchas fhèin. Mar thoradh air an truailleadh a thàinig air an dualchas chailleadh dlùths dualchasach na coimhearsnachd:[49] 'Everywhere local cultures are facing submission from the mass produced outpourings of commercial broadcasting' (Schiller ann an Crystal 2000: 78). Tha seo ri fhaicinn ann an mion-dualchasan air feadh an t-saoghail: 'accelerating Westernization of the entire planet' (Nettle 1965: 204).

5. Creideamh

Sgrìobh Iain Òg Ìle[50] agus MacGilleMhìcheil[51] gun robh droch bhuaidh aig an Ath-leasachadh agus aig Bristeadh na h-Eaglaise air mar a thàinig crìonadh air beul-aithris na Gàidhlig air feadh sgìrean Pròstanach na Gàidhealtachd thairis air trì cheud bliadhna.

Tha mòran de luchd-sgrìobhaidh na ficheadamh linn air am beachd a chur an cèill gun do rinn teagasg Chalbhain milleadh, nach gabh a-chaoidh a leasachadh, air dualchas-beòil na Gàidhlig:

> ... the preachers of the new evangelism waged war persistently against such popular recreations as secular music, the ancient tales and the traditional barderie, with the result that much of the native culture, developed during the course of the ages, has been irretrievably lost. (Nicolson 1994: 255)[52]

Tha na h-eaglaisean Clèireachail air a bhith aithnichte air feadh na Gàidhealtachd, ach gu h-àraid ann an Leòdhas,[53] airson a bhith cumhang nam beachdan agus trom orrasan nach robh dìleas dhan teagasg:

---

[48] F.c. D.A.S. SA1971/43.A2; N.N. *Tocher* 38: 8.
[49] Faic Thomson 1954: 16.
[50] J.F. Campbell 1983. Vol. 1: xx.
[51] Carmichael 1983. Vol. 1: xxxi.
[52] F.c. Butler 1994: 38.
[53] Faic Carmichael 1983. Vol. 1: xxix; Dickson 2006: 51–56; Donald MacDonald ann an Dickson 2006: 51.

... very solemn and serious Highland ministers, or Highland elders, pronouncing their anathemas on levity of all kinds, fulminating against the sinful excesses of their wayward people, and standing against secular indulgence in any shape or form. (Meek 1996a: 58)[54]

'S ann air an dealbh seo a tha am mòr-shluagh a' smaoineachadh uair sam bith a tha creideamh anns a' Ghàidhealtachd air a dheasbad:

The rejection of particular aspects of Gaelic culture – the cèilidhs, the dances, the songs and the merriment – to converts to the evangelical faith has, in fact, become a leitmotif in the popular view of 'Highland religion'. (Meek 1996b: 9)

A dh'aindeoin seo, le bhith a cleachdadh 'particular aspects', tha an t-Ollamh Meek a' soilleireachadh gun robh cuid de bheul-aithris nach robh air a casg aig an eaglais. Cha b' fhuilear a bhith mothachail mar sin gun robh an eaglais agus na bha dìleas dhi de chaochladh barail mu luach an dualchais shaoghalta.[55]

Dhùisg an deasbad a thog an sgrìobhadh aig Seumas Mac a' Phearsain ùidh eadar-nàiseanta ann am beul-aithris na Gàidhlig. Bha Lady Evelyn Stewart Murray an lùib àireimh a bha mothachail air mar a bha a' chànan air seargadh ann an Siorrachd Pheairt agus a thòisich air clàradh gach gnè de bheul-aithris a bha a' crìonadh an co-làimh ri crìonadh na cànain.[56] Bha mòran mhinistearan am measg nan ciad sgoilearan a thoisich, mar thoradh air a' ghluasad seo, air beul-aithris na Gàidhlig a chruinneachadh. Lean an obair aca air feadh na Gàidhealtachd agus tha na cruinneachaidhean luachmhor a rinn ministearan leithid MhicAonghais, MhicDùghaill, MhicLathagain, J.G. Caimbeul, MacNeacail, Irvine, Sinton, Gregorson Caimbeul agus Gilleasbaig[57] agus Aonghas Dòmhnallach na dhearbhadh air a seo.[58]

A rèir Owen (1957: 62), cha robh oidhirp na h-eaglais ann a bhith a' cumail rian air cur-seachadan sòisealta nan coimhearsnachd cho èifeachdach agus a

---

[54] F.c. Owen 1957: 53. Dh'inns mo sheanmhair dhomh mu Eòghainn mac Sheumais à Cladach a' Chaolais, a rinn dà leth dhen fhidheall agus a shad dhan teine i às dèidh do mhinistear ùr a bha an aghaidh ceòl saoghalta tighinn dhan pharaiste anns na 1920an. Ach faic Meek 1996a: 45–47; Meek 1996b: 9–10.
[55] Faic Meek 2002: 107.
[56] Tha an làmh-sgrìobhainn aice air a tasgadh ann an Sgoil Eòlais na h-Alba agus chaidh leabhar stèidhte air an làmh-sgrìobhainn sin fhoillseachadh le Comann Litreachas Gàidhlig na h-Alba fon tiotal *Tales from Highland Perthshire* (2009).
[57] Faic *TGSI* 37: v–ix airson geàrr-chunntas air an obair a rinn e air eachdraidh agus air beul-aithris nan Gàidheal.
[58] Faic MacInnes 2006: 436. F.c. D.A. MacDonald Rhind 2 agus clàran an Urramaich Tormod Dòmhnallach (*Tocher* 54–55: 328–330), a chruinnich beul-aithris de chaochladh seòrsa anns an Eilean Sgitheanach agus ann an Uibhist a Tuath.

thathar a' cumail a-mach. Na bheachd-san bhiodh barrachd smachd air a bhith aig an eaglais air beatha shòisealta na coimhearsnachd nam biodh na ministearan, mar a bhiodh cuid dhe na sagartan ann an Uibhist a Deas, a' frithealadh nan cruinneachaidhean sòisealta:

> In a church holding the beliefs regarding human nature and society which the Hebridean presbyterian churches hold, complete social control would mean the absence of any secular activities designed solely for recreation; the existence of such secular activities is, indeed, a reflection on the effectiveness of the methods by which control is exercised. A case can be made out for maintaining that it is the close adherence to the social implications of Calvinist theology, and the ensuing powerlessness of the churches to control the content of formal secular social life, that has ensured this perpetuation of the traditional styles of dancing and bagpipe-playing, and, to a certain extent, the folk-tale in the Protestant communities. (*ibid.* 65)[59]

Saoilidh mi, mar sin, gu bheil ìre de mhì-thuigse air tighinn am bàrr a thaobh meud buaidh na h-eaglaise air an tanachadh a thàinig air beul-aithris tron fhicheadamh linn. Math dh'fhaodte gun robh buaidh aig mar a tha cuid dhe na tha sgrìobhte stèidhte air fianais bho shuidheachaidhean àraid, nach robh idir a' riochdachadh na Gàidhealtachd san fharsaingeachd, air a seo. Tha sgoilearan na Gàidhlig air a bhith mothachail o chionn fada nach robh anns an eaglais ach aon adhbhar, am measg mhòran:

> Much has been said about the part that Evangelical Calvinism played in the destruction of Gaelic folktales, folk-music, belief and customs ... but the fact remains that at most it can only be said to be one of several contributory factors. It is by no means the most important factor ... (Maclean 1991: 167)[60]

Ged a bha cuid dhe na daoine ann an Uibhist a Tuath a bha air an iompachadh gu soisgeulach a' seachnadh òran agus sgeulachdan saoghalta, a bha taitneach dhaibh mus tàinig atharrachadh nan gràs orra,[61] feumar a chomharrachadh gun robh cuid eile a bha tuilleadh is deònach an gabhail, mar a dhearbh na

---

[59] Cf. Nenola-Kallio ann a Honko 1981: 142–143.
[60] F.c. Meek 1996b: 4.
[61] Faic A.I.M. SA1970/210. F.c. S.D. MAC20.

chruinnich luchd-cruinneachaidh Sgoil Eòlais na h-Alba anns an sgìre.[62] Ach air sgàth 's nach robh a h-uile duine deònach na bha aca de bheul-aithris a lìbhrigeadh dhan ath ghinealach, thàinig lomadh air leantalachd beul-aithris.[63] A dh'aindeoin sin, bha Meek cuideachd a' meas nach robh anns an t-suidheachadh seo ach aon adhbhar am measg àireimh nach bu bheag de dh'adhbharan eile:

> Their demise was not caused solely by the hostility of the church; they declined and died out, not through the intrusion of the clerical scarecrow, but through progressive social change and the influence of the more subtly pervasive world of the mass media and the decay of the corporate life of the Gaelic communities. It is noticeable that those who blame the Protestant church for the loss of Gaelic culture seldom assess simultaneously the impact of social processes such as clearance, famine, emigration, out-migration, immigration and English language media intrusion.
> (1996b: 4)

A dh'aindeoin is gun robh an *Scottish Society for the Propagation of Christian Knowledge* gun iochd anns an oidhirp a rinn iad air cur às dhan chànain,[64] tha e aithnichte am measg sgoilearan Gàidhlig gun do chuir gach meur dhen eaglais taic shònraichte ris a' chànain, an dualchas Gàidhlig agus aithneachadh dualchasach nan Gàidheal:[65] 'Highland preaching and sermon delivery were, and still are, firmly contextualised in cultural terms' (Meek ann am Butler 1994: 37).

Ann an 1944 bha 'Gaelic necessary for all charges' ann an Eaglais na h-Alba ann an Clèir Uibhist.[66] Bha a' mhòr-chuid de phearsaichean eaglais ann an Sgìre Easbaig Earra-Ghàidheal agus nan Eilean cuideachd dà-chànanach aig an àm. An lùib prìomh bhuidhnean an t-sluaigh 's ann anns an eaglais a-mhàin a bha Gàidhlig air a cleachdadh, chan ann mar dhualchainnt ach mar chànan, agus mar mheadhan teagaisg co-ionnan ri cànan sam bith eile.[67]

B' e cànan air leth a bha ann an Gàidhlig na Cùbaid[68] agus briathrachas nan seanchaidhean o shean a' tighinn beò ann an seagh ùr:

---

[62] Faic D.A. MacDonald 1988.
[63] Faic Meek 1996b: 9.
[64] Faic MacInnes 2006: 439; Campbell 1950: 44.
[65] Faic MacInnes 2006: 436; Meek 1996a: 38–42; Meek 1996b: 4–7, 11; MacLean ann an Neat 1999: 48. 'S e *Foirm na n-Urrnuidheadh*, eadar-theangachadh a rinn John Carswell air a' *Book of Common Order*, ris an do chuir Carswell fhèin Leabhar nan Ceist, a' chiad leabhar a chaidh fhoillseachadh ann an Gàidhlig.
[66] Faic J.L. Campbell 1950: 26. Suidheachadh a dh'atharraich ann an Eaglais a' Chlachain ann an 1991.
[67] Faic MacInnes 2006: 426; Meek 1996b: 11.
[68] Faic MacInnes 2006: 440–441; Meek 2003: 84–118.

... in frankness, sincerity and psychological insight, expressed with an astonishing wealth of imagery and illustration, sometimes sonorously eloquent with the incomparable resonances of the Gaelic language and sometimes racily colloquial ...
(MacLean 1985: 108)[69]

Ao-coltach ri Gàidhlig na coimhearsnachd, cha tàinig atharrachadh ann an Gàidhlig sgoilearachd na h-eaglaise fad iomadh linn, agus tha aonta am measg sgoilearan gu bheil sinn an comain na h-eaglaise airson leantalas rosg Gàidhlig:

Tha sinn an comain nan teachdairean Gàidhlig a tha fhathast a' gnàthachadh cainnt lìonmhor a tha drùidhteach, teòma, tomadach air a lìbhrigeadh ann an deas chainnt fhileanta na cùbaid. Càite an èisteadh tu ri cainnt cho ceòlmhor, aoibhinn, gu gluasad d'inntinn is d'aigne, agus cho sgrùdail sòlaimte ann an còmhradh rannsachail, susbainteach.
(Aonghas Caimbeul ann am Butler 1994: 40)

Air an adhbhar seo, mhair faclan a bha air a dhol à bith anns a' chànain choitchinn air beul luchd-frithealaidh nan seirbheisean eaglais, agus na faclan sin air an ùrachadh an dà chuid nuair a bhiodh daoine a' meòrachadh air a' cheann-teagaisg agus nan smuaintean dìomhair.

Mar a chunnacas nas tràithe sa chaibideil seo, tha lùghdachadh air tighinn air inbhe na Gàidhlig anns an eaglais air sgàth na tha de choigrich ag iarraidh soisgeul ann an Beurla agus air sgàth an atharrachaidh a tha air tighinn air inbhe na Gàidhlig anns a' choimhearsnachd. Thog an aithisg *Cor na Gàidhlig*, a chaidh a dheasachadh do HIDB ann an 1982, casaid an aghaidh na h-eaglaise a thaobh an àite a bha i a' toirt dhan chànain: '... the church in general ... must be seen at the moment as an anglicising influence, whatever its past record' (HIDB 61).[70] Tha seo na dhoilgheas do chuid de sheann daoine a bha cleachdte ri bhith ag adhradh ann an Gàidhlig agus a tha a' faireachdainn nach eil a' Bheurla a' drùdhadh orra cho mòr agus a bha an cànan fhèin.[71]

Chan eil teagamh nach eil tanachadh air tighinn air comas labhairt aig àrd-ìre[72] agus tha faclan co-cheangailte ri creideamh a' dol à bith.[73] Air sgàth 's nach

---

[69] Cf. Shaw 1999: 312, 316–317; Rosenberg ann am Ben-Amos 1975: 77 a-mach air modhannan cainnt luchd-teagaisg Negro.
[70] F.c. Meek 1996a: 41–42.
[71] Faic D.D. MAC 1; HIDB 61.
[72] *language register skills*; Cf. Shaw 1999: 316–317.
[73] Faic Meek 1996b: 7.

eil teaghlaichean an-diugh a' gabhail an Leabhair, no ag aithris na conair-Mhoire còmhla,[74] tha lagachadh a bharrachd air tighinn air briathrachas nan daoine agus air cleachdadh na cànain anns a' choimhearsnachd. Tha beachd ri fhaotainn an lùib dhaoine nas sine anns a' choimhearsnachd gu bheil leantalachd na cànain an crochadh air an inbhe a tha an eaglais a' toirt dhi: 'Nuair nach bi Gàidhlig anns an eaglais cha bhi i fada beò' (M.NicD. MAC18).

6. Foghlam

Bha MacGilleMhìcheil[75] dhen bheachd gun robh droch bhuaidh aig foghlam formeil air leantalachd beul-aithris na Gàidhlig anns an dara leth dhen naoidheamh linn deug. Mheas Eachann MacGhillEathain[76] gur ann mar a bha comas leughaidh a' tighinn air adhart a bha comas aithris a' dol air ais, air sàillibh nach robh daoine a' cleachdadh no ag altachadh an cuimhne.[77]

Tha mòran sgrìobhte mu dheidhinn na buaidh a bha aig moladh làidir an *Scottish Society for the Propagation of Christian Knowledge* gum biodh foghlam ann am Beurla a-mhàin air cor na cànain.[78] Air sgàth 's nach robh Gàidhlig air a h-ainmeachadh ann an Achd an Fhoghlaim 1872, cha robh poileasaidh pongail a thaobh Gàidhlig taobh a-staigh siostam an fhoghlaim, agus cha tàinig leasachadh air a' chùis gu Achd an Fhoghlaim 1918. Thug seo stiùireadh do dh'ùghdarrasan foghlaim Gàidhlig a theagasg ann an sgìrean far an robh i air a cleachdadh anns a' choimhearsnachd, ach, air sgàth 's gun robh na bha air a theagasg an urra ri beachdan agus eòlas luchd-teagaisg an ama, tha e coltach nach robh cothroman a thaobh foghlam Gàidhlig idir co-ionnan ann an sgoiltean air feadh Uibhist, suidheachadh air nach tàinig piseach fhathast.

Tha aistidhean an lùib *Transactions* Comann Gàidhlig Inbhir Nis[79] a' toirt dhuinn dearbhadh gun robh beachd làidir am measg nan Gàidheal nach robh an t-àite a bu chòir a bhith aig Gàidhlig ann an clàr-oideis sgoiltean na Gàidhealtachd idir aice anns a' chiad leth dhen fhicheadamh linn. Bha faireachdainn làidir ann gun robh an Riaghaltas, tro shiostam an fhoghlaim, a' dèanamh dìmeas air a' chànain agus air an dualchas. Ged a bha mòran dhen luchd-teagaisg fileanta anns a' Ghàidhlig, dh'fheumadh iad an clàr-foghlaim nàiseanta a leantainn. Dh'inns Màiri piuthar mo mhàthar dhomh mar a bha i

---

[74] Faic D.A.S.1971/102.B2.
[75] Carmichael 1983: xxv.
[76] Ann an J. F. Campbell Vol. 1: v–vi.
[77] F.c. D.A. MacDonald Rhind 3. Cf. Ó Duilearga 1999: 173; Naughton 2003: 33; Shaw ann am MacNeil 1987: xxxiv.
[78] Faic MacInnes 2006: 439; Campbell 1950: 44; Thomson 1994: 262–263; MacLeod *TGSI* 43: 308–311.
[79] M.e. Murdo MacLeod *TGSI* 43: 305–334; Kenneth M. MacKinnon *TGSI* 47: 374–391; Rev. Thomas MacKenzie *TGSI* 49: 26–52; John A.Smith *TGSI* 51: 1–67.

a' faicinn leabhraichean leithid sreath *Janet and John* agus na h-òrain a bha air a' phrògram *Singing Together* anns na 1960an cho fìor eadar-dhealaichte bho a h-eòlas agus a dualchas fhèin.

Bha Gàidhlig anns an fharsaingeachd air a toirmeasg taobh a-staigh na sgoile agus bha ìmpidh ga chur air clann, ann an cuid de sgoiltean, Beurla a bhruidhinn anns an raon-cluiche cuideachd (M.M. MAC9).[80] Bha comasan na cloinne air am measadh a-mhàin tron Bheurla a dh'aindeoin 's gun robh e 'doirbh faclan fhaighinn a-mach ... cha robh thu cleachdadh Beurla a bhruidhinn' (E.M. MAC22). Fiù far an robh Gàidhlig air a teagasg bha leughadh air a theagasg ann am Beurla mus robh e ann an Gàidhlig, agus bha gràmar na cànain agus deuchainnean litreachais air an teagasg ann an dòigh fhoirmeil, thioram.[81] 'S ann ainneamh a bha sgeulachdan no bàrdachd na sgìre, no eachdraidh an àite, air an ainmeachadh taobh a-staigh an taigh-sgoile. Ged a bhiodh iad fileanta ann an Gàidhlig, 's e Beurla a bha a' mhòr-chuid de luchd-teagaisg a' cleachdadh. A rèir Nisbet,[82] bha an siostam foghlaim èifeachdach ann a bhith a' toirt air teachdaireachd an Riaghaltais drùdhadh a-steach dhan choimhearsnachd, beachd a tha a' faighinn taic bho fhianais a thog mi fhèin ann an Uibhist: 'Bha e air a chur nar ceann nach robh Gàidhlig gu feum sam bith dhuinn ... nuair a dh'fhàgadh tu Loch nam Madadh' (E.M. MAC22).[83]

Le bhith a' cronachadh na cloinne airson Gàidhlig a chleachdadh, agus gam brosnachadh gu bhith bruidhinn Beurla, bha siostam an fhoghlaim a' mùchadh aithne sam bith a bha aca orra fhèin. Bha clann air an togail gu bhith a' cur luach air sinnsearachd, feallsanachd a bha a' nochdadh ann an sloinneadh nan teaghlaichean. A chionn 's nach eil dòigh ann am Beurla air sinnsearachd a dhealbhachadh, bha aon de bhunaitean am beatha air a toirt bhuapa. Mar sin, ann a bhith gan casg bhon a bhith a' cur an cèill an smuaintean ann an Gàidhlig, bha luchd-teagaisg gan oideachadh ann a bhith a' cur cùl rin dualchas agus air gach nì a bha cudromach dhaibh, a bharrachd air a' chànain fhèin. Le bhith a' brosnachadh chloinne gu bhith a' cur cùl rin cànan mhàthaireil, agus rin dualchas, rinn siostam an fhoghlaim dubh-mhilleadh air misneachd agus air spèis na h-òigridh nan dùthchas fhèin.

Mar a bha foghlam a' leudachadh agus a' meudachadh, agus eòlas nas fharsainge aig daoine air dòighean smaoineachaidh eadar-dhealaichte, cha robh daoine airson aideachadh gun robh iad a' cur creideas sam bith ann an seann dòighean agus ann an seann chleachdaidhean an dualchais bhon tàinig iad,

---

[80] 'Bhathar a' sparradh na Beurla ort cho luath 's a rachadh tu innte' (S.D. MAC7), ged nach robh luchd-teagaisg air fad gam peanasachadh airson a bhith ga cleachdadh (D.A.S. SA1970/34B).
[81] Faic Nisbet ann an Chapman 1978: 131.
[82] Ann an Chapman 1978: 131.
[83] Cf. Dorian 1981: 104.

suidheachadh dhan do mhothaich Naughton ann an Èirinn: '... socially progressive literate people no longer adhere to old customs and beliefs' (2003: 22). Tha Ó Duilearga[84] ag innse dhuinn gun robh Gaeilge na suaicheantas air bochdainn agus aineolas, agus ma bha eòlas aig sgoilearan an latha air a' bheul-aithris a bha air a tasgadh anns a' chànain, cha robh diù aca dhi.[85] Tha an dòigh-smaoineachaidh seo ri faotainn air feadh an t-saoghail: 'folklore ... a word that literate Africans feel has a pejorative connotation' (Herskovits 1961: 165). Bha an aon bheachd air a chomharrachadh a thaobh beul-aithris na Gàidhlig:

> ... folklore is the survival of the thought and ways of life of former times. This folklore is knowledge, mostly preserved by oral communication and, generally, divorced effectively from the rationally-based knowledge of educated classes of people.
> (F.G. Thompson 1966: 226)

Cha robh na seann chleachdaidhean a' tighinn a rèir chleachdaidhean agus dòigh-smaointinn an latha (Naughton 2003: 31). Air sgàth 's gun robh na Goill a' cur ceist ann an cuid dhe na cleachdaidhean sin, bha na h-Eileanaich diùid ann a bhith a' leigeil orra gun robh iad gan cumail suas agus a' cur creideas annta. Mar a sgrìobh MacGhillEathain:

> In the early years of the [twentieth] century it was commonly believed that with the advance of knowledge and education most traditional beliefs and customs would eventually disappear, that they would be dispelled by the light of science and rationalism. If beliefs and customs have decayed, it is due to social rather than intellectual reasons. Ignorance and superstition have to a great extent become coterminous, and because of reasons of social prestige, people with any measure of pretentiousness will disclaim any knowledge of, or adherence to, popular beliefs and customs.
> (Maclean ann an Chapman 1978: 122)

Chuir Dòmhnall Mac-na-Ceàrdadh taic ris a seo: '... tha mòran de na rudan sin, chan eil iad ga chreidsinn an-diugh. Tha 'saoghal air fas cho gallta ...' (*Tocher* 18: 52).

Ro linn an Dara Cogaidh, agus às a dhèidh an lùib theaghlaichean àraid, bha meas aig a' mhòr-shluagh air an cànan agus air an dualchas, agus bha luach ga

---

[84] Delargy 1945: 4.
[85] Suidheachadh a tha a' nochdadh cheistean a thaobh inbhe cànain agus leantalachd an dualchais-bheòil a tha stèidhte oirre.

chur air a bhith a' lìbhrigeadh an cuid eòlais dhan sliochd. Air sgàth na droch bhuaidh a bha aig Ùghdarras an Fhoghlaim air mar a bha daoine a' meas an cànain agus am beatha fhèin, thòisich sean agus òg air creidsinn gun robh sgoil anns a' chànain gus an òigridh a chumail air ais.[86] Tha e coltach nach do thuig daoine gur e cion na Beurla, agus nach b' e an comasan a thaobh Gàidhlig, a chuireadh bacadh air adhartas ann am foghlam, no gum biodh e na b' fhasa dhaibh foghlam a thogail nam biodh dà chànan aca. Chomharraich an t-atharrachadh a thàinig ann an inbhe na Gàidhlig an lùib na h-òigridh gun robh Beurla, agus na beachdan a tha na cois, air smachd fhaighinn air a' choimhearsnachd. Tha am pàtran seo aithnichte air feadh an t-saoghail:

> ... a growing sense of inferiority or shame about one's language, a reluctance or embarrassment to use the language for fear of evoking further condemnation and a natural desire to avoid having one's children exposed to the same experience. People believed, rightly or wrongly, that it is their ancestral language which has kept them down, or that they were held back from social advancement by an inability to speak the dominant language well, it is not surprising to find them antipathetic towards preservation ... When this view is reinforced by the opinions of young people themselves – when they see the old language as irrelevant or a hindrance and think of the older people who do still speak it as backward or ignorant – it is only to be expected that negative attitudes pervaded the whole community.
> (Crystal 2000: 85)

Bha Beurla ga faicinn riatanach airson adhartas a dhèanamh a thaobh foghlaim agus bha dlùth-cheangal ga dhèanamh eadar foghlam agus saidhbhreas airgid.[87] Chan urrainn nach do bhuadhaich sin air inntinn cuid a phàrantan air cho feumail agus a bha Gàidhlig anns an t-saoghal mhòr agus air an co-dhùnadh gum biodh an cuid chloinne na b' fheàrr às a h-aonais.[88] A dh'aindeoin sin, feumar a chumail nar n-aire gun robh roghainn aig pàrantan luach an dualchais agus an cànain fhèin a nochdadh dhan chloinn le bhith a' cumail suas an dà chànan. Bhiodh sin air ciallachadh gum biodh ìre de dh'eòlas, agus ìre de bhàidh cuideachd, aca dhan dualchas. Mhìnich Brenzinger Hime Somner[89] gur e

---

[86] Faic S.D. MAC20.
[87] Cf. Brody 2002: 29; Nettle & Romaine 2000: 138.
[88] Chan urrainn nach robh buaidh cuideachd aig an dòigh anns an robh na daoine air an cumail sìos aig na h-uachdarain agus na bàillidhean fad ghinealach air a seo. Cf. Nettle & Romaine 2000: 141–142.
[89] Faic Crystal 2000: 112.

atharrachadh ann an spèis dhaoine dhan dualchas fhèin a tha an-còmhnaidh a' toirt orra an cànan mhàthaireil a threigsinn.

Dh'fheumadh sgoilearan Uibhist fhàgail airson foghlam aig àrd-ìre fhaighinn. Bha an òigridh air an togail a-mach às a' choimhearsnachd aca fhèin gu saoghal Beurla nach robh a' toirt taic dhan dualchas aca aig aois aig am bitheadh iad a' leasachadh chomasan labhairt agus eòlas a thaobh chuspairean mar eachdraidh na dùthcha, modhan obrach, cleachdaidhean adhraidh agus cleachdaidhean leigheis. Air sgàth 's gun robh na ginealaichean air an sgaradh bho chèile, bha an òigridh a' call cothrom air tomhas mòr dhen eòlas a bhiodh air a bhith aca aig an dachaigh agus foghlam foirmeil a' gabhail àite oideachadh bhon sinnsearan. Mar a sgrìobh MacAmhlaigh: '… many children … have to be transplanted from their home community. They live in hostels and the contacts they make are mostly within the school so that the school, to a considerable degree, performs the function of home and community; and the lingua franca is English' (Macaulay 1961: 244). Anns an dòigh seo bha Beurla, agus na beachdan a bha na cois, a' sìor bhuannachd air an cànan mhàthaireil: '… thàinig an dà chànan an lùib a chèile cho mòr' (E.M. MAC22). Chan urrainn nach robh buaidh aig a seo air beachdan agus air feallsanachd nan sgoilearan. Chunnacas a leithid seo ann an dualchasan eile. Bha *mission schools* agus sgoiltean Riaghaltais Ameireaga, mar eisimpleir, a' toirt òigridh a-mach às na treubhan aca agus gam bacadh bho bhith a' cleachdadh an cànain fhèin. Mar sin bha dìmeas ga dhèanamh air an dualchas.[90]

Dh'adhbhraich an t-àrdachadh a thàinig anns an àireamh aig an robh cothrom air foghlam aig àrd-ìre gun robh eaconomaidh airgid a' sìor ghreimeachadh air a' choimhearsnachd.[91] Chuir seo ris an atharrachadh a bha air tighinn ann an eagrachadh sòisealta nan daoine.

Le comas-leughaidh cha robh an aon fheum air an cuid eòlais a chumail air chuimhne no, mar thoradh air a seo, air an t-eòlas sin ùrachadh cho tric. A thuilleadh air a seo, ghabh leabhraichean agus pàipearan-naidheachd gu ìre àite a' chèilidh.[92] Anns an dòigh seo thàinig lùghdachadh air an àireamh de shuidheachaidhean anns an robhar a' lìbhrigeadh an eòlais agus bhuaithe sin thàinig lùghdachadh air leantalachd beul-aithris.

---

[90] Faic Mihesuah 1998 agus Szasz 1994.
[91] Faic D.A.S. SA1973/42.A2 & *SS* 22: 13.
[92] Faic A.M. SA1971/4.

Caibideil a Còig: Co-dhùnaidhean

1. An ceangal eadar leantalachd beul-aithris agus gnè a' chomainn-shòisealta

Tha na caibideilean a chaidh roimhe seo a' soilleireachadh mar a bha na Gàidheil, anns a' chiad leth dhen fhicheadamh linn, an urra ri eòlas agus càirdeas an cuideachd fhèin agus co-obrachadh agus nàbachd na coimhearsnachd: '... uile eòlach air a chèile agus bha coibhneas agus carthannas agus càirdeas is nàbachd gu math dlùth eadar gach croitear' (CD E.Do.).

Bha daoine an ìre mhòr gam faicinn fhèin mar bhall de theaghlach agus de choimhearsnachd agus cha b' ann mar chreutairean air leth. Bha sin a' brosnachadh 'a strong feeling of security and belonging' (Eller 1979: 100). Bha leantalachd a' cho-chomainn agus na h-aonachd shòisealta (*social cohesion*), air an robh an comann-sòisealta stèidhte, an urra ri dàimh teaghlaich,[1] aonachd a thaobh feallsanachd agus spioradalachd agus eisimeileachd an lùib dhaoine a bha gan tarraing còmhla anns gach raon dhem beatha. Saoilidh mi gu bheil e follaiseach gur e cho tric agus a bha daoine a' cruinneachadh còmhla ann an caochladh shuidheachaidhean a bu mhotha a bha a' brosnachadh agus a' neartachadh an dualchais-bheòil.

Mar a chunnacas cheana, bha dlùths an teaghlaich, thairis air iomadach glùin, a' cothromachadh agus a' cruthachadh shuidheachaidhean-aithris taobh a-staigh agus taobh a-muigh na dachaigh. Bha gach suidheachadh sin na chothrom èisteachd – gu h-àraid, ach chan ann a-mhàin, dhan òigridh – agus mar thoradh air a seo a' brosnachadh leantalachd beul-aithris.

Taobh a-staigh na dachaigh bha gach dual de bheul-aithris ri chluinntinn ann am beatha làitheil an teaghlaich: tàlaidhean gan gabhail le màthair ag altram leanaibh; puirt agus rannan chloinne gan gabhail le seanair a' cumail phàistean òga air an dòigh; crònain, luinneagan agus iomadach gnè de dh'òran eile gan gabhail le na boireannaich 's iad a' bleoghainn, a' maistreadh, a' càrdadh, a' cìreadh agus a' snìomh; òrain luaidh gan gabhail le na boireannaich mun chlèith; sgeulachdan chloinne, seanfhaclan, tòimhseachain agus eachdraidhean beaga gan aithris le màthraichean, seanairean agus seanmhairean 's iad ag oideachadh na cloinne bige; agus ùrnaighean, sailm agus duain spioradail aig adhradh teaghlaich.

Taobh a-muigh na dachaigh bha sgeulachdan, eachdraidhean beaga agus fiosrachadh mun àrainneachd, lusan, beathaichean agus eòin rin cluinntinn ann

---

[1] '... trust and confidence in your older people ...' (Fr. Calum MacNeill).

Caibideil a Còig: Co-dhùnaidhean

an iomadach suidheachadh obrach leithid obair na mònadh, obair arbhair, nighe phlangaidean, frithealadh chaorach agus trusadh maoraich. A thuilleadh air a seo, bha gach gnè de dh'òrain rin cluinntinn aig rèiteach agus aig banais agus aig na cruinneachaidhean neo-fhoirmeil eile a bha an cois nan lathaichean mòra sin.

Bha aonachd dhaoine a thaobh feallsanachd agus spioradalachd agus a thaobh an eisimeileachd air càch-a-chèile a' tarraing muinntir na coimhearsnachd còmhla ann an suidheachaidhean sòisealta (anns an dachaigh, aig rèiteach, aig banais agus aig na cruinneachaidhean neo-fhoirmeil a bhiodh ann ron bhanais agus às a dèidh); ann an suidheachaidhean obrach (aig a' cheàrdaich, aig a' mhuileann no far am bite a' feitheamh tràghad, aig mòine, aig fang chaorach, aig froiseadh eòrna no aig obair sam bith eile a bhathar a' dèanamh ann am pàirt, aig an iasgach, aig luadh agus aig na cruinneachaidhean neo-fhoirmeil a bha gan cumail às dèidh an luaidh); agus ann an suidheachaidhean adhraidh (anns an eaglais agus anns an sgoil fhonn). Bha gach suidheachadh sin na shuidheachadh-aithris agus na chothrom èisteachd ri gach dual de bheul-aithris na Gàidhlig: naidheachdan, seanchas, eachdraidh na sgìre agus an t-sluaigh, seanfhaclan agus tòimhseachain, sgeulachdan, òrain, duain agus rannan, ùrnaighean agus sailm.

A rèir MhicGilleMhìcheil,[2] 's e an suidheachadh sòisealta seo a dh'fhàg farsaingeachd, neart agus beartas ann am beul-aithris na Gàidhlig. Tha Meek[3] a' cur taic ris a' bheachd seo le bhith a' mìneachadh buaidh thachartasan sòisealta leithid nam fuadaichean, gorta, eilthireachd, in-imriche agus nam meadhanan Beurla, a rinn crìonadh mean air mhean air eachdraidh shòisealta agus air beatha comh-laighe nan coimhearsnachdan Gàidhlig, air mar a chaidh an taigh-cèilidh à bith. Tha NicLeòid[4] cuideachd air a chomharrachadh gun tàinig atharrachadh air an dualchas nuair a thàinig atharrachadh anns an dòigh anns an robh an comann-sòisealta air a riaghladh.[5]

Ged as e prìomh chuspair na h-às-aithris a leanas an dlùth-cheangal a tha eadar a' chànan agus an comann-sòisealta, tha mi dhen bharail gum faodar susbaint na h-às-aithris a cheangal ri beul-aithris anns an fharsaingeachd:

> ... for language ... is embedded in a particular social life. Its use, non-use and various registers and codes demarcate social boundaries and embody social notions about behaviour and cultural identities. ... Among the local language codes which

---

[2] Carmichael 1997: 21.
[3] 1996b: 4.
[4] 2002: 196.
[5] F.c. D.A. MacDonald Rhind 3.

helped maintain the use of Gaelic within the home and local community at a time when we might have expected to see more decline (i.e.1921–1961) was an association of Gaelic with the values of home, community and egalitarianism, and of English with snobbishness, pushiness and the values of air falbh ('away').
(S. Macdonald 2000: 191–192)

Ged a bha crìonadh ri fhaicinn ann am beul-aithris Ghàidhlig Uibhist às dèidh a' Chiad Chogaidh, bha cuid dhe na structairean sòisealta a bha a' cumail taic shònraichte ris an dualchas-bheòil fhathast rim faighinn anns a' choimhearsnachd. 'S ann às dèidh an Dara Cogaidh a thàinig am bristeadh aithghearr air na structairean sin. Dh'fhosgail an Dara Cogadh sùilean na dh'fhalbh agus a chunnaic cor an t-saoghail mhòir: '... chunnaic iad taobh eile dhen mhaol' (E.M. MAC22).[6] Mar a sgrìobh Dorian: 'the end of a protective isolation' (1981: 5).

Mar a chunnacas ann an caibideil a trì, bha an fheumalachd agus an tairbhe a bha daoine a' meas a bha aig beul-aithris anns na suidheachaidhean-aithris cudromach ann a bhith a' brosnachadh agus a' neartachadh an dualchais-bheòil. Nuair a thàinig lùghdachadh air feum dhaoine a bhith a' tighinn còmhla thàinig lùghdachadh air feumalachd agus tairbhe na beul-aithris agus, mar a thachair ann an Èirinn,[7] air cothroman dhaoine beul-aithris a chluinntinn agus a lìbhrigeadh: '... the society which supported and encouraged the storytellers, and even the language which they used so well, are fading away, and taking the stories with them' (Bruford 1969: 249).

Bha leantalachd cuid de bheul-aithris Ghàidhlig Uibhist an urra ri feumalachdan nan cleachdaidhean obrach a bha nan stèidh do bheatha nan daoine. Chan fheumar a mhìneachadh gun tèid cleachdadh sam bith air nach eil feum à bith, agus nuair a thachras sin thèid a' bheul-aithris a bha na chois à bith cuideachd. Tha seo air a dhearbhadh le bhith a' sealltainn air mar tha cuid de dh'iasgairean Bheàrnaraigh air mòran dhen eòlas a bha aca air ainmeannan sgeirean agus ainmeannan nan eilean beaga a chall air sgàth 's gu bheil iad a' cur earbsa ann an teicneòlas airson fiosrachadh mu shlighean sàbhailte is eile.[8] Anns an aon dòigh, air sgàth 's nach eil feum aig daoine air fiosrachadh cinnteach a thaobh leithid crìochan nan croitean, far am faigh iad fìor-uisge, no lus àraid airson leigheas, no far am faigh iad tarsainn fadhail, tha tùs agus brìgh nan ainmeannan-àite air caochladh. Mar an ceudna, 's ann air sgàth 's gun tàinig crìonadh air bleith le brà ro dheireadh na naoidheamh linn deug nach deach a

---
[6] F.c. S.D. MAC20.
[7] Faic Ó Súilleabháin 1966: xxxvii.
[8] BBC2 11 Gearran 2006.

ghleidheadh ach glè bheag dhe na h-òrain co-cheangailte ris an obair an coimeas ri òrain luaidh. A thuilleadh air a seo, chaidh mòran fhaclan, abairtean agus sheanfhaclan co-cheangailte ri obair nan each agus obair calanais agus obair na mònadh agus obair an arbhair, agus ris an t-sìde ris an robh an obair sin an eisimeil, air dìochuimhne air sgàth 's gun robh leantalas an eòlais seo an crochadh air leantalas nan cleachdaidhean obrach.

Bha bannan làidir na coimhearsnachd stèidhte air an earbsa a dh'fheumadh daoine a chur ann an càch-a-chèile a thaobh obair fearainn, obair calanais agus cuideachadh aig àm èiginn. Suas gu na 1960an bha a' choimhearsnachd mar ath-chearcall dhen teaghlach agus bha daoine daonnan deiseil gus càch-a-chèile a chuideachadh. Nuair a thòisich daoine a' cosnadh tuarastail a thuilleadh air a' chroit, bha luach ga chur air maoin, agus air adhartas a dhèanamh nan crannchur, anns an dòigh anns an robh iad fhèin a-nis a' faicinn adhartais: '... tha gnothach an airgid air gnothaichean a mhilleadh' (D.A.S. SA1973/42.A2).[9] Mar thoradh air eaconomaidh an airgid thàinig caochladh air dàimh anns a' choimhearsnachd agus air a' cho-chomann agus air an aonachd shòisealta. Cha robh feum, mar eisimpleir, aig àm pòsaidh no aig àm bàis air cuideachadh le tiodhlac bìdh. Cha robh feum na bu mhotha air cleachdaidhean leithid caithris nam marbh air sgàth 's gur ann ann an dachaigh-cùraim no ann an ospadal a bha a' mhòr-chuid de dhaoine a' bàsachadh. Le crìonadh nan cleachdaidhean sin thàinig lùghdachadh anns an àireamh de shuidheachaidhean anns an robh beul-aithris ri cluinntinn, agus thàinig atharrachadh ann an spiorad na coimhearsnachd.

Chomharraich Dégh (1969: 51)[10] seo ann a bhith ag innse mun bhristeadh a thàinig air leantalachd nan sgeulachd nuair a sguir an t-iasgach ann an sgìre Sára anns an Ungair. Tha Pàdruig Moireasdan a' cur taic ris a' bheachd gu bheil leantalachd beul-aithris an ìre mhòr an crochadh air cothroman èisteachd is aithris ann am beatha làitheil dhaoine:

> 'S e glè bheag tha cuimhn' a'm air a chluinnteil idir [ann an Glaschu] a b' fhiach ga chumail air chuimhne ... chaidh iad tràth nan òige gan cosnadh dhan bhaile mhòr 's cha d' fhuair iad an cothrom idir a fhuair mi fhìn. (P.M. SA1972/35)

Tha e soilleir gum b' e an teaghlach prìomh bhun-stèidh na coimhearsnachd letheach tron fhicheadamh linn nuair a bha càirdeas a' bualadh air gach taobh dhen dualchas. Ach tha gnothaichean air atharrachadh. Tha buaidh air a bhith

---

[9] Thàinig crìonadh, mar eisimpleir, air obair ann am pàirt às dèidh an Dara Cogaidh (S.M. SA1967/135.B1).
[10] F.c. Dégh agus Vázsonyi 1975: 233–234; von Sydow 1934: 354.

aig meudachadh casg-gin air àireamh na cloinne agus air an dàimh a bha teaghlaichean mòra, anns an robh sean is òg, peathraichean is bràithean, a' gabhail cùram a chèile, a' cruthachadh eadar na ginealaichean. Tha an àireamh de theaghlaichean far a bheil boireannaich a' togail chloinne nan aonar, no le cèile aig nach eil iad pòsta, a' nochdadh atharrachadh ann am beachdan dhaoine a thaobh luach an teaghlaich. Tha crìonadh ann an dlùths an teaghlaich ri fhaicinn cuideachd anns an dòigh anns a bheil comas sloinneadh, agus an dìlseachd agus an aonachd a bha seo a' brosnachadh am measg chàirdean, air a dhol à fasan: 'Chan eil diù aca dheth. Feadhainn aca, chan eil fhios aca dè an t-ainm a bh' air an seanmhair. Tha gu leòr' (A.M. SA1980/32.A1).

Bha buaidh làidir aig a' bhann dhaingeann, dhlùth a b' àbhaist a bhith eadar na ginealaichean, ach gu h-àraid eadar a' chlann bheaga agus an seanairean agus an seanmhairean,[11] air leantalachd beul-aithris:

> Bha a-nisd na h-òrain agus na sgeulachdan a' leantail a nuas o ghlùin gu glùin as an teaghlach chon a latha an-diugh ... agus bha sinne 'nar cnapaich bheaga a' togail a chuile facal dheth. Agus bha toil mhòr againn a bhith a' cluinntinn nan sgeulachdan agus nam bìte a' toirt oirnn rud 'sa bith a dhèanamh, bhìte a' gealltainn dhuinn sgeulachd a ghabhail a nochd dhuinn air a shon. Agus seo an dòigh as an d'fhuair sinne na sgeulachdan sinn fhìn ...
> (D. Dom. *Tocher* 25: 6)[12]

Bha an dlùth-cheangal eadar dàimh an teaghlaich agus leantalachd beul-aithris ri fhaicinn an lùib nan ceàrdannan cuideachd:

> ... greatest gift traveller parents can give their children is ... stories and songs from traveller life and tradition. These are cherished and passed from one generation to the next. Duncan [Williamson] explains that traveller parents wanted to give their children something lasting that would keep the memory of parents and grandparents alive. (McDermitt, *Tocher* 33: 141)[13]

Ach cha b' ann taobh a-staigh an teaghlaich a-mhàin a bha an dàimh seo ach taobh a-staigh na coimhearsnachd. Bhiodh clann tric a' cur ùine seachad còmhla

---

[11] 'Cha ghabhadh sin innse' (D.I.Mac MAC8).
[12] F.c. D.A.MacE SA1963/51.B8: '... bha na duain a bha siud air an leigeil sìos o athair gu mac ...'; D.MacD. SA1971/4 a' bruidhinn mun oideachadh a fhuair e bho sheanair agus bràthair agus piuthar a sheanar.
[13] F.c. D.W. *ARV* 37: 70, 72. Cf. Shaw 2007: 8: 'acculturation and cultural continuity'.

ri seann nàbaidhean a bhiodh gan oideachadh anns gach taobh dhen dualchasbheòil. Seo mar a dh'ionnsaich Dòmhnall Ailein MacCuidhein, aig aois còig bliadhn' deug, rann a bha ri ghabhail a dh'aon anail bho a nàbaidh, Anna Bheag nighean 'ic Fhrainnseis, a bha ceithir fichead 's a dhà (*Tocher* 4: 102–3).[14] Bha am meas agus an dlùth-cheangal a bha air a chruthachadh eadar na ginealaichean maireann fhad 's bu bheò iad. Tha seo ri fhaicinn anns an dòigh anns an robh e na leantalachd nàdarra do ghillean a bha air cleachdaidhean na Callainn ionnsachadh bho sheann daoine àraid nan òige a dhol air chèilidh air na daoine sin nuair a thàinig iad gu ìre airson èisteachd rin cuid naidheachdean, sgeulachdan agus eile agus, math dh'fhaodte, an ionnsachadh.[15] Le caochladh tighinn air seann chleachdaidhean na Bliadhn' Ùire, chailleadh fear dhe na duail air an robh leantalachd beul-aithris a' crochadh.

Tha droch bhuaidh air a bhith aig lùghdachadh dìlseachd an t-sluaigh do chleachdaidhean creideimh, 's gun an òigridh a' toirt spèis dhaibh, air leantalachd nan gnèithean àraid de bheul-aithris a bha rin cluinntinn aig adhradh teaghlaich no anns an eaglais. Tha cuid dhen òigridh ann an Uibhist a Tuath an-diugh nach cuala riamh salm, ùrnaigh no caibideil air an aithris ann an Gàidhlig. Air sgàth 's nach eil duine an-diugh a' coiseachd dhan eaglais, no gu tiodhlacadh, no a' frithealadh sgoil fhonn, tha lùghdachadh a bharrachd air tighinn air an àireamh de shuidheachaidhean-aithris.

Nuair a sgaoil rèidio, telebhisean agus fòn anns a' choimhearsnachd, thàinig fìor atharrachadh air cleachdaidhean sòisealta, gu h-àraid an cèilidh, air nach robh an aon fheum.[16] 'S e teicneòlas a bha a-nis a' riaghladh beatha shòisealta an t-sluaigh, suidheachadh air an robh na bàird Ghàidhlig mothachail.[17]

Bha daoine air am mealladh le comann-sòisealta fuadain a bha air a mheas adhartach, agus mar thoradh air a seo chuir iad bhuapa an dualchas fhèin (McKean 1997: 103).[18] Nuair a chuir feadhainn cùl ri na seann chleachdaidhean, bha cudrom ga chur air càch am fasan ùr a leantainn (*peer pressure*). Tha seo air a shoilleireachadh le bhith a' sealltainn air mar a thàinig crìonadh aithghearr air cleachdadh cèilidh nan taighean am measg na h-òigridh ri linn Radio Luxemburg agus *Top of the Pops*. Cha robh na suidheachaidhean sòisealta, leithid nan cuirmean formeil a thàinig an àite nan seann suidheachaidhean cèilidh, faisg cho èifeachdach ann a bhith a' brosnachadh nan seann ealain.

Le crìonadh an taigh-chèilidh, an luaidh, obair an fhearainn agus nan

---

[14] F.c. An Comunn Gàidhealach 1938: 135. Cf. MacNeil 1987: 12.
[15] Faic Maclean 1957: 26. F.c. M.M. MAC9.
[16] Faic D.A.S. SA1973/42.A2 & SA1970/206.A2.
[17] M.e. Dòmhnall Ruadh Phàislig, MacMillan, ed. 1968: 38; Dòmhnall Aonghais Bhàin, D. MacDonald 2000: 72.
[18] F.c. Dorian 1981: 51–52, 70 a-mach air 'linguistic tip'.

cruinneachaidhean sòisealta co-cheangailte ri pòsadh, thàinig lùghdachadh aithghearr anns an àireamh de shuidheachaidhean anns am b' àbhaist beul-aithris a bhith air a sgaoileadh taobh a-staigh na coimhearsnachd.[19] Air sàillibh seo chaidh sgeulachdan, òrain, seanfhaclan agus eile a-mach à fasan agus e air a mheas nach robh feum annta: 'Traditions are handed down from one generation to the next only as long as people have a living faith in them' (Mueller-Lisowski ann an Ó Madagáin 1985: 191). Mar thoradh air a seo, chaill na seann ealain a' bhuaidh làidir a bha aca air dualchas Gàidhlig nan Eilean ann an taobh a-staigh aon ghinealaich.

Nochd an t-Athair Urramach Dòmhnallach (J.A. Macdonald 1999: 29, 64) mar a thàinig lùghdachadh anns an luchd-èisteachd aig Dòmhnall Ailein Dhòmhnaill na Bainich le crìonadh nan suidheachaidhean sòisealta anns am b' àbhaist dha a chuid òran a ghabhail. Air sgàth 's nach robh adhbhar no tlachd aig na bàird òrain a dhèanamh mura biodh èisteachd aca dhaibh anns a' choimhearsnachd, sguir iad gan dèanamh. Tha na bàird agus am bàrdachd an-diugh nam pàirt 'of a disappearing continuity – of people, of work, of experience, of language, of memory' (Neat 1999: 296).

Às aonais luchd-èisteachd cha robh adhbhar aig seinneadair a chuid òran a sheinn no aig sgeulaiche a chuid naidheachd aithris.[20] Bha an luach a bha daoine, gu h-àraid an òigridh, a' cur air eòlas nan seann daoine a' toirt aithneachadh dha na seanairean gun robh dìleab, a bha air a meas prìseil, aca ri lìbhrigeadh dhan ath ghinealach: 'They regarded themselves as being links in a chain of transmission and they saw themselves as having important responsibilities to the past generations and to the future' (D.A. MacDonald Rhind 3). A chionn 's nach robh daoine a' nochdadh luach anns na bha aca, chaill luchd-aithris am misneachd. Bha Dòmhnall Ailein Dhòmhnaill na Bainich mothachail air a' bhuaidh a bha aig a seo air maireannachd nan òran aige fhèin: 'Ach mar a tha na daoine a bha beò nam là-s' a' sìor chrìonadh às, bidh na h-òrain a' crìonadh às còmhla riutha' (J.A. Macdonald 1999: 64).

Tha fianais ann gu bheil daoine an urra ri cothroman cunbhalach an cuid òran ùrachadh an lùib luchd-eòlais airson an cumail air chuimhne (*ibid.* 269):

> Tha iad thall 's a-bhos, an siud 's an seo. Chan eil iad agamsa mi fhèin idir. Chan eil iad air chuimhne agam ... Cha chreid mi gun cùm duine a chuimhne air rud mura bi e 'cleachdadh a bhith ga ghabhail e fhèin ...   (A.M. SA1980/32.A1)[21]

---

[19] Cf. Kriza 1981: 136–137.
[20] Faic Ross 1961: 18.
[21] F.c. Dòmhnall Alasdair Seonstan: "S e sin a chuir às mo chuimhne iad, nach robh mi gan gabhail' (D.A.S. SA1970/34.A2); Cf. Kriza 1981: 136–137.

Mar a sgrìobh Nettle: '… in a nonliterate culture, a song must be sung, remembered, and taught by one generation to the next. If this does not happen, it dies and is lost forever' (1965: 3).[22]

Bha leantalachd nan òran anns an dara leth dhen fhicheadamh linn mar sin an crochadh air an àireamh glè bheag de dhaoine a bha gan giùlan,[23] agus, nam faigheadh iad an cothrom, a sheinneadh iad. Bha daoine mothachail gun robh atharrachadh air tighinn air an dualchas thar ùine agus gun robh e nis nas taine. Bha an suidheachadh seo a' dùsgadh mulaid an lùib nam bàrd agus an lùib luchd-aithris, a bha a' faicinn mar chall nach robh an aon eòlas no uiread dheth aig na ginealaichean a bha ag èirigh suas às dèidh an Dara Cogaidh:[24] 'Bha uair a bha sinn a' dèanamh òrain airson an gabhail – tha sinn a-nist a' sgrìobhadh na bàrdachd airson a leughadh …' (Dòmhnall Iain Dhonnchaidh, MacDhòmhnaill 1998: xx).

Bha misneachd agus dèanadas nam bàrd ag èirigh bhon inbhe agus bhon dreuchd stèidhte anns a' choimhearsnachd:[25] às aonais luchd-èisteachd cha robh iad a' faicinn feum nan saothair. Mar eisimpleir, air sgàth 's gun robh e a' faireachdainn nach robh daoine a' toirt spèis dhan bhàrdachd aige agus dhan dualchas a bha e a' riochdachadh, bha Dòmhnall Ruadh Phàislig deiseil airson na rinn e de dh'òrain a chur dhan teine.[26]

Mar an ceudna, sguir mòran sgeulaichean a dh'aithris an eòlais a bha aca far nach robh luchd-èisteachd aig an robh ùidh ann.[27] Bha iomagain air cuid dhiubh, Seumas MhicFhionghain à Barraigh nam measg, gun rachadh na seann sgeulachdan air dìochuimhne air sgàth 's nach robh daoine a' faicinn feum annta:[28] iomagain nach robh iomrall agus cuid dhen òigridh 'a' leughadh *Bunty* an àite a bhith ag èisteachd ri Penny a' bruidhinn mu Oisein' (Mòrag Dhòmhnallach, BBC RnG, 12 Cèitean 2005).

Tha mulad nan seann eòlaichean ri fhaicinn ann am mulad ceann-cinnidh nan *California Indians* nuair a thuirt e, 'Our cup is broken':

> Those things that have given significance to the life of his people, the domestic rituals of eating, the obligations of the economic system, the succession of ceremonials in the villages, possession of the bear dance, their standards of right and wrong – these were gone, and with them the shape and meaning of their life … He

---

[22] Cf. SA1951/2, air a bheil seinneadairean à Uibhist a Deas a' còmhradh mu sheinn nan òran Gàidhlig.
[23] Cf. von Sydow 1934: 347.
[24] Faic A.Mac. SA1969/035; A.M. SA1980/32.A1 & SA1982/111.A2.
[25] Faic Lloyd 1956: 125.
[26] MacMillan ed. 1968: xxi.
[27] Cf. von Sydow 1934: 348.
[28] Faic Maclean *Gwerin* 1: 29.

did not mean that there was any question of the extinction of his people. But he had in mind the loss of something that had value equal to that of life itself, the whole fabric of his people's standards and beliefs. (Benedict 1952: 15–16)

Bha dualchas Gàidhlig Uibhist, mar a bha dualchasan eile, air a ghleidheadh air sgàth 's gun robh e air ùrachadh gu cunbhalach, ach le crìonadh anns na seann nòsan thàinig balbhachd anns na coimhearsnachdan ann an taobh a-staigh aon ghinealaich.

A thuilleadh air a' bhuaidh a bha aig tachartasan taobh a-staigh na coimhearsnachd air leantalachd beul-aithris, bha buaidh aig feallsanachd bhon taobh a-muigh. Chunnacas seo an toiseach ann an Uibhist a Tuath nuair a chaidh riaghladh na coimhearsnachd a ghluasad a dh'Inbhir Nis agus an uair sin a Steòrnabhàgh.[29] Ged a bhiodh dùil gum biodh cumhachd aig a' Chomhairle a thaobh clàr-oideachais nan sgoiltean, tha an smachd a tha aig buidheannan leithid Stòrlann Nàiseanta na Gàidhlig air foghlam tro mheadhan na Gàidhlig ann an Uibhist agus ann am Barraigh air milleadh a dhèanamh air dualchainnt nan sgìrean sin. Tha seo a thaobh gu bheil cuid dhe na leabhraichean sgoile a' sparradh Gàidhlig air a' chloinn a tha ag atharrachadh faclan, gràmar agus ruitheam an dualchainnt fhèin – mar eisimpleir, le bhith a' cleachdadh 'dha Màiri' an àite 'do Mhàiri'.

Ri linn telebhisean, rèidio agus pàipearan-naidheachd, 's ann bho thaobh a-muigh an dualchais, agus cha b' ann bhon teaghlach agus bhon choimhearsnachd, a bha a' mhòr-chuid dhe na beachdan air an robh an òigridh a' meòrachadh, agus anns an robh iad a' cur spèis, a' tighinn: beachdan a bha air an cur an cèill ann am Beurla le daoine aig nach robh eòlas, anns an fharsaingeachd, air dualchas na Gàidhlig. A rèir Chaluim MhicGillEathain (Maclean ann an Chapman 1978: 122), 's e daoine aig an robh foghlam foirmeil a bhith a' coimhead sios air creideas nan daoine a thug air Eileanaich a dhol às àicheadh cleachdaidhean agus creideas an sinnsir no, aig a' char as lugha, a thug orra gun leigeil orra gun robh iad a' cur creideas annta. Mar thoradh air a seo, chaidh a' mhòr-chuid de sgeulachdan agus naidheachdan a bha stèidhte air na cleachdaidhean sin air dìochuimhne. Mur b' e na chlàr Sgoil Eòlais na h-Alba dhiubh, bhiodh mòran air nach biodh sgeul an-diugh.

---

[29] Ann an 1972. Cf. Naughton 2003: 33: 'more centralized education'. Thachair seo do choimhearsnachdan ionadail Cheap Breatainn, a tha an-diugh air an riaghladh à Halifax.

2. Àite cudromach nam boireannach

Tha cunntasan Iain Òig Ìle, agus na muinntir a bha a' cruinneachadh còmhla ris, a' dearbhadh gun robh pailteas de sgeulachdan aig boireannaich air feadh na Gàidhealtachd. Tha làmh-sgrìobhaidhean MhicGilleMhìcheil a' foillseachadh gun d' fhuair e mòran dhen bheul-aithris a chruinnich e anns na h-Eileanan bho bhoireannaich ann an Uibhist a Tuath.[30] A dh'aindeoin na sgrìobh Calum MacGhillEathain (Maclean 1957: 32), chlàr Sgoil Eòlais na h-Alba mòran sgeulachdan bho bhoireannaich ann an Uibhist agus ann am Barraigh, cuid dhiubh a chaidh fhoillseachadh anns an leabhar aig Bruford agus an Dòmhnallach (2003). Dh'ainmich Dòmhnall Eàirdsidh Dòmhnallach Mòr Chaimbeul,[31] 'The Dictionary', an nighean aice, Ceit, Bean Eàirdsidh Raghnaill, agus Màiri Mhoireasdan, an lùib an ochdnar a chomharraich e mar 'the giants [of] tradition bearing' (1988. F.c. D.A. MacDonald Rhind 4: 'his [Aonghas Beag MacGhillFhaolain] equally talented sister'). Tha e iongantach, mar sin, nach d' fhuair na boireannaich sin, no boireannaich eile, an aon chliù anns an obair sgoilearachd a rinn e agus a fhuair na fir a dh'ainmich e, no fiù fir nach do dh'ainmich e idir.[32] Tha seo ri fhaicinn le mar a dheasaich e leabhar de sgeulachdan Phàdruig Mhoireasdain, fear a bha na shàr sgeulaiche ach nach robh idir air ainmeachadh aige am measg 'the giants', ged nach deach aon leabhar dhe na chruinnich e bho Mhòr Chaimbeul, Ceit, Bean Eàirdsidh Raghnaill agus Màiri Mhoireasdan a chur an clò. Tha roghainn Dhòmhnaill Eàirdsidh Dhòmhnallaich a' foillseachadh gum b' e sgeulachdan agus mar a bha luchd-aithris gan togail agus a' cumail cuimhne orra – cuspairean air an robh fèill eadar-nàiseanta aig an àm – a phrìomh ùidh-san. Air sgàth 's gur ann air luchd-aithris fireann,[33] cha mhòr a-mhàin, a chuir e na ceistean mionaideach co-cheangailte ri na cuspairean sin, tha cuid dhe na sgrìobh e, a dh'aindeoin eòlais, air dealbh mhì-chothromach a chruthachadh mu chomasan agus àite nam boireannach. Gu dearbha, air sgàth 's nach robh toil no cothrom aig sgoilearan na Gàidhlig anns an fharsaingeachd barrachd rannsachaidh agus sgrìobhaidh a dhèanamh air na bha aig na boireannaich dhe gach dual de bheul-aithris, tha an sgoilearachd air dìmeas a dhèanamh air eòlas nam ban agus air

---

[30] Eadar 27 Dùbhlachd 1864 agus 14 Sultain 1885 chruinnich e stuth bho 34 luchd-fiosrachaidh a bha air an ainmeachadh. 'S e boireannaich a bha ann an 21 dhiubh agus thadhail e trì tursan air trì dhiubh sin. Math dh'fhaodte gun robh boireannaich eile am measg an luchd-fiosrachaidh nach robh air an ainmeachadh. Faic Ro-Ràdh bun-nota 6 agus 'Luchd-aithris MhicGilleMhìcheil *Carmina Gadelica* I–VI', a chaidh ullachadh le Domhnall Uilleam Stiùbhart, Oilthigh Dhùn Èideann.
[31] Bean Nìll. F.c. 1972: 424; J.L. Campbell ann am MacLellan 1997: xv agus Shaw ann am MacLellan 2000: 31.
[32] Cha b' e an aon fhear a rinn an dearmad seo.
[33] Leithid D.A.S., A.M. agus R.M.

an àite shònraichte a bha aig boireannaich ann a bhith a' brosnachadh leantalachd beul-aithris.

Tha fianais bho dhualchasan àraid a' nochdadh gu bheil àite air leth aig na fir agus aig na mnathan ann an oideachadh chloinne: 'A grandmother also acted as instructor and chaperon of granddaughters, while a grandfather taught children myths and trained them in manners and morals' (Barnes 1984: 181 agus e a-mach air treubh thùsanach à Ameireaga a Tuath). Mar a chunnacas cheana, ann an Uibhist 's iad na boireannaich a bu trice a bha a' frithealadh na cloinne agus is iadsan a bha a' toirt a' chiad teagaisg dhaibh a thaobh iomadach dual de bheul-aithris na dùthcha bho latha am breith.[34] A chionn gun robh boireannaich a' gabhail thàlaidhean airson clann a shocrachadh agus a' gabhail òran agus ag aithris rannan ann an caochladh shuidheachaidhean obrach – nam measg suidheachaidhean co-cheangailte ri obair calanais agus obair a' bhainne anns nach biodh na fir an sàs – bha a' chlann bheaga a' togail nan òran a-staigh aca fhèin.[35] Bha na cleachdaidhean obrach sin a' toirt dhaibh cothrom sgeulachdan beaga, criomagan eachdraidh, sloinnidhean agus fiosrachadh co-cheangailte ris an obair ùrachadh tric am measg an cuid chloinne agus an cuid oghaichean, agus 'a' bhruidhinn a' dol gun sgur' (S.D. MAC12).[36] B' iad na boireannaich cuideachd a bu trice a bhiodh a' toirt a' chiad oideachaidh dhan chloinn a thaobh Ùrnaigh an Tighearna agus *Leabhar Aithghearr nan Ceist* (S.D. MAC12).

Bha bàird Uibhist, leithid Dhòmhnaill Ailein Dhòmhnaill na Bainich, tric ag ainmeachadh gur ann bho thaobh am màthar a thug iad an tàlantan (MacInnes 2006: 245). Bha iad cuideachd a' comharrachadh àite cudromach nam boireannach ann an togail na cloinne:

> Chan eil faoineis gun dòigh
> A' faotainn coir air a' chloinn
> A leanas eisimpleir màthar
> A rinn an àrach le suim.   (MacGillFhaolain 1991)[37]

A bharrachd air a seo, bha iad ag aithneachadh buaidh caomhalachd màthar ann a bhith ag oideachadh a cuid chloinne ann an cànan an dualchais:

---

[34] Faic S.D. MAC12. Bha àite cudromach nam boireannach ann an oideachadh chloinne aithnichte an lùib nan ceàrdannan cuideachd (S.R. *Tocher* 40: 176).
[35] Faic Shaw ann am MacLellan 2000: 36. F.c. D.I.Mac. MAC8; MacNeil 1991: 22 'soaked them up'. Cf. Nettle 1965: 3.
[36] 'S ann o bhith ag aithris nan sgeulachdan a bha aice dha cloinn a dh'ùraich Màiri Maighread NicGhillEathain dhi fhèin iad (SA1971/161.A8).
[37] Bho *Eilean Uibhist Mo Rùin*.

Cànan ro chliùtach a dh'ionnsaicheadh tràth dhoibh
Gu h-aoidheil, binn, mùirneil, aig glùinean am mathar.
(MacAoidh 1938: 65)[38]

Bha na bàird tric a' nochdadh na dàimh a bha eadar màthair agus pàiste agus ag ainmeachadh mhàthraichean air leth bho chàirdean eile.[39] Tha seo a' cur taic ris a' bheachd gur ann bhuaipese a bha clann a' togail uimhir dhe na bha aca: '… saoilidh mi gur e na boireannaich 's dòcha a bha gan toirt seachad dhan òigridh' (S.D. MAC12).[40]

Thug Ó Duilearga (Delargy 1945: 19) àite comharraichte dhaibhsan nach robh a' seinn iad fhèin ach aig an robh mòran dhe na h-òrain (*passive bearers*). Chithear gun robh àite cudromach dha-rìribh aig boireannaich ann an Uibhist nach robh a' seinn ach ann an cuideachd an teaghlaich fhèin ann a bhith a' brosnachadh dhaoine a bha aithnichte mar sheinneadairean (*active bearers*):

> Within the process of collecting these songs from my informants in their own homes, it became apparent that members of their families were passive bearers of the songs and often acted as prompters when my informants could not immediately recall the words of a particular line of a song. The wives of both Archie MacKay and James Campbell and Duncan Currie's sister, all functioned in this way despite their claims not to know the songs themselves. While they may have been behaving as typical passive bearers of the song tradition, they may also have been simply acting out their role in what local custom seems to have made a man's province. (J.A. Macdonald 1999: 266)[41]

Nuair a bha Fred MacAmhlaidh a' deisealachadh riochd ùr de leabhar Dhòmhnaill Ruaidh Chorùna, 's ann aig co-ogha a' bhàird, Magaidh Bhoidhd, a fhuair e 'ceithir no còig a dh'òrain nach robh againn roimhe; agus chuir i ceathramh no dhà an siud 's an seo ri feadhainn eile' (Dòmhnallach 1995: xxvii), agus na faclan a rinn am bàrd air a dhol air dìochuimhne air nuair a rinneadh an leabhar an toiseach.[42]

---

[38] Cf. *Tocher* 54–55: 329: '… the women in particular, they had not a word of English …' F.c. M.M. MAC9. Tha a h-uile coltas ann gun robh cion na Beurla an lùib nam boireannach a bha daonnan aig an dachaigh, an taca ri na fir a bha na bu dòcha ùine a chur seachad an lùib nan Gall – anns an Arm no aig muir – a' daingneachadh na cànain ann an cridhe an dualchais.

[39] M.e. Dòmhnallach 1995: 10–11; MacAoidh 1938: 6.

[40] Ged a bha àite cudromach aig na fir nan seann aois ann a bhith a' toirt cùram do dh'oghaichean, cha robh àite daingeann aig athraichean anns an fharsaingneachd ann a bhith a' togail an teaghlaich fhèin.

[41] Cf. Shaw ann am MacNeil 1987: xxiii.

[42] Ann a bhith a' lìbhrigeadh a h-eòlais dh'atharraich inbhe Magaidh bho *passive bearer* gu *active bearer*. Cf. Ó Laoire 2002: 80–84.

Tha beàrn mhòr ann an sgoilearachd na Gàidhlig a thaobh eòlas nam boireannach co-cheangailte ri aithris nan sgeulachd. Ged a thog MacGhillEathain an cuspair, tha na sgrìobh e air barrachd mì-chinnt a thogail na tha e air soilleireachadh a dhèanamh air an t-suidheachaidh:

> Men as a rule are the story-tellers, but there were quite a number of women story-tellers too. In two houses in Benbecula fifty years ago old women told tales to regular visitors. Several men have recorded tales heard from old women. In a family of tradition bearers the men have the tales, the women the songs.
> (Maclean 1957: 32)[43]

Tha clàran Sgoil Eòlais na h-Alba a' dearbhadh gun robh sgeulachdan aig mòran de bhoireannaich,[44] anns a' cheart dòigh agus a bha iad aig boireannaich ann an Èirinn (m.e. Peig Sayers, bhon do chlàr Seòsamh Ó Dála 375 *narratives*, 40 *wonder tales* nam measg: Delargy 1945: 15). Tha iad a' dearbhadh a bharrachd gur ann bho bhoireannaich ann an teaghlach a fhuair mòran de luchd-fiosrachaidh na Sgoile a' chiad eòlas air cuid dhe na sgeulachdan a bha aca.[45] A thuilleadh air a seo, tha iad a' dearbhadh gun robh boireannaich agus fireannaich aig an robh sgeulachdan agus òrain agus a bha comasach air an lìbhrigeadh. Cha robh eòlas nam boireannach cho cumhang agus a bhathar a' cur às an leth: 'Bha na boireannaich pailt cho ealanta ri na fireannaich ... bha fios aig na boireannaich air rud nach robh fios aig na fireannaich ... 's ann aca a bha' (D.I.Mac. MAC8).[46]

Mar sin, a dh'aindeoin an dearmaid a rinn sgoilearan na Gàidhlig air a' chuspair, tha fianais ann gun robh àite fìor chudromach aig boireannaich ann a bhith a' brosnachadh sgeulaichean agus ann a bhith a' sgaoileadh na chuala iad nan dachaigh fhèin (*passive bearing* agus *secondary transmission*).[47] Chuala Isa NicIlip boireannaich leithid Ciorstaidh Iain Linc agus Ceit an Tàilleir[48] 'uair is uair' ag innse 'sgeulachdan beaga', ged a chomharraich i gur ann nam measg fhèin no dhan cuid chloinne a bu dòcha iad an aithris.[49] Bha an suidheachadh seo ri fhaicinn an lùib nan ceàrdannan cuideachd:

---

[43] Cf. Dégh 1969: 91–93.
[44] Nam measg Mòr Chaimbeul, Màiri Mhoireasdan, Màiri Maighread NicGhillEathain, Màiri NicGhillEathain, Ceit Dix, Anna Sheonstan, Nan NicFhionghain, Ceiteag Linc, Ceit Dhòmhnallach.
[45] Faic D.A.S. SA1971/101.A11-B1 agus clàran N.N.; D.M.; D.MacD.; A.M.; E.Mac.; D.A.MacC.; B.Nic.; M.M.N.; C.Dho.; C.D; P.M. F.c. N.N. *Tocher* 7: 201; D.W. *Tocher* 33: 145; S.R. *Tocher* 40: 176, 40: 175; Shaw 2007.
[46] F.c. S.D. MAC12.
[47] Cf. Dégh 1969: 92; Ó Laoire 2002: xiv, 80–84.
[48] Airson fiosrachadh mu Cheit an Tàilleir faic *Tocher* 20: 121–137.
[49] Faic I.N. MAC3. F.c. Shaw 2007. Cf. Dégh 1969: 93.

Patterns of tale transmission among the Sutherland families were much like those of their Scots-speaking counterparts, and women apparently played a more vital role in this aspect than in performance at larger gatherings. Brian Stewart, Ailidh Dall's nephew, as a young boy would routinely visit his grandmother Siùsaidh, asking her for a tale. (Shaw 2007: 7)[50]

Tha seo a' togail cheistean a thaobh na h-ìre chun an robh modhannan na linn a' cur bacadh air boireannaich an ealain fhoillseachadh an lùib nam fear taobh a-muigh an teaghlaich no an dachaigh fhèin. Tha e soilleir gun robh cothroman nam ban a thaobh aithris nan sgeulachd, mar a bha iad ann an Èirinn[51] agus anns an Ungair, air an cuingealachadh le nòs.[52] A rèir Dhòmhnaill Ailig MhicEachainn, math dh'fhaodte gun robh Màiri Anna, piuthar Aonghais Bharraich, 'pailt cho math ris a' Bharrach fhèin' (SA1974/164).[53] A dh'aindeoin sin, bha an t-àite àraid a bha aca a thaobh leantalachd sgeulachdan air a chomharrachadh aig sgoilearan na h-Èireann:

> While women do not take part in the story-telling, not a word of the tale escapes them, and if their relatives or close friends make any slip or hesitate in their recital, it is no uncommon experience of mine to hear the listening woman interrupt and correct the speaker. (Delargy 1945: 7)

Tha cho cudromach agus a bha àite nam boireannach ri fhaicinn anns an taic a fhuair Seán Ó Conaill bho bhean: 'But for her, Sean would not have recollected at all some of the anecdotes, and if he went astray in a tale – which was seldom – it was she who would put him right' (Ó Duilearga 1981: x).

Mar a chunnacas cheana, cha robh cead idir aig boireannaich a bhith air ceann na seinn anns an eaglais agus cha robh an aon chothrom aca 's a bha aig na fir òrain a ghabhail aig bainnsean na bu mhotha. Bha seo ri fhaicinn ann an suidheachaidhean eile cuideachd:

> One curious feature of the celebration of songs at such public functions is that while men of all ages participated, I was told by

---

[50] F.c. S.R. *Tocher* 40: 176: 'not perform in public'.
[51] Airson barrachd fiosrachaidh mu eòlas, mu chleachdaidhean agus mu àite nam boireannach a thaobh aithris nan sgeulachd ann an Èirinn faic Bourke, ed. 2002.
[52] Maclean 1952: 129; Maclean 1991: xv; Shaw 2007: 7–8; Delargy 1945: 7; Dégh 1969: 92–93. Cf. Shaw ann am MacNeil 1987: xxiv.
[53] Cf. Dégh 1969: 100, 112, 118, a tha ag innse, am measg eile, nach b' ann gu bàs a bràthar a fhuair a' bhana-sgeulaiche Palko aithne mar sgeulaiche sònraichte.

a large number of informants that it was generally only younger women who sang. One informant told me that the women who sang at such functions were often incomers who were expected to sing the popular traditional songs of their own home area. Women, like Mrs Kate MacDonald of Garryhallie, who were acknowledged experts in the singing of a wide range of traditional songs, did not as a rule perform to such a wide audience but rather to the limited audience of the taigh-cèilidh; even in that context, the role and function of women as singers was circumscribed by custom ... (J.A. Macdonald 1999: 259)[54]

Math dh'fhaodte gun e seo a dh'fhàg nach d' fhuair Annabella, piuthar Ùisdein Sheumais Bhàin, an aon chothrom agus cliù mar sheinneadair 's a fhuair a bràthair, a dh'aindeoin is gu robh i aithnichte anns an sgìre dham buineadh i mar shàr sheinneadair aig an robh eòlas farsaing air òrain.

A dh'aindeoin is gun robh cothroman seinn nam ban air an cuingealachadh le nòs agus le uachdaranachd nam fear, tha fianais ri faotainn an lùib clàran Sgoil Eòlais na h-Alba gur ann aig boireannaich an toiseach a chuala cuid de luchd-aithris fireann agus boireann mòran de dh'òrain na coimhearsnachd.[55] Tha seo a' dearbhadh dhuinn gun robh na boireannaich comasach agus cleachdte ri bhith a' seinn iomadach seòrsa òrain taobh a-staigh na dachaigh agus cho cudromach agus a bha iad a thaobh leantalachd beul-aithris.

3. Cànan aig a' chridhe

Tha daoine bho thaobh a-staigh dhualchasan àraid, mar a tha muinntir na Breatainne Bige, tric air an aithneachadh agus air an ainmeachadh aig daoine bho thaobh a-muigh an dualchais sin air an cànan mhàthaireil (Macdonald 1997: 11).[56] A rèir Bo: 'Language is one of the most important markers of identity ...' (1988: 154). Tha leabhraichean leithid *The Lion's Tongue: The Story of the Original and Continuing Language of the Scottish People* (K. MacKinnon 1974), air deasbad a thogail a thaobh na h-ìre gu bheil Gàidhlig bunaiteach airson fèin-aithne mar Albannach a chomharrachadh.

Tha Gàidhlig air a bhith cudromach dha na Gàidheil tro na linntean a thaobh am fèin-fhiosrachaidh air cò iad ('Gaelic identifies the Gael.': An

---

[54] Chaidh innse dha gur h-e àite nam boireannach ann an cuideachd far an robh fir agus mnathan òrain luaidh, òrain gaoil agus tàlaidhean a sheinn (*ibid.* 263). Tha mi ag aontachadh ris an Athair Urramach Dhòmhnallach gur h-e cuspair a tha an seo a tha airidh air mion-sgrùdadh. Bha seo ri fhaicinn a thaobh pìobaireachd cuideachd (Dickson 2006: 160–161).
[55] Faic clàran U.M.; S.MacG.; E.D.; B.Nic.; I.N.; N.N.; R.N.; C.D.; C.Nic.
[56] Cf. Lewis 1977: 17.

Comunn Gàidhealach ann am Macdonald 1997: 33) agus ann a bhith a' cur an cèill am faireachdainnean: '… languages are the pedigree of nations: because the Gaelic language was part of the people's inheritance[57] and the instrument by which their emotions could be most easily stirred' (W.C. MacKenzie *TGSI* 31: 41). Tha luchd-fiosrachaidh air innse dhomh fhèin gu bheil buaidh nas treise aig seirbheis Ghàidhlig orra na tha aig seirbheis Bheurla. Chuir sagairt às a' Phòlainn a tha a' teagasg ann an Glaschu taic ris a' bheachd seo[58] ann a bhith a' mìneachadh cho làidir agus a tha an co-chomann agus an spioradalachd a tha aifreann nan cànan mhàthaireil a' dùsgadh ann an daoine a tha a' fuireach ann an dùthchannan cèin.

Tha a' cheist 'Is language an obligatory part in an indigenous culture?' air nochdadh an lùib sgoilearan eadar-nàiseanta.[59] A rèir Crystal (2000: 122), chan eil ann an cànan ach aon dual de dhualchas agus thèid aig dualchas air maireachdainn às aonais cànan air leth. Thaisbean e gu bheil mòran choimhearsnachdan a' foillseachadh cinnidheachd bheothail, shoirbheachail ged nach eil cànan an dualchais aig a' mhòr-chuid dhe na daoine. Tha seo calgdhìreach an aghaidh na sgrìobh Bloch agus Trager (Crystal 2000: 39), a dh'fhoillsich gu bheil a h-uile nì cruthaichte a tha ag èirigh a-mach à dualchas stèidhte air cànan agus nach gabh dualchas gleidheadh às aonais na cànain a tha mar bhunait dha. Tha beachd làidir ri fhaotainn an lùib nan Gàidheal gu bheil Gàidhlig aig cridhe an dualchais agus 'if that goes, everything goes' (Neach-fiosrachaidh à Tiriodh ann am Macdonald 1997: 33): 'culture, for the Gael, begins with the word – the word sung, the word recited and the word spoken' (MacLean ann an Neat 1999: 290).[60]

Bha Eòs Nìll Bhig ag aontachadh:

> They're not going to hold up their Gaelic at all with their piping. They'll hold that much of culture, yes, but not the foundation of it. The language is the foundation of their culture, the Gaelic culture … That's the most important part of it. (MacNeil 1987b)

A rèir Nettle agus Romaine, 'To choose to use a language, is an act of identity or belonging to a particular community' (2000: 173). 'S e tè dhe na ceistean a

---

[57] Cf. U. Bruck ann a Honko 1988: 79: '… of central importance in the experience of identity is the feeling of continuity'.
[58] Naidheachdan a' BhBC, 24 Dùbhlachd 2006.
[59] Faic Crystal 2000: 115. Thug Joshua Fishman òraid seachad, fo chuireadh bho Bhòrd na Gàidhlig, air 'Culture & language without culture' ann an Oilthigh Ghlaschu air 5 Dàmhair 2004 ach thuige seo chan eil riochd sgrìobhte ri fhaighinn.
[60] Cf. Shaw 1999: 315: '… the primacy of verbal expression in the tradition'.

bu chonnspaidaiche anns a' Chuimrigh am b' urrainn do neach a bhith na Chuimreach gun Chuimris a bhith aige.[61] Mhothaich Dorian (1998: 20) gun robh luchd-labhairt Gàidhlig Albannaich dhen bheachd gun robh Gàidhlig deatamach airson a bhith nad shàr Ghàidheal ach nach robh daoine a rugadh anns a' Ghàidhealtachd bho shinnsearachd Ghàidhealach aig nach robh Gàidhlig a' gabhail ri sin. Tha beachdan dhaoine a thaobh dè dìreach a tha am facal 'Gàidheal' a' ciallachadh anns an là an-diugh mar sin an ìre mhòr an crochadh air an eòlas air agus am bàidh dhan chànain, suidheachadh a tha ag atharrachadh bho theaghlach gu teaghlach, agus fiù taobh a-staigh theaghlaichean.

Ged a chomharraich MacGilleMhìcheil[62] ann an 1899 gun robh Gàidhlig gach ginealaich a' lùghdachadh, gu ruige àm an Dara Cogaidh bha daoine air feadh nan Eilean fhathast a' sealltainn air Gàidhlig mar an cànan fhèin (MacNeacail ann an Neat 1999: 234). An-diugh, chan eil eòlas na h-òigridh a thaobh na cànain faisg cho iomlan fiù agus a bha eòlas am pàrantan. Chan eil iad a' cleachdadh sheanfhaclan no ghnàthasan-cainnte. Mar a thuirt Aonghas Lachlainn Bhig, 'glè chearbach … gu math briste … chan eil farsaingeachd Gàidhlig aca' (A.M. SA1980/32.A1).[63] Ged a tha e aithnichte gu bheil briathrachas dhaoine air feadh an t-saoghail air crìonadh,[64] tha atharraichidhean ann an cleachdaidhean obrach agus ann an cleachdaidhean sòisealta, lùghdachadh air inbhe na Gàidhlig anns an eaglais agus àrdachadh ann an àireamh nan Gall a tha air tuineachadh anns na h-Eileanan air greasad a bharrachd a chur air tanachadh na Gàidhlig. A thuilleadh air a seo, thathar a' call dualchainnt nan Eilean mu Dheas, agus am blàths, an ceòl agus an spionnadh a tha na dualchainntean sin a' cur ris a' chànain. Nam bheachd-sa, tha seo mar thoradh air mar a tha ùghdarrais foghlaim tro mheadhan na Gàidhlig a' cur romhpa cunbhalachd fhaighinn anns a' chànain Ghàidhlig. Ann a bhith a' coileanadh seo thathar a' cleachdadh Gàidhlig Leòdhais cha mhòr a-mhàin.

A rèir Thompson,[65] bha leantalachd beul-aithris na Gàidhlig gu ìre mhòr an crochadh air comas-labhairt anns a' chànain. 'S e glè bheag dhe na sgeulachdan Gàidhlig a bha riamh air an aithris ann am Beurla,[66] agus chan e buannachd a bha ann dhan dualchas far an do thachair e:

---

[61] Faic Honko 1988 airson aistidhean air *tradition and cultural identity*.
[62] Carmichael 1997: 31.
[63] Faic Derick Thomson 1984: 26.
[64] Faic Crystal 2000: 22.
[65] F.G. Thompson 1966: 226.
[66] Faic Shaw ann am MacNeil 1987: xxix; Delargy 1945: 7. Cf. Draak 1958 airson dealbh air an atharrachadh a tha a' tighinn air aithris nuair a tha Beurla ga cleachdadh.

He says that his story-telling has been spoiled by being forced through love of the tales, to tell them in English to young people who did not know Irish. In that way, through lack of practice and an appreciative Irish-speaking audience, he had lost command over his vast store of tales, and in the end had forgotten almost all of them. (Ó Murchú ann an Delargy 1945: 16)

'S e bhith ga cleachdadh gu cunbhalach a chumas cànan sam bith beò. Air sàillibh cion chothroman chaidh mùchadh a dhèanamh fiù air cainnt nan seann daoine agus, mar a thachair ann an Èirinn, thàinig beàrn nach gabh lìonadh ann am briathrachas agus ann an eòlas an t-sluaigh: 'Owing to lack of opportunity of speaking Irish as he grew older, he had lost command of his store of tradition and of fluency and accuracy in ordinary conversational Irish' (Delargy 1945: 13).

'S e mo bheachd-sa gu bheil leantalachd dualchais sam bith an crochadh air fileantas anns a' chànain air a bheil an dualchas sin stèidhte. 'S e cànan a tha a' tarraing gach nì gu chèile: '... linking environmental practice with cultural knowledge, and transmitting everything synchronically among the members of a community, as well as diachronically between generations' (Crystal 2000: 47).

Tha sanasan fhèisean[67] agus sgoiltean samhraidh a' feuchainn ri toirt oirnn a chreidsinn gu bheil dualchas Gàidhlig Uibhist a' soirbheachadh, ach 's e m' eòlas-sa gur ann ainneamh a tha Gàidhlig ri cluinntinn aig na cruinneachaidhean sin: cha chluinnear sa bhitheantas ach faclan nan òran a-mhàin, faclan a tha gu tric air an teagasg tro Bheurla. Tha seo a' togail ceist a thaobh co-dhiù tha feum ann an 'tokenism' no an e breug a tha ann? Tha mòran dhen chloinn a tha air foghlam fhaighinn tro mheadhan na Gàidhlig ga cleachdadh taobh a-staigh togalach na sgoile a-mhàin. Tha cuid dhen òigridh ann an Uibhist an-diugh nach aithnich an dualchainnt fhèin air sgàth 's gu bheil a' chuid as motha de leabhraichean sgoile agus de phrògraman rèidio sgoile stèidhte air Gàidhlig Leòdhais. Ged a tha mi a' gabhail ris gun tèid aig pàiste gun fhileantas anns a' chànain, no eòlas air eachdraidh nan òran, air òrain àraid a sheinn gu brèagha, a bheil sinn a-nis aig an ìre 's gu bheilear a' tomhas neart dualchas nan òran Gàidhlig air comas òigridh fonn agus faclan nach eil iad a' tuigsinn fhaighinn air mheomhair? Mar a sgrìobh Somhairle MacGill-Eain:

> It may be that a great piper without Gaelic can play a great pibroch supremely; it may even be that a great singer without much Gaelic can be coached into a great singing of one of those songs; but it is certain that no one who does not know Gaelic can really hear one of those songs. (MacLean 1985: 106)[68]

---

[67] Chan eil ach sia air an ruith ann an Gàidhlig a-mhàin.
[68] F.c. Shaw ann am MacLellan 2000: 53.

Tha cànan dhùthchail mar stòras nàdarra nach gabh cur air ais na h-àite aon uair agus gun tèid i à bith.[69] A bharrachd air a seo, leis gur h-e a' chànan, nam bheachd-sa, a tha againn mar phrìomh chomharradh air aithneachadh dualchais, tha crìonadh cànain a' giùlan leis crìonadh air aithneachadh sluaigh mar shluagh sònraichte.[70] A rèir Crystal (2000: 17), tha maireannachd cànain stèidhte air àireamh nan daoine a tha ga bruidhinn anns an dachaigh. Mar sin, mura bheil muinntir Uibhist airson a leigeil bàs, tha dleastanas orrasan aig a bheil Gàidhlig an cànan a chleachdadh.[71] Mar a sgrìobh Margaret Fay Shaw ann an co-theacsa leantalachd nan òran Gàidhlig: 'teach it to a child' (Shaw 1986: 72).

Tha e aithnichte am measg sgoilearan eadar-nàiseanta gu bheil mionchànain an t-saoghail mhòir a' giùlan eòlas shinnsearan tro iomadach glùin,[72] eòlas a tha cudromach, am measg eile, a thaobh dearbh-aithne gach mion-dhualchais.[73] Às aonais na cànain chan eil dòigh air an t-eòlas sin a lìbhrigeadh no air an fhèin-aithne a tha na chois a ghleidheadh. Mar a sgrìobh Mahon: 'We should know how to inherit, because inheriting is culture ... but to know what it is that we inherit we need language' (ann an Crystal 2000: 38).[74] 'S e crìonadh na cànain as motha a tha air bristeadh a dhèanamh air leantalachd beul-aithris Uibhist a Tuath. Mar sin, mura gluais luchd-labhairt na Gàidhlig ann an Uibhist fhèin gu bhith ag oideachadh an cuid chloinne anns a' chànain, caillear, chan e a-mhàin dualchainnt Uibhist, ach gach dual de bheul-aithris an eilein a tha an crochadh air:

> Fhads a tha a' chànan againn tha dòchas againn, ach ma chailleas sinn a' chànan chan eil dad againn. 'S e a' chànan againn, 's i an iuchair a tha a' dol a dh'fhosgladh a h-uile doras eile timcheall oirre, 's ma chailleas sinn a' chànan tha sinn a' call na h-iuchrach a tha sin. 'S e a' chànan a tha a' dol a dh'fhosgladh a-mach dhuinn an eachdraidh 's an dualchas 's an ceòl 's a h-uile sìon a tha sin. Ma ghleidheas sinn a' chànan tha dòchas againn, ach ma chailleas sinn a' chànan chan eil dòchas idir againn. (S.D. MAC20)

---

[69] Faic Labillos ann an Crystal 2000: 34; Ostler ann an Dalby 2003: 282.
[70] Faic Macdonald 1997: 219. Cf. Ostler ann an Dalby 2003: 282.
[71] Cf. L. MacKinnon 1956: 1.
[72] Faic Dalby 2003: 283.
[73] Faic Macdonald 1997: 31.
[74] F.c. Ó Laoire 2002: 46.

Eàrr-ràdh 1

A.B.	Alasdair Boidhd, an t-Ìochdar.
A.D.	Alasdair Aonghas Dòmhnallach, Alasdair na Càrnaich, A' Chàrnach.
A.Do.	Ailein Dòmhnallach, Ailein Iain 'ic Eòghainn Ruaidh, Caolas Phaibeil.
A.Dom.	Ailig Dòmhnallach, Ailig Sheonaidh, Càirinis.
A.I.M.	Aonghas Iain MacPhàil, Aonghas Iain Dhòmhnaill, Loch Euphort.
A.I.R.	Aonghas Iain Robasdan (MacDhonnchaidh), Loch nam Madadh.
A.L.	Anndra Linc, Anndra Hòrasairigh, Heidhsgeir agus Hòrasairigh.
A.M.	Aonghas MacGillFhaolain, Aonghas Lachlainn Bhig, Taigh a' Gheàrraidh.
A.MacG.	Aonghas MacGhillFhaolain, Aonghas Sheonaidh, Gobhlair, Hoghaigearraidh.
A.Mac.	Aonghas MacGhillFhaolain, Loch nam Madadh.
A.MacA	Aonghas MacAmhlaigh.
A.MacC	Aonghas MacCoinnich, Aonghas 'ic Anndra, Taigh a' Gheàrraidh.
B.Nic.	Beileag NicPhàil, Beileag Bhàn, Cladach Càirinis agus Loch nam Madadh.
C.D.	Ceit Dhòmhnallach, Bean Eàirdsidh Raghnaill, Geàrraidh Sheilidh.
C.Dix	Ceit Dix, Ceit an Tàilleir, Beàrnaraigh.
C.Dho.	Ceit Dhòmhnallach, Ceit a' Bhàigh, Eilean Fhlodaigh.
C.G.	Catrìona Garbutt, Catrìona Chaluim Iain, Beinn na Fadhla.
C.L.	Ceiteag Linc, Baile Locha.
C.M.	Calum MacDhòmhnaill, Cladach a' Bhaile Shear.
C.N.	Ciorstaidh Nic a' Phearsain, Gobhlair agus Sgalpaigh na Hearadh.
C.Nic.	Ceit NicNeacail, Ceit Phàdraig, an t-Ìochdar.
C.NicC.	Ceit NicCarmaig, Cladach Bhàlaigh.
C.R.	Calum Robasdan (MacDhonnchaidh), Calum Ghilleasbaig Nèill, Am Baile Sear.
C.S.	Ceit Stiùbhart, Griomasaigh.
C.Se.	Calum Seonstan, Barraigh.

D.A.D.	Dòmhnall Ailein Dòmhnallach, Dòmhnall Ailein Dhòmhnaill na Bainich, Dalabrog.
D.A.M.	Dòmhnall Ailein MacDhùghaill, Dòmhnall Ailein Chaluim Dhùghlaich, Ceann a' Bhàigh.
D.A.MacE.	Dòmhnall Ailig MacEachainn, An Àird, Beinn na Fadhla.
D.A.MacG.	Dòmhnall Ailig MacGuaire, An Ceathramh Meadhanach.
D.A.S.	Dòmhnall Alasdair Seonstan, an t-Ìochdar.
D.D.	Dòmhnall Dòmhnallach, Dòmhnall 'A' Ruaidh, Am Baile Sear.
D.Do.	Dòmhnall Dòmhnallach, Dòmhnall Ruadh, Saighdinis, Loch Euphort.
D.Dom.	Donnchadh Dòmhnallach, Donnchadh mac Dhòmhnaill 'ac Dhonnchaidh (Donnchadh Clachair), Peighinn nan Aoireann.
D.E.D.	Dòmhnall Eàirdsidh Dòmhnallach, Dòmhnall Eàirdsidh Aonghais a' Ghobha, Cladach Chnoc a' Lìn agus an t-Òban.
D.E.Mac	Dòmhnall Eòghainn MacDhòmhnaill, Baile Raghnaill.
D.I.B.	Dòmhnall Iain Boidhd, Hoghaigearraidh.
D.I.M.	Dòmhnall Iain Mac a' Phiocair, Dòmhnall Iain Ruairidh, Glaschu agus Cladach Chirceabost.
D.MacA	Dòmhnall MacAmhlaigh, Machaire Iollaraigh.
D.Macan	Dòmhnall Mac an t-Saoir, Loch Aoineart.
D.MacAon	Dòmhnall MacAonghais, Dòmhnall Thormoid Dhòmhnaill, Grèineatobht.
D.MacD.	Dòmhnall MacDhùghaill, Dòmhnall Dhonnchaidh, Malacleit.
D.I.Mac	Dòmhnall Iain MacDhòmhnaill, Dòmhnall Iain Lachlainn Dhòmhnaill 'ic Raghnaill, Malacleit.
D.I.MacD	Dòmhnall Iain MacDhòmhnaill, Solas.
D.MacG.	Dòmhnall MacGhillFhaolain, Dòmhnall Aonghais, Taigh a' Gheàrraidh.
D.MacGh	Dòmhnall MacGhillEathain, Dòmhnall a' Ghobha, Càirinis.
D.M.	Dòmhnall MacGhillEathain, Dòmhnall Sheonaidh Bhàin, Griomasaigh.
D.S.	Donald Sinclair (Mac-na-Ceàrdadh), Dòmhnall Chaluim Bàin, Tiriodh.
D.W.	Donnchadh Williamson (MacUilleim), Earra-Ghàidheal agus Fìobha.
E.D.	Eòghainn Dòmhnallach, Eòghainn Dhòmhnaill, Cladach Chirceabost.
E.Do.	Eòin Dòmhnallach, An t-Eilean Sgitheanach.

Eàrr-ràdh 1: Luchd-fiosrachaidh 191

E.Mac.	Eàirdsidh MacAmhlaigh, Eàirdsidh Aonghais 'Illeasbaig, Machaire Iollaraigh.
E.MacF.	Eachann MacFhionghain, Eachann Fhionnlaigh Bhàin, Beàrnaraigh.
E.M.	Eàirdsidh Mac a' Phiocair, Eàirdsidh Ruairidh, Cladach Chirceabost.
E.Mh.	Eilidh Mhoireasdan, Eilidh Eòghainn Fhionnlaigh, An Druim Dubh.
E.Mo.	Eòghainn Moireasdan, Eòghainn Fhionnlaigh, An Druim Dubh.
F.M.	Flòraidh Mhoireasdan, Loch Euphort.
F.N.	Flòraidh NicCumhais, Flòraidh Iain 'ic Fhionnlaigh, Beàrnaraigh.
F.Nic.	Fanaidh NicÌosaig, Beinn na Fadhla.
I.D.	Iain Dòmhnallach, Iain Hàstain, Hàstain agus Kirkintilloch.
I.Do.	Iain Dòmhnallach, Iain Tearach, Loch nam Madadh.
I.M.	Iain MacAonghais, Iain Pheadair, Dalabrog.
I.M.	Iain MacÌosaig, An Rubha, Taigh a' Gheàrraidh.
I.Mo.	Iain Moireasdan, Loch nam Madadh.
I.N.	Isa NicIlip, Grèineatobht.
L.D.	Mrs Lachlainn Dhòmhnallach, Uibhist a Tuath.
L.M.	Lachlainn MacCuidhein, Lachlainn Dhonnchaidh, Taigh a' Gheàrraidh.
M.C.	Mòrag Chaimbeul, Fròbost.
M.E.D.	Murchadh Eòghainn Dòmhnallach.
M.M.	Murchadh MacCumhais, Murchadh a' Mhachaire, Malacleit.
M.M.N.	Màiri Maighread NicGhillEathain, An Ceathramh Meadhanach.
M.N.	Maighread NicAmhlaigh, Cladach Chirceabost.
M.Nic.	Màiri NicCòrcadail, Cladach a' Chaolais.
M.NicD.	Màiri NicDhòmhnaill, Rhu Iar, Loch nam Madadh.
M.NicG.	Màiri NicGhillEathain, Cladach Càirinis.
N.N.	Nan NicFhionghain, Nan Eachainn Fhionnlaigh, Bhatarsaigh.
N.D.	Niall Dòmhnallach, Niall a' Ghobha, Grèineatobht.
O.N.	Oighrig NicLeòid, Oighrig Thormoid Dhòmhnaill, Beàrnaraigh.
P.D.	Peigi Dhòmhnallach, Loch Euphort agus an t-Òban.
P.M.	Pàdruig Moireasdan, Pàdruig Illeasbuig Phàdruig, Griomasaigh.
P.N.	Peigi NicDhòmhnaill, Uibhist a Deas agus A' Choingheal.

P.Mac.	Pàdraig MacCarmaig, Hàcleit.
R.D.	Ruairidh Dòmhnallach, Ruairidh na Càrnaich, A' Chàrnach.
Ra.D.	Raghnall Dòmhnallach, Raghnall Ailig Chìobair, Dubhasairigh.
R.M.	Ruairidh MacFhearghais, Ruairidh Leagsaidh, Taigh a' Gheàrraidh.
R.N.	Raonaid NicLeòid, Raonaid Bhàin, Àird Heidhsgeir agus Beàrnaraigh.
S.D.	Seonaidh Dòmhnallach, Seonaidh Mhurchaidh, Saighdinis, Loch Euphort.
S.M.	Seonaidh MacDhòmhnaill, Seonaidh Dhodaidh, Caolas Phaibeil.
S.Mac.	Seonaidh MacDhòmhnaill, Cladach a' Bhaile Shear.
S.MacF	Seonaidh MacFhionghain, Solas.
S.MacG	Seonaidh MacGhillEathain, Càirinis.
S.S.	Seumas Shirran, Taigh a' Gheàrraidh.
S.R.	Stanley Robertson (MacDhonnchaidh).
T.D.	An t-Urramach Tormod Dòmhnallach, An t-Eilean Sgitheanach.
T.M.	Tormod MacGhillEathain, Tormod Mòr, Ceann Tràigh Bhàlaigh.
U.M.	An t-Urramach Uilleam MacMhathain, Oilthigh Dhùn Èideann.
U.Mac.	Ùisdean MacMhathain, Ùisdean Sheumais Bhàin, Am Baile Sear.

Eàrr-ràdh 2

Taghadh de dh'òrain Ruairidh MacAoidh, 'Bàrd Iollaraigh'

Tha na h-òrain a leanas sgrìobhte mar a tha iad a' nochdadh ann an *Oiteagan á Tìr nan Òg* (MacAoidh 1938).

1. *Oran a' Chianalais*

2. *Comunn Uidhist agus Bharraidh*

3. *Oran do Mhagaidh Sheòrais*

4. *Moladh Uidhist*

Oran a' Chianalais

Air feasgar dhomh 's mi cuairtearachd,
Gu'n d' ghluais mo smuain gu bròn,
Ged theannainn air an duanaig dhuibh,
Cha dual dhomh cur air dòigh,
Mar lionadh mi le cianalas
Tha bhliadhna s' air mo leòn
Bho'n dh' fhàg mi Tìr na tioralachd,
Far 'm faicte ghrian 'na glòir.

Ciad soraidh thar nan cuantan bhuam,
Gu Uidhist uaine 'n fheòir,
Far bheil na fleasgaich fhuasgailteach,
'S na gruagaichean as bòidhch'
Tha cridheil, sunndach, luath-lamhach,
Gun uaill, gun ghruaim, gun leòm,
Gu cas-chruinn, bas-bheal, cuailleineach,
'S gur deirge 'n gruaidh na ròs.

'S e Uidhist àite b'fhearr leinn bhith
Seach àit tha fo na neòil,
Far faighte ciùine, 's bàidhealachd
'S an deach ar n-àrach òg,
Far 'm bi cloinn-nighean mhànranach
Air àirighean le 'n dròbh,
Far 'm faighte 'n t-ìm 's an càise bhuath,
'S am bainne blàth ri òl.

Gur fallain, glan an cuanal iad,
Fo dhreach 's fo shnuadh na h-òig';
Chan fhaicear leisg gu gluasad iad
'N ám togail 's cruachadh mhòin';
Gur math air raointean buana iad
An ám leagadh sguab is dhlò,
'S cha mhiosa dol do'n bhuailidh iad
Le 'm buaraichean 'nan dòrn.

Chan ionnan iad 's na guamagan
Th' air bruaichean Chluaidh a' tàmh;
Chan fhaicear dreach, no tuar orra,
Ach aogasg truagh a' bhàis;
Chan fhaic thu 'n deud 'sa bhial aca,
No idir gnìomh an làmh,
Ach éideadh cuim an diomhanais
'Na chiadan stiall gu làr!

'Nuair thigeadh àm a' chéitein òirnn
Bu bhinn leam fhéin na h-eòin
Le 'n ribheid chiùil 'ga gleusachadh,
Gu beusach, anns na neòil;
A' ghrian 'ga nochdadh fhèin chugainn,
Thar barr an t-sléibh 'na glòir,
'S a' sgaoileadh brat nuair dh'éireadh i
Air duine, spréidh, is pòr.

'Sa mhaduinn nuair a dhùisgeamaid
Bhiodh glinn 'nan smùid le ceò,
'S an dealta trom 'na chùirneinean
A' lùbadh flùir is feòir,
A' deàrsadh anns na sùilean oirnn,
Mar sheudan mùirneach òir,
'S an oiteag chaoin 'gar n-ùrachadh
Gu sùgradh, sùnnd, is spòrs.

'San fheasgar chite 'm buachaille,
'S e cuallach feadh nam beann,
A' teàrnadh chruidh thar chruadhlaichean,
Gu còmhnard buan nan gleann;
'Gan iomain thun na buailidh leis,
'S a chuilean luath 'na dheann;
A ghuth cho caoin 's cho ciùin riuthe,
Mar mhàthair chaoimh r'a clann.

Bhiodh tighean-luaidh is bainnsean ann
'S a' gheamhradh mar bu nòs,

'S na h-ìghneagan bu ghreannmhora,
Gun fhoill, gun fheall, gun ghò;
Cha b'fhiach an oidhche taing thoirt dhi
An déidh gach dannsa 's ceòl,
Mur buidhte greis ag cainnt riu
Ri fasgadh ceann cruaich-mhòn!

Tha mnathan ciatach, càirdeil, ann
Gu fialaidh, bàidheal, còir,
Gur math air snìomh 's air càrdadh iad;
'S e 'm miann bhi sàs an clòimh
A' bhaineach 's luaithe spàl aice
Na fiadh nan àrd fo 'n tòir
'S bhiodh saothair mhór aig tàillearan
An t-snàthad chur troimh 'n clòth!

Tha bodaich ghasd is cailleachan ann,
Bho'm faighte seanachas còir,
Toirt sgeula dhuinn mu aimsirean
A dh' fhalbh 's nach tig na 's mò;
Na chual' iad aig gach seann-duine,
'S na bh' ann bho ám an òig,
'S bu ghoirid oidhche gheamhraidh leinn
Ag éisdeachd cainnt am beòil.

'S an fheasgar nuair a chiaradh e,
'Sa thréigeadh grian na neòil,
Bhiodh deisealachadh dian againn
Gu triall do an Tigh-òsd;
Bhiodh còmhlan ghillean ciatach leam
A' suidhe sios aig bòrd
Is bean-an-tighe riaraichte
Ri lionadh 's sinne 'g òl!

Chan fhaicear an Tìr m' òige-s' iad;
Tha'n seòrs' ud orra gann.
Ged bheir iad sgriob le eòlaich ann -
Cha mhill iad stòras ann;

Chan ionnan iad 's na pòitearan
Tha 'm baile mór nan Gall.
Gun tigh, gun aodach, 's òlaidh iad
Mar phònaidh dol do dh' allt!

Ged 's ioma spòrs is fàiligeadh
Tha 'm maduinn bhlàth na h-òig,
Chan fhaicte 'san tigh-thairne sinn
Gach là 'nar suidh' aig bòrd;
Ged bheir sinn sgriob le càirdean ann,
Chuir teagasg màthar òirnn
Mar chluicheadh aois le h-àmhgharan,
'S am bàs ri luchd an òil.

Co-dhùnaidh mi mo bhriathran dhuibh,
Mu'm pian mi sibh le m' chainnt,
Ged leanainn gus an liathainn air
Bhiodh diachuimhn' aig a cheann;
Ach m' fheasgar, 'nuair a chiaras e
'S bhios crioch mo réis tigh'nn teann,
Bidh mi, ma gheibh mi m'iarratas,
An Tìr nan Sliabh 's nan Gleann.

Comunn Uidhist agus Bharraidh

Seinnibh le othail e,
O horo éileadh;
Seinnibh le othail e,
O horo éileadh;
Fàillirinn illirinn,
Hu horo éileadh,
B'e m' aighear, 's mo shùgradh,
'S mo dhùrachd bhith réidh ruibh.

'S a' mhaduinn mhoich, chùbhraidh,
Bu shùgradh leam m' éirigh;
Bha litir gu m' ionnsuidh,
'S le sùnnd rinn mi leughadh,

Ag ìnnseadh gu diùlaidh,
'S bu shùgradh leam fhéin e,
Gu 'eil òigridh mo dhùthcha
A' dùsgadh gun éislein.

Comunn na beannachd
Tha'n Glaschu còmhnuidh,
Uidhistich 's Barraich
Gach caileag is òigear;
Cumaibh gu dìleas
'Nur cuimhne ri 'r beò iad,
Eileanan rìomhach,
Is prìseil bhur n-òige.

Bu bhòidheach an sealladh
'S a mhaduinn mhoich, chéitein,
An fhairge mar ghloinne,
Gun smal air na speuran,
Raointean, is gleannan,
Is beannan glas', geugach
Uidhist is Bharraidh
Ag amharc a chéile!

An fhairge ri altrumas
Caisteal-a-Bhàigh dhaibh;
Orma-cleit ghlacach
Toirt eachdraidh Chloinn Ràghaill;
Baile-nan-Cailleach
Is machraichean Bhàllaidh,
'S c'àit 'eil na 's bòidhche
Na leòidean Creag Asduinn?

Na h-Eileanaich ainmeil
An seanachas 's am bàrdachd;
'S minig a dhearbh iad
Bhi garg air chul stàillinn;
Bu ghleusda neo-chearbach
Air fairge no tràigh iad;
'S gur h-eutrom, grinn, dealbhach
Air garbhlach no sràid iad.

Bha daoine bho'n d' thàinig sibh
Làidir 's a' chòmhraig,
'S cinn-cinnidh neo-sgàthach
'S na blàraibh 'gan seòladh,
Tighearna Chlann Ràghaill
Is àrmuinn Chlann Dòmhnuill,
'S Mac Nèill nan long luatha
Gu cuantan a shròiceadh!

Gu'n éireadh mo nàdur
Le bàidh agus pròis leam
Nuair chithinn an làrach
'S'n do dh' àraicheadh 'Flòraidh';
Bidh cuimhne gu bràth
Air gniomh gàbhaidh na h-òigh sin,
Mar shàbhail i Teàrlach
Bho 'n ghràisg a bha'n tòir air!

Nuair chruinnicheas an còmhlan ud
Còmhladh gu sùnndach,
Na maighdeanan bòidheach
'S na h-òigeirean lùthar,
Bidh piob nan dos àrda,
Le gàirich á siùnnsair
Cur Eileanaich ghreannmhor
'Nan deann air an ùrlar!

Comunn mo rùin nach
Cuir cùl ris a' Ghàidhlig,
Labhradh air tùs i, gu
Ciùin, anns a' 'Ghàradh,'
Cànain ro chliùiteach a
Dh'ionnsaicheadh tràth dhoibh,
Gu h-aoidheil, binn, mùirneil,
Aig glùinean am màthar.

Thoir uamsa ceud soraidh
Gu bannal mo shùgraidh,
'S gu'n cruinneachadh geanail
Am baile na h-ùpraid;

Gach nì bhi mar 's math leibh,
'S mo bheannachd do'r n-ionnsuidh,
Gach Uidhisteach 's Barrach
Tha fada bho'n dùthaich!

Oran do Mhagaidh Sheòrais

Gur grinn an ainnir òg i
Gur grinn an ainnir 's glaine lith
'S i rìbhinn Magaidh Sheòrais;
Gur grinn an ainnir òg i.

Fhir a theid air chuairt do'n àite,
Giulain bhuamsa mile fàilte
Dh'ionnsuidh Magaidh dhonn nam blàth-shul,
An té 's fheàrr a chòrd rium.

Ged a dhiùltadh tu na dh'iarr mi,
Air leisgeal nach fhac thu riamh i,
Dh' aithnicheadh tu measg nan ciadan
Air a fiamh 's a stòldachd.

Chi thu sùgradh, mùirn, is bàidh
A' ruith 'sa ghnùis as ciùine deàrrsadh,
'S cha d' thug sùil air aodann sgàthain
Té bheir barr 's gach dòigh oirre.

Có 'm fear òg nach dùraig gaol dhi,
Nuair chi e riomhadh a h-aodainn,
Sealladh sùl as ciùine chaogas
Mala chaol as bòidhche.

'S glan an rudhadh tha 'nad ghruaidhean,
'S gil' thu na sneachda nam fuar-bheann,
Beul as binne bho 'n tig duanag
Leis a luaidhteadh clòithean.

Com as aille o barr gu buinn
Le modh is bàidh ag àrach sith,
Tha cridhe blàth 's tha nàdur grinn
Aig nionag an Tigh-òsda.

'S meanglanach a' chraobh o'n d' fhàs thu,
Air gach taobh a dh'fhaodar t'àireamh,
Athair bho Chlann Choinnich Gheàrrloch
'S màthair bho Chlann Dòmhnuill.

Thug e fàs is blàth, is snuadh dhuit,
T'àrach ann an Tìr nam fuar-bheann,
'N oiteag thar an fhraoich, 's a' chuain,
An Uidhist uaine 'n eòrna.

Bidh mi crìochnachadh mo dhuan ort,
Ann an dùrachd saoghal buan dhuit;
Thug mi'n t-urram dhuit seach gruagach
Air an d' fhuair mi eòlas.

Moladh Uidhist

'S e mis' bhi fada bho thìr m'eòlais
Chuir le bròn gu gluasad mi
Bho'n tha 'n cianalas 'gam leòn
Gun eòlaich bhi mu'n cuairt orm;
Fiachaidh mi ri teud mo bheòil
An cuir i 'n òrdugh duanag dhomh
Air Uidhist ghleannach, ghorm an fheòir
'S air pàirt de dhòigh an t-sluaigh a th'ann.

Mullach Langais nuair a chì mi,
Bheir e ìnntinn shuaimhneach dhomh;
'S eutrom a ghearras mi sìnteag
Dìreadh ris a' ghualainn aic';
Nochdadh sios ri Tìr an Àigh
'S ri tighean blàth an t-sluaigh a th' ann,
'S ri Eilein Bhoraghaidh air an tràigh,
Ged 's tric muir làn ga chuartachadh.

'M Peabull, far'n do bhlais mi tràth
Air bàidh na màthar bhuan-ghradhaich,
Far am fàs an t-eòrna 's fheàrr
Gu diasach grànach, dualanach;
'Dh' àraich iomadh laoch gun sgàig,
'S na bàird a b' fheàrr a chuala sinn;
'S bidh e tigh'nn gu m' chuimhne ghnàth
Gach coibhneas 's bàidh a fhuair mi ann.

Nuair chruinnicheas do chuid ghillean còmhladh,
'S do chuid òighean cuach-fhaltach,
Ag cumail cuimhn' air Tìr an Oige
'M Baile Mòr nan stuadhannan
B'e mo mhiann bhi triall 'nan còir
'S bhi measg a' chòmhlain uasail sin
Far faicinn crathadh làmh le pòig
'S an cluinninn glòir neo-bhruailleineach.

Cha robh sud 'na ioghnadh dhòmhsa,
'S cha bu neònach uair leam e,
Muinntir Uidhist bhi cho còrdte -
Cha robh 'n còrr 'na chualchas dhaibh -
Sìol nam pàrantan gun bhòsd
Nach cluinnt' aig mòd bhi tuasaideach
'S cha tréig an clann fhad 's bhios iad beò
Gach cleachdadh còir a fhuair iad uap.'

Tha cuimhn' agaibh nuair bha sinn òg
Gun dragh, gun bhròn, gun uallach oirnn,
Ceart cho aotrom ris na h-eòin,
Gu crìdheil, ceòlmhor, guaineiseach,
Dol do'n mhòintich leis an dròbh
'S b'e 'n sòlas bhi 'gam buachailleachd
A' ruith 's a' leum, 's ag cluich mu'n chrò,
'S gach seòrsa spòrs a chuala sibh.

Nuair a rachamaid do'n aonach
Dh' amharc chaorach, b'uallach sinn
A' buain nan dearcag feadh an fhraoich,
'S a' roinn gu caomh na fhuair sinn ann;

Sinn a creachadh nead an eòin,
'S a' mhil 'ga h-òl á cuachan leinn
Bho 'n t-seillein bhreac bu bhòidhche giug
A spuill á flùr nan cluaran i.

Bu bhriagha 'n sealladh 'sa mhios Mhàigh leam
Raointean làn dhe d' ghruagaichean,
Air an aghaidh fiamh a' ghàire,
'S air an gàirdein buaraichean;
Dol do'n bhualaidh leis na laoigh,
Ni geum cho binn 's a chuala sinn,
An crodh 'gam freagairt aig a' chuidh,
'S gu 'm b'àrd a chluinnte nuallraich iad.

An Cille Mhoire 'n àm nan òrdugh,
Mu'n readh Bòrd a chuartachadh,
Dhireamaid ri leathad Phòil,
'S bhiodh sealladh brònach, truasal ann,
Sean is òg a' sileadh dheòir
Air tolmain bhòidheach, uain-bhratach,
A' smaointinn an luchd daimh nach beò,
Bhi sud fo 'n fhòd air fuarachadh!

Dol air chéilidh 'n tim a' gheamhraidh
Dh' éisdeachd cainnt neo-thuasaideach,
Aig na mnathan cridheil, greannmhor,
'S cha bu mhall 'nan gluasad iad;
A' snìomh, 's a' dath 's a' fighe chlòth
Gus còmhdach do na tuathanaich,
Is 'nuair a readh e leis do'n chròic
Chan fhaigheadh reòt-ghaoth tuath troimhe.

Mnathan ciatach, tosdach, ciallach,
Modhail, rianal, luathlamhach,
C'àit a nis an cualas riamh
An spiocaireachd bhi fuaighte riu?
'S minig thaisbein iad am fiallachd
'S iomadh gniomh le truacantas,
Gur tric thug iad do'n acrach biadh
Is àite dion bho 'n fhuachd thoirt dha.

Do chuid fhiùran dol do'n bhrùchd
Gu fallain, lùthmhor, luasganach,
Eich le luchd 'gan cur gu'n dùlan,
Fiachainn lùths an guaillean ris;
Gill 'gan cur có 'n t-each a b'fhearr,
Aig gillean làidir fuasgailteach,
A' dìreadh chite neart an cnàmh
'S a' teàrnadh co bu luaith' aca.

Tìr mo dhaoine, Tìr mo ghràidh i,
Ged their càch gur duaichnidh i;
Cha do dhealraich grian air àite
Leth co-àluinn snuadh rithe;
Ged nach fhaicear innte craobh
Gu'm faicear fraoch is luachair innt'
Is muran dubh-ghorm 'na raoin
'S iad taobh ri taobh gu cuaileineach.

Tha cuid shliabh mar bha iad riamh,
Gu fasgach, fiarach, fuaranach,
Cnocach, gleannach, sgorrach, grianach,
Lusach, riasgach, cruachanach.
Far am faigh a' chaora diol
'S gun éis gu 'm biath i h-uan orra,
'S bheir iad daonnan do an fhiadh
A dheoch, 's a bhiadh, 's a chluasagan.

Tha 'n sealladh mu dheireadh de'n ghréin
'S i 'n déidh gach speur a chuartachadh,
Air fhaicinn 'na mo dhùthaich fhéin
'S i moch ag éirigh suas oirre;
Criochnaichidh mi dhuibh mo sgeul -
'Se tim a ghéill 'san uair so dhomh -
'S ged gheibhinn dusan saoghal féidh,
Cha chuir mi 'n géill gach buaidh a th' oirr'!

Eàrr-ràdh 3

Taghadh de dh'òrain Dhòmhaill Ruaidh Chorùna

Tha na h-òrain a leanas sgrìobhte mar a tha iad a' nochdadh ann an *Dòmhnall Ruadh Chorùna* (Dòmhnallach1995).

1. *Oran dhan Chogadh*

2. *Tha Mi Duilich, Cianail, Duilich*

3. *Oran Arras*

4. *Dh'fhalbh na Gillean Grinn*

5. *Na Camshronaich san Fhraing*

6. *An Eala Bhàn*

7. *Dhan Ghàidhlig*

Oran dhan Chogadh

Gur i seo againn a' bhliadhna
Chuir na ceudan mìle 'n èiginn:
Naoi ceud deug 's a ceithir deug,
Bidh cuimhn' oirr' fhad 's bhios grian ag èirigh.
Is ann air a' cheathramh là
De dh'August chaidh am blàr seo èigheach -
Cogadh rìoghachdan an t-saoghail,
A' tarraing fhaobhar ri chèile.

'S ann Diluain a fhuair sinn dearbhadh
Gu robh 'n argamaid air dùsgadh;
Gu robh coltas làithean searbh ann,
Nach robh ainm orr' ann an cunntais;
Gu robh Gearmailtich gu cealgach
A' tighinn gu marbhteach gar n-ionnsaigh,
'S nach fheumt' fuireach ris an anmoch,
Ach glè mhoch ar n-airm a rùsgadh.

Beagan mhionaidean na h-uarach,
Beagan uaireannan a thìde,
Bha sinn deiseil airson gluasad,
'S bu tric smuain tighinn oirnn – an till sinn?
Gu robh Gàidheil nam beann fuara,
Mar bu dualach dhaibh on sinnsreadh,
'M fuil a' goil aig meud an uabhair
Nuair a chual' iad gu robh strì ann.

'N àm bhith dol air bòrd Diciadain,
Bha 'n cianalas oirnn a' seòladh,
Gun dùil ri tilleadh gu sìorraidh,
Mar bu mhiannach leinn, gur n-eòlas.
'S bu lìonmhor aon bha san fhianais,
Mun do chrom a' ghrian Didòmhnaich,
A thuit cadal maireann buan air,
'S nach èirich gu 'n gluais sinn còmhla.

Ach ged thuit dhinn àireamh cheudan,
Phàigh sinne na fiachan mòra:
Airson aon fhir dh'fhàg sinn sianar
Nan laighe san t-sliabh gun deò annt'.
Ach ged dh'fhàg cha d'fhuair sin dhùinne
Na fir shunndach aotrom òga
Bha nan sìneadh air gach taobh dhinn,
'S nach freagradh a h-aon dhiubh 'n t-òrdan.

O, ach, fhir a dhùisg an arg'maid,
'S beag tha dh'fharmad agam fhèin riut -
Is daor a phàigheas a' Ghearmailt
Na thuit air Albainn gun èirigh:
Thèid ur leagadh sìos le luaidhe
'S leis a' chruaidh gu ruaigear geur sibh;
Thèid ur starradh 's cha bhi truas ribh
A leth suaraichead ur n-eucaairt.

Gu bheil luaidhe, cruaidh is nàmhaid
Romhaibh anns gach àit am bi sibh;
Tha gach aon an dùrachd bàis dhuibh
'S tha a' bhlàth siud air ur cinn-se.
Tha na Ruiseanaich gur smàladh
Is gur cur an sàs am prìosan;
'S cha robh guth agaibh ri ràdha
Gu 'n d' ràinig mo chàirdean fhìn sibh.

Nuair a ràinig luchd na Gàidhlig,
Cha robh fàbhar ann no sìth dhuibh;
Cha robh dad ann ach ur tàrradh
Is ur cur gu bàs no 'm prìosan.
Nuair a fhuair iad ann an seàirrds ribh,
'S cothrom air an làmh a shìneadh,
Gu robh fuaim na cruaidh rir cnàmhan,
Is iad gur casgairt nur mìltean.

Ruaig iad sibh 's cha b' ann dhur deòin e,
Ged bha ann dhibh còmhlan làidir;

Bha na mìltean ann leibh còmhla
Len gunnachan mòr gur smàladh:
'S e na Camshronaich gan spòltadh,
Sifoirt 's Gòrdanaich gu h-àraidh,
Chum do chrùn an-diugh, a Sheòrais,
Bho Uilleam 's bho chòir a làmhan.

Ach bha sinne ann ar n-èiginn
A' cur feum air luchd na Gàidhlig,
Na diùnlaich 's na fiùrain threuna,
'S gun ach glè bheag dhiubh san àireamh.
Chaidh am fuadach às an dùthaich
Mar dhaoine gun diù thar sàile,
Dhèanadh cuideachadh san uair leinn
Anns na làithean truagha thàinig.

Cha dèan cearcan-fraoich no naoisg e
Tha nan laighe 'n aodann fàsaich;
Cha dèan fèidh len cabair chaol e;
Cha dèan caoraich mhaola bhàn e.
Cuiribh iadsan fon cuid fhaobhar,
Leigibh iad gu aodann nàmhaid,
Feuch an toir iad buaidh sa Ghearmailt,
Feuch an dearbh iad an làmh-làidir.

'S e dh'fheumamaid an seo ach fiùrain
A bhiodh ionnsaicht' agus eòlach
Mar a dh'obraicheadh iad fùdar
Is mun ghunna stiùireadh dòigheil;
A chaogadh an t-sùil gu gleusda
'S a thogadh an rèinns gu seòlta,
Leigeadh peileir caol na leum às
Le teine na dhèidh ga fhògairt.

Nam biodh aig na gillean uasal,
Mar bha uair anns an Roinn-Eòrpa,
Cead air gunna 's cead air luaidhe
'S cead air ruagaireachd na mòintich,

Cha bhiodh na làithean sa cho truagh dhuinn,
Cha bhitheadh a' bhuaidh cho mòr oirnn;
Cha bhiodh uiread anns an àm dhinn
'S fearann na Frainge gar còmhdach.

Ged bha achd na rìoghachd cruaidh oirnn,
Cha leig sinn a' bhuaidh le càch oirr',
Ma nì gunna caol is luaidh' e,
Le bèigeileid fhuair ga sàthadh;
O, cha strìochd sinn fhìn gu sìorraidh
Gus an leagar sìos gu làr sinn;
Gheibh sinn bàs nar deise rìoghail
'S cha ghabh sinn prìosan or nàmhaid.

Tha roinn fhathast de luchd Gàidhlig
Dol dhan bhlàr, 's bidh bhlàth ri innse:
Aithnichear nan ceum air sràide
Càite 'n d' àraicheadh san tìr iad;
Innsidh sealladh-sùl nan àrmann
Cò thug bainne blàth na cìch dhaibh -
'S ann an Gàidhealtachd nan àrd-bheann
A tha màthraichean fo mhìghean.

Sguiridh mise nis dhe m' bhàrdachd;
Chan eil stàth dhomh bhi ga innse:
Tha fios agaib' fhèin mu thràth air
Eachdraidh gach blàir tha sgrìobhte;
Cò iadsan thug buaidh aig Alma
'S aig geatachan àrd nan Innsean;
'S g' eil fhathast beò de fhreumh nan àrmann
Na phàigheas a chàin do Chìosar!

Tha Mi Duilich, Cianail, Duilich

Tha mi duilich, cianail, duilich,
Tha mi duilich, 's cianail tha mi
Bhon a chunna mi le m' shùilean
Sealladh tùrsach mo chuid bràithrean.

Gillean Gàidhealtachd na h-Alba,
Feadhainn tha marbh is nan clàraibh
Anns an fhàsaich 's iad nan sìneadh,
An neart 's an clì air am fàgail.

A luchd nan èilidhean tartain,
A luchd nan gartannan sgàrlaid,
'S duilich leam nach fhaod sibh dùsgadh,
Sibhse, luchd nan glùinean àlainn.

Tha mo chridhe brùite cianail,
Tha mo shùil on deur air tràghadh,
'S nach aithnich mi sibh air ur n-ìomhaigh
Bhon a riaghladh leis a' bhàs sibh.

Tha 'r leapannan fliuch 's gur fuar iad,
'S cruaidh ur cluasagan gun chàradh,
Le uisge tàmh air an uachdar -
'S duilich leam an uair a thàrr sibh.

'S trom an cadal th' air na fiùrain
Chuireadh ormsa sunndach fàilte,
Lem bu mhiann a bhith nam chòmhradh
Cur mun cuairt nan òran Gàidhlig.

Chì mi roinn eile mun cuairt dhiubh,
Crois air a cur suas aig pàirt dhiubh,
Ainm an laoich 'n siud oirre sgrìobhte
Dhèanadh innse dhuinn gun d' fhàg e.

Chì mi brògan agus aodach,
Chì mi aodainn agus làmhan
Nochdte an talamh na Frainge
Far 'n do chaill mi mo chuid bhràithrean.

Siud far am bi 'n latha brònach -
Na faicibh neònach dhòmhs' a ràidhtinn:
Nuair a thilleas na bhios beò,
'S e 'n roinn ro mhòr bhios air am fàgail.

Ach nuair thèid an t-sìth a dhùnadh,
Gunnaichean gach aon dhiubh sàmhach,
Teine dealaichte bhon fhùdar,
Nàimhdean cùl ri cùl a' màirdseadh –

Facal dhuibh gur anns an uair ud
Thèid an t-saighead chruaidh sa mhàthair,
Anns an athair, anns a' ghruagaich
Dh'fhàgadh san uair seo gun bhràthair.

Siud nuair bhios an cridhe cianail,
Siud nuair thèid an sgian a shàth'dh ann,
Siud nuair ghealaicheas an ciabhag –
'S ann le deuchainnean a' bhlàir seo.

Ach misneachd do gach fear is tè dhibh,
Is leughaibh gu lèir na h-àithntean
'S seallaibh Ris-san a rinn èirigh
Ged a cheusadh E le nàmhaid.

Tha sibh dol gu lèir nan dèidh-san,
Chan eil fear no tè rim fàgail,
'S ma ghabhas sibh an nì tha saor dhuibh
Gheibh sibh saorsa 's chì sibh fhàth'st iad.

Chì a' bhantrach a fear-pòsda,
Chì an t-òganach a mhàthair,
Tachraidh peathraichen le sòlas,
Mar bu deònach leo, rim bràithrean.

An uair chì iad madainn Chèitein
Eòin air gèig 's an gleus gun tàmh ann,
Neònach mura tog iad fianais
Leamsa gura fìor am bàrd mi.

Fhad 's a bhitheas mis' air m' fhaotainn
Anns an t-saoghal seo air m' fhàgail,
Bidh nam chridhe beò 's nam shùilean
Sealladh tùrsach mo chuid bhràithrean.

Oran Arras

Ghillean, *march at ease!*
Righ na sìth bhith mar rinn
A' dol chun na strì
'S chun na cill aig Arras.
Ghillean, *march at ease!*

Tha nochd oidhche Luain
Teannadh suas ri faire,
A' dol chun na h-uaigh
Far nach fhuasg'lear barrall.
Ghillean, *march at ease!*

Tillidh cuid dhinn slàn,
Cuid fo chràdh lann fala,
'S mar a tha e 'n dàn,
Roinn le bàs a dh 'fhanas.
Ghillean, *march at ease!*

Gus ar tìr a dhìon,
Eadar liath is leanabh,
Mar dhaoin' às an rian
Nì sinn sgian a tharrainn.
Ghillean, *march at ease!*

'S lìonmhor fear is tè
Tha 'n tìr nan geug nan caithris,
Feitheamh ris an sgeul
Bhios aig a' chlèir ri aithris.
Ghillean, *march at ease!*

Gura lìonmhor sùil
Shileas dlùth 's nach caidil
Nuair thig fios on Chrùn
Nach bi dùil rim balaich.
Ghillean, *march at ease!*

Dh'fhalbh na Gillean Grinn

Dh'fhalbh na gillean grinn
Fon cuid armaibh;
'S ann rium fhìn a chòrdadh
A bhith 'n còir nam balachan;
Dh'fhalbh na gillean grinn
Fon cuid armaibh.

Gun d'leum iad an truinnse,
Ruith an cùrsa dìreach,
'S dh'fhosgail teine cinn orra
Le innleachd na Gearmailt.

'S ged a leum iad sunndach,
Dol mar fhiadh sa bhùireadh,
Chaog an nàimhdean sùil riuth'
'S rinn iad dhiubhsan targaid.

'S gu robh fir mo rùin-sa
Tuiteam air gach taobh dhiom,
'S bha mo chridhe caoineadh
Ged bha 'n caoch nam eanchainn.

Cuid dhiubh laighe sàmhach,
Roinn feadh shloc a' cràladh,
'S mòran ann an spàirn dhiubh,
'G iarraidh àite teanacsa.

Ach nuair fhuair sinn dìreadh
Am bruthach a mhill sinn,
Leum sinn uile dìgean,
'S gach fear dhinn air fhalachaig.

Nuair a fhuair sinn dlùth dhaibh,
Far an robh na cùilean
'S mìltean dhiubh a' crùbadh,
Dhùisg sinn iad le damnadh.

Sgrios sinn iad dhan t-sìorrachd,
Fear an ear 's iar dhiubh,
'S cha robh mac am fianais
Mun do chiar an t-anmoch.

Dhubh an oidhch' oirnn cianail
'S shil i oirnn gu fiadhaich,
'S cha b' urrainn dhuinn sian
A dhèanamh ach bhith cearbach.

Sheas sinn mar a bha sinn
Ann an crèadh 's an clàbar,
'S bha 'n t-uisge cho àrd dhuinn
Ann ri bàrr a' gharmain.

'S nuair a thuig ar nàmhaid
An tinnead mar bha sinn,
Dh'fhosgail iad gach càil oirnn
Rinn an làmh a dhearbhadh.

Thionndaidh iad len combaist
An gunnaichean trom oirnn,
'S thìodhlaic iad sa pholl sinn
'S ar com air a sgealbadh.

Dealanach an fhùdair
Lasadh os ar cionn-ne
'S tàirneanach ri chùlaibh,
Brùchdadh ar fuil fheargach.

'Nuair a fhuair sinn còmhla,
Chaidh an rola chòileadh;
Gu robh mhadainn brònach
Againn 'n còmhradh seanchais.

Bha gach fear a' feòrach
Mu chompanach eòlach –
"M faca sibh ann beò e
Measg nan leòn sa gharbhlach?'

Fhreagair fear 'n taobh shìos dhiom,
'Mharbhadh Eachann 's Iain,
Uilleam agus Niall,
MacDhiarmaid agus Fearchar.'

Fhreagair fear 'n taobh shuas dhiom,
'Mharbhadh Seonaidh 's Ruairidh,
Dòmhnall Bàn 's MacGuaire,
Aonghas Ruadh is Tormod.'

Dh'fhalbh na gillean grinn
Fon cuid armaibh;
'S ann rium fhìn a chòrdadh
A bhith 'n còir nam balachan;
Dh'fhalbh na gillean grinn
Fon cuid armaibh.

Na Camshronaich san Fhraing

Gu robh bhuaidh le na seòid
Ghuineach gharg agus bheò,
Luchd nan gleanntannan uaine
'S nam fuar-bheanna mòr,
Luchd nan gàirdeanan treuna
Nach gèilleadh sa mhòd
Fhad 's a dhèanadh an guaillean dhaibh
Bualadh nan dòrn.
   Gu robh bhuaidh le na seòid.

Nuair a chuala mi gàirich
Is màrsadh nam pìob,
'S an lùdag gun tàmh
Fon a' mhàl a' dol binn,
'S ann shaoileam gun d'fhàs mi
Cho làidir ri trì;
Thug mi leum – cha robh dàil –
'S chun na sràide chaidh mi.
   Gu robh bhuaidh le na seòid.

Bha na mìltean de shluagh
Ruith mun cuairt às gach àit,
Mnathan 's clann air an guaillean
'S an gruag ris an làr;
Iad a' brùchdadh nan ceudan,
Ag iarraidh gun tàmh
Gàidheil Alba mu thuath
Thilleadh buan às a' bhlàr.
 Gu robh bhuaidh le na seòid.

Gu robh 'n aghaidh geal fuar,
Cha robh tuar orra sìth,
Sùil mar rionnagan reòthta
Leum còmhla gun sgìths;
Gu robh 'n ceum ann an òrdan
Gun òirleach ga dhìth,
'S dh'innseadh èirigh an sàil
Gu robh 'n t-àrdan nan cinn.
 Gu robh bhuaidh le na seòid.

Cha robh dùrd tighinn om beul
'S cha robh gleus air ceòl-gàir';
Bha iad sàmhach gu lèir
Dol gu rèidh ris a' mhàirds
Gus an tàinig iad dlùth
'S an do shùil iad mo bhàids,
'S leig iad glaodh asta còmhla
Chuir feòil-chrith air càch.
 Gu robh bhuaidh le na seòid.

Bha gach gìomanach àghmor
Le àrd-ghuth a chinn
A' glaodhaich an Gàidhlig
Gam fhàilteachadh fhìn;
Cha robh seòrsa san Airce
De nàisean no linn
Nach robh 'g èisdeachd na cànail
Bh' aig Adhamh ri mhnaoi.
 Gu robh bhuaidh le na seòid.

O nach fhaodadh iad tàmh,
Ghabh mi sràid leotha suas,
Cur le coibhneas na fàilt',
Crathadh làmhan mun cuairt,
Ag ùrachadh cainnt
Air na gleanntan mu thuath
Far an d'fhàg sinn ar càirdean
'S ar màthraichean bhuainn.
    Gu robh bhuaidh le na seòid.

'S nuair a ràinig sinn dlùth
Far 'n robh ùpraid a' bhlàir,
Far 'n robh srann aig an luaidhe
Mar cluasan gun tàmh,
Dh'fhàg mi slàn aca fhèin
'S beannachd Dhè leo a ghnàth,
'S shìn na fiùrain an ceum
'N coinneamh èigheach a' bhàis.
    Gu robh bhuaidh le na seòid.

An Eala Bhàn

Gur duilich leam mar tha mi,
'S mo chridhe 'n sàs aig bròn
Bhon an uair a dh'fhàg mi
Beanntan àrd a' cheò,
Gleanntannan a' mhànrain,
Nan loch, nam bàgh 's nan stròm,
'S an eala bhàn tha tàmh ann
Gach là air bheil mi 'n tòir.

A Mhagaidh, na bi tùrsach,
A rùin, ged gheibhinn bas -
Cò am fear am measg an t-sluaigh
A mhaireas buan gu bràth?
Chan eil sinn uileadh ach air chuairt,
Mar dhìthein buaile fas,
Bheir siantannan na bliadhna sìos
'S nach tog a' ghrian an àird.

Tha mise 'n seo 's mo shùil an iar
On chrom a' ghrian san t-sàl;
Mo dhùrachd leig mi às a dèidh
Ged thrèig i mi cho tràth,
Gun fhios am faic mi màireach i
Nuair dhìreas i gu h-àrd,
Is iomairt lann gu bhith ri chèil'
Nuair 's lèir dhuinn beul an là.

Tha 'n talamh lèir mun cuairt dhiom
Na mheallan suas 's na neòil
Aig na *shells* a' bualadh -
Cha lèir dhomh bhuam le ceò;
Gun chlaisneachd aig mo chluasan
Le fuaim a' ghunna mhòir;
Ach ged tha 'n uair seo cruaidh orm,
Tha mo smuaintean air NicLeòid.

Air m' uilinn anns na truinnsichean,
Tha m' inntinn ort, a ghràidh;
Nam chadal bidh mi bruadar ort,
Cha dualach dhomh bhith slàn;
Tha m'aigne air a lìonadh
Le cianalas cho làn,
'S a' ghruag a dh'fhàs cho ruadh orm
A-nis air thuar bhith bàn.

Tha mi 'n seo san fhàsach
Air sliabh a' bhlàir 's mi leònt:
'S e 'n nàmhaid rinn mo shàradh
'S a chuir saighead cràidh nam fheòil;
An gaol thug mi dhan mhàldaig,
A' ghruagach àlainn òg,
A-nochd chan fhaod mi àicheadh
Nach e chuir ceàrr mo dhòigh.

Cha b' urrainn mise innse dhuibhse
Cliù na h-ìghneig òig;
Cha b' urrainn bàrd a sgrìobhadh
Ged a b'innleachdach a dhòigh;

Aon nì tha mi cinnteach às,
Mas e 's gun till mi beò:
'S ann leamsa bhios an dìleab ud,
Ged dh'fheumainn strì nan dòrn.

Mar chanach geal na mòintich
Tha 'n òigh as àille snuadh;
Mar ròs a' fàs an gàrradh
A bilean blàth 's a gruaidh;
Tha cainnt a beòil cho càirdeil
'S gun tàladh i gach sluagh,
'S nuair bhios tu sgìth 's tu sàraichte,
Nì bàidh-se d' àrach suas.

Teanga ghlan na fìrinn
On chrìdh' tha dìreach rèidh,
Gun fhoill gun cheilg gun àrdan,
Gach nì as fheàrr na chèil';
Is ma tha buaidh measg chàich oirr',
Cha toir i tàir' a thèil',
Mar dhuilleach craoibh a dh'fhàsas
Air àilleagan nan geug.

Am fear a gheibh air làimh thu,
Gur àghmhor e ri bheò;
'S e nach fhaod a ràidhtinn
Gun deach e ceàrr na dhòigh;
'S ann leis-san bhios am bàrr
Dhen a' bhainne bhlàth ri òl,
'S gur glan a' chuisl' on tàinig e,
A ùth na bà sa chrò.

Mas e 's gu bheil e 'n dàn dhomh
On bhlàr gun till mi beò
Is gu faic mi 'n t-aite
San deachaidh m' àrach òg,
Bidh sinne's crathadh làmh againn
Is bilean blàth toirt phòg,
'S mo ghealltanas bidh pàighte dhut
Le fàinne chur mu d' mheòir.

Ach ma thig an t-àm
Is anns an Fhraing gu faigh mi bàs,
'S san uaigh gun tèid mo shìneadh
Far eil na mìltean chàch,
Mo bheannach leis a' ghruagaich,
A' chaileag uasal bhàn –
Gach là a dh'fhalbh gun uallach dhi,
Gun nàire gruaidh na dhàil.

Oidhche mhath leat fhèin, a rùin,
Nad leabaidh chùbhraidh bhlàth;
Cadal sàmhach air a' chùl
'S do dhùsgadh sunndach slàn.
Tha mise 'n seo san truinnsidh fhuair
'S nam chluasan fuaim a' bhàis,
Gun dùil ri faighinn às le buaidh
'S tha 'n cuan cho buan ri shnàmh.

Dhan Ghàidhlig

Hòro, ghillean, èiribh
Eutrom gun bhith trom –
Coma leam dhar Beurla,
'S beag mo spèis dhi ann;
Cuimhnichibh gach treubhach
Thug a rèis sa ghleann,
'S nach dèanamh ratreutadh
'S orra fhèin an ceann.
Hòro, ghillean, èiribh.

Ged tha craobh na Gàidhlig
Anns a' ghàrradh lom,
Gun duilleach mar a b' àbhaist,
Tha i slàn sa chom;
Is glanaidh sinn ma sàilean
Le càirdeas is le fonn –
Spìonaidh sinn ler làmhan
Na tha fàs ma bonn.
Hòro, ghillean, èiribh.

Is ma bheir sibh blàths dhi,
Fàsaidh i gun mhaill
Is sgaoilidh i cuid ghàirdean
Anns gach àird gun taing;
Is thig iad far an t-sàile
As gach ceàrn a-nall
Nuair gheibh iad an t-àileadh
Aic' air sràid nan Gall.
Hòro, ghillean, èiribh.

An uair thig an t-Ogmhìos,
Pògaidh iad ur làmh
Is teannaidh iad ri stòiridh
Mun a' mhòd a th' ann,
Ag ùrachadh na dh'fhògradh
Far mòintichean nan allt,
Falamh fuar gun tròcair,
'S gun luchd-eòlais thall.
Hòro, ghillean, èiribh.

An uair nì craobh na Gàidhlig
Tighinn am bàrr gun chall,
Bidh gach àit' tha fàs
Loma-làn le clann;
Cha bhi port gun bhàt' ann,
Cha bhi bàgh gun bhall,
Muileann is sloc sàbhaidh
'S each an sàs an crann.
Hòro, ghillean, èiribh

Thèid na caoraich bhàna
Chur gun dàil am fang
Is dubhcheannaich nan àite –
'S iad as fheàrr leinn ann;
Crodh air luachair ìseal
Cnàmh an cìre trang,
'S maighdeannan air buailidh
Gabhail dhuan is rann.
Hòro, ghillean, èiribh.

Eàrr-ràdh 4

Taghadh de dh'òrain Aonghais MhicGillFhaolain, Aonghas Lachlainn Bhig

Tha na h-òrain a leanas sgrìobhte mar a tha iad a' nochdadh ann am *Beagan Bàrdachd à Uibhist a Tuath* (MacGillFhaolain, 1991).

1. *Eilean Uibhist Mo Rùin*

2. *Deàrrsadh Gealaich air Loch Hòstadh*

3. *Bu Chaomh Leam Bhith Fuireach*

4. *Oighreachd*

5. *Ag Eisdeachd Ri Seann Ghliocas*

6. *An t-Eilean Mun Cuairt*

7. *Chì mi Cleatrabhal Bhuam*

8. *Nàbachd Baile*

Eilean Uibhist Mo Rùin

Eilean Uibhist mo rùin,
Eilean cùbhraidh nam beann
Eilean Uibhist mo rùin,
B' e mo dhùrachd bhith ann
An Eilean Uibhist mo rùin.

B'e mo shòlas bhith air m' eòlas
San eilean bhòidheach ud thall
Far am faic mi mo chàirdean
'S gheibhinn fàilte nach gann.
An Eilean Uibhist mo rùin.

Far am faic mi luchd m' eòlais
Sean is òg dhiubh na th' ann
Bhiodh coibhneas, bhiodh còiread
Pailt a dòrtadh mum cheann.
An Eilean Uibhist mo rùin.

Far am faicinn fir liatha
Glic-bhriathrach nan cainnt
Mean-bheachdach sean-eòlach
A' toirt seòladh don chloinn.
An Eilean Uibhist mo rùin.

Far am faic mi fir òga
Ghearradh mòine nan deann
'S a ghearradh snasail an t-eòrna
'S a chuireadh dòrlach sa bhann.
An Eilean Uibhist mo rùin.

Far am faic mi mnathan uasal,
Aoigheil, uallachal, trang
Tha ro-ainmeil nan stòltachd,
'S an gnìomh dòigheil nan làimh
An Eilean Uibhist mo rùin.

'S iad a dh'ullaicheadh bòrd,
Leis gach seòrsa bhiodh ann
'S a chuireadh suidheachan dhòmhsa,
Gu spòrsail air ball
An Eilean Uibhist mo rùin.

Chan eil faoineis gun dòigh
A' faotainn còir air a' chloinn
A' leanas eisimpleir màthar
A' rinn an àrach le suim
An Eilean Uibhist mo rùin.

Gheibh an coigreach a' chàradh
'S an t-ànranach lom
Tachraidh uil' orra càirdeas
Leis an àill' a dhol ann.
An Eilean Uibhist mo rùin.

Bi aoigheachd is fàilte
Gu bràth feadh nan gleann
Fad 's a bhuaileas air tràigh
Boinne sàile nan tonn.
An Eilean Uibhist mo rùin.

'S e slàn le mo chàirdean
Bheir mo dhàn-sa gu ceann
Le m' phiuthar, 's le m' bhràithrean
'S le m' phàrantan thall.
An Eilean Uibhist mo rùin.

Deàrrsadh Gealaich air Loch Hòstadh

Deàrrsadh gealaich air Loch Hòstadh
An saoghal balbh is oidhche reodht' ann
Deàrrsadh gealaich air Loch Hòstadh.

An saoghal balbh, ach fuaim na stuadhan
Trang mar 's àbhaist tràigh a sguabadh

'Sann leam fhèin bu mhiann an uair sin
Ceum gun luaths mun cuairt Loch Hòstadh.

Ceum air cheum gu Bàgh-a-Mhorgain
A' seasamh tacan ùin' air tolman
Altan beag mu chreag a' torman
Cho seòlta monmhor ri Loch Hòstadh.

Gur èibhinn ainm do Abhainn Ialadh
'S i ruith na deann a nuas na crìochan
Sùrd oirre le gluasad èasgaidh
Sireadh dìon fo sgiath Loch Hòstadh.

Mall na gluasad Abhainn a Riadhain
Na cromain chama, lùbach, fhiarach
'S crònan mulaid aig gach deur
A dh'fhàg le cianalas Loch Hòstadh.

An uair thig ròmhanaich na Sàmhna
Is laoigh aig ìre bhith nan gamhna
'Sann leam fhèin bu mhiann 'san àm sin
Cuairteag mhall mu cheann Loch Hòstadh.

Is cuimhne leam an àm an tìridh
Gràn ga chruadhachadh le dìcheall
Seanair ghlas cur las ri pìob
'S na sgeòil gan ìnnse mu Loch Hòstadh.

Bu tric bha mnathan luaidh mun chlèibhe
An clò fo smachd le buillean gleusda
Sgornain bhìnn le fuinn fo ghleus
'S an eala 'g èisdeachd air Loch Hòstadh.

'S minig a chualas ceòl na pìoba
Meòirean subailte cho cìnnteach
Sgioba bainnse dol 's a' ruidhle
Ach dh' fhalbh an lìnn sin bho Loch Hòstadh.

Nach bu ghasd' bhith òg le m' nighneig
Ceum gun chùram null Tràigh Stìre
Togail Cùrsa gann leth mhìle
Gu bruaichean sìobhalta Loch Hòstadh.

'S a dh'aindeoin char tha anns an t-saoghal
A dh' aindeoin thubaisdean measg dhaoine
A' ghealach dèarrsadh os a chionn
Na h-àm bidh daonnan air Loch Hòstadh.

Bu Chaomh Leam Bhith Fuireach

Bu chaomh leam bhith fuireach an Uibhist bheag lurach
Bu chaomh leam bhith fuireach an Uibhist bheag m' òig
Bu chaomh leam bhith fuireach an Uibhist bheag lurach
'Si tìr nan glas-mhullach, a' mhurain 's an èorn'.

Mi fàgail na dùthcha air bàta na smùide
Bha m' ìnntinn-sa tùrsach 's nam shùilean na deòir
Dol timcheall nam Madadh 's na tonnan a' sradadh
'S nach lèir dhomh dè th' agam de dh'eilean na h-òig.

Is beag tha de m' shanndsa bhith triall chun na Galldachd
Is eilean nam beann dol air chall orm sa cheò
B' annsa bhith màireach ag èirigh mar b' àbhaist
Is cnuic Thaigh a' Gheàrraidh cur fàilt mar bu chòir.

Na cnuic is na bruaichean far am b' eòlach mo ghluasad
Far am faicinn na h-uain bheag cho luath feadh nan lòin
Far am faicinn na caoraich air fiaradh an aonaich
'S na laoigh bheaga mhaola ri taobh na cruaich-mhòin'.

Is ao-coltach bhi dùsgadh am baile na h-ùpraid
Far an lìonmhor na cùiltean, an smùid is an ceò
Is ao-coltach am fuaim a thig garbh gu mo chluasan
Seach farum a' chuain agus nuallan nam bò.

'S e chì mi ach sràidean, càm, fiorach, cruaidh, grannda
Le sluagh air bheag tàmh, ach, ri stàireachd gun dòigh
Am buamasdair màgach 'se blàdhraich 's gach àite
Agus giobal na sràide le làmh anns gach pòc.

Cha chluinn mi a' Ghàidhlig a' feòrach mar tha mi
Guth breagha le blàths mar a b' àbhaist, a beòil
'S cha chluinn mise màireach ach deifir nan cànan
A faighneachd gun nàire bheil fàirdean 'n am phòc.

Nam faighinn mar lùiginn air bàta na smùide
'S gu faodainn a tionndadh 'sa stiùireadh gum dheòin
Thogainn a cùrsa troimh fhioradh nan caolas
Gus am faicinn na rùidean air cùl sgeir nan ròn.

'S ge b' e nì a tha 'n dàn dhomh 's mi rithist a fàgail
An eilean is àille fo àirde nan neòil
Daonnan bi m' ùrnaigh ri Tighearna nan dùlan
Mo cheuman a' stiùreadh gu dùthaich na h-òig.

Oighreachd

Nuair theid mise suas air chuairt
A dh' ionnsaigh Albainn nam beann fuar
A-null an Eileanan a Chuain
Far an cluinn mi fuaim na mara
Chì mi beanntan àrda ciar
Struthain chama, casadh sìos
Is lùbach, brùchdach, air an t-sliabh
Chì mi lochan, sniòmhach, bearrach
Is raontaichean nam fiadh fo chanach.

Is tric tha m' inntinn a dol ann
Siud mo mhadainn, 's bidh mi thall
Seo mo dhùrachd, is mo gheall
Theid mi null nam dheann, a charaid
'S chì mi ghrian air ceann nam beannan
Chì mi glaicean, chì mi fraoch

Chì mi cnocan, socair maol
Chì mi glinn nan abhainn chaol
Is chluinn mi osag gaoith ri sanais
Le fàilt chairdeil, bhaigheil bhanail.

'Si seo mo mhadainn, 's còir bhith sùnndach
Mo chrìdh is m' ìnntinn rium cho aontach
'S a ghrian i fhèin mar chèile rùnach
Is tìr mo dhùthcha ùr fom chasan
Tìr mo dhuthcha ùrar maiseach
Tìr a chorca, tìr an eòrna
An tìr ghrànach, bhàrrach, phòrach
Tìr nan sguabag, tìr nan dòrlach
Tìr an ìm, a chàis, 's a bhainne
Biadh gu leòr, san còrr, gun ghainne.

'Si seo mo mhadainn 's na mo ghluasad
Suidheam sios car-ùin an uaigneas
An cois a ghlìnn ri taobh an fhuarain
'S beag an tuasaid nis th' air m' aire
Sith ro mhòr toirt buaidh air m' anam
Is mòr an sonas tha seo dhòmhsa
'S e seo m' ionmhas, seo mo stòras
Seo mo bheartas, seo mo shòlas
Airgead geal na òr cha cheannaich
Sàmhchair ann an còs nan gleannan.

'Si seo mo mhadainn, dèanam gluasad
Ait' air bith an toir mo chuairt mi
Suas am mullach 's far a ghuaillinn
Chì mi buachaille nan aighean
Crodh breac-ruadh mun cuairt na laighe
Chì mi banarach le cuach aic'
Le mart is laogh ri taobh na buaille
Is chluinn mi binn i seinn a duanaig
Beag a gruaman, buan a h-aighear
Cridhe cuachag dhuan bhith leatha.

'Si seo a mhadainn, seo an t-àite
Seo an tìr san d' fhuair mi m' àrach
'Si seo mo dhachaigh, taobh an t-sàile
Seo mo chàirdean, òg is sean iad
Is Gàidhlig bhlàth air bàrr an teanga
Seo an fhàilte, seo an dùrachd
A dh'fhag an Gàidheal feadh an t-saoghail
Ainmeil measg nan uile dhaoine
Fàilte choibhneil, aoigheil gheanail
Oighreachd ghrinn bho linn nan seanair.

Ag Eisdeachd Ri Seann Ghliocas

Is tric a dh' èisd mi gu madainn ri mo sheanair a' seanachas
Is e ag ìnnse mar thachair, 's aon chur-seachad bha ainmeil
Dol sìos chun a' chladaich a bu mhath le mo sheanmhair
'S le corran caol fiaclach sgrìobadh shiolag fon ghainmhich.

Is toigh leam fhèin cuideachd bhith falbh crùbach air mhàgaran
Ri iomall na mara is reothart a' glanadh na tràghad
Gheibh mi donnag fon fheamainn, gheibh mi faochag is bàirneach
'S bidh oiteag a' sèideadh a bheir gèireag is càil dhomh.

Is tric a tha e air m' aire bhith mach a-marachd le m' bhàta
Le eathar glan sgoinneil sgoltadh thonnan le gàire
A pliuthein ghlas-chruadhach cur oirre luaths mar a b' fhèarr leam
Ola phrìseil na caolain 's i sìubhlach air sàile.

Le mo chlèibh mu na sgeirean bhiodh an giomach an sàs dhomh
Cha chuirinn cùl ris a' chrùbaig, chan fhaodain a fàgail
Bhiodh am feasgar a' ciaradh, bhiodh mo lìon air a' chàradh
Airson bodach is leabag, taobh an iar linne Bheàrlais.

An t-Eilean Mun Cuairt

Chì mi bhuam thu thar an t-sàil
Chì mi bhuam thu thar an t-sàil
Chì mi bhuam na beanntan àrd
'S gum faic mi 'n t-àite 's docha leam.

Chì mi Madaidh ghruamach chiar
Loch nam Madadh ac' fo dhìon
Chì mi srathan cham nam fiadh
'S gum faic mi ghrian air Cearsabhagh.

Chì mi Eubhal, chì mi Lì
Togal suas gu h-àrd an cìnn
Chì mi struthain cham 's na glinn
'S gum fàg na chì mi toilicht' mi.

Chì mi eileanan is òbain
Locha liath ghlas fiarach mheòrach
Bàigh Loch Euphort sèimh gu seòladh
Dh' ionnsaich òg na maraichean.

Air mo chùlaibh an Stròm Bàn
Chì mi Langais mar a bha
Chì mi Iolaraigh a' bhàird
Càirinis 's na cladaichean.

Circabost an ìm 's a' chàis'
Chì mi 'n Caolas, chì mi Hàstain
Toirt mo chùl ri Ceann a' Bhàigh
Ri Baile Raghnaill 's Paibleisgearraidh.

Fearann Peabalach nan còmhnard
Riamh chan fhacas gainne stòr air
Riamh bu torrach ann am pòr e
Coirceach, eòrnach, seagalach.

Chì mi 'n eaglais far am b' àbhaist
Dhomh bhith suidhe measg mo chàirdean

'S iomadh ìnntinn a gheibh tàmh innt'
Air an t-Sàbaid bheannaichte.

Chì mi Ard an Fhraoich 'sa gheàrraidh
Ard a Rùnair taobh an t-sàile
Hoghaigearraidh mar a dh'fhàg mi
Croiteach, bàrrach, badanach.

Chì mi'm baile dh'àraich òg mi
Air an riaghl' a' ghrian an còmhnaidh
Tigh a' Gheàrraidh làrach, bhòthach
Lìontach, lòinteach, laganach.

Chì mi Baile Lòin 's na pàircean
Leòdan casa Bhaile Mhàrtainn
Baile Locha flùr gach àite
Hostadh bhoidhch' mhacharach.

Chì mi Scolpaig bheag na grèine
Air am farasd bàrr a ghèidheadh
Griomanais bho thus bha 'g èisdeachd
Còmhradh geur nam maranan.

Sgrìob a thoirt a null mu thuath
Bhàlaigh shìos an cois a' chuain
Fearann Solasach nam buadh
Is Àrd-nan-Stuaghan borranach.

Truimisgearraidh is Clachan Shannda
Sgìr nan caorach, sgìr nan gamhna
Mitheanais nan òban chàm
Is gualain mheallta Bhlàiseabhal.

Fhir a shiùbhlas feadh an t-saoghail
Càit' an t-àit is àill le d' shùil
Càit am fairich thu cho cùbhraidh
Fàile flùr nam machraichean.

Chì mi Cleatrabhal Bhuam

Chì mi Cleatrabhal bhuam
Carra-crom an taobh tuath
Beinn Olghaidh 's an stuagh fo sròin.

An Tigh a' Ghearraidh ma thàmh
Am fàile fìorghlan an t-sàil
'Sa nuallan, le gàir 's gach cròic
    Chì mi Cleatrabhal bhuam ...

Taigh a' Ghearraidh nan cluan
'S nan cnocan glas-uain'
Nan loch-bhileagach ruadh 's nan lòn
    Chì mi Cleatrabhal bhuam ...

'S fada sealladh mo shùil –
Monadh Hearach an fhraoich
Gu Barraigh bheag mhaol nam bò
    Chì mi Cleatrabhal bhuam ...

Na h-aonar 'san iar
Hiorta bhiorach nan eun
'S Haisgeir eagach far an caidil na ròin
    Chì mi Cleatrabhal bhuam ...

Eilean Heisgeir e fhèin
A dh' àraich maraichean treun
Bu ghaisgeil an dèidh na seòid
    Chì mi Cleatrabhal bhuam ...

Àrd an Rùnair nan tonn
A dheasaich bàrdachd an com
Mhic Codrum 's gum b' fhonnmhor a' cheòl
    Chì mi Cleatrabhal bhuam ...

Bailtean Phaibil nan raoin
Far 'm bu torrach an grùnnd
'San do chìnn cho sùghmhor an t-èorn'
    Chì mi Cleatrabhal bhuam ...

Gu deas seallaidh mi sìos
Tha beinn mhòr leathann, liath
Le rolagan snìomhach de cheò
   Chì mi Cleatrabhal bhuam ...

Tha beanntan ìosal is glìnn
Eadar mis' agus Lì
Agus dubh-lochan mhìle meòir
   Chì mi Cleatrabhal bhuam ...

Fearann Sholais an àigh
Cha do dh' ainmich mo dhàn
Na Baile MhicPhail ghorm an fheòir
   Thug mi Cleatrabhal bhuam ...

Mi nam shuidh air a' chàrn
Eadar monadh is tràigh
Chì mi machair is àill' fo na neòil
   Chì mi Cleatrabhal bhuam ...

'S iomadh fear agus tè
Thall an dùthchannan cèin
'S bidh an cuimhne, le spèis, do 'n òig
   A chunnaic Cleatrabhal 'uath ...

Nach bu chiatach bhith 'n dràsd'
Ann an dùthaich an gràidh
Nan suidh' air a' charra na chòir
   A' faicinn Chleatrabhal 'uath' ...

Tha cnoc Cholasaigh balbh
Far an caidil na dh' fhalbh
Nach fairich fallas air garbh-chlach nas mò
   A chunnaic Cleatrabhal 'uath'
   Carra-crom an taobh tuath
   Beinn Olghaidh 'san stuagh fo sròin.

Nàbachd Baile

Agus hòrò an cuala sibh
Hìrì an cuala sibh
Hòrò an cuala sibhs' 'n chàblaid
Tha eagal air mo bhualadh
Gun tèid am baile bhuaithe
Mur a cuir sibh an sìol-uachdrach 's a' gheàrraidh.

Chuir an Seathanach gar n-ionnsaigh
Nach còir dhuinn a bhi diùltadh
Ged bha an gnothach ùr dhuinn an dràsda
Tha cothroman aig daoine
Bhith leasachadh an aonaich
'S bidh urram tighinn ma dh'fhaoidte o' n Bhànrigh.

Cuiribh an sìol uachdrach
Cuiribh an sìol uachdrach
Air m' urras gum bi stuagh tighinn gun dàil air
Bidh sprèidh a mach gun tuasaid
'G ionaltradh chon nan cluasan
'S chan eagal dhaibh ro fhuachd na Fèill Mhàrtainn.

Labhair Iain MacIòsaig
'Tha mi dhuibh ag ìnnse
'Sann aigesan tha 'n fhìrinn, a' chàirdean
Tha mi fhèin gun amharas
Bidh againn biadh do ghamhna
Ged a bhitheadh an t-Earrach gann do bhuntàta.'

Thuirt Seumas Sioran, 'Tha mi deònach
Sinn uile a bhith còrdadh
Chan eil feum an còmhstrì neo 'n cràmhan
Ged tha mis' am bliadhna
Gam chosnadh aig an Iarla
Bidh mo chuid san fheur a nì fàs ann.'

Labhair Seonaidh Camshròn
'Gu dearbha, gu dearbha
Chan eil feum an gainmheach na tràghad

Cha toigh leam fhèin an dòigh
A bhith caitheamh sìol air mòinteach
'S gun fiosam gun dè 'm pòr thig am bàrr ann.'

Arsa Tormod MacLeòid
'Cha mhòr nì 'n gnothach dhòmhsa
Tha mi toilichte gu leòr mar a tha mi
Tha bean nan crogain ghaolaich
Agams' air mo chùlaibh
Gur a sona mi na aon anns an àite.'

Labhair Dòmhnall Eòghainn Uilleam Chìobair
'Chan urrainn mi bhi strì ribh
Tha mi buileach sgìth do 'ur nàbachd
Iarraidh mi mo roinn
Agus gheibh mi e gun taing
'S biodh na seiceannan an grèim air na dh' fhàgar.'

Thubhairt Calum Seonaidh air a shocair
'Chan eil againn ach a' bhochdainn
A muigh air chùl nan cnoc mar is àbhaist
Roinnibh air a' chèil e
'S cuiridh sinn gu feum e
'S chan fhaicear leithid treud Thaigh a' Gheàrraidh.'

Dh' èigh Aonghas Iain a' Mhuilleir
'Obh! Obh!, bheil thu cluinntinn
Thèid sibh uile nis an grèim airson pàirt dheth
C' àit a bheil sibh smaointinn
'N cuir mise mo chuid chaorach
Ma ghearras sibh na chaoban an gèarraidh.'

Thionndaidh Aonghas Lachlainn an uairsin
Is peann air cùl a' chluaise
Ged a thuit e leis a ghluasad gu làr air
'Feumaidh mise sgrìobhadh
'S gu dè a nì mi ìnnse
Mur a dèan sibh suas ar n-ìnntinn gun dàil dhomh.'

Tha Eardsaidh Ruadh an Hòglan
Tha Niall is Aonghas Dhòmhnaill
Chan fhaod sinn an còraichean àicheadh
Am fear nach 'eil ag iarraidh
A roinn de thalamh fiadhaich
Reiceadh e am fiarach ri nàbaidh.

Dh' èirich Domhnall Eòghainn Lachlainn Dhonnchaidh
'S chaidh am bòrd air thulgail
'Ghabhainn bogach ghlas nan curracag am màireach
Poll mònadh air a fiaradh
Thiormaichinn a h-iochdar
Is dhèanainn cho breagha ri pàirc' i.'

'Aha,' ars' Eardsaidh Bòid
'Chan eil for agad an doimhneachd
Tha cunnart na cuid thuill a tha grannda
'Nuair bhithinn mach nam bhuachail'
An crodh agam nan uallach
Gun sluigeadh ise suas an tè b' fheàrr dhiubh.'

'S ars' Earsdsaidh, 'Se mòinteach
Feusag chreag is còinneach
Nach cuir mòran feòil air cnàmhan
'S gur e duine bhitheadh gòrach
Nam bitheadh idir dòigh air
'S gun ceannaicheadh e 'n còrr o MhacPhàrlain.'

Thuirt Eòghainn ri Ruairidh
Is Ruairidh ri Eòghainn
'Tha sinne cheart cho feumach ri càch air
Nach oirnn a bhiodh a' bhuaidh
Nam bitheadh againn tuilleadh tuatha
Ma dh' fhaoidte, tha mnathan uasal an dàn dhuinn.'

Arsa Dòmhnall, 'Mo gheall air
Gun cuir sinn fon chrann e
'S theid mi air ar ceann le port mèarrsaidh
Thig galan bho MhacAmhlaidh
Dhen stuth as fheàrr a th' ann
Agus baistidh sinn an dràm e le slàinte.'

Eàrr-ràdh 5

Eòlas Isa NicIlip à Grèineatobht air stuth *Aithris is Oideas* (Scottish Council for Research in Education, 1964)

Guthan nan Eun:
1, 2, 3, 4, 6, 7, 8, 10, 13, 15, 16, 18, 21, 23, 25, 26, 27, 28, 32*, 34, 35, 37, 42, 44:
    Dh'ionnsaich Isa a' chuid a bu mhotha dhe na rannan seo ann an Sgoil Dhùn Sgealair. Bha iad air an cluinntinn anns a' choimhearsnachd no air am faighinn ann an sreath de leabhraichean air an robh 'Leabhraichean Leughaidh', a bha air an deasachadh le Lachlainn MacFhionghain agus air am foillseachadh le Blackie and Son, Glaschu. (*mar òran)

47, 48, 49, 53, 54, 55, 56, 58, 59, 60, 62, 64, 65, 66, 67, 69, 70, 73, 74, 76:
    Chuala Isa a' chuid a bu mhotha dhe na rannan seo anns an dachaigh agus anns a' choimhearsnachd, ach chuala i cuideachd iad aig Ailig Iain MacAsgaill, a bha a' teagasg Gàidhlig ann an Acadamaidh Rìoghail Inbhir Nis, agus aig Iain A. ('Jake') Dòmhnallach, a bha na òraidiche aig Colaiste Chnoc Iòrdain.

Rannan Aimsir agus Amannan na Bliadhna:
77, 78, 79, 83, 88, 90, 91, 96, 97, 98, 99, 104, 105, 107, 108, 109 (an dara rann), 110, 111, 112 (a), 112 (b).

Rannan Obrach:
115*, 119, 125, 130, 134 (a' chiad rann):
    Chuala Isa a' mhòr-chuid dhe na rannan mu aimsir agus mu amannan na bliadhna, agus na rannan obrach a tha aice, anns an dachaigh neo anns a' choimhearsnachd. (*mar òran)

Tòimhseachain:
135, 136 (an dara agus an treas rann), 139, 141, 142, 143, 144, 146, 148 (1 & 2), 152, 153, 155, 160, 166, 167, 172, 175, 177, 178, 179, 182, 183, 188, 190, 197, 198, 201, 202, 203, 207, 211, 212, 219, 223, 226:
    Dh'ionnsaich Isa a' chuid a bu mhotha dhe na tòimhseachain seo bho pheathraichean a màthar ann an Grèineatobht. Dh'ainmich Isa gum b' e dòigh air leth math a bha seo airson oidhche fhada gheamhraidh a chur seachad ro linn an telebhisean.

227, 228, 229:
    Cha robh Isa cinnteach càite an cuala i na tòimhseachain seo.

Cleasan:
Tha cruth eadar-dhealaichte aig Isa de rannan 235, 236, 237, 238, 239, a chuala i aig a mhàthair agus aig peathraichean a màthar, a tha na mheasgadh dhe na h-àireamhan sin:

> An òrdag,
> A' ghealbag,
> An gunna fada,
> Mac an Aba,
> Lùdag bheag an airgid.

243, 258, 294, 295, 299, 302:
> Bha fios aig Isa gu robh na rannan agus na cleasan seo ann.

249, 253:
> Dh'ionnsaich Isa na rannan seo mar bhàrdachd anns an sgoil.

255:
> Tha Isa ga aithneachadh mar òran.

257:
> Tha Isa eòlach air an abairt 'Nach tu tha spriod-chasach!'

260, 286, 287:
> Tha Isa gan coltachadh ri cleasan air a bheil sinn eòlach anns a' Bheurla.

271:
> Bhiodh Isa fhèin a' cluich a' chleas seo, a tha coltach ri '*Tig*' ach gu robh iad ag èigheach 'Sgiobag ort' anns an sgoil.

273, 282:
> Bhiodh Isa a' cluich chleasan coltach ri na cleasan seo anns an sgoil.

292:
> Bhiodh Isa fhèin a' cluich seo anns an sgoil agus aig an dachaigh.

306:
> Dh'inns a màthair agus peathraichean a màthar do dh'Isa mar a bhiodh iad a' cluich a' chleas seo.

Measgachadh rann:
307, 308, 310, 313*, 315, 316*, 320, 326, 328, 329, 337**, 341:
> Nochd Isa gu robh cuid dhe na rannan seo rim faotainn anns an t-sreath 'Leabhraichean Leughaidh' a bharrachd air a bhith air an cluinntinn anns a' choimhearsnachd.
>   * mar òran
>   ** math dh'fhaodte mar òran

Eàrr-ràdh 6

Cunntasan-sluaigh Uibhist a Tuath 1901–2001

	Àireamh an t-sluaigh	A bhruidhinneadh Gàidhlig	%
1901	3891	3594	92.36
1911	3677	3395	92.33
1921	3223	2954	91.65
1931	2827	2603	92.07
1951	2221	1994	89.78
1961	1925	1700	88.31
1971	1726	1435	83.14
1981	1727	1401	81.12
1991	1674	1211	72.34 *
2001	1521	1002	67.19 **

* 68.6% anns na h-Eileanan Siar

** 59.7% anns na h-Eileanan Siar

Fiosrachadh bho Chunntas-sluaigh nan Eilean Siar 2001

		Àireamh an t-sluaigh	An àireamh a thuigeadh, a bhruidhinneadh, a leughadh no a sgrìobhadh Gàidhlig	An àireamh gun Ghàidhlig idir
Fir & Mnathan	Gach Aois	26502	18662	7840
Fir & Mnathan	0–2	757	239	518
Fir & Mnathan	3–4	537	223	314
Fir & Mnathan	5–11	2248	1294	954
Fir & Mnathan	12–15	1461	1040	421
Fir & Mnathan	16–24	2250	1354	896
Fir & Mnathan	25–34	3105	2058	1047
Fir & Mnathan	35–59	9266	6541	2725
Fir & Mnathan	60–69	3096	2550	546
Fir & Mnathan	70–79	2369	2079	290
Fir & Mnathan	80–89	1147	1032	115
Fir & Mnathan	90+	266	252	14
Fir	Gach Aois	13082	8992	4090
Fir	0–2	388	113	275
Fir	3–4	256	103	153
Fir	5–11	1137	658	479
Fir	12–15	735	498	237
Fir	16–24	1213	706	507
Fir	25–34	1597	1045	552
Fir	35–59	4807	3398	1409
Fir	60–69	1524	1221	303
Fir	70–79	1030	900	130
Fir	80–89	338	294	44
Fir	90+	57	56	1
Mnathan	Gach Aois	13420	9670	3750
Mnathan	0–2	369	126	243
Mnathan	3–4	281	120	161
Mnathan	5–11	1111	636	475
Mnathan	12–15	726	542	184
Mnathan	16–24	1037	648	389
Mnathan	25–34	1508	1013	495
Mnathan	35–59	4459	3143	1316
Mnathan	60–69	1572	1329	243
Mnathan	70–79	1339	1179	160
Mnathan	80–89	809	738	71
Mnathan	90+	209	196	13

Fiosrachadh bho Rola Bhòtaidh Uibhist a Tuath, 1 Gearran 2007

Àireamh an t-sluaigh	1387
Fir	572
Mnathan	815

An àireamh de dhaoine às an eilean bho thus	862*
An àireamh de dhaoine aig an robh freumhaichean anns an eilean agus a thàinig a dh'fhuireach ann	65*
An àireamh de choigrich	460*

* Tha na h-àireamhan seo stèidhte air mo rannsachadh fhèin.

Clàr Leabhraichean

Aarne, Antti, & Stith Thompson. 1961. *The Types of the Folk-Tale: A Classification and Bibliography*. Folklore Fellows Communications. 184. Academia Scientarium Fennica. Helsinki.

Abley, Mark. 2004. *Spoken Here*. Heinemann. London.

Abrahams, Roger D. 1972. 'Proverbs and Proverbial Expressions'. Ann an Dorson. 1972: 117–127.

Abrahams, Roger D. & Alan Dundes. 1972. 'Riddles'. Ann an Dorson. 1972: 129–143.

An Comunn Gàidhealach. 1938. *Am Measg nam Bodach*. Glaschu: An Comunn Gàidhealach.

Andersson, Otto. 1953. *On Gaelic Folk Music from the Isle of Lewis*. Budkavlen 1952, Nos. 1–4.

Barnes, R.H. 1984. *Two Crows Denies It*. University of Nebraska Press. Lincoln.

Bascom, William R. 1954. 'The Functions of Folklore'. *Journal of American Folklore* 67: 333–349.

Basso, Keith H. 1990. *Western Apache Language and Culture*. University of Arizona Press. Tucson.

Ben-Amos, Ben, and Kenneth S. Goldstein, eds. 1975. *Folklore Performance and Communication*. Mouton. Paris.

Benedict, Ruth. 1952. *Patterns of Culture*. Routledge & Kegan Paul. London.

Bennett, Margaret. 1992. *Scottish Customs from the Cradle to the Grave*. Polygon. Edinburgh.

Beveridge, Erskine. 1999 [1911]. *North Uist*. Birlinn. Edinburgh.

Black, Ronald, ed. 2002. *Eilein na h-Òige*. Mungo. Glasgow.

Bo, Olav. 1988. 'The Role Played by Tradition in a Local Community Today and Earlier'. Ann a Honko. 1988: 143–157.

Bourke, Angela. 1999. *The Burning of Bridget Cleary*. Pimlico. London.

Bourke, Angela *et al.* eds. 2002. *The Field Day Anthology of Irish Writing*. Vol. 4. Cork University Press. Cork.

Boyd, Ailean. 1986. *Seann Taighean Tirisdeach*. Càirdean nan Taighean Tugha. Eilean Thiriodh.

Brody, Hugh. 2002. *The Other Side of Eden*. Faber & Faber. London.

Bruford, A.J. 1967. 'Scottish Gaelic Witch Stories: A Provisional Type-List'. *Scottish Studies* 11: 13–37.

Bruford, A.J. 1969. *Gaelic Folk-tales and Mediaeval Romances*. The Folklore of Ireland Society. Dublin.

Bruford, A.J. 1972. 'Second Sight'. *Tocher* 6: 199–200.

Bruford, A.J. 1978. 'Recitation or Recreation? Examples from South Uist Storytelling'. *Scottish Studies* 22: 27–44.

Bruford, A.J. 1978–1979. 'Gaelic Folksong'. Series of nine articles in *Folk Review* (March, May, June, July, October, November. 1978; January, February, March. 1979)

Bruford, A.J. 1983. 'Memory, Performance and Structure in Traditional Tales'. *ARV: Nordic Yearbook of Folklore* 37: 103–109.

Bruford, A.J. & D.A. MacDonald. 2003. *Scottish Traditional Tales*. Birlinn. Edinburgh.

Buchanan, Donald. 1942. *Reflections of the Isle of Barra*. Sands & Co. London & Glasgow.

Burlakoff, Nikolai & Carl Lindahl, eds. 1980. *Folklore on Two Continents: Essays in Honor of Linda Dégh*. Trickster Press. Bloomington, Indiana.

Butler, Antoinette. 1994. *An Outline of Scottish Gaelic Drama before 1945*. Unpublished MLitt Thesis. University of Edinburgh.

Campbell, Lord Archibald, ed. 1889–95. *Waifs and Strays of Celtic Tradition*. 4 Vols. David Nutt. London.

Campbell, Rev. Duncan. 1969. 'Gaelic Proverbs'. *Transactions of the Gaelic Society of Inverness* 44: 1–32.

Campbell, John Francis. 1983 [1860, 1861]. *Popular Tales of the West Highlands*. 4 Vols. Wildwood House Ltd. Channel Islands.

Campbell, John Francis. 1994 [1940]. *More West Highland Tales*. 2 Vols. Birlinn. Edinburgh.

Campbell, John Gregorson. 2005. *The Gaelic Otherworld*. Ed. Ronald Black. Birlinn. Edinburgh.

Campbell, John Lorne. 1950. *Gaelic in Scottish Education and Life*. W. & A.K. Johnston Ltd. Edinburgh.

Campbell, John Lorne. 1954. *Fr Allan McDonald of Eriskay. 1859–1905: Priest, Poet and Folklorist*. Edinburgh.

Campbell, John Lorne. 1958. 'The late Fr Allan McDonald, Miss Goodrich Freer and Hebridean Folklore'. *Scottish Studies* 2: 175–188.

Campbell, John Lorne. 1965. 'Proverbs from Barra'. *Scottish Gaelic Studies* 10: 178–208.

Campbell, John Lorne. 1966. 'Angus MacLellan, MBE ('Aonghas Beag').' *Scottish Studies* 10: 193–197.

Campbell, John Lorne & Trevor Hall. 1968. *Strange Things*. London.

Campbell, John Lorne. 1975. *A Collection of Highland Rites and Customes*. Folklore Society. Cambridge.

Campbell, John Lorne. 1991 [1958]. *Gaelic Words and Expressions from South Uist and Eriskay Collected by Rev. Fr Allan McDonald.* Dublin Institute for Advanced Studies. Dublin.
Campbell, John Lorne. 1997 [1933]. *Highland Songs of the Forty-Five.* Scottish Academic Press for the Scottish Gaelic Texts Society. Edinburgh.
Campbell, John Lorne. 2000. *A Very Civil People.* Ed. Hugh Cheape. Birlinn. Edinburgh.
Campbell, John Lorne & Francis Collinson. 1969, 1977, 1981. *Hebridean Folksongs.* 3 Vols. Oxford University Press. Oxford.
Carmichael, Alexander. 1954. *Carmina Gadelica (Ortha nan Gàidheal).* Vol. 5. Ed. Angus Matheson. Oliver & Boyd. Edinburgh.
Carmichael, Alexander. 1983 [1900]. *Carmina Gadelica (Ortha nan Gàidheal).* Vols. 1 & 2. Scottish Academic Press. Edinburgh & London.
Carmichael, Alexander. 1997. *Carmina Gadelica.* Floris Books. Edinburgh.
Carson, Ciaran. 1986. *Irish Traditional Music.* Appletree Press. Belfast.
Christiansen, Reidar Th. 1943. 'The Dead and the Living'. *Studio Norvegica* 2: 3–99.
Christiansen, Reidar Th. 1958. *Migratory Legends.* Folklore Fellows Communications. 178. Helsinki.
Chapman, Malcolm. 1978. *The Gaelic Vision in Scottish Culture.* Croom Helm. London.
Cohn, Shari A. 2000. 'A Historical Review of Second Sight: The Collectors, their Accounts and Ideas'. *Scottish Studies* 33: 146–185.
Comann Eachdraidh Uibhist a Tuath.* 1988. *Croft Histories: Balranald and Paiblesgarry.* CEUT. Uist. [* CEUT]
Comhairle nan Eilean Siar. 2006. *Pròiseact Plana Cànain nan Eilean Siar. Aithisg Dheireannach.* Stornoway.
Collinson, Francis. 1966. *The Traditional and National Music of Scotland.* Routledge & Kegan Paul. London.
Craig, K.C. 1944. *Sgialachdan Dhunnchaidh.* Alasdair Matheson. Glasgow.
Craig, K.C. 1949. *Òrain Luaidh Màiri Nighean Alasdair.* Alasdair Matheson. Glasgow.
Crystal, David. 2000. *Language Death.* Cambridge University Press. Cambridge.
Daaku, Kwame Y. 1973. 'History in the Oral Traditions of the Akan'. Ann an Dorson. 1973: 42–54.
Dalby, Andrew. 2003. *Language in Danger.* Penguin Books. London.
Dégh, Linda. 1969. *Folktales and Society: Story-Telling in a Hungarian Peasant Community.* Indiana University Press. Bloomington.

Dégh, Linda. 1972. 'Folk Narrative'. Ann an Dorson. 1972: 53–83.
Dégh, Linda & Andrew Vázsonyi. 1975. 'The HypoThesis of Multi-Conduit Transmission of Folklore'. Ann am Ben-Amos. 1975: 207–252.
Delargy, J.H. 1945. 'The Gaelic Story-Teller'. The Sir John Rhys Memorial Lecture. 26 November 1945. *Proceedings of the British Academy,* xxxi: 177–221.
Dickson, Joshua. 2006. *When Piping Was Strong.* John Donald. Edinburgh.
Dòmhnallach, Coinneach. 1991. *Carragh na Cuimhne : Bàrdachd le Coinneach Dòmhnallach.* Deas. Maighread Murphy. Stornoway.
Dòmhnallach, D.E. 1989. 'Trì ginealaichean de sgeulachd'. Ann an Gillies. 1989: 185–221.
Dòmhnallach, Dòmhnall. 1995. *Dòmhnall Ruadh Chorùna.* Deas. Fred MacAmhlaidh. Comann Eachdraidh Uibhist a Tuath. North Uist.
Dorian, Nancy C. 1974. 'Gaelic Proverbial Lore in Embo Village'. *Scottish Studies* 18: 117–126.
Dorian, Nancy C. 1981. *Language Death: The Life Cycle of a Scottish Gaelic Dialect.* University of Pennsylvania Press. Philadelphia.
Dorson, Richard M. ed. 1961. *Folklore Research around the World.* Indiana University Press. Bloomington.
Dorson, Richard M. ed. 1972. *Folklore and Folklife: An Introduction.* University of Chicago Press. Chicago.
Dorson, Richard M. ed. 1973. *Folklore and Traditional History.* Mouton. Paris.
Draak, Maartje. 1958. 'Duncan Macdonald of South Uist'. *Fabula.* 1: 47–58.
Eller, Ronald D. 1979. 'Land and Family: An Historical View of Preindustrial Appalachia'. *Appalachian Journal* 6.2: 83–109.
Ferguson, Calum. 2004. *Children of the Blackhouse.* Birlinn. Edinburgh.
Finnegan, Ruth. 1977. *Oral Poetry.* Cambridge University Press. Cambridge.
Finnegan, Ruth. 1996. *Oral Traditions and the Verbal Arts.* Routledge. London.
Fraser, Donald C. 1993. 'Gaelic Religious Verse from the Fernaig Manuscript'. *Transactions of the Gaelic Society of Inverness* 57: 73–99.
Fraser, Ian A. 1979. 'Gaelic and Norse Elements in Coastal Place Names in the Western Isles'. *Transactions of the Gaelic Society of Inverness* 50: 237–255.
Fraser, J. 1707. *Deuteroscopia: A Brief Discourse Concerning the Second Sight.* Edinburgh.
Freeman, A. Martin *et al.* eds. 1927. *Bunting Collection of Irish Folk Music and Song.* Irish Folk Song Society. Dublin.
Geertz, Clifford. 1977. '"From the Native's Point of View": On the Nature of Anthropological Understanding'. Ann an *Symbolic Anthropology,* eds. Janet L. Dolgin, David S. Kemnitzer & David M. Schneider. Colombia University Press. New York. 480–492.

Geertz, Clifford. 2000. *The Interpretation of Cultures*. Basic. New York.
Gillies, Anne Lorne. 2006. *Songs of Gaelic Scotland*. Birlinn. Edinburgh.
Gillies, William, ed. 1989. *Alba agus a' Ghàidhlig: Gaelic and Scotland*. Edinburgh University Press. Edinburgh.
Gillies, William. 1991. 'Gaelic Songs of the 'Forty-Five'. *Scottish Studies* 30: 19–58.
Glassie, Henry. 1982. *Irish Folk History*. Pennsylvania University Press. Philadelphia.
Glassie, Henry, ed. 1987. *Irish Folktales*. Penguin. Harmondsworth.
Glassie, Henry. 1995. *Passing the Time in Ballymenone*. Indiana University Press. Bloomington.
Grant, Rev. Peter. 1926 [1897]. *Dàin Spioradail / Spiritual Songs*. ed. Hector MacDougall. Alex. MacLaren & Sons. Glasgow.
Hammersley, Martyn & Paul Atkinson. 1995. *Ethnography*. Routledge. London.
Heath, Julie. 2002. 'Liberty and Tradition: Sound Patterning in Hebridean Prayer and Preaching as Poetic Device and Linguistic Sign'. Ann an Ó Baoill and Maguire. 2002: 25–33.
Herskovits, M.J. 1961. 'The Study of African Oral Art'. Ann an Dorson. 1961: 165–170.
Highlands and Island Development Board.* 1982. *Cor na Gàidhlig*. Language, Community and Development: The Gaelic Situation.' Report prepared for Highlands and Island Development Board. [* HIDB]
Honko, Lauri, ed. 1988. *Tradition and Cultural Identity*. Nordic Institute of Folklore. Turku.
Honko, Lauri and Vilmos Voigt, eds. 1981. *Adaptation, Change, and Decline in Oral Literature*. [*Studia Fennica. 26*] Suomalaisen Kirjallisuuden Seura. Helsinki.
Honko, Lauri and Pekka Laaksonen, eds. 1983. *Trends in Nordic Tradition Research*. [*Studia Fennica. 27*] Suomalaisen Kirjallisuuden Seura. Helsinki.
Kaivola-Bregenhøj, Aanikki. 1989. 'Factors Influencing the Formulation of Narration'. Ann an Siikala. 1989. 99–108.
Kennedy-Fraser, Marjory and Kenneth MacLeod. 1909–1921. *Songs of the Hebrides*. 3. Vols. Boosey & Co. London.
Kennedy-Fraser, Marjory. 1929. *A Life of Song*. Oxford University Press. Oxford.
Kinsella, Thomas. 1970. *The Táin*. Oxford University Press. London.
Kirshenblatt-Gimblett, Barbara. 1975. 'A Parable in Context'. Ann am Ben-Amos and Goldstein. 1975: 105–130.

Kirshenblatt-Gimblett, Barbara. 1994. 'Toward a Theory of Proverb Meaning'. Ann am Mieder & Dundes. 1994: 111–121.
Knudsen, Thorkild. 1966. 'Ornamental Hymn/Psalm Singing in Denmark, The Faroe Islands and the Hebrides'. *DFS Information* 68.2.
Knudsen, Thorkild. 1968. 'From the Folk Scene'. *DFS Information* 68.3.
Kriza, Ildiko. 1981. 'Changes in Hungarian Epic-Lyric Songs'. Ann a Honko & Voigt. 1981: 131–138.
Kvideland, Reimund. 1980. 'Stories about Death as Part of Children's Socialization'. Ann am Burlakoff & Lindahl. 1980: 59–70.
Kvideland, Reimund. 1983. 'Folk Ballad and Folk Song'. Ann a Honko. 1983: 177–183.
Kvideland, Reimund, ed. 1992. *Folklore Processed*. Suomalaisen Kirjallisuuden Seura. Helsinki.
Laurent, Donatien. 1983. 'The Mnemonic Process of a Breton Storyteller'. *ARV: Nordic Yearbook of Folklore* 37: 111–115.
Leach, MacEdward. 1962. 'Problems of Collecting Oral Literature'. *Publications of the Modern Language Association* 77: 335–340.
Lewis, Albert B. 1951. *The Melanesians: People of the South Pacific*. Chicago Natural History Museum. Chicago.
Lewis, I.M. 1977. *Social Anthropology in Perspective*. Penguin. New York.
Lloyd, D. Myrddin. 1956. 'The Celtic Bard and his Community'. *Proceedings of the Scottish Anthropological and Folklore Society* 5.3.
Lyle, Emily. 1990. *Archaic Cosmos*. Polygon. Edinburgh.
MacAulay, Donald. 1963. Review of *Gaelic-speaking Children in Highland Schools*. [SCRE 1964] *Scottish Studies* 7: 242–245.
MacAoidh, Ruairidh. 1938. *Oiteagan á Tìr nan Òg*. Air a Dheasachadh le Eachann MacDhùghaill. Alex. MacLaren & Sons. Glasgow.
MacCana, Proinsias. 1980. *The Learned Tales of Medieval Ireland*. Dublin Institute for Advanced Studies. Dublin.
MacCormaig, Iain. 1923. *An t-Eilean Muileach*. MacLaren & Sons. Glasgow.
MacDhòmhnaill, Dòmhnall Iain. 1981. *Uibhist a Deas*. Acair. Stornoway.
MacDhòmhnaill, Dòmhnall Iain. 1998. *Chì Mi: Bàrdachd Dhòmhnaill Iain Dhonnchaidh*. Deas. Bill Innes. Birlinn. Edinburgh.
MacDonald, A.J. 1972. 'Second Sight'. *Tocher* 6: 192–195.
Macdonald, Rev. Archibald, ed. 1894. *The Uist Collection*. Sinclair. Glasgow.
Macdonald, Rev. Archibald. 1890 &1991. 'Some Hebridean Singers and their Songs'. *Transactions of the Gaelic Society of Inverness* 15: 255–279 agus 16: 253–266.
Macdonald, Rev. Archibald. 1946. 'Stories Told when on Ceilidh'. *Transactions of the Gaelic Society of Inverness* 37: 184–207

Macdonald, Rev. Angus & Rev. Archibald Macdonald. 1911. *The Macdonald Collection of Gaelic Poetry*. Northern Counties Publishing Co. Inverness.
MacDonald, Donald. 2000. *Smuaintean fo Eiseabhal*. Ed. Ronald Black. Birlinn. Edinburgh.
MacDonald, Donald Archie. 1964. 'A' Madadh Ruadh agus a' Madadh Allaidh'. *Scottish Studies* 8: 218–227.
MacDonald, Donald Archie. 1972. 'Donald Alasdair Johnson: A Storyteller from South Uist'. *Tocher* 2: 36–57.
MacDonald, Donald Archie. 1972. 'Collecting Oral Literature'. Ann an Dorson. 1972: 407–430.
MacDonald, Donald Archie. 1974. 'A Dream of a Drowned Woman'. *Tocher* 16: 319–321.
MacDonald, Donald Archie. 1978. 'A Visual Memory'. *Scottish Studies* 22: 1–26.
MacDonald, Donald Archie. 1983. 'Some Aspects of Visual and Verbal Memory in Gaelic Storytelling'. *ARV: Nordic Yearbook of Folklore* 37: 117–124.
MacDonald, Donald Archie. 1988. 'Interview with Roger Leitch'. Unpublished transcription and tape in the Tale Archive of the School of Scottish Studies, University of Edinburgh.
MacDonald, Donald Archie. 1993. 'Songs of the Balranald Elopement'. *Transactions of the Gaelic Society of Inverness* 57: 1–57.
MacDonald, Donald Archie. 1993–1994. 'The Rhind Lectures'. Unpublished. In the Tale Archive of the School of Scottish Studies, University of Edinburgh.
MacDonald, Donald Archie. 1996. 'Bàrd a' bruidhinn mu chuid bhàrdachd fhèin'. *Scottish Gaelic Studies* 17: 87–102.
MacDonald, Donald Archie. 1998. 'Bleith Sailoiniga'. *Scottish Studies* 32: 38–49.
MacDonald, D.J. 1972. 'Second Sight'. *Tocher* 6: 195.
MacDonald, Duncan. 1932. *Gaelic Idioms and Expressions*. An Comunn Gàidhealach. Glasgow.
Macdonald, John Angus. 1999. *Orain Dhòmhnaill Ailein Dhòmhnaill na Bainich*. Comuinn Eachdraidh nan Eilean mu Dheas. Uist.
Macdonald, Sharon. 1997. *Reimagining Culture*. Berg. Oxford & New York.
Macdonald, Sharon. 2000. "A bheil am feur gorm fhathast?' Some Problems concerning Language and Cultural Shift'. *Scottish Studies* 33: 186–197.
Macdonald, Sharon, Fraser MacDonald, Julie S. Heath, Margaret A. Mackay & Donald MacLeod. 2004. 'Colloquium: Susan Parman's *Scottish Crofters*: A Historical Ethnography of a Celtic Village'. *Journal of Scottish Historical Studies* 24.2: 159–181.
MacDonald, T.D. 1926. *Gaelic Proverbs and Proverbial Sayings*. Eneas MacKay. Stirling.

MacEchern, D. 1922. 'Highland Second Sight'. *Transactions of the Gaelic Society of Inverness* 29: 290–314.

MacGillFhaolain, Aonghas. 1991. *Beagan Bàrdachd à Uibhist a Tuath*. Comann Eachdraidh Uibhist a Tuath. North Uist.

MacInnes, John. 1989. 'The Seer in Gaelic Tradition'. Ann a Hilda Ellis Davidson. *The Seer in Celtic and Other Traditions*. John Donald. Edinburgh. 10–24.

MacInnes, John. 2006. *Dùthchas nan Gàidheal: Selected Essays of John MacInnes*. Deas. Michael Newton. Birlinn. Edinburgh.

MacInnes, Rev. John. 1971. 'Gaelic Spiritual Verse'. *Transactions of the Gaelic Society of Inverness* 46: 308–452.

MacKay, J.G. 1941. 'Gaelic Idioms'. *Transactions of the Gaelic Society of Inverness* 36: 9–82.

Mackay, Margaret A. 1987. 'The Sib and the Fremd: Community Life in the Dictionaries'. Ann an Caroline Macafee & Iseabail MacLeod. *The Nuttis Schell: Essays on the Scots Language*. Aberdeen University Press. Aberdeen. 211–218.

MacKenzie, John, ed. 1907[1841]. *Sàr Obair nam Bàrd Gaelach*. John Grant. Edinburgh.

MacKenzie, William. 1895. *Gaelic Incantations, Charms and Blessings of the Hebrides*. Northern Counties Newspaper and Printing and Publishing Company Limited. Inverness.

MacKenzie, W.C. 1927. 'Dr. Johnson and the Western Isles'. *Transactions of the Gaelic Society of Inverness* 31: 31–58.

MacKinnon, Kenneth. 1974. *The Lion's Tongue: The Story of the Original and Continuing Language of the Scottish People*. Club Leabhar. Inverness.

MacKinnon, Kenneth. 1991. *Gaelic: A Past and Future Prospect*. Saltire Society. Edinburgh.

MacKinnon, Lachlan, ed. 1956. *Prose Writings of Donald MacKinnon*. Scottish Gaelic Texts Society. Edinburgh.

Maclean, Calum I. 1952. 'Hebridean Storytellers'. *ARV: Nordic Yearbook of Folklore* 7–8: 120–129.

Maclean, Calum I. 1957. 'Hebridean Traditions'. *Gwerin* 1: 21–33.

Maclean, Calum I. 1958. 'International Folk-Tales in the Archives'. *Scottish Studies* 2: 113–117.

Maclean, Calum I. 1991 [1959]. *The Highlands*. Mainstream. Edinburgh.

Maclean, Calum I. 1965. 'Death Divination in Scottish Folk Tradition'. *Transactions of the Gaelic Society of Inverness* 42: 56–67.

MacLean, Sorley. 1985. *Ris a' Bhruthaich: The Criticism and Prose Writings of Sorley MacLean*. Ed. William Gillies. Acair. Stornoway.

MacLean, Sorley. 1989. *O Choille gu Bearradh*. Carcanet Press. Manchester.
MacLellan, Angus. 1997 [1962]. *The Furrow Behind Me*. Trans. & ed. J.L. Campbell. Birlinn. Edinburgh.
MacLellan, Angus. 2001[1961]. *Stories from South Uist*. Trans. & ed. J.L. Campbell. Birlinn. Edinburgh.
MacLellan, Lauchie. 2000. *Brìgh an Òrain / A Story in Every Song*. Trans. & ed. John Shaw. McGill-Queens. Montreal & Kingston.
MacLeod, Dr. D.J. 1963. 'Early Celtic Interactions'. *Transactions of the Gaelic Society of Inverness* 39–40: 243–261.
MacLeod, Morag. 1978. 'Reiteach'. *Tocher* 30: 375–399.
MacLeod, Morag. 1984. 'The Folk Revival in Gaelic song'. Ann an Ailie Munro, *The Folk Music Revival in Scotland*. Kahn & Averill. London. 191–204.
MacLeod, Morag. 1998. 'A Lewis Man's Songbook'. *Scottish Studies* 32: 70–88.
Mac-na-Ceàrdadh, Gilleasbuig deas. 1879. *An t-Òranaiche*. Celtic Press. Glasgow.
MacMhathain, Uilleam deas. 1939 [1938]. *Òrain Iain Mhic Fhearchair*. Oliver & Boyd for the Scottish Gaelic Texts Society. Edinburgh.
MacMhathain, Uilleam. 1962. 'Co-chruinneachadh de Shaothair nam Bàrd Uibhisteach'. *Transactions of the Gaelic Society of Inverness* 38: 512–530.
MacMhathain, Uilleam. 1977. 'Co-chruinneachadh Eile de Shaothair nam Bàrd Uibhisteach'. *Transactions of the Gaelic Society of Inverness* 49: 398–427.
MacMillan, Somerled, ed. 1968. *Sporan Dhòmhnaill*. Scottish Gaelic Texts Society. Edinburgh.
MacNeil, Flora. 1991. 'Flora MacNeil: Scots Gaelic Singer'. Ann an *Traditional Music: Whose Music?* ed. Peter McNamee. Institute of Irish Studies, Queen's University. Belfast. 22–24.
MacNeil, Joe Neil. 1987a. *Sgeul gu Latha / Tales Until Dawn*. Trans. & ed. John Shaw. McGill-Queen's University Press. Montreal.
MacNeil, Joe Neil. 1987b. 'Gaelic Storyteller'. *Cape Breton Magazine* 44: 65–69.
MacRury, Ewen. 1950. *A Hebridean Parish*. Northern Chronicle. Inverness.
McDermitt, Barbara. 1982. 'Duncan Williamson'. *Tocher* 33: 141–187.
McDermitt, Barbara. 1983. 'The Belief System of a Scottish Traveller in his Memorates, Legends and Tales'. *ARV, Nordic Yearbook of Folklore* 37: 43–51.
McDermitt, Barbara. 1986. 'Stanley Robertson'. *Tocher* 40: 170–224.
McDonald, Fr Allan. 1911–1912. 'Cluich na Cloinne – Children's Games'. *The Celtic Review* 7: 371–376.
McDonald, Fr Allan. 1912–1913. 'Children's rimes from the MSS. of the Rev. Father Allan Macdonald'. *The Celtic Review* 8: 166–168.

McKean, Thomas A. 1997. *Hebridean Song-Maker*. Polygon. Edinburgh.
Mackie, Catriona. 2006. *The Development of the Lewis House in the Nineteenth and Twentieth Centuries, with Particular Emphasis on the Bragar Township*. Unpublished PhD Thesis. University of Edinburgh.
Malinowski, Bronislow. 1926. *Myth in Primitive Psychology*. Negro Universities Press. Westport, Conn.
Mallory, J.P. 1989. *In Search of the Indo-Europeans*. Thames and Hudson. London.
Martin, Martin. 1994 [1698]. *A Description of the Western Isles of Scotland*. Birlinn. Edinburgh.
Martin, Neill. 2001. *The Gaelic Rèiteach: Symbolism and Practice*. Unpublished PhD Thesis. University of Edinburgh.
Martin, Niall. 2007. *The Form and Function of Ritual Dialogue in the Marriage Traditions of Celtic-language Cultures*. Edwin Mellen Press. Lampeter.
Matheson, William. 1955. 'Some Early Collectors of Gaelic Folk-Song'. *Proceedings of the Scottish Anthropological and Folklore Society* 5.2: 67–82.
Matheson, William. 1978. 'Duncan MacDonald (1882–1954)'. *Tocher* 25: 1–32.
Matheson, William. 1983. 'Notes on North Uist Families'. *Transactions of the Gaelic Society of Inverness* 52: 318–372.
Mauss, Marcel. 1990. *The Gift: The Form and Reason for Exchange in Archaic Societies*. Routledge. London.
Meek, Donald E. *et al.* 1993. ed. *Dictionary of Scottish Church History and Theology*. T & T Clark. Edinburgh.
Meek, Donald E. ed. 1995. *Tuath is Tighearna*. Scottish Gaelic Texts Society. Edinburgh.
Meek, Donald E. 1996a. *The Scottish Highlanders, The Churches, and Gaelic Culture*. WCC. Geneva.
Meek, Donald E. 1996b. 'Saints and Scarecrows: The Churches and Gaelic Culture in the Highlands since 1560'. *Scottish Bulletin of Evangelical Theology* 14.1: 3–22.
Meek, Donald E. deas. 1998 [1977]. *Màiri Mhòr nan Oran*. Comann Litreachas Gàidhlig na h-Alba. Dùn Èideann.
Meek, Donald E. 2002. 'An Aghaidh na Sìorraidheachd? Bàird na Ficheadamh Linn agus an Creideamh Crìosdail'. Ann an Ó Baoill, Colm & McGuire, Nancy R. deas. 2002. 103–116.
Meek, Donald E. 2003. 'The Pulpit and the Pen: Clergy, Orality and Print in the Scottish Gaelic World'. Ann an Adam Fox & Daniel Wolf, *The Spoken Word: Oral Culture in Britain. 1500–1850*. Manchester University Press. Manchester. 2003. 84–118.

Meek, Donald E. deas. 2010. *Os Cionn Gleadhraich nan Sràidean: Sgrìobhaidhean Thòmas MhicCalmain*. Scottish Gaelic Texts Society.
Merriam, Alan P. 1976. *The Anthropology of Music*. Northwestern University Press. Evanston, IL.
Mieder, Wolfgang, & Dundes, Alan, eds. 1994. *The Wisdom of Many: Essays on the Proverb*. University of Wisconsin Press. Madison, WI.
Mihesuah, Devon A. ed. 1998. *Natives and Academics: Researching and Writing about American Indians*. University of Nebraska Press. Lincoln & London.
Moireasdan, Pàdruig. 1977. *Ugam agus Bhuam*. Deas. Dòmhnall Eàirdsidh Dòmhnallach. Club Leabhar. Stornoway.
Murray, Amy. 1936. *Father Allan's Island*. Moray Press. Edinburgh & London.
Naughton, Nora. 2003. 'God and the Good People'. *Béaloideas* 71: 13–53.
Neat, Timothy, ed. 1999. *The Voice of the Bard*. Canongate. Edinburgh.
Neat, Timothy, ed. 2000. *When I was Young*. Birlinn. Edinburgh.
Nettle, Bruno. 1955. 'Change in Folk and Primitive Music: A Survey of Methods and Studies'. *Journal of American Musicological Society* 8: 101–109.
Nettle, Bruno. 1965. *Folk and Traditional Music of the Western Continents*. Prentice-Hall. Upper Saddle River, NJ.
Nettle, Bruno. 1977. *Music in Primitive Culture*. Harvard University Press. Cambridge, MA.
Nettle, Daniel & Romaine, Suzanne. 2000. *Vanishing Voices*. Oxford University Press. Oxford.
NicDhòmhnaill, Ceit M. [n.d.] *Cuimhneachan air Leanabachd an Uibhist a Tuath*. Comann an Luchd-Ionnsachaidh Gaelic Recordings 21 Cuimhneachan air Oige an Uibhist a Tuath. Inverness.
NicDhòmhnaill, I.T. & F. MacIllFhinnein. 1995. *Do ghinealach eile*. Muran. Glaschu.
NicIllip, Isa. 2006. '*Back in the Day.*' September/October. 2006. Issue 6. *Stornoway Gazette*.
NicLeòid, Mórag. 2002. 'An Ceangal a tha eadar Faclan agus Ceòl ann an Òrain Ghàidhlig'. Ann an Ó Baoill, Colm & McGuire, Nancy R. deas. 2002. 35–44.
Nicolson, Alexander. 1938. *Gaelic Riddles and Enigmas* (*Tòimhseachain agus Dubh-fhacail*). Archibald Sinclair. Glasgow.
Nicolson, Alexander. 1994 [1881]. *History of Skye: A Record of the Families, the Social Conditions and the Literature of the Island of Skye*. Maclean Press, Portree.
Nicolson, Alexander, ed. 2003 *A Collection of Gaelic Proverbs*. Birlinn. Edinburgh.

Ó Baoill, Colm & McGuire, Nancy R. deas. 2002. *Rannsachadh na Gàidhlig 2000*. An Clò Gaidhealach. Obar Dheathain.
Ó Duilearga, Séamus, ed. 1981. *Seán Ó Conaill's Book*. Comhairle Bhéaloideas Éireann. Dublin.
Ó Duilearga, Séamus. 1999. 'Irish Tales and Story-Tellers'. Ann an Dundes, Alan, *International Folklorists*. Rowman & Littlefield. Lanham, MD. 153–176.
Ó Giolláin, Diarmuid. 2005. *An Dúchas agus an Domhan*. Cork University Press. Cork.
Ó Laoire, Lillis. 2007. *On a Rock in the Middle of the Ocean. Songs and Singers in Tory Island*. Cló Iar-Chonnachta. Conamara.
Ó Madagáin, Breandán. 1985. 'Functions of Irish Song in the Nineteenth Century'. *Béaloideas* 53: 130–216.
Ó Madagáin, Breandán. 1989. 'Gaelic Lullaby: A Charm to Protect the Baby?' *Scottish Studies* 29: 29–38.
Ó Madagáin, Breandán. 2005. *Caointe agus Seancheolta Eile / Keenin and other Old Irish Musics*. Cló Iar-Chonnachta. Conamara.
Orr, J. 1957. 'The School of Scottish Studies'. *Scottish Studies* 1: 1–2.
Owen, Trefor M. 1957. 'The 'Communion Season' and Presbyterianism in a Hebridean Community'. *Gwerin* 1: 53–66.
Owen, Trefor M. 1958. *Fieldwork in North Uist*. Unpublished Report of Fieldwork Undertaken for the School of Scottish Studies, University of Edinburgh.
O' Rahilly, Cecile, ed. 1976. *Táin Bó Cuailnge*. Dublin Institute for Advanced Studies. Dublin.
Ó Súilleabháin, Seán. 1942. *A Handbook of Irish Folklore*. Folklore of Ireland Society. Dublin.
Ó Súilleabháin, Seán. 1966. *Folktales of Ireland*. Routledge & Kegan Paul. London.
Ó Súilleabháin, Seán. 1967. *Irish Wake Amusements*. Mercier. Cork.
Ó Súilleabháin, Seán. 1974. *The Folklore of Ireland*. Batsford. London.
Ó Súilleabháin, Seán and Reider Th. Christiansen. 1963. *The Types of Irish Folk-Tale*. Folklore Fellows Communications. 188. Helsinki.
Pahl, R.E. 1970. *Patterns of Urban Life*. Longman. London.
Parman, Susan. 1990. *Scottish Crofters*. Holt Rinehart & Winston. Fort Worth, TX.
Ralls-MacLeod, Karen. 2000. *Music and the Celtic Otherworld*. Polygon. Edinburgh.
Radcliffe-Brown, A.R. 1952. *Structure and Function in Primitive Society*. Free Press.

Rea, Frederick G. 1997 [1964]. *A School in South Uist*. Ed. John Lorne Campbell. Birlinn. Edinburgh.
Rees, Alwyn and Rees, Brinley. 1961. *Celtic Heritage*. Thames & Hudson. London.
Report to the Secretary for Scotland by The Crofters Commission on the Social Condition of the People of Uist in 1903, as Compared with Twenty Years Earlier. 1903.
Ross, James. 1957. 'A Classification of Gaelic Folksong'. *Scottish Studies* 1: 95–151.
Ross, James. 1961. 'Folksong and the Environment'. *Scottish Studies* 5: 18–39.
Sanderson, S.F. 1957. 'The Work of the School of Scottish Studies'. *Scottish Studies* 1: 3–13.
Sándor, István. 1967. 'Dramaturgy of Tale-Telling'. *Acta Ethnographica* XVI: 305–338. Akadémiai Kiadó. Budapest.
Scottish Council for Research in Education. 1961. *Gaelic-Speaking Children in Highland Schools*. London.
Scottish Council for Research in Education. 1964. *Aithris is Oideas*. University of London Press. London.
Seathach, Iain. 2002. 'Sa Chomann Ghrinn: Sùil air Seinn, Sluagh agus Coimhearsnachd'. Ann am Máirtín Ó Briain agus Pádraig Ó Héalaí. Indreabhán. *Téada Dúchais. Aistí in ómós don Ollamh Breandán Ó Madagáin*. Cló Iar-Chonnachta. Dublin. 499–520.
Shaw, John. 1999. 'The Ethnography of Speaking and Verbal Taxonomies: Some Applications to Gaelic'. Ann a R. Black, W. Gillies & R. Ó Maolalaigh. *Proceedings of the Tenth International Congress of Celtic Studies*. Tuckwell Press. East Linton. 309–323.
Shaw, John. 2007. 'Storytellers in Scotland: Context and Function'. Ann an *Scottish Life and Society: A Compendium of Scottish Ethnology*. Vol. 10: *Oral Literature and Performance Culture*. John Donald. Edinburgh. 28–41.
Shaw, Margaret Fay. 1986 [1955]. *Folklore and Folksongs of South Uist*. Aberdeen University Press. Aberdeen.
Siikala, Aana-Leena, ed. 1989. *Studies in Oral Narrative*. [*Studia Fennica* 33] Suomalaisen Kirjallisuuden Seura. Helsinki.
Stanley-Blackwell, Laurie. 2006. *Tokens of Grace*. Cape Breton University Press. Sydney, NS.
Sutherland, Rev. George. 1937. *Folklore Gleanings and Character Sketches of the Far North*. John-o-Groats Journal. Wick.
Szasz, Margaret C. 1994. *Between Indian and White Worlds: The Culture Broker*. University of Oklahoma Press. Norman, OK & London.

The Third Statistical Account of Scotland. Vol. XVI: *The County of Inverness.* 1985. Scottish Academic Press. Edinburgh.
Thomson, Derick S. 1954. 'The Gaelic Oral Tradition'. *Proceedings of the Scottish Anthropological and Folklore Society* 5.1: 1–16.
Thomson, Derick S. 1984. *Why Gaelic Matters.* The Saltire Society. Edinburgh.
Thomson, Derick S. ed. 1994 [1983]. *The Companion to Gaelic Scotland.* Gairm. Glasgow.
Thompson, F.G. 1966. 'The Folklore Elements of 'Carmina Gadelica''. *Transactions of the Gaelic Society of Inverness* 44: 226–255.
Tillhagen, Carl-Herman. 1980. 'The Birds in Myth and Legend'. Ann am Burlakoff & Lindahl 1980: 93–103.
Tocher. Edinburgh 1971 –
Tolmie, Frances. 1997 [1911]. *One Hundred and Five Songs of Occupation from the Western Isles of Scotland.* Llanerch. Burnham-on-Sea.
Transactions of the Gaelic Society of Inverness (TGSI). Inverness 1871 –
Vallee, Frank G. 1954. *Social Structure and Organization in a Hebridean Community: A Study of Social Change.* Unpublished Report of Fieldwork Undertaken for the School of Scottish Studies, University of Edinburgh.
Vento, Urpo. 1989. 'Story-telling Rituals and Festivals'. Ann an Siikala. 1989: 99–108.
Von Sydow, C.W. 1934. 'Geography and Folk-Tale Ecotypes'. *Béaloideas* 4: 344–355.
West, Gary J. 2000. 'Conceptualising Neighbourhood: Charity Labour Gatherings in Rural Perthshire'. 1850–1950'. *Scottish Studies* 33: 132–145.
Williamson, Linda. 1983. 'What Storytelling Means to a Traveller'. *ARV: Nordic Yearbook of Folklore* 37: 69–76.

Clàran, Meanbh-chlàran agus Teipichean

CDTRAX9002: *Music from the Western Isles*. Scottish Tradition Series 2.
CDTRAX9003: *Waulking Songs from Barra*. Scottish Tradition Series 3.
CDTRAX9006: *Gaelic Psalms from Lewis*. Scottish Tradition Series 6.
MCTRAX9014: *Gaelic Stories told by Peter Morrison*. Scottish Tradition Series 14.
CDTRAX9016: *Gaelic Bards & Minstrels*. Scottish Tradition Series 16.
CDTRAX9018: *Clò Dubh Clò Donn*. Scottish Tradition Series 18.
CD E.Do.: Eòin Dòmhnallach, *My Childhood Place* (Rèidio nan Gàidheal).
RLS254: *Psalm Singing from North Uist*. Lewis Recordings.
Am Fianais Uibhist. Blasad de dh'òrain Uibhist a Tuath. Comann Eachdraidh Uibhist a Tuath.
Teip C.G.: Catriona Garbutt, *Sruth an Eòlais* (Rèidio nan Gàidheal,14 Gearran 2001).
Teip I.M.: Iain MacAonghuis (Rèidio nan Gàidheal).

Clàr Bhidiothan

VA1970/01: Dà luadh ann an Uibhist a Deas.
VAuncat: Fr Calum MacNeill. Joan Henderson collection. Uncatalogued.

Prìomh Thùsan

Clàran tasglann-beòil Sgoil Eòlais na h-Alba, a tha air an comharrachadh le SA.
Clàran an sgrìobhadair, a tha air an comharrachadh le MAC.